A CRIANÇA
E A VIOLÊNCIA NA MÍDIA

Dados Internacionais de Catalogação na Publicação (CIP)
(Câmara Brasileira do Livro, SP, Brasil)

A criança e a violência na mídia / Ulla Carlsson, Cecilia von Feilitzen organizadoras; tradução Maria Elizabeth Santo Matar, Dinah de Abreu Azevedo. – 3. ed. – São Paulo : Cortez ; Brasília : UNESCO, 2000.

Título original: Children and media violence.
Vários autores.
Biliografia.
ISBN 85-249-0724-X

1. Comunicação de massa – Influência 2. Comunicação de massa e crianças 3. Televisão e crianças 4.Violência nos meios de comunicação de massa I. Carlsson, Ulla II. Feilitzen, Cecilia von. III. Título.

99-4035 CDD-302.23083

Índices para catálogo sistemático:

1. Crianças : Violência na mídia : Influência : Sociologia 302.23083
2. Mídia : Violência : Influência nas crianças : Sociologia 302.23083
3. Violência na mídia : Influência nas crianças : Sociologia 302.23083

Ulla Carlsson • Cecilia von Feilitzen
(orgs.)

A CRIANÇA E A VIOLÊNCIA NA MÍDIA

3ª edição

CORTEZ EDITORA

UNESCO

Título original: Children and Media Violence
UNESCO International Clearinghouse on Children and Violence – Yearbook 1998.

A CRIANÇA E A VIOLÊNCIA NA MÍDIA
Ulla Carlsson • Cecilia von Feilitzen (Organizadoras)

Assistente Editorial: Mariana Carla Magri
Capa: Edson Fogaça
Preparação de originais: Carmen Tereza da Costa
Revisão Técnica: Kathie Njaine
Tradução: Dinah de Abreu Azevedo; Maria Elizabeth Santo Matar
Revisão: Ana Maria Barbosa, Ieda de Abreu, Maria de Lourdes de Almeida, Márcia da Cruz N. Leme
Composição: Dany Editora Ltda.
Coordenação editorial: Danilo A. Q. Morales

CORTEZ EDITORA
Rua Bartira, 317 – Perdizes
05009-000 – São Paulo – SP
Tel.: (11) 3864-0111 Fax: (11) 3864-4290
E-mail: cortez@cortezeditora.com.br
www.cortezeditora.com.br

UNESCO Brasil
SAS-Quadra 5 – Bloco H – Lote 6
Ed. CNPq/IBICT/UNESCO – 9º andar
70070-914 – Brasília-DF – Brasil
Tel.: (55 61) 351-3525 – Fax: (55 61) 322-4291
E-mail: uhbrz@unesco.org

Impresso no Brasil – dezembro de 2002

SUMÁRIO

Situação da mídia infantil — Artigos de pesquisa

A mídia no mundo

Estatísticas

As crianças no mundo — Estatísticas

Estatísticas

A participação das crianças na mídia — Alguns exemplos

Resoluções e declarações internacionais e regionais — As crianças e a mídia

Apresentação da edição brasileira

A tradução da edição no Brasil do livro *A criança e a violência na mídia*, organizado por Ulla Carlsson e Cecilia von Feilitzen, representa iniciativa das mais oportunas, pois coincide com um momento em que o governo federal e a sociedade civil começam a debater de forma mais profunda o problema da violência em todas as suas formas e manifestações.

As discussões que ocorreram ultimamente, motivadas em grande parte pelo advento do Programa Nacional dos Direitos Humanos e pelo 50º aniversário da Declaração Universal dos Direitos Humanos, contribuíram para colocar na agenda das questões prioritárias do país o tema da violência e suas implicações no desenvolvimento social como um todo.

Como diz bem Ulla Carlsson no texto introdutório de apresentação do livro, uma nova ordem mundial política e econômica tornou-se realidade na década de 90. Como ela, veio também uma nova ordem da mídia, enormemente afetada pelo processo de globalização e pelos avanços tecnológicos e também pela desregulamentação do setor de telecomunicações. A informação se universaliza de forma crescente, podendo atingir simultaneamente, e em poucos segundos, milhões ou bilhões de pessoas.

Diante desse novo quadro surge o problema do conteúdo da mídia e de suas conseqüências para a vida das pessoas. É preciso lembrar que a Convenção da ONU sobre os Direitos da Criança firmou o direito das crianças à informação e incentivou o desenvolvimento de políticas para protegê-las de materiais prejudiciais. Sob este aspecto, não há dúvidas, e as pesquisas demonstram isso, que, infelizmente, muitos programas veiculados pela televisão brasileira deixam a desejar do ponto de vista ético e moral, influenciando negativamente a formação da personalidade infantil.

Liberdade de expressão e de acesso a todas as informações não podem servir de álibi a programas que colocam a inocência infantil em perigo. Não podemos esquecer que, no ano 2000, metade da população dos países em desenvolvimento será constituída por jovens. É indispensável e urgente estabelecer marcos de referência para a construção de um projeto social da juventude.

O livro reúne contribuições importantes de vários autores sobre a influência nas crianças da violência na mídia, apoiando-se em dados de pesquisas de várias partes do mundo. Sua leitura proporciona uma visão abrangente do problema, com a virtude de incluir abordagens com credibilidade científica.

A Secretaria de Estado de Direitos Humanos e a UNESCO, ao viabilizarem a edição brasileira deste importante livro, têm certeza de sua relevância, tanto em relação às ações e pesquisas que se desenvolvem atualmente na área quanto no que se refere à auto-regulação ética da mídia, pois o problema da violência nos meios de comunicação de massas só será eficazmente equacionado na medida em que, pelo debate livre de idéias e de resultados de pesquisa, conseguirmos chegar ao indispensável consenso de todos — produtores, consumidores, proprietários e sociedade civil.

Jorge Werthein	*José Gregori*
Representante da UNESCO Brasil	Secretário de Estado dos Direitos Humanos

Apresentação

Crianças e jovens constituem uma grande parcela da população na maior parte do globo. Enquanto o número de jovens hoje nos países ricos diminuirá na próxima década, o número de jovens nos países em desenvolvimento vem crescendo continuamente. Nesses países os jovens totalizarão metade da população no ano 2000. Em que espécie de sociedade essas crianças crescerão?

Vivemos em uma era de profundas e rápidas mudanças sociais — em nível local, nacional e internacional. Problemas e conflitos de natureza semelhante são um denominador comum angustiante em potencial em todas as nações do mundo: desemprego, desigualdades de renda cada vez maiores, pobreza, poluição, conflitos étnicos, desigualdades entre os sexos e, por fim, mas não menos importante, lacunas de informação cada vez maiores. Todos esses fatores afetam as condições de vida e as perspectivas das crianças.

Uma nova ordem mundial política e econômica tornou-se realidade na década de 90. Com ela também veio uma nova ordem da mídia. A "globalização" é uma característica-chave. Uma reestruturação de longo alcance dos mercados de todo o mundo extinguiu e modificou fronteiras nacionais em muitos aspectos. A mídia de massa foi enormemente afetada; avanços tecnológicos e a desregulamentação do setor de telecomunicações são dois fatores que contribuíram para a globalização da mídia. Fluxos de informação encontram cada vez menos obstáculos. Na nova ordem, pessoas em todo o mundo podem ser alcançadas por sons e imagens de partes distantes do globo. Ao mesmo tempo, produtos da cultura de massa distribuídos por algumas grandes corporações da mídia, com sede principalmente nos EUA, Europa e Japão, atingem públicos cada vez maiores em um número também crescente de países. Que conseqüências podemos esperar das ações desses poucos atores globais sobre as identidades culturais das comunidades ao redor do globo?

O conteúdo da mídia levanta questões importantes. A violência e a pornografia causam fortes impressões, e há considerável preocupação entre os pais, professores e autoridades públicas quanto à influência que o conteúdo violento possa exercer na mente dos jovens. Muitos discernem uma relação entre o nível crescente de violência e crime na vida cotidiana, particularmente violência praticada por crianças, e as cenas violentas mostradas na televisão e no vídeo, bem como os atos simulados de violência nos jogos de videogame e computador.

Com o intuito de estabelecer limites a esse processo estão sendo discutidas hoje em muitos países uma legislação e uma regulamentação voluntária a respeito. Esforços vêm sendo realizados no sentido de se abrir canais de diálogo entre autoridades, a mídia e o público em geral, a fim de chegar a alguma forma de consenso com relação aos princípios básicos. A Convenção da ONU sobre os Direitos da Criança, adotada em 1989, fornece um conjunto de princípios em seu artigo 17, que trata da mídia. Esse artigo estabelece o direito da criança à informação e acesso às fontes, além de tratar da necessidade de "encorajar o desenvolvimento de orientações apropriadas para proteger a criança de informações e materiais prejudiciais ao seu bem-estar". Hoje, vozes de várias partes estão solicitando insistentemente medidas que sigam esse princípio, fazendo da experiência nacional uma base para a discussão de políticas em nível internacional. Idéias que seguem tais orientações encontram-se, por exemplo, no texto *Our creative diversity* [Nossa diversidade criadora], um relatório da Comissão Mundial para Cultura e Desenvolvimento (ONU, UNESCO, 1995).

Documentos da UNESCO, do UNICEF e de várias conferências internacionais sobre crianças e a mídia enfatizam a necessidade de uma melhor compreensão da criança e da violência mediada, e apontam a disseminação efetiva do conhecimento existente como um meio para atingir tal fim. Espera-se que um maior conhecimento nos ajude a evitar estereótipos e modelos simplistas. Em termos mundiais, um número significativo de pesquisas científicas vêm sendo feitas sobre este assunto.

Portanto, não é de surpreender que a idéia de estabelecer uma câmara internacional ligada ao tema crianças e a violência na mídia tenha sido levantada em várias ocasiões durante a década de 90. Esse intento recebeu atenção especial em uma conferência internacional sobre os direitos da criança, realizada em Lund, na Suécia, em setembro de 1995. A conferência foi organizada pela Comissão Sueca para a UNESCO, em cooperação com o Comitê Sueco para o UNICEF. O assunto era de particular interesse do governo sueco. Em 1996, o Centro de Informação Nórdica para a Pesquisa sobre Mídia e Comunicação (Nordicom) recebeu o pedido de estabelecer uma Câmara para Crianças e a Violência na Tela.

Em janeiro de 1997, o Nordicom começou a montar a Câmara, que é financiada em conjunto pelo governo sueco e pela UNESCO. O propósito desta Câmara é contribuir para o conhecimento sobre crianças, jovens e a violência na mídia, visto a partir da perspectiva da Convenção da ONU sobre os Direitos da Criança. Nossa principal tarefa é fazer com que os novos conhecimentos e dados sejam conhecidos por todos os interessados em nível mundial. O conhecimento é um pré-requisito tanto para a pesquisa frutífera quanto para a política e a prática construtivas em uma era em que a importância econômica e cultural da mídia já se avulta e continua a crescer dia a dia.

Assim sendo, o objetivo da Câmara é triplo: atrair a atenção para a questão da violência na tela e o seu papel nas vidas das crianças e jovens; estimular iniciativas e atividades para combater a violência gratuita; e ajudar a fornecer uma base melhor para a política nesta área.

Tendo em vista esses objetivos, a Câmara Internacional da UNESCO para Crianças e a Violência na Tela provê informações a vários grupos de usuários — pesquisadores, pessoas ligadas ao estabelecimento de políticas, profissionais da mídia, professores, organizações voluntárias e indivíduos interessados — sobre:

- resultados de pesquisas sobre crianças, jovens e a violência na mídia;
- pesquisas em andamento sobre crianças e a violência na mídia;
- acesso, por parte das crianças, à mídia de massa e o uso que fazem dela;
- treinamento e cursos sobre crianças e a mídia;
- alternativas positivas à violência na mídia;
- medidas e atividades com o objetivo de limitar a violência gratuita na mídia.

A Câmara examina e documenta estudos de representações da violência na mídia, especialmente ficção televisionada, em noticiários de TV e transmissão de eventos, filmes, jogos de videogame e computador, bem como em imagens e textos disponíveis via Internet etc. e outros meios telemáticos. A Câmara também documenta medidas adotadas para reduzir a quantidade de violência na mídia, bem como exemplos de ações que mostram alternativas positivas a tal violência.

Esta Câmara internacional é orientada para o usuário, o que significa que nossos serviços respondem a demandas e são adaptados às necessidades de nossos clientes. A Câmara deve caracterizar-se como uma "central de rede". O estabelecimento de uma rede central com pontos regionais ao redor do mundo é essencial para o trabalho da Câmara.

Três números do Informativo da Câmara foram publicados durante 1997. Em novembro de 1997, acusamos mais de 1700 assinantes em todo o mundo. O Informativo traz síntese de notícias, bibliografia especializada, resumos de pesquisas em andamento, sinopses regionais, informações sobre seminários, cursos e conferências etc.

É um grande prazer apresentar este livro, nosso primeiro Livro do Ano. Ele está dividido em duas partes, sendo a primeira temática, discursiva, e a segunda, documentária e descritiva.

O foco temático deste primeiro Livro do Ano está centrado na pesquisa relativa às influências da exposição das crianças à violência na televisão. Os artigos discutem descobertas sobre as crianças e a violência na televisão resultantes de pesquisas realizadas em todo o mundo. Somos profundamente gratos aos inúmeros acadêmicos de nível internacional que se dispuseram a contribuir para este livro. Um número de artigos menores descreve o panorama da mídia da forma como ela se relaciona com as crianças em todo o mundo. A segunda parte do livro apresenta estatísticas sobre crianças e a mídia, declarações e resoluções internacionais, informação sobre organizações não-governamentais e uma bibliografia selecionada.

Quero aproveitar esta oportunidade para agradecer a todos os acadêmicos e especialistas que tão generosamente contribuíram para o Livro do Ano, e expressar meu apreço pela dra. Cecilia von Feilitzen, coordenadora científica da Câmara, que organizou o livro. Agradeço também a Pia Hepsever por sua assistência técnica, que se estendeu desde o banco de dados e buscas na Internet até o "*mise-en-page*" final. Foi um prazer trabalharmos juntas.

Por último, mas não menos importante, quero agradecer à UNESCO pelo apoio financeiro que tornou este Livro do Ano possível.

É nossa esperança que esta obra seja útil para um grande número de leitores, que forneça novos *insights* e conhecimentos, informe sobre políticas, estimule pesquisas e oriente os leitores para políticas e atividades que possam inspirar novas iniciativas.

Göteborg, fevereiro de 1998
Ulla Carlsson
Diretora do Nordicom

Prefácio pelo Diretor-Geral Assistente de Comunicação, Informação e Informática da UNESCO

Crianças, Mídia e Violência

HENRIKAS YUSHKIAVITSHUS

Os ganhos da televisão moderna são, à primeira vista, bastante satisfatórios. Filmes e programas de entretenimento podem ser recebidos, ao toque de um botão, de qualquer parte do mundo a qualquer hora do dia. Contudo, freqüentemente escondidas atrás da aprovação geral em face do progresso feito estão profundas preocupações quanto ao acesso fácil demais, para os jovens e crianças muito novas, a programas que abordam violência gratuita, sexo e pornografia. A tentação de controlar, de alguma forma, esta investida violenta da mídia — que não se limita a programas de televisão, mas está disponível em jogos eletrônicos, cinema, filmes e materiais via Internet — é muito forte.

A questão crítica, aqui, é como conciliar a liberdade de expressão, preciosa e fundamental, estabelecida no artigo 19 da Declaração Universal dos Direitos Humanos e mais relevantemente colocada no artigo 13 da Convenção da ONU sobre os Direitos da Criança, com formas de combater a violência e o sexo na mídia. O artigo 13 declara:

> A criança terá direito à liberdade de expressão; este direito inclui liberdade de procurar, receber e partilhar informação de todos os tipos, independentemente de fronteiras, seja oral, escrita ou impressa, na forma de arte ou através de qualquer outro meio de escolha da criança...

A realidade virtual da televisão e de seus problemas concomitantes não é exclusiva do mundo industrializado. A maioria das grandes cidades e áreas urbanas do mundo em desenvolvimento está no mesmo nível que a América do Norte e a Europa em termos de acesso e assistência à televisão. Contudo, muitas sociedades nos países em desenvolvimento podem ainda não ter alcançado estágios avançados de modernização. Nesse caso, o que os jovens vêem na televisão pode ainda não ter sido inteira e voluntariamente absorvido por seus pais, que foram criados sem a presença da televisão, ou pelo menos com uma presença muito menor, e de acordo com códigos estritos de comportamento moral.

O que pode ser feito com relação à violência na mídia e os direitos da criança? Em quase todos os fóruns, a UNESCO tem encorajado a autodisciplina e a auto-regulação da mídia. Também tem promovido o papel essencial dos canais de televisão públicos na resistência às pressões comerciais para determinar a programação da mídia e no encorajamento para manter padrões sociais e artísticos adequados. Na região catalã, uma associação feminina queria protestar contra a apresentação de imagens lascivas de mulheres. Para fazê-lo, organizaram um boicote regional dos produtos anunciados durante tais programas, até que o canal de televisão finalmente cedeu e mudou a programação. As soluções, contudo, não podem vir apenas da indústria ou de grupos civis organizados. Também devem vir da família, já que sua influência — e não a da TV — é que prevalecerá, ou não, a longo prazo. Há o poder, ainda pouco usado, do público. As pessoas têm condições de controlar o que acontece dentro de suas casas: podem desligar a televisão.

Em uma época em que a violência na tela está atraindo críticas cada vez mais difundidas em todo o mundo, é importante que instituições sociais e educacionais em todo o planeta juntem-se em um esforço cooperativo para entender melhor por que a violência penetra em nossas casas, através de nossos aparelhos de TV, e nas telas dos cinemas que freqüentamos semanal ou mensalmente. É importante que tais instituições procurem formas de controlar positivamente as vantagens da televisão e das novas tecnologias de informação, de modo que todos possam ter melhor acesso às oportunidades educacionais e sociais e, igualmente, se beneficiar das fontes intelectuais disponíveis.

A Câmara Internacional da UNESCO para Crianças e a Violência na Tela da Universidade de Göteborg é uma forma concreta de "esforço cooperativo". E muitos já se "juntaram" a essa iniciativa, contribuindo com seus trabalhos de pesquisa e publicações e dando apoio ao trabalho intelectual da Câmara.

Se conhecermos melhor o problema e a forma como está enraizado na sociedade e na cultura, e se o fizermos com maior certeza graças à pesquisa empírica, então poderemos prosseguir na busca de soluções para os problemas criados pelas novas tecnologias audiovisuais. É por isso que a Câmara Internacional da UNESCO para Crianças e a Violência na Tela tem um importante papel a desempenhar na nova era global. Trata-se de nosso trabalho de investigação e de nosso ponto de chegada.

Prefácio pelo Representante Sueco no Conselho Executivo da UNESCO

As Crianças Merecem Qualidade

NILS GUNNAR NILSSON

Duas reportagens de jornais do último outono recusam-se a cair no esquecimento.

A primeira é do *The Observer* (26/10/1997) e trata de um estudo feito em uma escola situada em área de classe média, em Glasgow. Pesquisadores do Grupo de Mídia de Glasgow conduziram entrevistas e discussões em uma classe com dez alunos de 12 anos de idade, num total de dez, em que três deles afirmaram ter assistido ao filme *Pulp Fiction* uma vez; cinco, entre duas e cinco vezes; e dois, "de dez a onze vezes".

Foram mostradas às crianças quatro fotos de cenas do filme — duas relativas à cena em que Vincent (John Travolta) e Jules (Samuel Jackson) atiram em Bret em seu apartamento, e duas da seqüência em que Vincent acidentalmente mata Marvin. Pediu-se, então, às crianças que escrevessem o que lembravam do *script* dessas partes.

Os pesquisadores descobriram que essas crianças recordavam o diálogo com muita precisão, quase que palavra por palavra. O *The Observer* compôs em sua coluna lado a lado, parte do *script* real, e o que uma das crianças registrou ter lembrado, e a diferença é, na verdade, muito pequena. Richard Brooks, editor de cultura e mídia do *The Observer* e autor do artigo, afirma:

> As crianças viam Vincent, em particular, e Jules como os personagens mais "frios". Elas fizeram comentários sobre sua habilidade para se controlar — embora eles percam o controle no final do filme —, suas roupas, a forma como caminhavam e sua confiança. Como disse uma delas: "Vincent era frio porque ele não tinha medo. Ele é capaz de andar por aí atirando nas pessoas sem se preocupar com isso".

Greg Philo, autor da reportagem, é citado no artigo: "*Pulp Fiction* apresenta o dinheiro, o poder e o estilo como parte da vida social. Seus valores são intensamente atrativos para muitas crianças".

De acordo com Andrea Millwood-Hargrave, diretor de pesquisa do Conselho de Padrões de Teledifusão, *Pulp Fiction* é, atualmente, o filme *cult* citado com maior freqüência na Grã-Bretanha. Um estudo descobriu que 42% dos jovens entre 10 e 16 anos viram este filme.

Em conseqüência do *status* de filme *cult*, a frase de John Travolta — "Cara, atirei no rosto de Marvin" — tornou-se um lema entre os garotos, assim como o "Faça meu dia" de Clint Eastwood.

Pense na frase "Cara, atirei no rosto de Marvin" como uma mensagem que diz que você é "frio". Não tem medo. Você também.

A outra reportagem foi publicada pelo *The Independent* (10/10/1997) com o título "Não tem graça tantos desenhos animados na TV". A reportagem revela que a animação é, agora, o tipo dominante de programação infantil na televisão inglesa, tirando espaço do teatro tradicional e de programas fatuais. Os desenhos constituem um terço da programação infantil, em comparação com os 25% de cinco anos atrás e os 10% de 1981.

Michael Forte, diretor de programação infantil da TV Carlton, disse em um encontro do grupo de *lobby* Voz do Ouvinte e do Espectador que o aumento no número de desenhos animados deve-se ao bombardeio das redes norte-americanas sobre a televisão inglesa. "Trata-se do equivalente televisivo do *dumping* de plutônio".

Um resultado desse "bombardeio" maciço é que as crianças, quando perguntadas sobre os números de telefone dos serviços de emergência, respondem dando o número americano, 911, em vez do seu próprio, 999.

Anna Home, a respeitada diretora da Televisão Infantil da BBC, que se aposentou no último outono, dá sua opinião em um artigo publicado alguns dias depois no mesmo jornal (12/10/1997), em que ela descreve o novo cenário competitivo da televisão infantil, com os novos canais dominados por norte-americanos, como Nikelodeon, Cartoon Network e Fox Kids. "No que tem de melhor", ela conclui, "a animação é uma forma de arte, mas, em seu pior aspecto, é rude e simplista." E continua:

> Há exércitos de super-heróis indistinguíveis uns dos outros, sendo que a maior parte deles é politicamente correta. Muitas das séries têm mensagens morais, literalmente alinhavadas até o final, de forma que não escapam aos reguladores e pais. Contudo, há pouca caracterização real ou complexidade de narrativa.

E Anna Home resume sua experiência:

> As crianças constituem um público perspicaz e que merece qualidade. A televisão é uma das influências mais educativas e formadoras. Ela pode estimular a criatividade, despertar a consciência e encorajar a participação. As crianças querem ser ativas, e elas respondem à televisão. Elas escrevem histórias, fazem desenhos, enviam *e-mails* e dinheiro para boas causas. É claro que as crianças querem relaxar e ser distraídas, mas elas não querem, nem merecem, um regime ininterrupto de ação, aventura e barulho. Este é o tipo de clima cultural que leva ao "emudecimento".

Essas palavras são de uma pessoa que entende do assunto.

O truque mais barato do entretenimento é brincar com o medo. Esta é provavelmente uma das razões pelas quais a violência é o instrumento de entretenimento usado com maior freqüência. Basta confirmar nos desenhos que passam pela manhã ou nas histórias da programação noturna da televisão em qualquer parte do mundo. Em sueco até existe uma palavra especial para a violência como entretenimento: *underhållningsvåld.* Uma palavra muito feia mas, ao mesmo tempo, reveladora.

O problema é que também a televisão infantil é cada vez mais vista como um mercado, patrocinada e dominada pelos anunciantes, em vez de ser a oportunidade dourada para chegar às crianças, estimulá-las, informá-las e ir ao encontro de sua enorme criatividade e empatia. Ao invés de aumentarem os recursos para esse tipo de programação, eles estão escasseando. O orçamento da programação infantil da BBC, por exemplo, diminuiu nos últimos anos, de acordo com Anna Home. E animações baratas estão enchendo as telas.

Duas reportagens, entre muitas, com uma mensagem semelhante: as crianças são vulneráveis. Elas merecem qualidade. E a indústria da mídia não se importa. Como indústria, está preocupada com a linha inferior — a do lucro.

Por que garotos de 12 anos em Glasgow — e em outras partes do mundo — se lembram de frases como *Cara, atirei no rosto de Marvin* e as utilizam como lema?

Oliver Stone, que sabe muito sobre a mídia norte-americana, disse recentemente a um público de estudantes na Universidade de Siracusa: "Eles (a mídia norte-americana) são os donos de vocês e de suas cabeças. Vocês precisam acordar e entender isso!".

A Convenção da ONU sobre os Direitos da Criança deveria — neste ano de comemoração dos direitos humanos — ser revista e reinterpretada por pais, políticos, professores, produtores e donos de mídia. Entre outras coisas, a Convenção afirma que as crianças têm o direito de participar, de ser informadas — e não de ser invadidas por palavras e imagens do tipo *Cara, atirei no rosto de Marvin.*

É por isso que alguns profissionais de mídia se encontraram para discutir sobre *a violência na tela*, o que levou à conferência internacional em Lund, Suécia, em setembro de 1995, em que estes dois elementos foram relacionados: *A Violência na Tela e os Direitos da Criança.*

Um resultado concreto desta conferência é o Livro do Ano que você está lendo, o primeiro publicado pela Câmara Internacional da UNESCO para Crianças e a Violência na Tela.

Um número cada vez maior de pessoas — pais, políticos, profissionais de mídia — está preocupado com os efeitos da mídia globalizada no que se refere aos mais vulneráveis: as crianças. É por isso que o governo sueco desde o início apoiou firmemente a idéia de uma câmara e está alocando uma quantia substancial de dinheiro anualmente para o seu trabalho. Precisamos saber mais sobre as pesquisas recentes nesta área, sobre as discussões e atividades relativas a ela em diferentes partes do mundo. O conhecimento é um pré-requisito para a ação.

Este é o objetivo premente da Câmara do Nordicom: prover conhecimento, partilhar informação. Esperamos trabalhar nesse sentido por muitos anos — e em muitos Livros do Ano!

As Crianças e a Mídia na Pauta da ONU e da UNESCO

Convenção da ONU sobre os Direitos da Criança

Três artigos relativos à mídia

Artigo 3

1. Em todas as ações que envolvem crianças, empreendidas por instituições de bem-estar social públicas ou privadas, cortes de justiça, autoridades administrativas ou corpos legislativos, os maiores interesses da criança serão uma consideração primária.
2. Os Estados membros se comprometerão a assegurar à criança a proteção e cuidado necessários ao seu bem-estar, levando em conta os direitos e deveres de seus pais, tutores, ou outros indivíduos legalmente responsáveis por ela e, tendo em vista este fim, tomarão todas as medidas legislativas e administrativas adequadas.
3. Os Estados membros assegurarão que as instituições, serviços e instalações responsáveis pelo cuidado e proteção à criança estarão de acordo com os padrões estabelecidos pelas autoridades competentes, particularmente nas áreas de segurança e saúde, no número e adequação de seu quadro de funcionários, bem como na supervisão competente.

Artigo 13

1. A criança terá o direito à liberdade de expressão; este direito incluirá liberdade para procurar, receber e partilhar informações e idéias de todos os tipos, independentemente de fronteiras, oralmente, por escrito ou na forma impressa ou de arte, ou através de qualquer outro meio de escolha da criança.
2. O exercício deste direito pode estar sujeito a certas restrições, mas estas devem ser estabelecidas por lei e são necessárias:
   a) por respeito aos direitos ou reputação de outros; ou
   b) para proteger a segurança nacional ou a ordem pública, ou a saúde ou costumes públicos.

Artigo 17

Os Estados membros reconhecem a importante função desempenhada pela mídia de massa e assegurarão que a criança tenha acesso a informações e materiais de diversas fontes nacionais e internacionais, especialmente aquelas que objetivam a promoção de seu bem-estar social, espiritual e moral, e sua saúde física e mental. Para este fim os Estados membros:

a) encorajarão a mídia de massa a disseminar informações e materiais que beneficiem social e culturalmente a criança, e de acordo com o espírito do artigo 29;

b) encorajarão a cooperação internacional para a produção, troca e disseminação de tais informações e materiais de várias fontes culturais, nacionais e internacionais;

c) encorajarão a produção e disseminação de livros infantis;

d) encorajarão a mídia de massa a ter especial consideração pelas necessidades lingüísticas da criança que pertença a uma minoria ou seja indígena;

e) encorajarão o desenvolvimento de orientações apropriadas a fim de proteger a criança de informações e materiais nocivos ao seu bem-estar, tendo em mente as cláusulas dos artigos 13 e 18.

Crianças e Influências Nocivas da Mídia

O significado da Convenção da ONU[1]

THOMAS HAMMARBERG

Os tempos mudaram. Uma ou duas gerações atrás, muito poucas crianças chegaram a ver alguma vez imagens de pessoas recebendo tiros, sendo esfaqueadas ou estupradas diante de seus olhos. Atualmente, a maioria das crianças assiste a tal violência na tela todos os dias, com freqüência em detalhes medonhos. Estima-se que uma criança norte-americana média atingindo hoje os 18 anos tenha presenciado cerca de 18 mil assassinatos simulados na televisão.

O impacto deste consumo em massa de imagens violentas ainda é assunto de muita controvérsia. Há casos de crimes violentos aparentemente inspirados por determinados filmes. Contudo, nenhum consenso foi estabelecido quanto ao alcance e rigor da influência da mídia violenta sobre a agressão ou comportamento violento do espectador infantil; os dados de pesquisa têm sido até aqui contraditórios.

Isto não é de surpreender. A pesquisa deste assunto é genuinamente complicada. Ela tem de incorporar fatores sociais e culturais mais amplos, incluindo o papel dos pais ou outros tutores. Em princípio, a resposta da comunidade à violência na mídia também afeta a criança. A existência de atividades alternativas e sua natureza é um outro aspecto importante. É desnecessário dizer que são demandadas pesquisas adicionais sobre esses tópicos, inclusive sobre o impacto indireto e de longo alcance sobre uma geração crescendo em uma sociedade afetada por este tipo de cultura de mídia sempre presente.

Tais pesquisas devem ser idealmente centradas na criança e baseadas no tratado internacional que define os direitos da criança no mundo de hoje: a

Convenção da ONU sobre os Direitos da Criança. Apontamos este tratado em particular visto que, sem dúvida, há poderosos interesses econômicos em jogo nesta discussão.

A Convenção da ONU sobre os Direitos da Criança, que foi ratificada por 191 países no final de 1997 (todos os países, com exceção dos EUA e da Somália), define certos princípios para orientar tomadas de decisões políticas que afetam a criança. Ela estipula que tais decisões devem ser tomadas tendo em vista os "maiores interesses da criança" como consideração fundamental. As opiniões das próprias crianças devem ser ouvidas. Não apenas sua sobrevivência mas também seu desenvolvimento devem ser assegurados. Finalmente, não deve haver discriminação entre as crianças; cada uma delas deve poder desfrutar seus direitos.

Estes princípios, com suas dimensões cruciais de participação e proteção, estão refletidos nos artigos essenciais da Convenção. Um deles, em particular, trata da criança e da mídia (art. 17):

> Os Estados membros reconhecem a importante função desempenhada pela mídia de massa e assegurarão que a criança tenha acesso a informações e materiais de diversas fontes nacionais e internacionais, especialmente aquelas que objetivam a promoção de seu bem-estar social, espiritual e moral, e sua saúde física e mental. Para este fim os Estados membros:
>
> a) encorajarão a mídia de massa a disseminar informações e materiais que beneficiem social e culturalmente a criança, e de acordo com o espírito do artigo 29;
> b) encorajarão a cooperação internacional para a produção, troca e disseminação de tais informações e materiais de várias fontes culturais, nacionais e internacionais;
> c) encorajarão a produção e disseminação de livros infantis;
> d) encorajarão a mídia de massa a ter especial consideração pelas necessidades lingüísticas da criança que pertença a uma minoria ou seja indígena;
> e) encorajarão o desenvolvimento de orientações apropriadas a fim de proteger a criança de informações e materiais nocivos ao seu bem-estar, tendo em mente as cláusulas dos artigos 13 e 18.

A discussão

Este artigo foi discutido várias vezes durante o processo de sua elaboração, que levou toda a década de 90. A proposta inicial fazia parte de um esboço final do texto da Convenção e era muito mais curta:

> Pais, tutores, órgãos do Estado e organizações sociais protegerão a criança de qualquer influência prejudicial que a mídia de massa, em particular o rádio, filmes, televisão, materiais impressos e exposições, por conta de seu conteúdo, possa exercer sobre seu desenvolvimento mental e moral.

As diferenças entre esta primeira proposta e o texto final refletem as discussões ideológicas durante a elaboração. O esboço final foi visto por várias delegações governamentais como negativo demais em relação à mídia em geral, sendo que algumas delas sentiam até uma atitude de censura. Os delegados do "Ocidente", em particular, argumentavam a favor de formulações que assegurassem um fluxo livre de informação, e que as crianças deveriam ser capazes de tirar vantagem da variedade de fatos e opiniões da mídia. Eles também queriam um reconhecimento implícito do fato de que alguns meios de comunicação eram geridos privadamente, e não pelo Estado.

O resultado final foi um reconhecimento claro da importante função da mídia de massa. O papel do Estado era assegurar o acesso das crianças à informação, e estimular características positivas, como a disseminação de informações que valorizem a compreensão, a paz, a tolerância, a igualdade dos sexos e a amizade entre todos os povos, a ética, grupos nacionais e religiosos e pessoas de origem indígena (este é o sentido da referência ao artigo 29 neste contexto). Além disso, o Estado incentivará o uso de livros infantis e materiais de informação adaptados às necessidades de crianças de grupos minoritários e indígenas. A cooperação internacional em tais assuntos foi estimulada. Finalmente, no artigo original — proteger as crianças de informações e materiais de mídia prejudiciais — o Estado deveria incentivar o desenvolvimento de orientações apropriadas.

Vamos examinar mais de perto a última cláusula, aquela que pede proteção. Não fica explícito, no texto, de quem é a responsabilidade de desenvolver orientações, apenas entende-se que o Estado deve ser encorajador. Contudo, uma das possibilidades é que os próprios produtores ou as entidades que os representam desenvolvam tais medidas. Outra opção seria a criação de estruturas especiais e independentes para este fim. Como em vários outros pontos, a falta de precisão da Convenção neste aspecto pode ser vista como um convite à discussão dos objetivos, em vez da prescrição de métodos precisos de implementação.

A própria natureza das orientações não é clara, com exceção de seu propósito de proteger as crianças. Algumas indicações são dadas pelas referências a outras partes da Convenção, feitas no final do artigo. Uma delas (art. 13) define a liberdade da criança para procurar, receber e partilhar informações e idéias de todos os tipos, independentemente de fronteiras e tipo de mídia. As restrições, se necessárias, deveriam ser definidas por lei e só se justificariam pelo respeito aos direitos ou reputações de outros, ou para a proteção "da segurança nacional ou da ordem pública, ou da saúde ou costumes públicos". A implicação parece ser que tais restrições poderiam ser incluídas nas "orientações apropriadas". Contudo, sua natureza claramente limitada parece indicar que, em geral, outros meios que não a censura também deveriam ser testados.

A outra referência (art. 18) é sobre o papel dos pais ou tutores legais. Eles têm "a responsabilidade fundamental de criar e formar a criança". O Estado, por sua vez, deve assisti-los em suas responsabilidades na criação das crianças. Este texto reflete a atitude geral da Convenção quanto ao relacionamento triangular entre a criança, seus responsáveis e o Estado: os pais ou outros tutores são de importância-chave para a criança, o Estado deve dar-lhes apoio e apenas em casos excepcionais — nos maiores interesses da criança — tomar posições sobre como as crianças devem ser criadas. Neste contexto a implicação é que os tutores têm uma responsabilidade direta na proteção da criança contra influências prejudiciais da mídia e devem receber apoio nesta tarefa.

Interpretação

O Comitê da ONU para os Direitos da Criança, criado para monitorar a implementação da Convenção, adotou uma abordagem tridimensional ao interpretar o artigo 17:

1) Acesso verdadeiro

O Comitê enfatizou o direito das crianças de terem acesso à mídia, o que também exige que o Estado tome medidas para tornar este direito real. Neste aspecto, não interessa se a mídia é gerida pelo Estado ou por grupos particulares. Incentivos financeiros ou outras formas de apoio ainda serão com freqüência necessários para garantir a oferta de literatura e programas infantis. Este pode ser o caso especialmente para a produção e disseminação de materiais de informação em línguas de grupos minoritários.

2) Promoção de alternativas positivas

O Comitê também pediu medidas para a promoção de valores importantes, tais como paz, tolerância, compreensão entre os povos e respeito entre os sexos. Tais medidas também poderiam ser vistas como "alternativas positivas" à violência na mídia. A própria política para a mídia deveria complementar a escola neste aspecto.

3) Proteção contra abuso

O Comitê da ONU não viu contradição entre o acesso da criança à informação e medidas para protegê-la de influências negativas da mídia. Ele enfatiza a importância do acesso, mas, ao mesmo tempo, está profundamente preocupado com o possível impacto negativo da violência da mídia.

Para encorajar "orientações apropriadas" significativas, as autoridades precisam desenvolver um corpo de conhecimentos sobre padrões relativos a assistir, ouvir e ler; sobre o que é transmitido; sobre os possíveis impactos em vários receptores, em diversas situações e de diferentes materiais; sobre as formas de restringir efetivamente transmissões nocivas. Em outras palavras: o Comitê recomenda uma política abrangente como base para o desenvolvimento de orientações.

Em síntese, o Estado tem obrigações em relação a todas as três dimensões e também em países onde a mídia é totalmente privatizada. Como os governos de hoje consumam estas ambições?

Implementação para o acesso

Até agora o Comitê da ONU para os Direitos da Criança completou o exame dos relatórios recebidos de 37 países, e há outros 26 à espera. Tais relatórios apresentam o que os governos querem descrever como sua implementação de todas as cláusulas da Convenção. É interessante fazer uma análise dos relatórios com relação ao artigo 17. Vários relatórios, na verdade, não mencionam nada ou quase nada sobre qualquer um dos aspectos do artigo: acesso, alternativas positivas e proteção contra influências nocivas. Isto aconteceu, por exemplo, com os relatórios da Indonésia, Paquistão, Ucrânia, Jamaica, Argentina e Paraguai. O Chipre e o Chile só fizeram breves referências às suas Constituições. A impressão que ficou é que não existe nenhuma política ou plano governamental deliberado.

Outros relatórios são mais precisos. Muitos deles detalham medidas tomadas para encorajar a disseminação de materiais infantis através da imprensa, rádio e televisão, fitas de vídeo e livros. Neste aspecto há, obviamente, uma diferença entre os países, com base nos recursos econômicos.

O relatório do Nepal afirma:

> Nas áreas rurais, as crianças não têm acesso às fontes acima (literatura e programas de radiodifusão infantis) devido a problemas de transporte e comunicação. Materiais educacionais também são muito caros. Há pouco incentivo para a produção de tais materiais por causa da alta taxa de analfabetismo. Também há pouca diversificação nos materiais disponíveis para crianças, seja na TV, rádio ou jornais. A capacidade para conseguir alguma coisa a partir da mídia é largamente determinada pelo nível educacional e de alfabetização das crianças.

Os relatórios do Iêmen e Honduras apresentam restrições semelhantes. Contudo, tais preocupações também são expressas por alguns dos países em transição. Na Mongólia, a produção de literatura infantil diminuiu agudamente devido a problemas financeiros. A Rússia é um outro exemplo:

> A publicação de livros está [...] enfrentando uma grave crise financeira. Os custos de produção recentemente aumentaram, em média, dez vezes mais, tornando os livros significativamente menos acessíveis [...] O encolhimento agudo da literatura infantil reduz o interesse das crianças em aprender suas línguas nativas [...]

Vietnã:

> A escassez de recursos tem impedido a expansão satisfatória de materiais infantis diversificados na mídia de massa. O número de programas infantis diminuiu nos últimos dois anos, e muitas bibliotecas locais tiveram de fechar, na impossibilidade de comprar novos livros e periódicos.

Tanto a Rússia como o Vietnã deixaram claro que não tinham condições de produzir livros em línguas de grupos minoritários devido a esses problemas econômicos. A Espanha, por outro lado, apresentou uma lista impressiva de bancos de dados à disposição dos jovens.

A tendência geral parece ser que os governos estão conscientes da importância da mídia infantil em todas as suas formas, embora crianças de grupos minoritários não recebam, em alguns casos, prioridade suficiente. O mesmo vale para as crianças surdas e cegas, que também precisam de materiais de informação apropriados a elas.

Contudo, há falta de recursos. Na realidade, nesta área em particular parece ser importante a cooperação internacional: tanto em termos de apoio financeiro como também em termos de troca de idéias e experiências. Este último aspecto é especialmente importante por causa da grande diferença na qualidade dos materiais de informação entre os países pobres e aqueles com padrões tecnológicos mais avançados.

Somente alguns relatórios, porém, mencionam a importância da cooperação internacional. Portugal é uma exceção:

> As autoridades portuguesas dão grande importância à cooperação internacional para facilitar a produção, troca e disseminação de informações e documentos de utilidade social e cultural para as crianças.

Implementação de alternativas positivas

O que foi dito sobre "alternativas positivas", atividades infantis da mídia que promoveriam valores positivos? Na verdade, surpreendentemente pouco. O relatório da Namíbia, contudo, contém algumas declarações claras que indicam uma abordagem política ao conteúdo da mídia:

> O principal objetivo da política do governo para a informação é garantir que a mídia, além de cumprir seus tradicionais papéis de esclarecimento, educação e entretenimento públicos, sirva como um catalisador para a construção da nação e para o desenvolvimento sócio-econômico. O Plano de Desenvolvimento Nacional de 1991/92 também estipula que a mídia de massa seja empregada no combate à ignorância e analfabetismo.

Nas Filipinas, um grupo privado, a Junta Filipina de Livros para Crianças e Jovens, está "propagando o amor pela leitura" através de atividades semelhantes à campanha de leitura organizada pelo Instituto Tamer na Faixa Ocidental e em Gaza.

No México, a Lei Geral para Rádio e Televisão estipula que os programas infantis devem estimular a criatividade, a integração familiar e a solidariedade humana. Além disso, eles devem promover a compreensão de valores nacionais e o conhecimento da comunidade internacional.

Uma legislação semelhante é encontrada em vários países europeus. Na Suécia, a Lei de Teledifusão instrui as redes de televisão para que assegurem idéias básicas de democracia, igualdade humana universal, liberdade e dignidade para o indivíduo. A eficiência desta abordagem geral pode, contudo, ser questionada. Na verdade, parece que as sociedades liberais têm tido dificuldades para encontrar meios de assegurar estes bons valores sem cair na armadilha de formular opiniões do Estado sobre assuntos ideológicos e políticos. Estados mais autoritários não têm este problema, embora sua retórica — mesmo quando expressa valores positivos — nem sempre seja levada a sério.

Uma maneira de tornar mais real a intenção da Convenção, neste aspecto, seria proporcionar às crianças e jovens maior acesso à produção de informações e materiais de mídia. Os experimentos nesta direção têm sido encorajadores; foram estabelecidos modelos positivos de televisão infantil, por exemplo, na Guatemala e em El Salvador.

Implementação para a proteção

Os relatórios refletem uma divisão nítida entre os países liberais industrializados e outros Estados quanto ao grau de consciência e medidas adotadas em relação ao impacto nocivo da violência na mídia. A impressão que se tem é que os governos de vários países meridionais ainda não tiveram razões para atacar este problema — ou não tiveram capacidade para isso. Alguns deles parecem estar considerando passos para sair desse estado de inocência. O Vietnã é um exemplo:

> Uma outra tendência preocupante é o aparecimento cada vez mais comum, na imprensa, de notícias que tratam de sexo e violência, sendo que a justificativa aparente para isso seja o fato de que notícias deste tipo atraem mais leitores, uma consideração importante nas condições econômicas orientadas para o mercado, vigentes no Vietnã. Tais materiais não são adequados para crianças, mas seu aparecimento e o acesso a eles são difíceis de serem controlados.

Vários países afirmam que têm um sistema de censura para "proteger o desenvolvimento e o equilíbrio psicológico infantil" (Burkina Fasso) ou para assegurar que o material de informação "não seja prejudicial a elas" (Senegal). As operações mais concretas desses sistemas — e sua eficácia — não são explicadas em detalhe. Os relatórios de países da Europa Oriental e Europa Central que foram avaliados também indicam a falta de uma política mais abrangente nesta área.

Os relatórios do Canadá e de países da Europa Ocidental, contudo, são detalhados e parecem basear-se em discussões nacionais cuidadosas promovidas durante alguns anos. Várias abordagens são tentadas simultaneamente. Todos estes países parecem ter legislação contra certos abusos sérios; um exemplo é o relatório da Alemanha, onde "certas representações de violência [...] e materiais pornográficos" são proibidos na lei criminal.

A propaganda é restritiva. Na Espanha, por exemplo, a Lei Geral de Propaganda proíbe a publicidade que seja nociva aos valores e direitos estabelecidos na Constituição. Regras especiais regulam o marketing de certos produtos (p. ex., cigarros e bebidas) ou atividades (p. ex., apostas e jogos de azar) a fim de proteger as crianças.

Uma outra abordagem comum é regular o tempo de transmissão de anúncios e outros materiais. A idéia é que programas que possam ser prejudiciais às crianças sejam transmitidos tarde da noite (quando estas já devem estar dormindo). Isso poderia ser estipulado por lei, instruções especiais ou acordos voluntários pela própria mídia.

Na França, uma autoridade independente, a Junta de Mídia Audiovisual, foi criada para assegurar a proteção das crianças no planejamento das transmissões. Ela elaborou orientações para os canais de TV e deu início a procedimentos contra a violação dessas orientações. No Reino Unido, a BBC, a Comissão de Televisão Independente e a Autoridade de Rádio estabeleceram orientações para a proteção da criança contra material que possa prejudicar seu desenvolvimento mental, moral ou físico:

> As orientações para programas infantis cobrem as áreas de violência, linguagem, bom gosto e decência. Estas orientações levam em consideração o contexto da ação e o perigo do comportamento imitativo pelas crianças. Na área de noticiários e documentários, há uma consciência particular da vulnerabilidade e sugestibilidade infantil. Os produtores também devem se conscientizar dos perigos, para as crianças, de programas que incluam práticas ocultas ou psíquicas, fumo, bebidas e drogas.

Além disso, na Grã-Bretanha existe um Conselho especial instituído de conformidade com a Lei de Teledifusão de 1990 que, em seu Código de Prática, enfatiza a proteção da criança contra material inapropriado na televisão.

O relatório canadense afirma que foi feito um considerável progresso no tratamento do problema da violência na mídia. Isto depois que uma garota de 14 anos — cuja irmã foi roubada, estuprada e brutalmente assassinada — organizou uma campanha bem-sucedida de petição para eliminar, pela legislação, a violência na TV:

> Em 1993, o Grupo de Ação contra a Violência na Televisão, que inclui apresentadores, distribuidores de TV a cabo, televisão paga e serviços de programação especial, anunciantes e produtores, publicaram uma Declaração Geral de Princípios a ser seguida por todos os setores da indústria à medida que se fortalecem os códigos contra a violência na televisão. A Associação Canadense de Apresentadores foi a primeira a ter seu código revisto aceito pela Comissão Canadense de Rádio e Televisão.

Em países onde há uma forte corporação nacional de emissoras pode ser mais fácil estabelecer uma ligação entre a intenção política e a política real de programação. A YLE da Finlândia é um exemplo; ela possui uma política deliberada para evitar certos programas violentos, faz advertências claras antes de transmitir algumas matérias e também conduz pesquisas sobre seu impacto.

Alguns relatórios referem-se ao sistema de classificação por idade para o cinema. A Dinamarca é um exemplo:

> Todos os filmes a serem exibidos comercialmente devem — pela Lei de Censura de Filmes — ser avaliados em relação ao público infantil e juvenil. No momento há dois limites de idade para proibição, isto é, 12 e 16 anos, e, além disso, um limite de idade de 7 anos tem a intenção de servir como guia.

Em alguns países estes limites também dependem do fato de a criança ir ao cinema com um adulto ou desacompanhada. Um problema particular tem sido como enfrentar o mercado de filmes, que está em expansão. Isso pode ser ilustrado através de uma outra citação do relatório da Dinamarca:

> Uma revisão da censura de filmes está sendo considerada, e uma das razões para isso é o número cada vez maior de filmes para TV e o mercado de fitas de vídeo que não estão incluídos na Lei de Censura em vigor.

Na Finlândia as fitas de vídeo comerciais estão sujeitas aos mesmos procedimentos de censura dos filmes para o cinema. Na França há uma abordagem semelhante:

> [...] os videocassetes oferecidos à venda ou para serem alugados devem indicar em sua embalagem quaisquer proibições ligadas à liberação do trabalho.

A abordagem mais abrangente parece ter sido adotada pela Noruega — depois de ter submetido seu relatório ao Comitê da ONU para os Direitos da Criança.

Em março de 1995 o governo lançou um plano nacional de ação contra a violência na mídia visual.[2] Foi uma iniciativa conjunta dos Ministérios da Cultura e da Justiça — com a cooperação de outros dois Ministérios: o da Criança e Assuntos de Família e o dos Negócios da Igreja, Educação e Pesquisa. O plano afirma que mesmo que uma pequena minoria de jovens seja influenciada pelo consumo de mídia violenta, ainda assim as conseqüências podem ser sérias. O plano também conclui que a pobreza social e cultural aumenta os riscos e enfatiza os esforços preventivos, inclusive na escola.

O plano norueguês propõe alguns dispositivos legais para incluir também, por exemplo, os videogames. Sua ênfase, contudo, recai na assistência à criança e a seus pais para que façam escolhas bem-informadas. O plano procura mobilizar espectadores e consumidores para usarem seu poder e expressarem opiniões sobre os produtos disponíveis. Uma outra intenção do plano é responsabilizar aqueles que transmitem violência extrema na tela. Um outro aspecto importante é que as redes e associações de televisão foram formadas de modo a desenvolver conhecimento e reações contra a violência na mídia.

Foi criada uma secretaria especial para monitorar a implementação do plano norueguês; foram também constituídos um comitê coordenador entre os Ministérios, bem como um conselho de especialistas. Haverá relatórios anuais para o parlamento.

A abordagem norueguesa parece ser excepcionalmente abrangente e consciente. Contudo, a impressão que se tem dos relatórios que vêm de países industrializados em geral é de grande preocupação e consciência. As orientações para a televisão de vários países, incluindo as horas de transmissão, podem nem sempre ser cumpridas e, além disso, parecem não deter o grande *volume* de violência a cada hora. Um problema particular são os *noticiários*, às vezes ilustrados com imagens violentas, cujo impacto pode ser mais forte do que o de ficções abusivas.

Existem orientações voluntárias para a imprensa em vários países; em muitos casos sua implementação é monitorada por um Conselho de Imprensa organizado, completa ou parcialmente, pelas próprias instituições da imprensa. Tais orientações, contudo, tendem a focalizar mais a proteção das crianças sobre as quais se está fazendo uma reportagem, do que a publicação de material nocivo aos jovens leitores.

O mercado de fitas de vídeo para venda e aluguel, em grande expansão, criou novos problemas relativos à distinção entre o consumo por parte de crianças e de adultos. Descrições do conteúdo na embalagem, oferecendo um tipo de classificação da violência, podem ser úteis aos pais, mas provavelmente não protegem todas as crianças na vida real. Jogos de computador de natureza violenta criam problemas semelhantes.

Conclusões

1. A Convenção enfatiza tanto o direito ao acesso à informação quanto o direito a ser protegida de material nocivo. Esta abordagem combinada — especialmente se o acesso for ampliado através de iniciativas positivas, por exemplo, tendo em vista crianças de grupos minoritários — parece essencial ao desenvolvimento de uma política abrangente para a criança e a mídia. Incentivos efetivos para a produção de material infantil adequado podem ser tão eficientes quanto tentar limitar o material inadequado.

2. Alguns países realmente desenvolveram diversas abordagens neste campo, no que parece ser uma política deliberada. Contudo, há pouca cooperação internacional para que países com poucos recursos recebam apoio financeiro e sugestões no que diz respeito tanto ao acesso quanto à prevenção. Na realidade, até mesmo os Estados mais ricos podem se beneficiar de trocas, por exemplo, como desenvolver técnicas para conseguir que os produtores de informação respeitem os direitos da criança.

3. A Convenção não menciona que tipo de violência na mídia deveria ser visto como prejudicial; a interpretação deste assunto delicado também varia entre os países. Os casos extremos tendem a ser considerados como crimes, mas a zona intermediária pode ser ampla. Regulamentos — voluntários ou obrigatórios — sobre determinados horários de transmissão, ou sobre a idade adequada para assistir a um filme parecem ter tido efeito positivo, assim como sugestões para os pais. São necessários novos métodos de proteção relativos às fitas de vídeo e programas de computador consumidos em casa.

4. A discussão sobre a violência na mídia precisa incluir uma perspectiva mais ampla quanto à forma como as crianças passam o dia. O problema da mídia tende a aumentar porque muitas crianças passam mais tempo em frente da televisão do que na escola, e o tempo que passam com os pais é reduzido. Por exemplo, muitas crianças não têm um adulto presente para explicar as imagens violentas nos noticiários e para colocá-las em um contexto compreensível. Este padrão social recente levanta uma série de questões fundamentais que não parecem ser suficientemente tratadas em vários países. Isto, novamente, enfatiza a importância de produtos de alta qualidade na tela, "alternativas positivas".

5. Os governos precisam tomar medidas corretivas para evitar os efeitos das forças de mercado que violam os "maiores interesses da criança": através de legislação, dando início ao controle independente, mas também através de passos positivos para encorajar alternativas. Contudo, o problema da demanda continua. Cidadãos preocupados devem deixar claras suas opiniões para os produtores — como foi feito no Canadá em resposta ao apelo da garota

de 14 anos — de que a exploração da violência não será mais um mercado lucrativo.

Notas

1. O artigo é uma atualização do trabalho publicado em *Violence on the screen and the Rights of the Child. Report from a seminar in Lund, Sweden, September 1995*, Comissão Nacional Sueca para a UNESCO, nº 2, 1996, pp. 162-177.
2. *Regjeringens Handlingsplan mot Vold i Bildemediene* pode ser pedido ao Ministério para Assuntos Culturais, Departamento de Mídia, PO Box 8030, 0030 Oslo. Também há uma versão em inglês: *A campanha do governo norueguês para combater a violência na mídia visual.*

A Criança e a Mídia

Relatório do Comitê da ONU para os Direitos da Criança

THOMAS HAMMARBERG

O Comitê da ONU para os Direitos da Criança encontrou-se em 7 de outubro de 1996 para uma discussão geral do tema "a criança e a mídia". O Comitê convidou representantes de órgãos e agências especializadas das Nações Unidas, outros organismos competentes, incluindo organizações não-governamentais, representantes da mídia, organizações acadêmicas e de pesquisa e crianças, para contribuir nas discussões e prover recomendações especializadas.

Como forma de introdução, o Comitê expressou sua visão de que, assim como acontece com os direitos humanos em geral, a imprensa e outros tipos de mídia têm funções especiais na promoção e proteção dos direitos fundamentais da criança e em ajudar a tornar realidade os princípios e padrões da Convenção. O Comitê também afirmou que a mídia pode desempenhar um papel de pivô no controle da concretização dos direitos da criança.

Foi feita referência especial à "imagem" da criança passada pela mídia, que pode ou criar e transmitir respeito pelas crianças e jovens, ou espalhar preconceitos e estereótipos que poderão exercer uma influência negativa sobre a opinião pública e políticos. Mencionou-se também a questão da proteção da privacidade da criança pela mídia, ao fazer reportagem, por exemplo, do envolvimento em atividades criminais, abuso sexual ou problemas familiares, e da proteção de crianças contra informações que podem surtir um impacto negativo e prejudicial sobre elas, principalmente programas contendo violência brutal e pornografia. Por último, foi feita referência ao papel da mídia em oferecer às crianças a possibilidade de se expressarem.

O Comitê identificou três áreas principais a serem consideradas durante o debate:

- *Participação da criança na mídia*
  Em resumo, a discussão aqui centrou-se na importância da participação da criança não apenas como comentadora, mas em todos os níveis do processo de produção da informação e da mídia. Portanto, mecanismos adequados precisam ser desenvolvidos para capacitar a participação infantil. Não apenas a mídia como tal, mas também pais e profissionais que trabalham com crianças, ou para elas, precisam ajudá-las a se fazerem ouvir. Entre muitos outros aspectos mencionados, foi enfatizado o impacto potencial e positivo da tecnologia sobre os direitos da criança, bem como a importância de seu acesso a todos os meios de comunicação tradicionais.
- *Proteção da criança contra influências nocivas através da mídia*
  Foi dito que os Estados devem tomar medidas concretas para encorajar a mídia a disseminar informação e material que sejam de benefício social e cultural para a criança, como exigido no artigo 17(a). Foi considerada essencial a identificação clara das influências nocivas na mídia, bem como a necessidade de conscientizar as crianças, através da escola e de outros foros, a enfrentar os problemas da mídia de uma forma crítica e construtiva. Além disso, é necessário um equilíbrio mais adequado, na mídia, entre a preocupação com a proteção e o reflexo acurado do mundo real. O mesmo equilíbrio também é necessário com relação à diversidade cultural e os preconceitos sexuais. Reconheceu-se que a liberdade de expressão não é incompatível com a firme proibição de material nocivo ao bem-estar da criança. Foi feita referência especial à Internet, por exemplo, a idéia de desenvolver, em todos os países, linhas diretas onde os usuários da rede possam passar informação sobre *sites* prejudiciais.
- *Respeito à integridade da criança em reportagens da mídia*
  Em resumo, foi enfatizado que a mídia desempenha um papel essencial na promoção e proteção dos direitos humanos em geral, e deveria ser particularmente vigilante na tentativa de salvaguardar a integridade da criança. Por exemplo, a mídia deve levar em consideração os maiores interesses da criança quando ela é a fonte de informação, como em entrevistas ou simulações com vítimas infantis de violência e abuso. Também foi feita referência aos estereótipos mais comuns na mídia relativos a crianças, como o "adolescente violento" ou a falsa representação de crianças de grupos minoritários.

Com base nas discussões nas três áreas e como relator do encontro, formulei as seguintes recomendações:

1. *Mídia infantil:* Deve ser compilado um dossiê com as experiências positivas e práticas da participação infantil na mídia, como o Children's Express [Expresso das Crianças] no Reino Unido e nos EUA.

2. *Fórum infantil na Internet:* O "Vozes da Juventude", iniciado pelo UNICEF na rede, deve ser mais divulgado, como um serviço positivo para a discussão internacional de questões importantes entre os jovens.
3. *Bibliotecas infantis ativas:* A experiência de bibliotecas infantis dinâmicas, ou de departamentos infantis dentro de bibliotecas públicas, deve ser documentada e disseminada.
4. *Conhecimento da mídia:* Deve-se ensinar, em escolas de todos os níveis, sobre a mídia, seu impacto e funcionamento. Os estudantes devem ser capacitados para se relacionar com a mídia e para usá-la de uma forma participativa, bem como aprender a decodificar mensagens da mídia, inclusive nas propagandas. Experiências positivas de um país devem ser colocadas à disposição dos outros.
5. *Apoio do Estado para a mídia destinada às crianças:* Há a necessidade de apoio orçamentário para assegurar a produção e a disseminação de livros, jornais e revistas infantis, bem como teatro e outras expressões artísticas, e fitas de vídeo destinados ao público infantil. A assistência através de cooperação internacional também deve dar apoio à mídia e à arte para crianças.
6. *Acordos construtivos com as empresas de mídia para proteger a criança de influências prejudiciais:* Devem ser colhidos fatos sobre as várias tentativas de acordos voluntários com empresas de mídia no sentido de medidas positivas que foram tomadas, como, por exemplo, a não transmissão de programas violentos em certos horários, apresentações claras, antes dos programas, sobre seu conteúdo, e o desenvolvimento de dispositivos técnicos — como os *V-chips* — para ajudar os consumidores a bloquear certos tipos de programas. Da mesma maneira, experiências com padrões e mecanismos éticos voluntários para encorajar o respeito infantil devem ser colhidas e avaliadas, incluindo uma análise da eficácia dos Códigos de Conduta existentes, bem como de orientações profissionais, associações de imprensa e rádio e televisão, *ombudsmen* da imprensa e organizações do gênero.
7. *Planos de ação nacionais e abrangentes para dar poder aos pais com relação ao mercado da mídia:* Os governos devem iniciar uma discussão nacional sobre meios para promover alternativas positivas às tendências negativas do mercado da mídia, para encorajar o conhecimento sobre ela e para dar apoio aos pais em seu papel de orientadores de seus filhos no que diz respeito à mídia eletrônica e outros meios de comunicação. Deve ser organizado um seminário internacional para promover a discussão desta abordagem.
8. *Sugestões para a implementação do artigo 17 da Convenção sobre os Direitos da Criança:* Deve ser conduzido um estudo com o

propósito de desenvolver sugestões, para os governos, sobre como eles podem estimular o desenvolvimento de orientações para a proteção da criança contra informações e materiais prejudiciais ao seu bem-estar. Tal estudo também deve servir ao propósito de dar apoio ao Comitê para os Direitos da Criança na redação de um Comentário Geral ao artigo 17.

9. *Orientações específicas para os relatos de abuso infantil:* A fim de encorajar discussões posteriores nos novos espaços e dentro da comunidade da mídia como um todo, associações de jornalistas de renome devem esboçar orientações sobre como relatar casos de abuso infantil e, ao mesmo tempo, proteger a dignidade da criança envolvida. A questão de não expor a identidade da criança deve receber ênfase especial.

10. *Manuais sobre os direitos da criança para jornalistas:* Deve-se produzir material para dar apoio aos jornalistas e às escolas de comunicação no que diz respeito aos direitos da criança, procedimentos estabelecidos para o controle desses direitos, instituições internacionais, nacionais e regionais existentes que trabalham com crianças e aspectos básicos do desenvolvimento infantil. O manual planejado pelo Centro das Nações Unidas para os Direitos Humanos, destinado a jornalistas como uma ferramenta para a educação sobre os direitos humanos, deve ser amplamente disseminado após sua produção.

11. *Rede de grupos de observação da mídia:* As experiências positivas de grupos de observação da mídia em vários países devem ser incentivadas e as "boas idéias", transmitidas de um país para outro. O objetivo é dar voz aos consumidores com relação à ética e as crianças na mídia. Deve-se estabelecer ênfase nas trocas de experiências.

12. *Serviços à disposição dos "correspondentes dos direitos da criança":* Jornalistas interessados devem ser convidados a fazer parte do grupo de "Correspondentes dos Direitos da Criança". Tais jornalistas devem receber informações regulares sobre questões infantis importantes e relatórios de interesse e ser vistos como consultores de mídia para os direitos internacionais da criança em sua comunidade.

Um grupo de trabalho reuniu-se em 14 de abril de 1997 para deliberar sobre formas construtivas de assegurar a implementação das doze recomendações e outras propostas feitas durante a discussão. Sugestões por parte de autoridades, organizações e indivíduos serão bem-vindas e devem ser enviadas para Paolo David, Centre for Human Rights, United Nations, 1211 Geneva 10, Schweiz.

Juventude e Comunicação

Carlos A. Arnaldo & Åsa Finnström

Vivemos hoje em um mundo de jovens. Mais da metade da população mundial tem menos de 29 anos, ou é ainda mais jovem, caso de algumas regiões em desenvolvimento com altas taxas de natalidade e milhões de habitantes.

Mas, se essa informação demográfica é verdadeira, pode-se perguntar por que tão pouca programação de TV é relevante para os jovens. Por que a televisão é mais orientada para a violência, freqüentemente gratuita — o uso da violência para exprimir poder ou autoridade sobre outros, a violência como "a forma certa" de resolver problemas e conflitos, a violência pela violência, ou mesmo a violência como divertimento? Pode-se perguntar: a TV está simplesmente refletindo a violência que já existe no mundo, ou está incitando seus espectadores a mais violência? É por isso que ainda temos guerras, genocídios e massacres étnicos?

Com um espírito mais construtivo, poderíamos nos perguntar: como ajudar os jovens a entender e usar a mídia? Como eles poderiam participar, por meios audiovisuais e eletronicamente, do debate mundial, para criar um "espaço jovem na mídia", como recomendado pelo Fórum Mundial das Nações Unidas para a Juventude, realizado em Viena, em novembro de 1996?

A UNESCO está preocupada com estas questões que afetam diretamente os jovens na sociedade de hoje, jovens estes que continuarão a construir a democracia seguindo nosso caminho. Estes problemas também estão intimamente ligados com o nosso mandato: os Estados fundadores prometeram, na Carta da UNESCO, que "salvariam as gerações futuras dos flagelos da guerra". A UNESCO também está preocupada em proteger os jovens, sobretudo as crianças, da violência gratuita, da exposição ao sexo, pornografia e pedofilia. Mas, ao fazê-lo, os Estados não devem formular medidas extremas que violem o artigo

19 da Declaração Universal dos Direitos Humanos, ou o artigo 13 da Convenção sobre os Direitos da Criança, que contém a formulação análoga para a criança:

> A criança terá o direito à liberdade de expressão; este direito incluirá liberdade para procurar, receber e partilhar informações e idéias de todos os tipos, independentemente de fronteiras, oralmente, por escrito ou na forma impressa ou de arte, ou através de qualquer outro meio de escolha da criança.

Visto de uma perspectiva holística, também é necessário considerar os fatores culturais, sociais e familiares que determinam o temperamento de uma criança e estabelecer as bases para compreender como os jovens vêem e agem em seu mundo. Ironicamente, boa parte da pesquisa de hoje aponta para uma ruptura em escala mundial da família, escola e comunidade.

UNESCO: novas perspectivas

Consciente destas dificuldades, a UNESCO começou a trabalhar com o tema A Comunicação e os Jovens, a fim de rever os fatores relativos à violência na tela, promover o diálogo entre os envolvidos e encorajar os jovens a se tornarem críticos e conscientes como usuários da mídia e produtores de mensagens desses meios de comunicação.

A mesa-redonda de Nova Délhi

Em abril de 1994 a UNESCO, com a cooperação da Comissão Nacional e Delegação Permanente da Índia, e com o apoio financeiro do International Programme for the Development of Communication (IPDC) [Programa Internacional para o Desenvolvimento da Comunicação], realizou uma pequena mesa-redonda com diretores de televisões públicas. O evento reuniu as redes Doordarshan da Índia e Rádio de Toda a Índia, Televisão Central Chinesa, Televisão Indonésia, Centro Asiático de Informação e Pesquisa de Comunicação de Massa (Cingapura), BBC (Reino Unido), TV5 (França) e CNN (EUA).

O relatório do presidente do IPDC, Torben Krogh, refletiu preocupações profissionais: legislações restritivas ou outras formas de controle da parte dos governos ou organismos externos eram indesejáveis e ineficientes na redução da violência; os próprios produtores de televisão deveriam estabelecer orientações e se impor autodisciplina para aderir a elas; a televisão nacional pública foi considerada a melhor contrapartida da violência importada na TV; e meios financeiros e técnicos para melhorar e aumentar a produção televisiva nacional deveriam ser reforçados.[1]

A não-violência e a televisão também foram o assunto da discussão do debate temático[2] do IPDC em janeiro de 1996. Os trabalhos foram entregues por Hervé Bourges, presidente do Conselho Supremo dos Meios de Comunicação;

S. K. Kapoor, diretor-geral da TV Doordarshan, Índia; e Colin Shaw, diretor do Conselho para os Padrões dos Meios de Comunicação, Reino Unido. Este Conselho também preparou uma pesquisa de organizações selecionadas de TV relativa à forma como as orientações são elaboradas e implementadas pela indústria.

Conferência de Lund

De 26 a 27 de setembro de 1995, na cidade medieval de Lund, Suécia, a UNESCO cooperou com a Comissão Nacional Sueca para a UNESCO na organização da Conferência Internacional sobre Violência na Tela e da Convenção sobre os Direitos da Criança.[3] Este fórum reuniu cerca de 150 produtores e gerentes de mídia, pesquisadores, jornalistas, políticos e professores para discutir as ameaças que a violência na TV e no cinema, bem como nos jogos eletrônicos, constituem para o público jovem.

Os participantes discutiram os efeitos sociais da violência na tela sobre os jovens; o agravamento dessa situação pela facilidade do acesso a programas graças à televisão a cabo; os jogos eletrônicos que apelam para os instintos mais primários; e o retrato muito claro da pornografia e sexo infantil através de técnicas de multimídia em sistemas mundiais de dados, como a Internet.

Os participantes ficaram convencidos de que, além da violência na tela, deve-se examinar o impacto social crescente da revolução da informação e o novo paradigma técnico-econômico que ela pressupõe. Eles também estavam preocupados com o fato de que a única lei que prevalece é a de mercado, isto é, qualquer coisa que renda lucros é produzida e distribuída. Eles enfatizaram o papel essencial dos canais de TV públicos para limitar as pressões comerciais sobre a programação, para garantir padrões sociais e artísticos apropriados e para reduzir a violência na tela. Enquanto muitos participantes recomendavam a necessidade de encorajar a auto-regulação da mídia, outros tantos referiam-se às palavras do diretor-geral da UNESCO no que se refere ao poder ainda não utilizado do público: "Nós podemos desligar a TV!". Em apoio a isso, outros participantes afirmavam que as soluções devem vir não só da indústria, mas também de dentro da família, já que é a influência familiar que, a longo prazo, triunfará ou fracassará, e não a da televisão.

Um resultado bastante concreto do seminário de Lund foi a decisão de criar uma câmara internacional para crianças e a violência na tela.

Fórum Mundial da Juventude

De 11 a 13 de setembro de 1996, organizações não-governamentais, professores e estudantes reuniram-se sob o patrocínio da União Internacional das Organizações da Família, em Montreal. Foi o *Prepcom*, um colóquio para preparar dados para o Fórum Mundial da ONU para a Juventude, a se realizar naquele ano em Viena, Áustria. A UNESCO contribuiu com o trabalho de orientação sobre comunicação e juventude, que procurava apresentar as razões por que há um hiato na comunicação entre os jovens e a geração mais velha; por que uma das coisas mais difíceis do mundo moderno é falar com seus próprios filhos, e por que os pais acham difícil transmitir o que consideram ser os valores duradouros da vida: trabalho árduo, honestidade, uma educação sólida e boa criação. As abordagens adotadas pelos adultos não são apenas uma questão de educação, mas precisam incluir esforços para ouvir, e não apenas falar, aprender, assim como ensinar e apreciar, em vez de simplesmente condenar. O trabalho questionava se, além do conflito de gerações, não havia também uma falha de comunicação. A comunicação é o problema ou a solução?

A UNESCO também participou do Fórum Mundial da ONU para a Juventude em Viena, realizado entre 21 e 25 de novembro de 1996, e ajudou os jovens participantes na formulação de dois projetos, os *Cafés da ONU* e o *Espaço da Mídia Jovem.*

UNESCO, crianças e a mídia em 1997

Muitas das atividades relativas à criança e à violência na tela, que tinham se iniciado anteriormente e com freqüência em parceria com as Comissões Nacionais da UNESCO, universidades, ONGs e grupos de pesquisa, produziram frutos em 1997.

Fórum sobre a juventude e a mídia — amanhã

Acima e além da questão do conteúdo violento na mídia, uma questão mais aguda é como os jovens usam a mídia: em que situações, para quê, e como entendem o que vêem e ouvem. O fórum internacional de pesquisadores realizado em Paris, de 21 a 25 de abril de 1997, *Os Jovens e a Mídia — Amanhã*, tentou analisar este amplo campo. Mais de 350 pesquisadores participaram e mais de sessenta trabalhos foram propostos. Organizado pelo Groupe de Recherche sur la Rélation Enfants/Médias (GRREM), com a participação financeira e intelectual da UNESCO, o fórum pesquisou a situação atual e as tendências de pesquisa concernentes à relação entre os jovens e a mídia, e procurou, através de mesas-redondas, esclarecer aqueles com poder para agir. O fórum mostrou, entre outras coisas, que a relação entre as crianças e a televisão é muito mais complexa do que o campo geral de pesquisa até aqui nos fez acreditar.

Durante o fórum chamou-se a atenção para o fato de que a variedade de contextos nacionais e sistemas de mídia levou os pesquisadores a proporem questões de formas diferentes. Pesquisadores de vários países também enfatizaram a aparente fixação de boa parte da pesquisa norte-americana apenas na violência. Descobriu-se que isso também desviava a atenção do contexto psicocultural mais amplo e complexo em que os temperamentos violentos são formados. Também foi mostrado que há novas pesquisas nos EUA com variáveis que se relacionam mais ao contexto para modificar certos efeitos da mídia.

Vários trabalhos demonstraram como instituições educacionais e sociais estão conduzindo programas de aprendizagem de modo a introduzir os jovens na compreensão, crítica e uso da mídia de massa, fotografia, rádio, vídeo ou Internet. Atendendo ao pedido do Comitê da ONU para os Direitos da Criança, foi feito um relatório preliminar[4] resumindo estas "melhores práticas". Tais práticas serão posteriormente compiladas com dados de outras agências especializadas e de ONGs.

O estudo feito por escoteiros: como os jovens percebem a violência na tela

A Organização Mundial do Movimento de Escoteiros completou o trabalho de campo para o estudo *Como os jovens percebem a violência na tela*. Este trabalho foi feito sob a supervisão de Jacques Cassaigneau e Mateo Jover. Jovens escoteiros e parceiros locais aplicaram questionários em 23 países. Mais de 5 mil questionários foram tabulados, analisados e estudados pelo prof. dr. Jo Groebel da Universidade de Utrecht. Um relatório resumido[5] de quatro páginas está disponível em francês e em inglês; além disso, um outro mais longo, de vinte páginas, está disponível em inglês.[6] O relatório final completo foi publicado em 1998.

Participaram mais de 5 mil alunos de 12 anos de idade e de 23 países, selecionados através do Índice de Desenvolvimento Humano (dados de 1994, mas da forma apresentada no Relatório de Desenvolvimento Humano de 1997), perfazendo um total de mais de 250 mil dados. Estes jovens não estavam ligados a nenhuma organização em particular, e vinham de regiões urbanas e rurais, áreas com altos e baixos índices de agressão, e países com alta e baixa tecnologia. Isto significa que a pesquisa em questão é a maior já realizada sobre este assunto e conduzida da forma mais abrangente.

O estudo mostra que a televisão é um meio sempre presente em todas as áreas pesquisadas, e que as crianças passam mais tempo em frente da TV (uma média de três horas) do que com qualquer outro meio de comunicação (rádio ou livros), ou com qualquer outra atividade, inclusive lição de casa. Quase todos os jovens amostrados conhecem o *Exterminador*, ou *Rambo*, ou citam um herói local favorito como modelo principal. Em geral isto significa que muitas crianças vivem em um ambiente onde tanto as experiências "reais" como as que advêm da mídia apóiam a visão de que a violência é natural. Um herói violento como o *Exterminador* parece representar as características que as crianças consideram necessárias para resolver situações difíceis. O fascínio pela violência está freqüentemente relacionado com heróis recompensados por suas ações porque são capazes de lidar com todos os problemas. Assim, a violência na tela se torna atraente como um modelo para resolver os problemas da vida real e, portanto, contribui para uma cultura agressiva global.

Contudo, a violência na tela não é o único fator a considerar. O estudo adverte: "É crucial identificar o impacto da personalidade da criança, seu ambiente real, experiência com agressão, circunstâncias familiares e contexto cultural. Essas são as condições fundamentais que determinam a predisposição de uma pessoa para a violência". O relatório também propõe recomendações para um posterior debate público entre os envolvidos e reforça o papel da educação sobre a mídia para promover uma postura crítica entre seus consumidores. Aponta a Câmara Internacional da UNESCO para Crianças e a Violência na Tela como um recurso para buscar soluções para este problema social.

Câmara para crianças e a violência na tela

Até agora foi quase impossível empreender novas pesquisas ou mesmo rever as já publicadas porque não havia um único serviço disponível para reunir, analisar e disseminar as informações sobre a criança, a violência na tela e a Convenção sobre os Direitos da Criança. É por isso que a Conferência de Lund recomendou a criação de uma Câmara, e o Centro de Informação Nórdica para a Pesquisa sobre Mídia e Comunicação (Nordicom), da Universidade de Göteborg, Suécia, foi sugerido para esta tarefa. O Nordicom tem uma longa experiência de cooperação e fortalecimento de laços entre os pesquisadores dos países nórdicos e também de outras partes do mundo.

A estrutura orientadora deste trabalho é a Convenção da ONU sobre os Direitos da Criança, cujo artigo 13 fala da liberdade de expressão infantil e o artigo 17, da criança e a mídia. A Convenção enfatiza a necessidade de a criança ter acesso à informação, mas também recomenda a elaboração de orientações apropriadas para proteger a criança de conteúdos nocivos.

Os objetivos primários da Câmara são: ressaltar a questão da violência na tela com relação aos jovens, estimular iniciativas e atividades para combater a violência gratuita e prover uma boa base para a formulação de políticas nesta área. Os dados reunidos pela Câmara estarão disponíveis através de bancos de dados, de acesso internacional, a pesquisadores, profissionais da mídia e outros especialistas. A informação também é veiculada regularmente através de um boletim informativo e, principalmente, através do Livro do Ano. Tanto o governo sueco como a UNESCO mantêm a Câmara.

Conclusões

A partir de todas essas ações, certas conclusões começam a se destacar:

1. A relação entre violência na mídia e violência real não é muito bem entendida em toda a sua complexidade. Tem sido dada atenção excessiva às relações estritamente causais (muito difíceis de serem demonstradas), em vez de concentrar-se na compreensão de todo o processo de aprendizagem cognitiva dos jovens e no modo como eles formam atitudes e posições duradouras. Isso foi citado várias vezes durante o fórum de pesquisadores em abril de 1997 — *Os Jovens e a Mídia — Amanhã*. O mesmo foi confirmado empiricamente no estudo com jovens de 23 países sobre a percepção infantil da violência na tela.
2. Ao mesmo tempo em que há uma quantidade crescente de violência na mídia, também é necessário examinar o papel de apoio da sociedade como um todo (família, escola e comunidade), visto que ela provavelmente exercerá uma influência maior sobre o comportamento individual do que o aparelho de televisão. Portanto, devem-se procurar soluções neste contexto mais amplo da sociedade, em vez de procurá-las apenas na mídia.
3. A proteção dos jovens é importante, mas não à custa dos direitos universais, particularmente o direito à liberdade de expressão. O direito à liberdade de expressão é individual e inalienável, e serve de base para a democracia.
4. Ao tomar decisões relativas à programação, os gerentes da indústria audiovisual, bem como de outras indústrias de entretenimento e distribuidores, devem trabalhar com autodisciplina e, sempre que possível, de acordo com as orientações elaboradas pelos próprios profissionais.

A partir dessas conclusões, surgem algumas hipóteses de trabalho aparentemente paradoxais:

1. A mídia é profundamente influenciada por forças de mercado. Contudo, objetivos bem articulados da sociedade e sua busca ativa podem elevar a qualidade das produções da mídia. Isso é ainda mais verdadeiro se tais objetivos receberem o apoio de grupos informados com a preocupação de proteger tanto as liberdades civis como os interesses da criança.
2. Quanto mais livre e autodisciplinada a mídia, mais efetivamente ela poderá contribuir para os objetivos sociais, educacionais e culturais da sociedade.
3. A questão da participação infantil na mídia está ligada à questão mais ampla da participação da criança na sociedade como um todo — em particular, em casa e na escola.

4. São necessárias novas pesquisas para elucidar a contribuição potencial ou o prejuízo da mídia popular sobre o bem-estar psicológico e a educação infantil. Daí o papel da Câmara ser mais relevante.

O que está em questão, afinal,
É a habilidade da sociedade como um todo
De fazer escolhas bem informadas
Sobre o tipo de mídia que deseja.

Notas

1. Torben Krogh. *Non-violence, Tolerance and Television*, Relatório do presidente do Programa Internacional para o Desenvolvimento da Comunicação. Paris, UNESCO, 1995. Também disponível em francês.
2. Unesco. Relatório do Programa Internacional para o Desenvolvimento da Comunicação, 17ª sessão. Paris, UNESCO, janeiro de 1997.
3. *Violence on the screen and the Rights of the Child.* Relatório de um seminário em Lund, Suécia. Stockholm, Svenska UNESCO-rådets skriftserie nr 2, 1996.
4. Carlos A. Arnaldo & Helle Jensen. *Helping young people learn media: a preliminary compilation of best practices.* Paris, UNESCO, 1997.
5. Prof. dr. Jo Groebel. *Young people's perception of violence on the screen: A joint project of UNESCO, the World Organization of the Scout Movement.*
6. Ver o artigo de Jo Groebel neste Livro do Ano.

A Criança e a Violência na Tela

Artigos de Pesquisa

Introdução

CECILIA VON FEILITZEN
Coordenadora científica da Câmara

A criança e a violência na tela

O debate sobre violência na mídia tem oscilado bastante, ao mesmo tempo em que a mídia é introduzida e espalhada. No contexto deste debate, tipos diversos de mídia têm sido mais ou menos enfocados em períodos diferentes — de livros, imprensa popular e filmes em séculos anteriores, passando pelo rádio, quadrinhos, televisão nacional, vídeo, música e televisão via satélite no decorrer do século XX, até a mídia digital e interativa, como, por exemplo, os jogos eletrônicos, a Internet e a "realidade virtual" agora que nos aproximamos do milênio.

Conquanto vozes indignadas sejam cada vez mais raras com relação à imprensa e à mídia de áudio nos dias de hoje, a preocupação com a violência na mídia de vídeo permanece. Em conseqüência, a pesquisa sobre violência na mídia, que teve início na década de 20 e se intensificou nas décadas posteriores, se aplica, principalmente, aos filmes e à televisão, tendo se estendido, nos últimos quinze anos, a estudos sobre vídeo, jogos eletrônicos e Internet.

Com a diversificação da mídia, a quantidade de violência nela existente aumentou. Isso se deve não só aos efeitos cumulativos da criação de novos tipos de mídia, mas também à maior concorrência entre a mídia e sua globalização e privatização. Comparando-se a área da mídia e telecomunicações, desde a década de 80, dificilmente alguma outra área experienciou uma globalização tão rápida, crescimento recorde e concentração de poder. O mercado é agora dominado por uma minoria de conglomerados extensivos ou de mundos comerciais completos. Os conglomerados com sede nos EUA são os maiores e mais numerosos, mas também há empreendimentos transnacionais consideráveis com sede na Ásia e na parcialmente desajustada Europa (Herman & McChesney, 1977).

O fato de os EUA distribuírem a maior parte da violência na mídia no mundo todo leva, entre outras coisas, à circunstância de a programação americana na televisão alemã conter quatro vezes mais violência que a programação alemã, de acordo com uma análise de conteúdo (Groebel & Gleich, 1993). Em uma análise de conteúdo sueca de todos os programas, com exceção dos noticiários, em seis canais de TV (Cronström & Höijer, 1996), 62% do tempo de violência (isto é, seqüências puras de violência) consistia em cenas violentas de origem norte-americana. Neste caso, as seqüências de violência em *trailers* não foram levadas em consideração; elas somavam 15% do tempo total de violência. Uma vez que os *trailers* freqüentemente são anúncios de filmes de ação que entrarão a seguir, pode-se estimar que cerca de 70% do tempo de violência seja de origem norte-americana.

A concentração da propriedade da mídia não vale só para a televisão, filmes de vídeo e cinema, mas também para revistas em quadrinhos, jogos eletrônicos etc. Assim, esta concentração de poder não resulta em multiplicidade, variação cultural e liberdade de expressão, em que a maioria das pessoas pode ser ouvida, mas em unilateralidade e uma espécie de censura privada.

Muitos países estão preocupados com a unilateralidade dos programas e filmes importados que eles não podem contrabalançar com sua própria produção, embora seja impossível, naturalmente, fazer uma generalização entre as nações, uma vez que as condições e pré-requisitos são diferentes (por exemplo, o Japão e a Índia exportam muitos programas de TV e filmes para outros países asiáticos; o Brasil, muitos programas para a América Latina; a Austrália, programas para a Ásia e países de língua inglesa etc.). Um exemplo disso é a situação na antiga Europa Oriental. Aqui, o alívio sentido depois da liberação da censura, confirmada pela queda do Muro de Berlim em 1989, foi obscurecido pela surpresa e contragosto atualmente experimentados por partes da população, devido à grande quantidade de programas e filmes violentos e pornográficos invadindo as fronteiras desses países, onde, cada vez mais, vozes se levantam exigindo legislação da mídia (ver, por exemplo, Larsson, 1997; Minichová, 1997), e novas regras e leis nacionais relativas à violência na mídia, aprovadas na década de 90, existem na maioria dos países da Europa Oriental (Irving & Tadros, 1997).

Ao mesmo tempo, é importante notar que as pessoas, em média, preferem assistir a programas de TV não-violentos, pelo menos de acordo com uma análise norte-americana (Gerbner, 1997). De muitas nações do mundo vêm relatórios de que os habitantes locais preferem assistir a programas produzidos em seus países, se essa alternativa existir — novelas nacionais, ficção nacional etc. (Goonasekera, 1995; Sancho, 1995; Lamb, 1997). Contudo, essas alternativas são poucas ou inexistentes. É caro produzir drama ou ficção e, na maioria dos países, não se pode esperar que os gastos resultem em receita de exportação, como acontece nos EUA, que dominam a exportação mundial nesta área.

O que domina a violência na mídia, então, não é primariamente a popularidade, mas o marketing global (Gerbner, 1997). A concentração da propriedade da mídia também dificulta o sucesso doméstico de recém-chegados, empresas menores ou de produção alternativa, que são, portanto, obrigados a entrar no ramo de vídeos e venda para o exterior. Seus produtos precisam de um ingrediente dramático que não exija tradução e se ajuste a tantas culturas quanto possível. Esse ingrediente é, em geral, a violência. Um estudo feito nos EUA indica que os programas norte-americanos exportados para outros países contêm mais violência que os programas americanos transmitidos nos EUA (Gerbner, 1997).

Tudo isso significa, entre outras coisas, que quase 90% das crianças com 12 anos de idade estão familiarizadas com personagens violentos como o *Exterminador do Futuro* e *Rambo*, de acordo com um estudo global feito em 23 países (ver o artigo, neste livro, de Jo Groebel).

Em algumas nações, e não menos nos países ocidentais, a pesquisa criminológica indica que a violência na sociedade aumentou nas últimas décadas. Além disso, estatísticas recentemente publicadas mostram que a violência se tornou mais comum entre crianças e jovens com menos de 15 anos de idade.

O que, então, as pesquisas falam sobre a relação entre violência na mídia e violência na sociedade? Este é o tema da primeira seção de artigos — "A Criança e a Violência na Tela" — deste livro.

É preciso enfatizar que as pesquisas sobre violência na mídia estão desigualmente distribuídas pelo mundo. Tais pesquisas têm sido feitas principalmente em países com muita mídia — na América do Norte e, a seguir, Europa Ocidental (com mais freqüência na Europa Setentrional do que na Meridional), bem como no Japão e na Austrália. Um panorama dos resultados de tais pesquisas é apresentado no livro por Ellen Wartella, Adriana Olivarez e Nancy Jennings (EUA), Barbara Wilson e equipe (EUA), Sachiko I. Kodaira (Japão), e Kevin Durkin e Jason Low (Austrália). Os dois últimos também lidam com a relativamente escassa pesquisa sobre jogos de vídeo e computador. Na maioria dos outros países, os estudos sobre violência na mídia são em menor número ou inexistentes. Exemplos interessantes de estudos que existem, contudo, são dados no livro de Dafna Lemish (Israel) e Tatiana Merlo-Flores (Argentina).

Em conjunto, os artigos mostram que é difícil generalizar os resultados de pesquisas de diferentes países e culturas. Como Olga Linné, da Grã-Bretanha, enfatiza em sua discussão sobre o desenvolvimento da pesquisa na Europa, a cada país deve ser dada a oportunidade de desenvolver pesquisa em seus próprios termos e dentro de seu próprio contexto cultural. Assim como Sachiko Kodaira, eu também quero enfatizar que, no futuro, precisam se desenvolver pesquisas sobre crianças e a mídia em nível internacional, isto é, comparativamente e em vários países ao mesmo tempo, a fim de se obter uma compreensão apropriada do papel da mídia, e da violência da mídia, na vida das crianças. Kodaira menciona um entre vários exemplos concretos nesta conexão: análises de conteúdo comparativas de retratos de violência na televisão japonesa e norte-americana mostraram que, embora a violência na mídia seja extensiva a ambas as culturas, ela é representada de formas diferentes. Entre outras diferenças, à violência nos dramas japoneses, em comparação com os norte-americanos, seguem-se cenas mostrando as conseqüências desta violência sobre as vítimas e seu sofrimento. Este fator, em combinação com os diferentes contextos sociais, poderia ser possivelmente de importância para o fato de que foram encontradas relações causais entre violência na TV e agressão por parte de seus espectadores nos EUA, mas não no Japão.

Além da variação cultural e nacional nas pesquisas, fato que limita a capacidade dos pesquisadores de generalizarem e resumirem resultados, muitos jornalistas, produtores de TV, políticos, professores, pais etc., nos debates públicos em vários países, freqüentemente vêem os resultados de pesquisas sobre as influências da violência na mídia como sendo "contraditórios" ou afirmam que "os pesquisadores estão em desacordo". A situação é que mesmo diferentes estudos em um mesmo país são realizados em contextos diversos — seus objetivos, perspectivas e questões são diferentes e elucidam, em conseqüência, partes diferentes do conjunto de problemas. Nenhum estudo pode, tampouco, abranger "toda a realidade". Ademais, espectadores diversos recebem impressões diferentes da violência na mídia. Refletindo sobre tudo isso e depois de uma análise mais cuidadosa, as perspectivas e os resultados se complementam, assim como as peças de um quebra-cabeça. Ao mesmo tempo, é uma questão de compreender que a realidade é complicada e que a mídia constitui apenas uma parte do ambiente das pessoas, de sua cultura e sociedade. A mídia não é, nem pode ser, a única e/ou direta causa de influência, mas funciona dentro de um conjunto de outros fatores decisivos.

Em relação às diferentes perspectivas das pesquisas, a pesquisa sobre a violência na mídia — assim como as de outras pesquisas da área das ciências humanas e sociais — tem entre outras coisas suas raízes na questão filosófica básica do livre-arbítrio dos seres humanos. Até que ponto somos produtos do ambiente — pais, escola, colegas, mídia, religião e estrutura social — e até que ponto escolhemos e agimos independentemente? Mesmo que a maioria das pessoas concorde que tanto a *estrutura* quanto o *agente* têm seu papel, alguns de nós coloca maior ênfase no papel da estrutura, enquanto outros enfatizam mais o agente. Isso também vale para os pesquisadores. Alguns deles, portanto, analisam como somos influenciados pela violência na mídia (em atuação recíproca com o resto do ambiente). Outros, ao contrário, ilustram como nós (que temos necessidades, motivos, conflitos e interesses diferentes) escolhemos e usamos a violência na mídia. Essas perspectivas, contudo, não são contraditórias em si, elas salientam diferentes aspectos das circunstâncias existenciais dos seres humanos e se localizam, portanto, em pontos diferentes da estrutura teórica. Assim, os pesquisadores que contribuíram para este livro também têm teorias diferentes, além do fato de suas pesquisas terem sido realizadas em contextos nacionais diferentes.

Não há, pois, contradição no fato de que certas pessoas buscam ativamente violência na mídia para, por exemplo, excitar-se, ficar fascinado, expressar sua masculinidade, experienciar poder em um nível simbólico, tentar fortalecer sua identidade em protesto contra o mundo dos adultos, compensar conflitos em suas relações pessoais etc. — enquanto outras pessoas obtêm impressões de arte negativa. Crianças, jovens e adultos diferentes reagem de forma diferente. Além disso, a mesma pessoa reage de modo diferente em situações diversas. Ele ou ela podem até mesmo simultaneamente procurar violência na mídia e ser por esta influenciados em uma atuação recíproca intrincada.

Similarmente, estudos diferentes investigam *tipos de influência* diferentes. Nos países em que já foram feitas muitas pesquisas, podem-se discernir várias influências indesejáveis da violência na mídia, como, por exemplo, *imitação; conseguir "dicas" e modelos de como a violência pode ser usada; agressão; medo; ansiedade e inquietação relativas a um ambiente ameaçador; concepções deturpadas da violência na sociedade; hábito da violência na mídia.* Também há relações complicadas entre estes tipos de influência. É provável, por exemplo, que, no caso de alguns indivíduos, a violência na mídia tenha contribuído para sentimentos de medo, concepções errôneas sobre a violência real, e experiências com ambientes ameaçadores que, em uma situação crítica, podem se transformar em agressão destrutiva (para uma análise mais detalhada das conseqüências positivas e negativas da violência na mídia, ver Von Feilitzen, 1993).

Em geral, a criança e a violência na mídia também devem ser vistas em uma perspectiva mais ampla. Na maior parte dos casos, a pesquisa define a violência na mídia como a violência física clara na tela, e o mesmo é basicamente válido para os artigos deste livro. Há, contudo, outras formas de opressão estrutural e simbólica e mau uso do poder que são igualmente essenciais. Esperamos voltar a tais definições em futuras publicações da Câmara. Aqui, eu me restringirei a um par de exemplos: o fato de as crianças serem abundantemente sub-representadas na produção da mídia como um todo constitui uma opressão simbólica para elas. As crianças são raramente vistas, suas vozes são raramente ouvidas, e os personagens adultos da mídia raramente falam sobre elas. Com a expansão da televisão comercial por satélite, esta sub-representação infantil parece ter sido reforçada, e quando a criança agora surge nas produções da mídia, ela parece ser com maior freqüência retratada de forma a dar apoio a papéis adultos do que em seus próprios direitos. O único lugar onde as crianças são freqüentemente representadas é na propaganda. Isto está de acordo com o fato de que as crianças e jovens têm, do ponto de vista *da sociedade* ocidental (desprezando seu valor para seus pais), uma função econômica de consumo (Von Feilitzen, em elaboração).

A área da criança e da violência na mídia também inclui aqueles casos em que as crianças estão à mercê dos noticiários da mídia — quando são retratadas como vítimas de violência, abuso, catástrofes e fome, sem respeitar sua integridade. A criança e a violência na mídia também inclui a pornografia infantil.

Situação da mídia infantil

É importante enfatizar que as crianças não constituem um pequeno grupo minoritário "secundário". Se considerarmos — de acordo com a Convenção da ONU sobre os Direitos da Criança — como crianças todas as pessoas com menos de 18 anos, elas constituem aproximadamente 37% da população mundial total.

As crianças estão desigualmente distribuídas pelos vários países. Estimativas indicam que, em média, os menores de 18 anos nos países mais ricos perfazem cerca de 24% da população e, nos países em desenvolvimento, cerca de 40%. Em certos países a população é composta por até 55% de crianças (ver a seção "As Crianças no Mundo — Estatísticas", deste livro).

A distribuição irregular de crianças no mundo fica mais clara quando excluímos os adultos: das mais de 2 bilhões de crianças do globo, cerca de 13% vivem nos países mais ricos e cerca de 87% nos países em desenvolvimento (UNICEF, 1997).

O acesso da criança à TV e outros tipos de mídia também é muito irregularmente distribuído — mas de uma forma diametralmente oposta. Em muitos países da Europa, América do Norte, Japão e Austrália, a maioria das crianças dispõe de toda a tecnologia de mídia imaginável em suas casas. Elas não apenas têm TV, mas freqüentemente dispõem de dois ou mais aparelhos, dos quais um, em geral, fica em seu quarto. Ao mesmo tempo, há um videocassete, computador e videogame. Cada vez mais as crianças também podem usar CD-ROM e Internet. Nestes países, os pais — que tradicionalmente exercem a maior influência sobre o uso que as crianças fazem da mídia — têm cada vez menos percepção do quanto e do que seus filhos vêem. O uso da mídia está se tornando cada vez mais individualizado e é progressivamente difícil para os adultos servirem de modelo, acompanharem e discutirem o que as crianças assistem.

Em alguns países da África, Ásia e América Latina, por outro lado, é comum todos assistirem juntos à TV, no único aparelho do pequeno lugar em que vivem. A razão básica é que há muito pouca eletricidade nas áreas rurais, onde a maioria das pessoas vive. Não é incomum, tampouco, que as crianças nunca tenham assistido à TV (Jahangir, 1995). Os aparelhos de TV e de vídeo estão, contudo, forçando sua entrada em todos os cantos do mundo, paralelamente à explosão dos canais de televisão por satélite e fitas de vídeo ocorrida nas décadas de 80 e 90, com cada vez mais propaganda, ficção e violência na mídia (ver também o artigo de Robert Lamb neste livro).

Como era de se esperar, a programação infantil de TV também está irregularmente distribuída. Em alguns países, quase nenhum programa infantil é produzido. Mesmo nos países mais ricos, contudo, as condições da programação infantil variam. Nos EUA, as redes tradicionais raramente transmitem programas infantis adaptados às diferentes faixas etárias e dificilmente passam programas infantis informativos (Chong, 1995). O número de programas infantis recentemente produzidos nos EUA também diminuiu desde a desregulamentação da televisão, na década de 80 (Palmer, 1995). Na Europa, Japão e Austrália, países que têm uma longa tradição na produção de programas infantis, estes programas nos canais públicos estão ameaçados pela concorrência com os muitos canais de TV via satélite, que basicamente transmitem ficção e animação.

Uma tendência mundial marcante é a introdução de canais especiais de "nicho" para a criança, tais como Nickelodeon, Disney, Fox e National Geographic. Esses canais, contudo, têm por base os EUA e fazem parte da televisão a cabo, à qual somente algumas crianças têm acesso.

Uma visão da situação da mídia infantil no mundo é apresentada na segunda seção de artigos de pesquisa deste livro — "Situação da Mídia Infantil". Deve-se enfatizar, contudo, que nesta segunda seção os artigos também se referem a países onde foram feitas pesquisas e onde há estatísticas disponíveis sobre o acesso e uso infantil da mídia. Os artigos de Anura Goonasekera (Cingapura), Sun Yunxiao (China), Stephen Nugent (Austrália), Nadia Bulbulia (África do Sul), e Keith Roe (Bélgica), apontam variações importantes na mídia infantil, seu acesso e uso em diferentes regiões.

O futuro objetivo da Câmara é prover um quadro mais diverso da situação da mídia infantil em um espectro maior de países — autores em potencial e interessados serão bem-vindos se entrarem em contato conosco. Com essa finalidade também entramos em contato com institutos de pesquisa de mídia em 40-50 países para, se possível, obter estatísticas comparáveis sobre o uso da mídia pelas crianças. Contudo, mesmo que existam classificações contínuas nos países, nem sempre elas incluem crianças. Quando estão incluídos números sobre crianças, os métodos e as faixas etárias variam de tal forma que se torna difícil comparar os dados. Continuaremos a trabalhar com esses dados e esperamos inseri-los em uma publicação futura. A seção estatística "A Mídia no Mundo" deste livro fornece um painel ilustrativo, com fatos sobre a distribuição de TV, fitas de vídeo e programação de televisão para crianças e jovens, cinema, computadores, jogos eletrônicos, rádio, livros etc. em diferentes países, bem como uma lista das maiores empresas de entretenimento do mundo.

Uma conscientização global em crescimento

Mesmo que às vezes seja fácil resignar-se, especialmente em nível nacional, aos inconvenientes trazidos pela expansão mundial da mídia, também há características positivas na forma de um contramovimento — a conscientização global crescente sobre a situação da mídia infantil (ver o informativo da Câmara, *Notícias sobre a Criança e a Violência na Tela*, nº 1-3, 1997). Um suporte essencial para este movimento é a Convenção da ONU sobre os Direitos da Criança. Uma das funções do Comitê da ONU para os Direitos da Criança é acompanhar a observância da Convenção por parte dos países membros. Neste aspecto, é de especial importância, para o Comitê, a questão da criança e da mídia. Dentro dele há, no momento, um grupo de trabalho sobre a criança e a mídia, e o Comitê estabeleceu uma série de recomendações sobre como a implementação dos artigos 17 e 13 da Convenção pode ser vista e facilitada na prática (ver a seção introdutória do livro, "As Crianças e a Mídia na Pauta da ONU e da UNESCO").

O contramovimento é caracterizado, por exemplo, por várias reuniões regionais e internacionais recentes, com o objetivo de dar apoio à situação instável da programação infantil de TV, como o festival de cinema de Bratislava em 1994, o Encontro Mundial sobre Televisão e Crianças de Melbourne em 1995, o Encontro Asiático correspondente sobre os Direitos da Criança e a Mídia de Manila em 1996, e o Encontro Africano sobre Rádio e Televisão de Acra em 1997. Resoluções e declarações sobre a programação infantil resultaram de tais reuniões e foram passadas para as redes de TV mundiais como um meio de pressão e endosso. Estes documentos estão reproduzidos na seção "Resoluções e Declarações Internacionais" deste livro. A Carta sobre Televisão Infantil do Encontro Mundial de Melbourne foi discutida, juntamente com as declarações asiática e africana, no 2º Encontro Mundial sobre Televisão e Crianças de Londres, em maio de 1998. Um Encontro Mundial sobre a televisão infantil para as Américas está planejado para o ano 2000, e um 3º Encontro Mundial é esperado para o ano seguinte.

Além disso, uma associação internacional para a criança e pesquisadores da mídia (IRFCAM — International Research Forum on Children and Media [Fórum Internacional de Pesquisa sobre a Criança e a Mídia]) foi criada em Melbourne em 1995, e o primeiro grande fórum internacional para a criança e os pesquisadores da mídia aconteceu em Paris em 1997, organizado pelo GRREM (Groupe de la Recherche sur la Relation Enfants/Médias).

A Câmara Internacional da UNESCO para Crianças e a Violência na Tela também faz parte desta conscientização global crescente. O mesmo se aplica a outras atividades da UNESCO relativas à criança e a mídia (ver a seção introdutória do livro, "As Crianças e a Mídia na Pauta da ONU e da UNESCO").

Ademais, um Conselho Mundial para a Educação em Mídia foi criado em meados da década de 90 e se reuniu pela segunda vez em São Paulo, em maio de 1998. A educação em mídia é vista, por muitos, como uma solução — através da educação crianças e jovens podem aprender a lidar refletidamente com a mídia (o que seria uma "solução" para a violência na mídia, inclusive). Mesmo que uma boa educação em mídia tenha essa função, há razão para pessimismo, visto que a educação em mídia nas escolas poucas vezes é realizada por completo. Apesar do fato de a educação em mídia ter sido incluída de alguma forma nos currículos de muitos países, e de a importância da educação em mídia ter sido enfatizada em muitos relatórios governamentais nacionais, regionais e internacionais e em outros contextos, muito poucas crianças têm, na prática, qualquer tipo de educação em mídia. Além dos esforços de alguns professores mais exaltados, as belas frases sobre a educação em mídia não saem do papel, especialmente quando se trata da mídia visual.

A educação em mídia — ou informações sobre a criança e a mídia — para pais e produtores nem sempre encontrou formas eficazes. Compreender este tipo de educação em mídia também é cada vez mais complicado, devido à individualização do uso da mídia em casa e por causa do mercado de mídia globalizado e desregularizado, em que os políticos nacionais têm cada vez menos a dizer e a mídia, cada vez mais, volta-se para a indústria em expansão dos institutos de pesquisa privados, em vez de para os pesquisadores universitários.

No futuro, a Câmara também buscará estimular a troca de conhecimentos sobre educação em mídia nas escolas, e para pais e produtores do mundo todo.

Ao mesmo tempo, há a necessidade de outros tipos de iniciativas para melhorar as relações da criança com a mídia. Entre outras coisas, a criança deve ser ativamente incluída na produção real da mídia, algo que também significará uma plataforma melhor para as vozes e opiniões infantis e uma representação mais justa das crianças na mídia. A seção "A Participação das Crianças na Mídia" deste livro apresenta alguns exemplos de tais iniciativas que promovem os direitos da criança — espera-se que esses exemplos possam inspirar atividades semelhantes. Entre eles estão: as atividades de mídia para crianças elaboradas pelo UNICEF, a agência de notícias Expresso das Crianças no Reino Unido e EUA, a participação de crianças e jovens na produção de rádio, televisão e vídeo, bem como na Internet, em uma série de países da África, Ásia, Europa, América Latina e América do Norte. A Câmara está interessada em coletar e publicar mais comentários e artigos sobre experiências práticas e positivas da participação infantil ativa na mídia em todo o mundo; espera, ainda, que pessoas e organizações engajadas em outros projetos relativos à participação infantil na mídia entrem em contato conosco para falar sobre tais projetos.

No movimento global em crescimento — além das reuniões, declarações, associações, fóruns e outras atividades mencionadas — existem muitas organizações nacionais e internacionais que de diferentes formas estão engajadas nas questões relativas à criança e a mídia.

Tendo em vista o fato de que a discussão sobre as crianças e a mídia em vários países aumentou na década de 70, pelo menos naqueles países em que a mídia está bastante espalhada, mas diminuiu durante a desregulamentação da década de 80, é, em suma, gratificante observar que a discussão voltou a crescer, agora, em um nível global necessário. É essencial que a nova discussão focalize em parte os aspectos negativos — por exemplo, limitar a violência gratuita na mídia encorajando-a a impor a auto-regulação. Essas regulações e medidas poderiam incluir que a mídia estipulasse horários antes dos quais não seria transmitida programação com conteúdo de violência; que a mídia classificasse a violência (por faixa etária e/ou conteúdo) e informasse os espectadores através de, por exemplo, ícones visíveis na tela; talvez que, como nos EUA e Canadá, houvesse *V-chips* nos aparelhos de televisão; que os pais tivessem à disposição diferentes dispositivos de bloqueio para a Internet etc. (ver mais sob o título "Regulamentos e Medidas" neste livro, com contribuições de Titti Forsslund (Suécia) e Joanne Lisosky (EUA)). É de importância vital, contudo, que a discussão também aborde as possibilidades positivas da mídia — por exemplo, aumentar a diversidade e a qualidade da programação adulta e infantil por meio de, entre outras coisas, suporte financeiro e técnico, e intercâmbio de programas entre os países através de bancos especiais de programas; trabalhar pela participação da criança na mídia; e, não menos importante, compreender o direito de todas as crianças ao acesso à mídia.

Mudar a situação da mídia infantil também significa que as circunstâncias em seus ambientes pessoais e na sociedade precisam ser melhoradas. Em primeiro lugar, o risco de influências indesejáveis da mídia é muito menor para aquelas crianças que estão crescendo em condições seguras e que têm um bom relacionamento com os pais, escola e colegas. Em segundo lugar, é necessário que as crianças e jovens possam participar ativamente da moldagem do futuro de sua sociedade. Afirmações sobre como nós, adultos, precisamos ouvir as crianças permanecerão vazias, a não ser que elas tenham mais oportunidades de afetar suas próprias condições. Se as crianças e jovens envolverem-se em atividades que sejam ao mesmo tempo significativas para elas e importantes para o processo de tomada de decisões na sociedade, então elas serão automaticamente representadas e ouvidas na mídia.

Referências bibliográficas

CHONG, Rachelle (1995) Discurso proferido no Encontro Mundial sobre Televisão e Crianças, 12-17 de março de 1995, Melbourne, Austrália, citado em Feilitzen, Cecilia & Hammarberg, Thomas, *Toppmötet — om TV:s barns rättigheter* (*O Encontro — sobre os direitos da televisão e a criança*). Kulturdepartementet, Våldsskildringsrådet, n. 16 (em sueco).

CRONSTRÖM, Johan & HÖIJER, Birgitta (1996) *40 timmar våld i veckan — en studie av våld I sex svenska TV-kanaler* (*40 horas de violência por semana — um estudo sobre a violência em seis canais de TV suecos*). Kulturdepartementet, Våldsskildringsrådet, nº 14 (em sueco).

VON FEILITZEN, Cecilia (1993) "Våld — sett på olika sätt. Perspektiv på medievåldets påverkan och betydelse (Violência — vista de formas diferentes. Perspectivas sobre a influência e significado da violência na mídia)", in Von Feilitzen, Cecilia, Forsman, Michael & Roe, Keith (orgs.) *Våld från alla håll. Forskningsperspektiv på våld i rörliga bilder.* Stockholm/Stehag, Brutus Östlings bokförlag Symposion, pp. 25-48 (em sueco).

______. (no prelo) Barnen i TV (As crianças na televisão). Projeto de pesquisa do Departamento de Jornalismo, Mídia e Comunicação, Universidade de Estocolmo (em sueco). Gerbner, George (1997) "Violence in TV Drama". *News on Children and Violence on the Screen*, nº 3, pp. 6-7.

GOONASEKERA, Anura (1995) Discurso proferido no Encontro Mundial sobre Televisão e Crianças, 12-17 de março de 1995, Melbourne, Austrália, citado em Von Feilitzen, Cecilia & Hammarberg, Thomas, *Toppmötet — om TV:s och barns rättigheter* (*O Encontro — sobre os direitos da televisão e a criança*). Kulturdepartementet, Våldsskildringsrådet, nº 16 (em sueco).

GROEBEL, Jo & GLEICH, Uli (1993) *Gewaltprofil des deutschen Fernsehprogramms: Eine Analyse des Angebots privater und öffentlich-rechtlicher Sender.* Schriftenreihe Medienforschung der Landesanstalt für Rundfunk Nordrhein-Westfalen, 6. Opladen, Leske+Budrich.

HERMAN, Edward S. & MCCHESNEY, Robert W. (1997) *The global media. The new missionaries of corporate capitalism.* London, Cassel.

IRVING, Joan & TADROS, Connie (1997) *Creating a space for children. Volume 2. Children's film and television in Central and Eastern Europe.* Montreal, International Centre of Films for Children and Young People (CIFEJ).

JAHANGIR, Asma (1995) Discurso proferido no Encontro Mundial sobre Televisão e Crianças, 12-17 de março de 1995, Melbourne, Austrália, citado em Von Feilitzen, Cecilia & Hammarberg, Thomas, *Toppmötet — om TV:s och barns rättigheter* (*O Encontro — sobre os direitos da televisão e a criança*). Kulturdepartementer, Våldsskildringsrådet, nº 16 (em sueco).

LAMB, Robert (1997) *The bigger picture: Audio-visual survey and recommendations.* UNICEF.

LARSSON, Mika (1997) "Polish-Swedish Seminar 1996 — Media Violence on Polish Agenda 1997", *News on Children and Violence on the Screen*, nº 1-2, pp. 18-19.

MINICHOVÁ, Katarína (1997) "Stop violence on TV programmes!", *News on Children and Violence on the Screen*, nº 3, p. 16.

News on Children and Violence on the Screen, nº 1-3, 1997. Boletim informativo da Câmara Internacional da UNESCO para Crianças e a Violência na Tela, Nordicom, Universidade de Göteborg.

PALMER, Ed (1995) Discurso proferido no Encontro Mundial sobre Televisão e Crianças, 12-17 de março de 1995, Melbourne, Austrália, citado em Von Feilitzen, Cecilia & Hammarberg, Thomas, *Toppmötet — om TV:s och barns rättigheter* (*O Encontro — sobre os direitos da televisão e a criança*). Kulturdepartementet, Våldsskildringsrådet, nº 16 (em sueco).

SANCHO, Neila (1995) Discurso proferido no Encontro Mundial sobre Televisão e Crianças, 12-17 de março de 1995, Melbourne, Austrália, citado em Von Feilitzen, Cecilia & Hammarberg, Thomas, *Toppmötet — om TV:s och barns rättigheter* (*O Encontro — sobre os direitos da televisão e a criança*). Kulturdepartementet, Våldsskildringsrådet, nº 16 (em sueco).

UNICEF (1997) *The State of the World's Children 1997*. UNICEF, Oxford University Press.

A Criança e a Violência na Televisão nos EUA

ELLEN WARTELLA, ADRIANA OLIVAREZ & NANCY JENNINGS

Os norte-americanos vivem em uma sociedade violenta. Estatísticas alarmantes revelam mudanças na sociedade norte-americana por causa do aumento da violência. De acordo com um relatório publicado pela Associação Psicológica Norte-Americana (1993), armas de fogo estão envolvidas em mais de 75% dos assassinatos de adolescentes. O número de crimes violentos relacionados com armas de fogo aumentou na década de 90. A pesquisa indica um aumento de 75,6% nas agressões graves relacionadas com armas de fogo de 1985 a 1994 (Federal Bureau of Investigation, 1996). Os norte-americanos têm a taxa mais alta de assassinatos que qualquer outra nação do mundo. Mas os números que contam a história mais trágica estão relacionados a crianças e adolescentes:

- Entre os jovens de 15-24 anos, o homicídio é a segunda causa de morte e para os jovens afro-americanos é a número um.
- Os adolescentes são responsáveis por 24% de todos os crimes violentos que levam à prisão. Com o passar do tempo essa taxa aumentou para aqueles que se encontram na faixa etária dos 12-19 anos, e diminuiu para os indivíduos com 35 anos ou mais. De acordo com os relatórios federais sobre crime, as prisões de jovens por violação de arma aumentaram 113% em toda a nação entre os anos de 1985 e 1994.
- A cada cinco minutos uma criança é presa nos EUA por ter cometido um crime violento, e a violência relacionada a armas de fogo mata uma criança norte-americana a cada três horas.
- Uma criança que vive em Washington, DC, ou em Chicago tem quinze vezes mais possibilidade de ser assassinada do que uma criança que vive na Irlanda do Norte.

O que poderia ser responsável por isso? A maioria de nós geralmente aceita a noção de que o comportamento violento é um problema complexo e multivariável, ligado a muitas influências. Racismo, pobreza, uso de drogas, abuso sexual, alcoolismo, analfabetismo, gangues, armas de fogo, doença mental, declínio na coesão familiar, falta de limites, fracasso de modelos positivos... tudo interage para afetar o comportamento anti-social. Como Rowell Huesmann afirmou, a agressão é uma síndrome, um padrão permanente de comportamento que pode persistir por toda a infância e chegar à idade adulta.

Simplificando, um ato de violência específico pode ser menos intrigante do que muitos pensam. Só sugerimos isso retoricamente, pois, é claro, temos poucas dúvidas de que a violência não seja algo senão traiçoeiro e intratável de muitas formas. Entretanto, considere o contexto não de um ato de violência, mas do fato persistente da violência. Naturalmente vários fatores contribuem para a violência na sociedade norte-americana, mas ignorar a violência na televisão seria um grave descuido. A violência aparece na televisão em muitos tipos de programas, de videoclips a shows de entretenimento, de documentários a noticiários. Ao terminar o primeiro grau, uma criança norte-americana comum terá visto mais de 8 mil assassinatos e mais de 100 mil outros atos de violência (Huston et al., 1992). Embora ver a violência na mídia possa não ser o único fator a contribuir para o comportamento violento, e embora não surta o mesmo efeito sobre todos, mais de quarenta anos de pesquisa indicam uma relação entre a exposição à violência na mídia e o comportamento agressivo.

Além disso, os norte-americanos são grandes usuários de televisão: 98% dos 95 milhões de casas nos EUA têm aparelhos de TV e aproximadamente três quartos desse número possuem mais de um aparelho; dois terços têm TV a cabo e quatro quintos, aparelhos de videocassete. A televisão fica ligada mais de sete horas por dia em uma casa norte-americana comum (*Broadcasting and Cable Yearbook*, 1996).

O mais importante é que a televisão que os norte-americanos assistem — e cada vez mais a programação transmitida em todo o mundo via conglomerados do setor norte-americano ou multinacionais, como o de Rupert Murdoch — é muito violenta. Desde 1994 estamos envolvidas no maior estudo já realizado sobre retratos de violência na televisão norte-americana, o Estudo da Violência na Televisão Nacional, que surgiu em conseqüência de uma preocupação política e pública nacional sobre a relação entre a violência na televisão e a violência no mundo real.

Em 1993, o senador norte-americano Paul Simon ficou irritado com a falta de ação das redes de televisão e TV a cabo depois que leis federais prematuras foram criadas de modo a isentá-las de regulamentação antitruste para permitir que elas chegassem a um acordo sobre a auto-regulação da violência na televisão. Simon sugeriu veementemente que as redes de televisão e TV a cabo indicassem grupos independentes para controlar a violência na televisão durante três anos. O fracasso nessa tarefa, disse Simon, levaria o Congresso a ouvir depoimentos e criar leis para reduzir a violência na televisão. As redes de TV indicaram um monitor e a TV a cabo, através da Associação Nacional de Televisão a Cabo, um outro, o Estudo da Violência na Televisão Nacional (ou NTVS — National Television Violence Study). Cada um desses monitores deveria controlar a programação da televisão durante três anos, e cada um deles esperava evitar regulamentações posteriores. Contudo, o Ato Norte-Americano de Telecomunicações Nacionais, de 1996, criou regulamentações posteriores, na forma do *V-chip*, ou dispositivo de bloqueio para aparelhos de televisão, e um sistema de classificação para toda a programação da TV através do qual os espectadores impedem, via *V-chip*, que conteúdos indesejáveis e presumivelmente violentos apareçam em suas telas.

O estudo da violência na televisão nacional

O NTVS relata como a violência foi retratada na televisão, inclusive na TV a cabo, em cada um dos três anos, 1996, 1997 e 1998, e faz recomendações àqueles que elaboram políticas, à indústria e aos pais. Nosso primeiro relatório, de fevereiro de 1996, tratava da programação do período de 1994-95, e o último, publicado em março de 1997, do período de 1995-96.

A análise de conteúdo da televisão se referia a uma semana montada de amostra (coletada por mais de doze semanas, de outubro a junho) de programação transmitida das seis da manhã às onze da noite em 23 canais; esses canais incluíam as principais redes de televisão, três estações independentes, TV estatal, doze das mais populares redes de televisão a cabo, e três canais de televisão a cabo especiais — HBO, Cinemax e Showtime. No total, cerca de 3200 programas foram amostrados a cada ano e cerca de 2700 tiveram seu conteúdo analisado para descrever a violência neles presente.

Encontramos muito pouca mudança do ano um para o ano dois de nosso estudo. A maioria dos shows de televisão norte-americanos contém cada um pelo menos um ato de violência; o contexto em que a maior parte da violência é apresentada é são; a violência raramente é punida no contexto imediato em que ela ocorre; e raramente resulta em prejuízo observável para as vítimas. Por exemplo, em ambos os anos, descobrimos que os perpetradores de violência ficam sem punição em mais de 70% de todas as cenas violentas — embora possam ser punidos ao final do programa. Além disso, as conseqüências negativas da violência — prejuízo para as vítimas e suas famílias, bem como os danos psicológicos, se não físicos, aos perpetradores de violência — não são retratadas com freqüência. Por exemplo, cerca da metade de todas as interações violentas não apresenta nenhum dano para as vítimas e mais da metade não mostra dor. E muito raramente, em menos de um quinto de toda a programação violenta, as repercussões negativas a longo prazo da violência, tais como danos psicológicos, financeiros ou emocionais, são retratadas. Armas (tais como revólveres) aparecem em cerca de um quarto de todos os programas violentos, e muito poucos programas (estimamos 4% a cada ano) têm temas antiviolentos. Por outro lado, com exceção dos filmes, a violência na televisão não costuma ser explícita ou vívida. E há diferenças entre os canais (a televisão estatal norte-americana é a menos violenta e os canais de TV a cabo especiais, os mais prováveis de apresentar programas violentos), e entre os tipos de programas (novamente, os filmes da TV a cabo são os mais prováveis de apresentar violência). No geral, contudo, o NTVS demonstrou uma grande consistência na apresentação de violência, por parte da televisão norte-americana, nos primeiros dois anos de estudo. A televisão norte-americana é, na verdade, um meio de comunicação violento. (Para uma apresentação mais detalhada do NTVS, ver o próximo artigo.)

Pesquisa sobre as influências da violência na televisão

Nos últimos quarenta anos mais de 3500 estudos de pesquisa dos efeitos da violência na televisão sobre os espectadores foram conduzidos nos EUA, e durante a década de 90 foram feitas diversas análises desta literatura, incluindo o relatório de 1991 dos Centros para Controle de Doenças, que declarou que a violência na televisão é um mal para a saúde pública; o estudo da violência na vida norte-americana, de 1993, feito pela Academia Nacional de Ciências, que relacionou a mídia, juntamente com outros fatores sociais e psicológicos, como um fator que contribui para a violência; e o estudo da Associação Psicológica Norte-Americana, de 1992, que também comprometeu a violência na mídia. Todas estas três análises apoiaram a conclusão de que a mídia de massa contribui para o comportamento e atitudes agressivas, assim como conduz a efeitos de dessensibilização e medo. Nenhum estudo afirma que ver a violência na mídia é o único, ou mesmo o mais importante, fator que contribui para o comportamento violento. Além disso, não é todo ato de violência na mídia que traz preocupação, nem toda criança ou adulto que são afetados. No entanto, há clara evidência de que a exposição à violência na mídia contribui de forma significativa para a violência no mundo real. Cada um dos três efeitos mais importantes de ver violência na mídia, observando especificamente os espectadores infantis, será considerado: o efeito da aprendizagem social, o efeito da dessensibilização e o efeito do medo.

Aprendizagem social

O relatório de 1993 da Associação Psicológica Norte-Americana concluiu que "não há nenhuma dúvida de que aqueles que vêem muito essa violência demonstram maior aceitação de atitudes agressivas e mais comportamento agressivo". Essa conclusão se baseia no exame de centenas de estudos experimentais e longitudinais que apóiam essa posição. Além disso, estudos de campo e estudos cobrindo países inteiros indicam que ver agressão na TV aumenta a agressão subseqüente e que tal comportamento pode se tornar parte de um padrão comportamental duradouro.

Foram propostos três modelos teóricos básicos para descrever o processo pelo qual tal aprendizagem e imitação da violência na televisão ocorre: a teoria da aprendizagem social, a teoria dos efeitos preparatórios e um modelo de desenvolvimento social de aprendizagem.

A teoria da aprendizagem social, proposta pela primeira vez por Albert Bandura na década de 60, é, talvez, o relato teórico mais bem conhecido dos efeitos da violência. Bandura afirma que, observando os modelos da televisão, os espectadores aprendem quais comportamentos são apropriados; isto é, quais comportamentos serão recompensados e quais serão punidos. Assim sendo, eles buscam obter recompensas e, portanto, querem imitar esses modelos da mídia. Quando tanto crianças como adultos vêem um modelo agressivo que é recompensado ou punido pelo seu comportamento agressivo, os modelos que são positivamente reforçados influenciam a imitação entre os espectadores. As pesquisas de campo demonstraram que a agressão é aprendida a partir de pouca idade, e se torna mais impermeável a mudanças à medida que a criança cresce. Em um estudo longitudinal para examinar os efeitos a longo prazo da violência na televisão sobre a agressão e o comportamento criminoso, Huesmann, Eron, Lefkowitz e Walder (1984) estudaram um grupo de jovens em um período de 22 anos, aos 8, 18 e 30 anos. No caso dos garotos (e em menor parte, embora ainda significativa, das garotas), assistir à violência na televisão desde cedo se relacionava com agressão auto-relatada aos 30 anos e aumentava significativamente o grau de previsão de prisões acumuladas por motivos sérios aos 30 anos. Estes pesquisadores encontraram uma relação longitudinal entre a exposição habitual na infância à violência na televisão e o crime na idade adulta e sugerem que aproximadamente 10% da variabilidade no comportamento criminoso posterior possa ser atribuída à violência na televisão.

A teoria dos efeitos preparatórios amplia o relato da teoria da aprendizagem social, mais tradicional, quanto aos efeitos da violência na televisão. Leonard Berkowitz e colegas afirmam, em sua exposição teórica, que muitos efeitos da mídia são imediatos, transitórios e passageiros (Berkowitz, 1984). Berkowitz sugere que, quando as pessoas vêem violência na televisão, são ativados ou "preparados" outros pensamentos semanticamente relacionados que podem influenciar a maneira como a pessoa responde à violência na TV: espectadores que se identificam com os atores podem se imaginar em seus papéis, agindo agressivamente como seus personagens na TV, e a evidência sugere que a exposição à agressão na mídia realmente "prepara" outros pensamentos, avaliações e mesmo comportamentos agressivos, visto que os espectadores de violência relatam uma maior disposição para usá-la em situações interpessoais.

Somente a formulação teórica de Rowell Huesmann (1986), do modelo de desenvolvimento social dos efeitos da violência, constitui uma exposição teórica verdadeira e recíproca de como o interesse dos espectadores na violência da mídia, a atenção a essa violência e as características individuais da pessoa podem interagir em uma teoria dos efeitos da violência na mídia. Usando idéias da teoria da cognição social, Huesmann desenvolve um elaborado mapa cognitivo ou modelo de script. Ele afirma que o comportamento social é controlado por "programas" de comportamento estabelecidos durante a infância. Estes "programas" ou "scripts" são armazenados na memória e usados como guias para o comportamento social e a resolução de problemas. Huesmann e Miller (1994) alegam que "um script sugere quais eventos devem acontecer no ambiente, como a pessoa deve se comportar em resposta a esses eventos, e qual é o resultado provável desses comportamentos". A violência da televisão é "codificada" no mapa cognitivo dos espectadores, e ver subseqüentemente violência na TV ajuda a manter esses pensamentos, idéias e comportamentos agressivos. Com o passar do tempo, essa atenção contínua à violência na televisão pode assim influenciar as atitudes da pessoa com relação à violência, e a manutenção e elaboração dos scripts agressivos.

Esta teoria sugere que, embora o fato de ver violência possa não causar comportamento agressivo, ele certamente exerce um impacto na formação dos scripts cognitivos para mapear as formas como se comportar em resposta a um evento violento e o resultado mais provável de ocorrer. Os retratos apresentados pela TV estão, portanto, entre as fontes pessoais e de meios de comunicação que fornecem o texto para o script que é mantido e aumentado pela exposição contínua aos scripts da violência.

Huesmann demonstrou que há fatores-chaves particularmente importantes que mantêm a relação ver televisão-agressão no caso da criança: o nível de realização intelectual, a popularidade social, a identificação com personagens da TV, a crença no realismo da violência na televisão, e o grau de fantasia sobre agressão. De acordo com Huesmann, ver muita violência na TV desencadeia uma seqüência de processos, com base nesses fatores pessoais e interpessoais, que resulta no fato de muitos espectadores não só se tornarem mais violentos, mas também desenvolverem maior interesse em ver mais violência na televisão.

Variações por formas de representação e espectadores

É claro que nem todas as representações violentas e nem todos os espectadores devem ser tratados da mesma forma. O NTVS identificou vários fatores contextuais, dentro de uma representação, que podem influenciar as reações do público à violência na mídia, tais como: 1) a natureza do perpetrador, 2) a natureza do alvo, 3) a razão da violência, 4) a presença de armas, 5) a extensão e intensidade da violência, 6) o grau de realismo da violência, 7) o fato de a violência ser recompensada ou punida, 8) as conseqüências da violência e 9) o fato de haver ou não humor envolvido na violência (Wilson et al., 1996).

Além disso, a pesquisa indica que certos fatores podem ser processados de forma diferente pelos jovens espectadores. Em primeiro lugar, crianças novas têm mais dificuldade em distinguir a realidade da fantasia, e freqüentemente imitam super-heróis com poderes mágicos, como os *Power Rangers* (Boyatzis, 1995). Em segundo lugar, crianças novas podem ter dificuldade para relacionar cenas e fazer inferências a partir do enredo. A hora da punição e da recompensa se torna importante neste caso. Em muitos programas, o crime ou comportamento violento pode ficar sem punição até o final. As crianças novas podem ter dificuldade em ligar a punição do fim com o ato violento do início e podem, portanto, acreditar que a violência ficou sem punição (Wilson et al., 1996). Assim, a aprendizagem de atitudes e comportamentos agressivos a partir da televisão varia de acordo com a natureza da representação e a natureza do espectador. A presença de fatores contextuais nas representações, que podem inibir a aprendizagem social de agressão pelas crianças novas, diminui as conseqüências negativas de tais representações e deveria ser encorajada. Nem todas as representações violentas são iguais, e o contexto da violência é claramente muito importante. De forma semelhante, crianças novas, com menos de sete ou oito anos, podem ser particularmente suscetíveis à aprendizagem a partir da exposição à violência da televisão por causa das diferenças na forma como compreendem a TV em comparação com os adultos.

Dessensibilização e medo

Dois outros efeitos do ato de ver violência na televisão foram identificados na literatura de pesquisa: a dessensibilização e o efeito do medo. Tais efeitos podem influenciar mesmo aqueles espectadores que não se comportam de forma violenta ou que têm atitudes positivas em relação ao uso da violência.

A pesquisa demonstrou que o ato prolongado de ver violência na mídia pode levar à dessensibilização emocional em relação à violência do mundo real e às suas vítimas, o que, por sua vez, pode levar a atitudes insensíveis em relação à violência dirigida a outros e a uma probabilidade menor de agir em benefício da vítima quando ocorre violência (por exemplo, Donnerstein, Slaby & Eron, 1994; para maiores referências e discussão, ver Wilson et al., 1996). Com o passar do tempo, mesmo aqueles espectadores que inicialmente reagem com horror à violência na mídia podem se habituar a ela ou se sentir mais psicologicamente confortáveis, uma vez que vêem determinado ato de violência como menos grave e podem avaliar a violência na mídia de forma mais favorável. A dessensibilização pode atingir todos os espectadores com o tempo.

Um terceiro efeito provável do ato de ver violência na televisão foi estudado extensivamente por George Gerbner e seus colegas (Gerbner, Gross, Signiorelli & Morgan, 1986), que demonstraram que as pessoas que vêem muita violência na TV ficam com medo do mundo, com medo de tornar-se vítimas da violência e, com o tempo, adotam comportamentos mais autoprotetores e mostram mais desconfiança em relação aos outros. Como esses espectadores igualam o mundo fictício da televisão e sua super-representação da violência com o mundo real em que vivem, então tais espectadores tendem a ver seu mundo como um lugar terrível e dirigido pelo crime. É provável que tanto os programas fictícios como os reais (incluindo os noticiários saturados de crimes) contribuam para este efeito de induzir medo entre os espectadores.

A violência na televisão em um contexto global

A pesquisa substancial nos EUA nos últimos quarenta anos foi analisada e tornou-se persuasiva entre o público e políticos norte-americanos. Foram análises e conclusões como as apresentadas neste trabalho que encorajaram as iniciativas de políticas do senador Simon e do Congresso norte-americano contra a violência na televisão nos últimos quatro anos. As crianças como público de tal violência mereceram considerável preocupação e, na verdade, o dispositivo de bloqueio (*V-chip*) é um recurso razoável a ser usado pelos pais para proteger seus filhos da programação violenta na TV.

Não está claro se a magnitude dos efeitos da violência na televisão, em comparação com outras causas da violência norte-americana e de nossa sociedade violenta, é pequena ou grande. Muitos críticos europeus da literatura norte-americana sobre a violência chamam a atenção para o fato de que nem a televisão fora dos EUA é tão violenta quanto a nossa, nem são tão predominantes os outros fatores subjacentes, tais como a pobreza e a facilidade de acesso a armas, o que faz com que esta literatura não seja, portanto, aplicável a outros países e outras culturas. Tendo em vista que a natureza global da televisão e do cinema e o predomínio da cultura popular norte-americana avançam sobre os canais privados da Europa e de outros lugares, então, talvez, a programação da televisão norte-americana e seus efeitos prenunciem preocupações sobre os efeitos da violência na TV em outros países. É claro que onde a criança e a violência na televisão estão envolvidas, a questão que fica não é se a violência na mídia exerce influência, mas o grau de importância dessa influência em comparação com outros fatores no nível atual de crimes nos EUA e em outros países industrializados. Pesquisas futuras também devem ter por objetivo estabelecer quem precisamente é mais susceptível à violência na mídia e, o que é mais importante, que tipos de intervenção podem ajudar a diminuir sua influência. Enquanto isso, quaisquer intervenções que ajudem a estabelecer políticas e práticas para reduzir as formas socialmente inapropriadas de representar a violência e para aumentar as formas socialmente responsáveis (tal como usar a violência para transmitir mensagens antiviolência) devem ser encorajadas. A criança e a violência na televisão é uma questão pública que não vai desaparecer e em que se devem envolver todos os que se preocupam com o bem-estar infantil.

Referências bibliográficas

AMERICAN PSYCHOLOGICAL ASSOCIATION (1993). *Violence and youth: Psychology's response*. V. 1: Summary Report of the American Psychological Association Commission on Violence and Youth. Washington D. C., American Psychological Association.

BERKOWITZ, Leonard (1984). Some effects of thoughts on anti- and prosocial influences of media events: a cognitive neoassociationistic analysis. *Psychological Bulletin*, 95 (3), pp. 410-427.

BOYATZIS, Chris; MATILLO, Gina; NESBITT, Kristen & CATHEY, Gina (1995) (março). Effects of "The Mighty Morphin Power Rangers" on children's aggression and pro-social behavior. Apresentado na Sociedade para Pesquisa em Desenvolvimento Infantil, Indianapolis.

Broadcasting and Cable Yearbook (1996). New Providence, R. R. Bowker.

Center for Communication & Social Policy, University of California, Santa Barbara, 1997. *National Television Violence Study 2*. Thousand Oaks, Sage.

DONNERSTEIN, Ed; SLABY, Ron, & ERON, Leonard (1994). The mass media and youth violence. In J. Murray, E. Rubinstein & G. Comstock (orgs.), *Violence and youth: Psychology's response*. V. 2, pp. 219-250. Washington, DC, American Psychological Association.

FEDERAL BUREAU OF INVESTIGATION (1996). *Uniform Crime Reports for the United States, 1995*. Washington, DC, U. S. Government Printing Office.

GERBNER, G.; GROSS, L.; MORGAN, M. & SIGNORIELLI, N. (1986). Living with television: The dynamics of the cultivation process. In J. Bryant & D. Zillmann (orgs.). *Media Effects*, pp. 17-41. Hillsdale, Lawrence Erlbaum.

HUESMANN, L. Rowell, (1986). Psychological processes promoting the relation between exposure to media violence and aggressive behavior by the viewer. *Journal of Social Issues*, 42 (3), pp. 125-140.

______ & MILLER, Laurie (1994). Long-term effects of repeated exposure to media violence in childhood, pp. 153-186 in *Aggressive Behavior*. New York, Plenum.

______; ERON, L. D.; LEFKOWITZ, M. M. & WALDER, L. O. (1984). The stability of aggression over time and generations. *Developmental Psychology*, 20 (6), pp. 1120-1134.

HUSTON, Aletha; DONNERSTEIN, Edward; FAIRCHILD, Halford; FESHBACH, Norma; KATZ, Phyllis; MURRAY, John; RUBINSTEIN, Eli; WILCOX, Brian & ZUCKERMAN, Diana (1992). *Big world, small screen: the role of television in american society.* Lincoln, University of Nebraska Press.

WARTELLA, Ellen (1995). Media and problem behaviours in young people. In M. Rutter & D. Smith (orgs.). *Psychosocial disorders in young people: time trends & their origins.* Chichester, Wiley, pp. 296-323.

WHITNEY, Charles; WARTELLA, Ellen; LASORSA, Dominic; DANIELSON, Wayne; OLIVAREZ, Adriana; LOPEZ, Rafael & KLIJN, Marlies (1996). Part II: Television violence in "reality" programming: University of Texas, Austin, study. Pp. 269-360 in *National Television Violence Study, Volume 1.* Thousand Oaks, Sage.

WILSON, Barbara; KUNKEL, Dale; LINZ, Dan; POTTER, James; DONNERSTEIN, Ed; SMITH, Stacy; BLUMENTHAL, Eva & GRAY, Timothy (1996). Part 1: Violence in television programming overall: University of California, Santa Barbara study. Pp. 1-268 in *National television violence study, Volume 1.* Thousand Oaks, Sage.

A Natureza e o Contexto da Violência na Televisão Americana

BARBARA J. WILSON, DALE KUNKEL, DAN LINZ,
W. JAMES POTTER, ED DONNERSTEIN, STACY L. SMITH,
EVA BLUMENTHAL, MIKE BERRY & JOEL FEDERMAN

O objetivo deste artigo é rever brevemente a maior e mais abrangente avaliação da violência na televisão norte-americana na história da pesquisa das ciências sociais. Financiado pela Associação Nacional de Televisão a Cabo em 1994, o Estudo da Violência na Televisão Nacional (NTVS), de 3,5 milhões de dólares, é um esforço de três anos para examinar a quantidade e a forma como a violência é apresentada em 23 canais da televisão comercial e a cabo dos EUA. Até esta data, o primeiro (1994/95) e o segundo (1995/96) anos de pesquisa do NTVS já foram completados.

O estudo envolve um consórcio de acadêmicos de quatro instituições de pesquisa. Pesquisadores da Universidade da Califórnia, em Santa Bárbara, conduzem uma análise da natureza e da quantidade de violência nos programas de entretenimento. A Universidade do Texas, em Austin, provê uma análise semelhante da violência em um tipo de programa — aqueles que mostram a realidade, como noticiários, *talk shows*, documentários e programas policiais. A Universidade de Wisconsin, em Madison, analisa o papel das classificações de violência e advertências usadas na televisão, incluindo seu efeito nas decisões sobre assistir ou não a um programa tomadas por pais e crianças. A Universidade da Carolina do Norte, em Chapel Hill, conduz estudos sobre a eficácia de anúncios feitos pelo governo e de iniciativas educacionais da indústria televisiva, com o objetivo de pregar a antiviolência.

Apenas uma parte da análise (do primeiro ano de pesquisa) da programação de entretenimento conduzida pelos pesquisadores da Universidade da Califórnia, em Santa Bárbara, é revista neste artigo.[1] Uma versão abrangente do relatório do ano 1 ou do ano 2 da UCSB, bem como relatórios dos outros locais da pesquisa, podem ser encontrados nos trabalhos científicos do NTVS (National Television Violence Study, 1997, 1998). Este artigo é dividido em quatro seções. Na primeira, os fundamentos da análise são revistos. Na segunda, são delineados os métodos empregados no estudo. A terceira seção apresenta os resultados do segundo ano do estudo da UCSB. E, finalmente, a última seção contém várias recomendações com relação à representação da violência para a indústria televisiva, os responsáveis pela elaboração de políticas e os pais.

Fundamentos da pesquisa

Ao abordar pela primeira vez este projeto de pesquisa, conduzimos um exame exaustivo do conjunto de conhecimento científico avaliando os efeitos da violência na televisão sobre o público espectador. Depois de examinar toda a evidência existente, chegamos a quatro conclusões, apresentadas a seguir, que representam as suposições-chaves subjacentes à nossa pesquisa:

Fundamento 1:
A violência na televisão contribui para efeitos anti-sociais nos espectadores

Nossa conclusão de que a violência na televisão contribui para efeitos negativos nos espectadores não é nova. À mesma conclusão já haviam chegado virtualmente todos os grupos ou agências que investigaram este tópico. A Associação Psicológica Norte-Americana (1993), a Associação Médica Norte-Americana (1996), os Centros para Controle de Doenças (1991), a Academia Nacional de Ciências (1993), o Instituto Nacional de Saúde Mental (1982), e o Ministério da Saúde Norte-Americano (1972), entre outros, haviam concluído que ver violência na TV pode causar vários efeitos adversos nas crianças e mesmo nos adultos.

Fundamento 2:
Há três tipos primários de efeitos resultantes de ver violência na TV:

- Aprendizagem de atitudes e comportamentos agressivos.
- Dessensibilização à violência.
- Maior medo de ser atingido pela violência.

As pesquisas mostram claramente que a violência na televisão contribui para o comportamento agressivo infantil, e que esse efeito pode chegar à idade adulta. Um estudo, por exemplo, descobriu que a exposição à violência na televisão aos 8 anos de idade ajudava a predizer comportamento criminoso em uma amostra de adultos (Huesmann, 1986; Huesmann & Eron, 1986). Recentes pesquisas de opinião sugerem que a maioria dos adultos agora reconhece que a violência na televisão pode ensinar atitudes e comportamentos agressivos aos jovens espectadores (Lacayo, 1995).

Há, contudo, outros tipos de efeito que receberam menor atenção. A pesquisa demonstra que exposição repetida à violência na TV pode levar os espectadores a se tornarem mais insensíveis, ou dessensibilizados, à nocividade do comportamento violento (Linz, Donnerstein & Penrod, 1988). Além disso, a exposição a longo prazo a representações violentas pode aumentar os medos que as pessoas têm da violência do mundo real (Gerbner, Gross, Morgan & Signorielli, 1994). Isto é, as pessoas que vêem muita violência na televisão têm um medo exagerado de ser atacadas por um agressor violento. Embora estes três tipos de efeitos sejam de natureza muito diferente, todos eles merecem atenção por parte dos pais, responsáveis pela elaboração de políticas e indústria televisiva.

Fundamento 3: Nem toda violência apresenta o mesmo grau de risco destes efeitos nocivos

A pesquisa em ciências sociais demonstrou claramente que a exposição à violência televisiva contribui para uma gama de efeitos anti-sociais em muitos espectadores. Contudo, os efeitos produzidos por essa violência não são uniformes para todos os exemplos de representações violentas.

Obviamente, há um enorme leque de abordagens para apresentar material violento. Em termos de sua apresentação visual, a violência pode ocorrer na tela e ser mostrada explicitamente, ou pode ocorrer fora da tela mas estar claramente implícita. Os atos violentos podem ser mostrados em *close* ou à distância. Também há diferenças nas falas dos personagens que cometem atos violentos e em suas razões para fazê-lo. Há diferenças, além disso, na representação dos resultados da violência, incluindo tanto a dor e o sofrimento das vítimas, como os resultados para o perpetrador. Resumindo, nem todas as representações de violência são iguais; elas variam de formas importantes.

Os estudos mostram que a forma como a violência é apresentada ajuda a determinar se uma representação pode ser prejudicial aos espectadores. Algumas características da violência aumentam o risco de um efeito nocivo, enquanto outras diminuem tal risco. A fim de avaliar a violência na televisão, portanto, precisamos verificar as características relativas ao contexto das diferentes representações. Com base em uma análise extensiva de todos os estudos nesta área (ver Wilson et al., 1997, para uma análise completa), identificamos nove características de contexto específicas que influenciam a forma como o público responde à violência na televisão (ver Tabela 1). Cada um desses elementos de contexto é analisado a seguir.

Tabela 1
Impacto prognosticado de fatores de contexto sobre três conseqüências da exposição à violência na mídia

	Conseqüências da violência na mídia		
Fatores de contexto	Aprendizagem de agressão	Medo	Dessensibilização
Perpetrador atraente	Δ		
Objetivo atraente		Δ	
Violência justificada	Δ		
Violência não-justificada	▼	Δ	
Presença de armas	Δ		
Violência extensiva/explícita	Δ	Δ	Δ
Violência real	Δ	Δ	
Recompensas	Δ	Δ	
Punições	▼	▼	
Insinuação de dor/dano	▼		
Humor	Δ		Δ

Δ = provavelmente *aumenta* a conseqüência
▼ = provavelmente *diminui* a conseqüência

Nota: Os efeitos prognosticados baseiam-se na análise da pesquisa das ciências sociais sobre as características de contexto da violência. Os espaços em branco indicam que não há pesquisa adequada para fazer um prognóstico.

Fonte: "Violence in television programming overall: University of California, Santa Barbara Study", por Wilson et al. (1998), *National Television Violence Study 2,* p.14. Copyright 1998 by Sage Publications. Impresso com a permissão dos autores.

Natureza do perpetrador:

A primeira característica de contexto é a *natureza do perpetrador.* Tipos diferentes de personagens utilizam violência na televisão. Os estudos mostram que espectadores de todas as idades mais provavelmente competem e aprendem com personagens percebidos como atraentes (ver Bandura, 1986, 1994). Assim, é mais provável que um perpetrador de violência atraente ou envolvente seja um modelo mais forte para os espectadores do que um personagem neutro ou não-atraente. Certas características dos perpetradores aumentam sua atratividade. Os estudos sugerem que os espectadores classificam como mais positivos aqueles personagens que agem pró-socialmente (por exemplo, de forma benevolente, heróica) do que aqueles que são cruéis (Hoffner & Cantor, 1985;

Zillmann & Cantor, 1977). Além disso as pesquisas revelam que as crianças a partir de 4 anos de idade podem distinguir entre personagens prototipicamente bons e maus em um programa de televisão (Berndt & Berndt, 1975; Liss, Reinhardt & Fredriksen, 1983).

Natureza da vítima:

A segunda característica de contexto é a *natureza da vítima*. Assim como o perpetrador é uma importante característica de contexto da violência, o objetivo também o é. Contudo, é mais provável que a natureza da vítima exerça influência sobre o medo do público, e não sobre sua aprendizagem. Os estudos mostram que os espectadores se preocupam com os personagens atraentes e freqüentemente partilham as experiências emocionais de tais personagens (Zillmann, 1980, 1991). Este tipo de empatia ocorre com personagens que são benevolentes ou heróicos (Comisky & Bryant, 1982; Zillmann & Cantor, 1977), bem como com personagens que se parecem com os espectadores (Feshbach & Roe, 1968; Tannenbaum & Gaer, 1965). Assim, um personagem que é amado pode encorajar o envolvimento do público. Quando tal personagem é ameaçado ou atacado em uma cena violenta, é provável que os espectadores experimentem maior ansiedade e medo.

Razão para a violência:

A terceira característica de contexto é a *razão* ou motivo da violência do personagem. Os espectadores interpretam um ato de violência de formas diferentes, dependendo dos motivos do personagem para se envolver em tal comportamento. Certos motivos, como a autodefesa ou a proteção de um ente querido, podem fazer com que a agressão física pareça justificada. Os estudos mostram que a violência justificada aumenta a chance de que os espectadores aprendam o comportamento agressivo, porque tais representações legitimam ou sancionam esse comportamento (Berkowitz & Geen, 1967; Berkowitz & Rawlings, 1963; Geen & Stonner, 1973). Em contrapartida, a violência que é injusta ou puramente malévola diminui o risco de imitação ou aprendizagem do comportamento agressivo (Berkowitz & Powers, 1979; Geen, 1981).

Arma usada:

A quarta variável de contexto é o *uso de armas*. Os personagens podem usar sua própria força física para ser violento com a vítima, ou podem usar algum tipo de arma. Armas convencionais como revólveres e facas podem aumentar a agressão do espectador porque tais dispositivos freqüentemente desencadeiam a lembrança de eventos e comportamentos agressivos (Berkowitz, 1984, 1990). Na verdade, uma recente meta-análise de 56 experimentos publicados concluiu que a presença de armas, mostradas de forma explícita ou no ambiente natural, aumentou significativamente a agressão entre os sujeitos encolerizados ou não (Carlson, Marcus-Newhall & Miller, 1990). Este tipo de efeito preparatório é menos provável de ocorrer com armas novas ou não-convencionais, como uma cadeira ou um cano de chumbo.

Extensão/Caráter explícito:

A quinta característica de contexto é a *extensão/caráter explícito* da violência. Os programas de televisão e especialmente os filmes variam muito quanto à extensão e caráter explícito da violência que contêm. Um incidente violento entre um perpetrador e uma vítima pode durar apenas alguns segundos e ser mostrado a distância, ou pode persistir por vários minutos e envolver muitos *closes* da ação. A pesquisa mostra que a violência extensiva ou repetida pode aumentar a dessensibilização, a aprendizagem e o medo entre os espectadores (Huesmann, 1986; Linz, Donnerstein & Penrod, 1988; Ogles & Hoffner, 1987).

Realismo:

O realismo da violência é a sexta característica de contexto. Representações de violência que sejam realísticas são mais prováveis de encorajar agressão nos espectadores do que as cenas não-realísticas (Atkin, 1983; Geen, 1975; Thomas & Tell, 1974). Representações realísticas de brutalidade também podem aumentar o medo dos espectadores (Geen, 1975; Geen & Rakosky, 1975). Contudo, isso não significa que violência na forma de desenho ou fantasia seja inofensiva. A pesquisa mostra que as crianças com menos de 7 anos têm dificuldade para distinguir a realidade da fantasia na televisão (Morison & Gardner, 1978). Em outras palavras, o que parece não-realístico para um espectador maduro pode parecer bastante real para uma criança mais nova. Isso ajuda a explicar por que as crianças menores imitam prontamente os personagens de desenho violentos.

Recompensas e punições:

A característica de contexto seguinte são as *recompensas e punições*. A violência que é mostrada como fascinante ou é recompensada constitui um risco para os espectadores, assim como a violência que simplesmente fica sem punição. Os estudos mostram que a violência recompensada ou a violência que não é abertamente punida encorajam a aprendizagem de atitudes e comportamentos agressivos (Bandura, 1965; Bandura, Ross & Ross, 1961, 1963; Paik & Comstock, 1994). Em contraste, representações de violência punida podem diminuir as chances de que os espectadores aprendam comportamentos agressivos. Recompensas e punições também podem exercer influência sobre o medo do público. Os espectadores que vêem a violência ficar sem punição são mais ansiosos e mais pessimistas com relação às conseqüências da violência na vida real (Bryant, Carveth & Brown, 1981).

Conseqüências da violência:

Uma outra característica de contexto importante envolve as *conseqüências da violência*. Numerosos estudos indicam que mostrar o dano e a dor resultantes da violência pode desencorajar os espectadores de imitar ou aprender o comportamento agressivo (Baron, 1971a, 1971b; Goransen, 1969; Sanders & Baron, 1975; Wotring & Greenberg, 1973). A suposição aqui é de que gritos de dor evocam solidariedade e lembram o espectador das normas sociais contra a agressão.

Humor:

A última característica de contexto é o *humor*. Os espectadores interpretam a violência que é mostrada de uma forma humorística como menos devastadora e menos prejudicial (Gunter, 1985). O humor também pode parecer a recompensa da violência. Por essas razões, a presença de humor em uma cena violenta pode aumentar as chances de os espectadores virem a imitar ou aprender o comportamento agressivo de tal representação. Na verdade, os estudos revelaram que a exposição à violência apresentada de uma forma humorística aumenta o comportamento agressivo (Baron, 1978; Berkowitz, 1970). O humor também pode dessensibilizar os espectadores para a seriedade da violência (Jablonski & Zillmann, 1995).

Fundamento 4: Nem todos os espectadores são afetados da mesma forma pela violência

Ao assistir a cenas violentas na televisão, tanto crianças como adultos são influenciados pelas características de contexto anteriormente descritas. Ilustrando, a violência recompensada aumenta a probabilidade de aprender o comportamento agressivo, independentemente da idade do espectador, enquanto a violência punida diminui tal risco. Não obstante, algumas preocupações únicas surgem quando pensamos nas crianças menores, particularmente aquelas com menos de 7 anos.

Em razão de as habilidades cognitivas das crianças menores ainda estarem se desenvolvendo, elas com freqüência interpretam as mensagens televisivas de uma forma diferente dos espectadores adultos (ver Wilson et al., 1997, para a análise completa). Por exemplo, a capacidade de entender a diferença entre realidade e fantasia surge gradualmente ao longo do desenvolvimento infantil (Morison & Gardner, 1978; Taylor & Howell, 1973). Em conseqüência, há maior probabilidade de as crianças menores perceberem a violência da fantasia e dos desenhos como realísticas, o que torna este tipo de conteúdo mais problemático para as idades menores.

Além disso, tais crianças são menos capazes de relacionar cenas para entender eventos que ocorrem em pontos diferentes de um programa (ver

Collins, 1983). Portanto, se a punição para a violência é adiada até o final do programa, ela pode passar despercebida pela criança. A punição ou qualquer outra característica de contexto precisa ocorrer na mesma cena para que o jovem espectador a relacione com o comportamento violento original.

Estas diferenças de capacidade cognitiva significam que nem todos os espectadores serão afetados da mesma forma por uma representação de violência. As crianças com menos de 7 anos podem ser especialmente vulneráveis porque não são capazes de ver a violência da fantasia como irreal, e têm dificuldade para relacionar eventos na história, a menos que estejam na mesma cena. É importante considerar a idade do espectador ao pensar nos efeitos nocivos da violência na televisão.

Resumindo, várias idéias importantes fornecem fundamentos para esta pesquisa. Com base em um conjunto extenso de evidências, sabemos que a exposição à televisão pode contribuir para: (1) aprender atitudes e comportamentos agressivos, (2) tornar-se dessensibilizado diante da seriedade da violência, e (3) ter medo de tornar-se uma vítima da violência da vida real. A análise da pesquisa também documentou que nem toda violência na televisão oferece o mesmo risco. Algumas características de contexto podem *aumentar* o risco de efeitos nocivos, enquanto outras podem, na verdade, *diminuir* a probabilidade de tais conseqüências. Finalmente, os riscos associados com a violência na televisão dependem não só da natureza da representação, mas também da natureza do público. As crianças menores são mais vulneráveis a certos tipos de representações por causa de sua capacidade limitada de entender o sentido da televisão.

Métodos

Dados os quatro fundamentos, o objetivo do estudo da UCSB era medir a violência em todo o panorama da televisão norte-americana. No segundo ano de estudo, examinamos a natureza e a quantidade de representações de violência durante o período de 1995/96. Nossa ênfase se encontra nas características de contexto de violência que ou aumentam ou diminuem o risco de aprender comportamentos agressivos, ter medo e dessensibilizar-se. Na seção a seguir, são delineados os métodos empregados no estudo. Mais precisamente, a amostra, a definição de violência, as unidades de análise, as variáveis de contexto, e o treinamento e fidedignidade dos assistentes de pesquisa são tratados a seguir.

Amostra

Um total de 3235 programas foram aleatoriamente tirados como amostra das 6 às 23 h, de 23 canais, de outubro de 1995 a junho de 1996, para compor uma semana de programação de televisão para cada fonte. Os 23 canais compreendiam redes de televisão comercial (ABC, NBC, CBS, Fox), canais independentes (KCAL, KCOP, KTTV), rede de televisão estatal (PBS), TV a cabo básica (A & E, AMC, Cartoon Network, Disney, Family Channel, Lifetime, Nickelodeon, TNT, USA, VH-1 e MTV), e TV a cabo especial (Cinemax, HBO, Showtime). Todos os programas da amostra eram transmitidos de Los Angeles, sendo também aí gravados. Um total de 15% (N=478) dos programas eram religiosos, educativos, de jogos, comerciais informativos, ou notícias extraordinárias. Pelo contrato do NTVS com a Associação Nacional de Televisão a Cabo, estes cinco tipos de programas foram tirados de amostra e incluídos na semana representativa da programação de TV, mas não foram classificados ou avaliados quanto à violência. Portanto, um total de 2757 programas foram avaliados quanto à violência neste estudo.

Definição de violência

A definição fundamental de violência enfatiza vários elementos, incluindo a intenção de causar dano, a natureza física do dano e o envolvimento dos seres animados. Mais precisamente, a violência é definida como "qualquer representação pública de uma ameaça crível de força física ou o uso real de tal força a fim de machucar fisicamente um ser ou grupo de seres animados. A violência também inclui certas representações de conseqüências fisicamente prejudiciais a um ser ou grupo de seres animados, que se dá como um resultado de um meio violento invisível". Com base nesta definição, há três tipos primários de violência: ameaças críveis, atos comportamentais e conseqüências prejudiciais.

Unidades de análise e características de contexto

A violência é medida em três níveis ou unidades de análise distintos. Primeiro, identificamos cada *incidente violento*, ou interação entre um perpetrador e uma vítima. A seguir, analisamos cada *cena violenta*, ou momento de violência contínua, ininterrupta. Uma cena violenta, como uma briga de bar, freqüentemente contém vários incidentes violentos entre diferentes tipos de personagens. Finalmente, analisamos a violência ao final de todo *programa* violento. Examinar a violência em nível de programa permite-nos diferenciar a forma como a agressão é representada em um filme histórico como a *Lista de Schindler*, da forma como aparece em um filme de ação, como *Exterminador 2*. Ambos os filmes contêm mais ou menos a mesma quantidade de violência, mas a mensagem ou uso da violência nos dois é drasticamente diferente. Medindo o contexto de violência nestes três níveis, fornecemos informações ricas e completas sobre o significado ou contexto de violência na programação da TV.

As características de contexto foram avaliadas no nível mais sensível para capturar a natureza ou forma como a violência é representada na televisão. No nível do incidente, avaliamos variáveis como a natureza do perpetrador ou do objetivo, a razão da violência, os meios ou armas usados e as conseqüências imediatas da violência (isto é, dano/dor). No nível da cena, mediram-se a presença de humor, recompensas/punições e a extensão/caráter explícito da violência. Ao final de cada programa violento, foi medida a presença de um tema antiviolência, a duração do dano/dor representados, as punições de todos os bons/maus personagens e o realismo da violência.

Treinamento e fidedignidade dos assistentes de pesquisa

Muitas precauções foram tomadas para assegurar que um padrão consistente de julgamento fosse usado para avaliar a programação de TV da amostra. Um livro de normas bastante elaborado foi desenvolvido para prover definições detalhadas e precisas dos termos e regras de julgamento que os assistentes de pesquisa deveriam seguir. Treinamos mais de cinqüenta assistentes não-graduados para se tornarem profundos conhecedores da aplicação das regras estabelecidas no livro de normas. Os assistentes de pesquisa receberam sessenta horas de treinamento em classe e passaram quarenta horas de prática de laboratório fazendo julgamentos antes de começar a avaliar programas para este estudo.

Os assistentes de pesquisa trabalharam individualmente em laboratórios tranqüilos no período de avaliação dos programas quanto à violência. A cada duas semanas, cada um deles era testado para se ter certeza de que as mesmas regras e definições estavam sendo usadas por todos. A concordância ou fidedignidade entre os assistentes de pesquisa foi consistentemente alta no decorrer de todo o processo de avaliação, acentuando o rigor científico do estudo.

Resultados

Como já dissemos, o objetivo do estudo do segundo ano foi avaliar a quantidade e o contexto da violência na televisão norte-americana no período de 1995/96. Além de estudar a televisão como um todo, também examinamos a variação da representação da violência em diferentes tipos de canais (redes de televisão comercial, canais independentes, rede estatal, TV a cabo básica e TV a cabo especial), e em diferentes gêneros de programação (infantil, comédia, drama, filmes, videoclips e documentários). Também avaliamos se houve mudança no perfil da violência na televisão do primeiro (1994/95) para o segundo (1995/96) ano de estudo. Na seção a seguir, as descobertas mais importantes do estudo são revistas.

- *Não houve mudança significativa na violência na televisão desde 1994/95.*

Nem a prevalência geral de violência, nem a forma como é apresentada mudaram sensivelmente de um período de estudo para o outro. No primeiro ano deste estudo (1994/95), 58% dos programas continham violência. No segundo ano (1995/96), 61% dos programas continham violência (ver Figura 1). Esta pequena diferença não representa uma mudança significativa, de acordo com os padrões de mudança usados neste estudo. Portanto, a predominância de violência na televisão nem aumentou nem diminuiu significativamente do Ano 1 para o Ano 2. É importante notar que estas estatísticas não revelam a natureza ou extensão da violência nos programas de TV; antes, indicam apenas que ocorre alguma violência dentro de tais programas.

Uma análise separada dos diferentes tipos de canais também demonstra uma estabilidade extraordinária, com uma exceção. A porcentagem de programas com violência nas redes de televisão comercial aumentou ligeiramente de 47% para 54%. Este pequeno aumento se mantém mesmo quando examinamos apenas a programação de primeira linha das redes de televisão comercial. Embora não mostre nenhuma mudança significativa do Ano 1 (85%) para o Ano 2 (86%), os canais de TV a cabo especiais continuam a apresentar a mais alta proporção de programas com violência.

Também descobrimos que a forma como a violência é apresentada não mudou de 1994/95 para 1995/96. Por exemplo, a violência ainda envolve tipicamente extensa ação violenta, com freqüência inclui uma arma de fogo, é banalizada pelo humor, mas raramente é explícita ou sangrenta (ver Figura 1). Estes padrões caracterizam todo o cenário televisivo e, na maioria das vezes, também são válidos para todos os diferentes tipos de canais e gêneros de programas. Este extraordinário grau de consistência demonstra que há formas ou padrões muito estáveis para representar a violência na televisão.

- *A violência na televisão ainda fascina com freqüência.*

Personagens bons são freqüentemente os perpetradores de agressão na TV. Quarenta por cento dos incidentes violentos são iniciados por personagens com boas qualidades que os tornam modelos de papéis atraentes para os espectadores. Não só os personagens atraentes são freqüentemente violentos, como também a agressão física é freqüentemente tolerada. Mais de um terço (37%) dos programas violentos apresentam personagens "maus" que ou não são nunca punidos, ou raramente o são, em qualquer ponto da história; outros 28% dos programas violentos apresentam personagens "maus" que só são punidos no final da história. Os personagens bons dificilmente experienciam repercussões (isto é, remorso, crítica) da violência na televisão. Finalmente, 75% das cenas violentas não contêm nenhuma forma de punição para a agressão. Isto significa que os perpetradores raramente sentem remorso quando se envolvem com agressão, e dificilmente são condenados pelos outros ou presos de imediato, o que é particularmente preocupante no caso das crianças menores, que não têm a capacidade de relacionar punições mostradas ao final do programa com atos violentos anteriores.

Esta fascinação que a violência exerce constitui um risco para o público. Estudos mostram que as crianças imitam personagens violentos que são heróicos ou atraentes (Liss et al., 1983). Além disso, é mais provável que os espectadores aprendam atitudes e comportamentos violentos a partir de violência que é recompensada ou implicitamente tolerada, do que a partir de violência que é claramente punida (Bandura, Ross & Ross, 1963).

Figura 1
Médias gerais da indústria televisiva: comparações entre o Ano 1 e o Ano 2

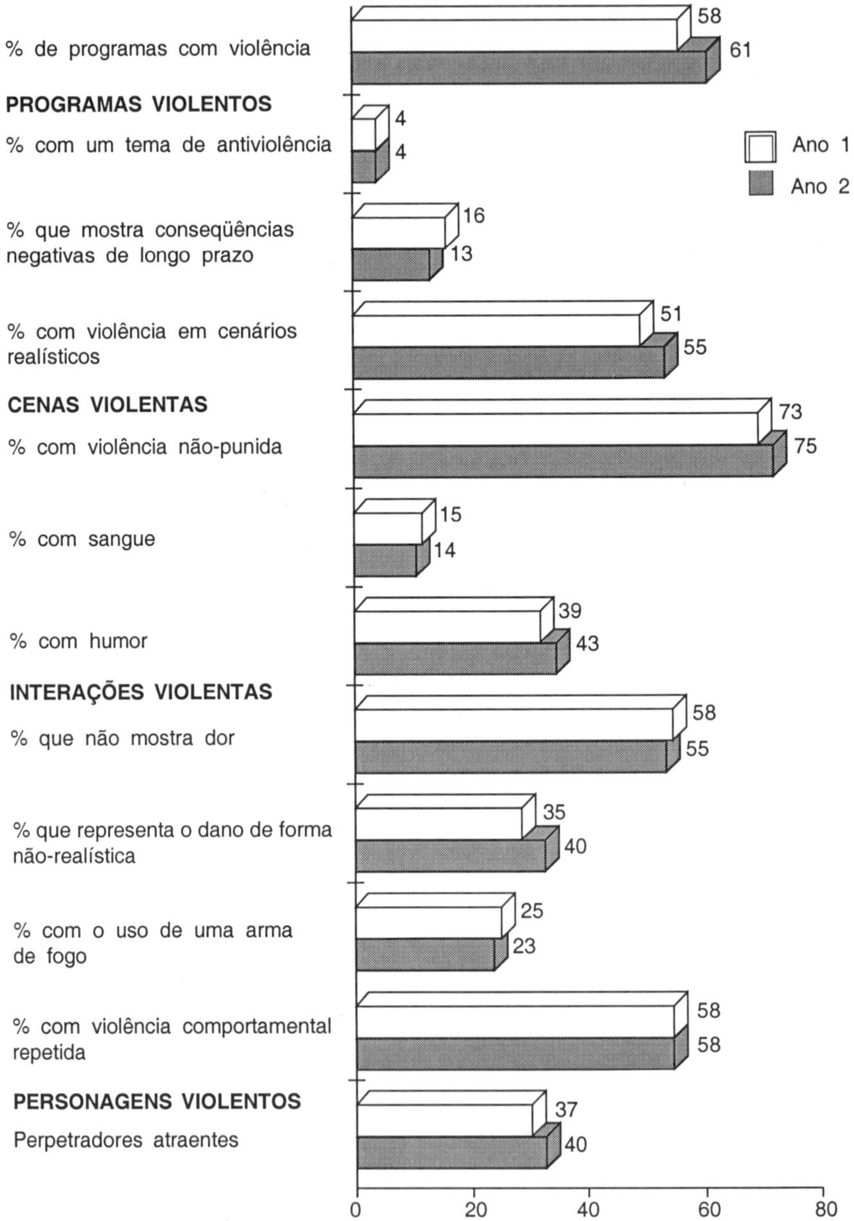

Fonte: Adaptado de "Violence in television programming overall: University of California, Santa Barbara Study", por Wilson et al. (1998), *National Television Violence Study 2*, p. 158. Copyright 1998 by Sage Publications. Impresso com a permissão dos autores.

- *A maior parte da violência na televisão é saneada.*

A violência é tipicamente mostrada causando pouco ou nenhum dano à vítima. De fato, em mais da metade dos incidentes violentos na televisão (55%) não aparece nenhum dano físico ou dor para a vítima. Examinando o programa inteiro, apenas 13% deles retratam as conseqüências negativas de longo prazo da violência, tal como o sofrimento físico ou psicológico.

As pesquisas indicam que mostrar as conseqüências realísticas da violência, tais como dor e sofrimento, pode diminuir as chances de os espectadores aprenderem comportamentos agressivos a partir da violência na televisão (Baron, 1971a, 1971b; Wotring & Greenberg, 1973). Portanto, representações esterilizadas de violência constituem um risco para o público.

- *Ainda há muito poucos programas com um tema de antiviolência.*

Ao invés de mostrar a violência meramente para excitar ou entreter, um programa pode apresentar a violência de forma a desencorajá-la. A mensagem global de tal programa é, na verdade, de antiviolência. Este estudo identificou quatro formas pelas quais um programa pode enfatizar um tema de antiviolência: (1) as alternativas à agressão física são apresentadas e discutidas; (2) a dor e o sofrimento resultantes da violência são representados no decorrer de toda a história, especialmente em relação à família, amigos e comunidade das vítimas; (3) os personagens principais repetidamente relutam e sentem remorso ao cometer atos de violência; e (4) comparando, a violência é muito mais punida do que recompensada.

Apenas 4% dos programas violentos na televisão apresentam um tema global de antiviolência. Em outras palavras, a violência raramente é usada de uma forma educativa para enfatizar os custos pessoais e sociais de tal comportamento anti-social.

- *As representações que apresentam um alto risco de ensinar comportamentos agressivos para as crianças com menos de sete anos concentram-se nos próprios programas e canais destinados a elas.*

Certas representações podem ser rotuladas de "alto risco" porque vários elementos, da história, que causam agressão estão presentes em uma cena. Estas representações de alto risco envolvem: (1) um perpetrador que é atraente; (2) violência que parece justificada; (3) violência que fica sem punição (não há remorso, crítica ou penalidade); (4) conseqüências mínimas para a vítima; e (5) violência que parece realística para o espectador. Deve-se notar que aquilo que é percebido como "realístico" e que, portanto, qualifica-se como "alto risco", difere de acordo com a idade do espectador.

Em uma típica semana de televisão, há mais de 800 representações de violência qualificadas como de alto risco para crianças com menos de 7 anos. Onde essas representações perigosas se localizam na televisão? De todos os gêneros, os programas infantis são os que contêm o maior número dessas representações violentas de alto risco (N=409). Em outras palavras, a maioria das representações preocupantes porque ensinam atitudes e comportamentos agressivos para os jovens espectadores está contida nos próprios programas destinados a eles. Além disso, quase todos os programas infantis que contêm esses tipos de representações são desenhos animados.

De todos os tipos de canais, os da TV a cabo básicos destinados às crianças (Cartoon Network, Disney e Nickelodeon) contêm as representações de mais alto risco para os jovens espectadores. Os canais individuais e os períodos de tempo que basicamente apresentam desenhos animados são os maiores responsáveis por este achado. Contudo, deve-se notar que nem todos os desenhos contêm representações de alto risco. Os adultos freqüentemente pressupõem que os desenhos animados violentos não constituem um problema para as crianças porque seu conteúdo é muito irreal. No entanto, essa suposição é diretamente contestada pela pesquisa dos efeitos de ver violência sobre as crianças menores. Numerosos estudos mostram que os programas animados têm o potencial de aumentar o comportamento agressivo nas crianças com menos idade (Hapkiewicz, 1979). Assim, desenhos animados violentos não devem ser vistos como inofensivos, particularmente para crianças com menos de 7 anos que têm dificuldade em distinguir a realidade da fantasia.

- *Para as crianças mais velhas e adolescentes, as representações de alto risco que encorajam agressão se encontram principalmente nos filmes e produções dramáticas.*

Uma fórmula semelhante apresenta um alto risco de ensinar e reforçar a agressão entre os espectadores mais velhos: *um perpetrador atraente que se envolve com violência justificada, que fica sem punição, mostra conseqüências mínimas e parece realístico*. Diferentemente das crianças com menos idade, as crianças mais velhas e os adolescentes são capazes de não levar em conta representações de violência altamente fantásticas, tais como os desenhos animados. Assim sendo, esses espectadores mais velhos são suscetíveis principalmente a representações mais realísticas de violência.

Em uma semana típica, há aproximadamente 400 representações de violência qualificadas como de alto risco para as crianças mais velhas e adolescentes. Filmes e produções dramáticas são os dois gêneros com maior probabilidade de conter representações de alto risco para eles.

Recomendações

As recomendações aqui oferecidas estão de acordo com os resultados da análise de conteúdo de violência na televisão norte-americana no período de 1995/96. Estas recomendações foram elaboradas tendo em vista três públicos específicos nos EUA: a indústria televisiva, as pessoas públicas responsáveis pela elaboração de políticas e os pais. Contudo, cada uma dessas recomendações também se aplica a públicos internacionais preocupados com o mal que a exposição a certos tipos de representações televisivas de violência pode causar aos espectadores.

Para a indústria televisiva

- *Produzam mais programas que evitem a violência; se um programa contém realmente violência, mantenham baixo o número de incidentes violentos.*

Nós não defendemos a idéia de que toda a violência deva ser eliminada da televisão, nem professamos saber exatamente quanto é "demais". Mas sabemos que a quantidade global de violência na televisão norte-americana não mudou apreciavelmente de 1994/95 para 1995/96. A situação ainda é de que mais da metade (61%) dos programas de TV contém alguma violência. Além disso, a maioria dos programas com violência apresenta numerosos incidentes violentos, ao invés de uma única cena. Nossa recomendação é concentrar esforços para eliminar isso.

- *Sejam criativos ao mostrar:*
  a) atos violentos sendo punidos;
  b) mais conseqüências negativas, tanto de curto como de longo prazo, resultantes da violência;
  c) mais alternativas ao uso da violência para resolver problemas;
  d) menos justificativas para ações violentas.

Esta recomendação reconhece que nem toda violência é igual, que algumas representações apresentam mais risco do que outras. Transmitir a mensagem de que a violência é punida e nem sempre se justifica, de que há alternativas para a agressão e de que a violência causa sérias conseqüências (por exemplo, dor e sofrimento) para as vítimas são maneiras de reduzir o risco de uma influência negativa sobre os espectadores. Encorajamos os produtores a irem além da "velha fórmula" em que a violência é apresentada como um curso defensível de ação para resolver problemas, em que os personagens em geral escapam impunemente com tal comportamento, e em que o sofrimento da vítima raramente é mostrado. Uma menor quantidade de representações fascinantes e saneadas reduziria significativamente o risco para os espectadores, mesmo que o número global de representações violentas fosse mantido constante.

- *Quando a violência é apresentada, dêem maior ênfase a um forte tema de antiviolência.*

O uso de um tema de antiviolência na televisão continua a ser raro. Tanto no Ano 1 como no Ano 2, apenas 4% de todos os programas em uma semana típica empregaram violência para enfatizar uma mensagem de antiviolência. Esta é uma área em que o impacto de um esforço ou iniciativa substancial seria sentido clara e imediatamente. Encorajamos a indústria televisiva a criar mais programas que: (1) apresentem alternativas às ações violentas no decorrer de toda a sua duração; (2) mostrem os personagens principais discutindo repetidamente as conseqüências negativas da violência; (3) enfatizem a dor física e o sofrimento emocional resultantes da violência; e (4) mostrem que as punições para a violência clara e consistentemente excedem as recompensas.

Para as pessoas responsáveis pela elaboração de políticas

- *Reconheçam que o contexto é um aspecto essencial da violência na televisão e confiem na evidência científica para identificar as características de contexto que apresentam maior risco.*

Tratar todos os atos de violência como se fossem iguais é desconsiderar um rico conjunto de conhecimentos científicos sobre os efeitos da mídia. Uma apreciação dos fatores-chaves de contexto é crucial para a compreensão do impacto da violência televisiva sobre o público. Nossa análise demonstra que representações que não são necessariamente explícitas, mas que apresentam a violência como algo atraente, gratificante e indolor, constituem uma ameaça significativa ao aumento do comportamento agressivo infantil. Na base de qualquer política nesta área está a necessidade de definir a violência e, pressupondo que nem toda violência deva ser tratada da mesma forma, diferenciar os tipos de representações violentas que são as maiores causas de preocupação.

- *Continuem a controlar a natureza e a extensão da violência na televisão.*

As evidências dos efeitos nocivos associados à violência na televisão estão bem estabelecidas. Os interesses são grandes em termos de implicações sociais nesta área, nem tanto por causa dos efeitos de assistir a um programa violento, mas principalmente porque todo mundo vê TV, a maioria das pessoas vê TV por um tempo longo, e a maior parte dos programas de TV contém violência.

Para os pais

Talvez as recomendações mais importantes com relação aos efeitos nocivos de ver violência possam ser dadas aos pais. Pode levar anos para alterar significativamente o perfil da violência na televisão. Em contrapartida, os pais podem começar imediatamente a mudar sua forma de pensar sobre a violência na televisão, e a forma como tomam decisões sobre o que seus filhos vêem na TV.

- *Estejam cientes dos três riscos associados com ver violência na televisão.*

As evidências dos efeitos nocivos potenciais associados com ver violência na televisão estão bem estabelecidas. O mais problemático deles envolve a aprendizagem de atitudes e comportamentos agressivos por parte da criança. Discutivelmente mais penetrantes e com freqüência subenfatizados, há os outros dois riscos associados com a violência na televisão: o medo e a dessensibilização. Uma análise destes três efeitos ajudará os pais a reconhecerem o papel da televisão na socialização das crianças.

- *Considerem o contexto das representações de violência ao tomarem decisões quanto ao que a criança deve assistir.*

Como foi demonstrado no decorrer de todo este artigo, nem todas as representações de violência são iguais em termos de seu impacto sobre o público. Algumas representações apresentam maiores riscos para as crianças do que outras, e algumas podem até mesmo ser pró-sociais. Ao considerar um programa em particular, verifique se a violência é recompensada, se os heróis ou personagens bons se envolvem com a violência, se a violência parece ser moralmente tolerada, se as conseqüências negativas sérias da violência são evitadas e, por fim, se o humor é usado. Esses são os tipos de representações mais nocivos.

- *Considerem o nível de desenvolvimento da criança ao tomar decisões quanto ao que ver na TV.*

No decorrer de todo este artigo, enfatizamos a importância do nível de desenvolvimento da criança e da sua capacidade cognitiva de entender o que vê na TV. Crianças muito novas são menos capazes de distinguir a fantasia da realidade na televisão. Assim sendo, no caso de pré-escolares e de crianças nas séries iniciais do primeiro grau, a violência dos desenhos animados e das histórias com fantasia não pode ser descartada por ser irreal. Na verdade, as crianças mais novas se identificam fortemente com os super-heróis e os personagens fantásticos dos desenhos animados, e freqüentemente aprendem a partir dessas representações e as imitam. Além disso, as crianças mais novas têm dificuldade para relacionar cenas não-adjacentes e para fazer inferências causais com relação à história. Portanto, punições, sugestão de dor, ou conseqüências sérias da violência que são apresentadas mais adiante na história podem não ser compreendidas completamente por uma criança mais nova. Para elas, então, é particularmente importante que as características de contexto, como punição e dor, sejam mostradas dentro da cena violenta, em vez de aparecerem apenas no final do programa.

- *Reconheçam que certos tipos de desenho animado violento apresentam um risco particularmente alto para a aprendizagem de agressão da parte dos jovens.*

Nossas descobertas sugerem que certos programas animados podem ser particularmente problemáticos para os jovens espectadores. Identificamos um tipo de representação que rotulamos de "alto risco" porque contém uma série de elementos que encorajam a aprendizagem de atitudes e comportamentos agressivos. Em especial, uma representação de alto risco para a aprendizagem é aquela que apresenta *um personagem atraente que se envolve com violência que é tolerada e que não resulta em qualquer conseqüência séria para a vítima*. Os pais de crianças menores devem controlar de perto a programação de desenhos, para evitar esse tipo de representação. Os pais de crianças mais velhas e adolescentes, por outro lado, devem examinar filmes e produções dramáticas porque é mais provável que esses gêneros contenham representações realísticas do tipo que acabamos de descrever, que, por sua vez, apresentam alto risco para os espectadores mais maduros.

Nota

1. Este artigo é uma versão mais curta do relatório da UCSB, e aparece no sumário executivo do *National Television Violence Study* (V. 2), publicado pelo Centro para Comunicação e Políticas Sociais da Universidade da Califórnia, Santa Bárbara. Esta sinopse foi publicada com a permissão do Centro.

Referências bibliográficas

AMERICAN MEDICAL ASSOCIATION (1996). *Physician guide to media violence.* Chicago, autor.

AMERICAN PSYCHOLOGICAL ASSOCIATION (1993). *Violence and youth: Psychology's response*. Washington, DC, autor.

ATKIN, C. (1983) Effects of realistic TV violence vs. fictional violence on aggression. *Journalism Quarterly*, 60, pp. 615-621.

BANDURA, A. (1965) Influence of models' reinforcement contingencies on the acquisition of imitative responses. *Journal of Personality and Social Psychology*, 1 (6), pp. 589-595.

______. (1986) *Social foundations of thoughts and action: A social cognitive theory.* Englewood Cliffs, Prentice-Hall.

______. (1994). Social cognitive theory of mass communication. In J. Bryant & D. Zillmann (orgs.). *Media effects*, Hillsdale, Erlbaum, pp. 61-90.

______.; ROSS, D. & ROSS, S. A. (1961) Transmission of aggression through imitation of aggressive models. *Journal of Abnormal and Social Psychology*, 63, pp. 575-582.

BANDURA, A., ROSS, D. & ROSS, S. A. (1963) Vicarious reinforcement and imitative learning. *Journal of Abnormal and Social Psychology*, 67 (6), pp. 601-607.

BARON, R. A. (1971a) Aggression as a function of magnitude of victim's pain cues, level of prior anger arousal, and aggressor-victim similarity. *Journal of Personality and Social Psychology*, 18 (1), pp. 48-54.

______. (1971b) Magnitude of victim's pain cues and level of prior anger arousal as determinants of adult aggressive behavior. *Journal of Personality and Social Psychology*, 17 (3), pp. 236-243.

______. (1978) The influence of hostile and nonhostile humor upon physical aggression. *Personality and Social Psychology Bulletin*, 4 (1), pp. 77-80.

BERKOWITZ, L. (1970) Aggressive humor as a stimulus to aggressive responses. *Journal of Personality and Social Psychology*, 16 (4), pp. 710-717.

______. (1984) Some effects of thoughts on anti- and prosocial influences of media events: A cognitive-neoassociation analysis. *Psychological Bulletin*, 95 (3), pp. 410-427.

______. (1990) On the formation and regulation of anger and aggression: A cognitive neoassociationistic analysis. *American Psychologist*, 45 (4), pp. 494-503.

______. & GEEN, R. G. (1967) Stimulus quality of the target of aggression: A further study. *Journal of Personality and Social Psychology*, 5 (3), pp. 364-368.

______. & POWERS, P. C. (1979) Effects of timing and justification of witnessed aggression on the observers' punitiviness. *Journal of Research in Personality*, 13, pp. 71-80.

______. & RAWLINGS, E. (1963) Effects of film violence on inhibitions against subsequent aggression. *Journal of Abnormal and Social Psychology*, 66 (5), pp. 405-412.

BERNDT, T. J. & BERNDT, E. G. (1975) Children's use of motives and intentionality in person perception and moral judgements. *Child Development*, 46, pp. 904-920.

BRYANT, J.; CARVETH, R. A. & BROWN, D. (1981) Television viewing and anxiety: An experimental examination. *Journal of Communication*, 31 (1), pp. 106-119.

CARLSON, M.; MARCUS-NEWHALL, A. & MILLER, N. (1990) Effects of situational aggression cues: A quantitative review. *Journal of Personality and Social Psychology*, 58 (4), pp. 622-633.

CENTERS FOR DISEASE CONTROL (1991) *Position papers from the Third National Injury Conference: Setting the National Agenda for Injury Control in the 1990s*. Washington, DC, Department of Health and Human Services.

COLLINS, W. A. (1983) Interpretation and inference in children's television viewing. In J. Bryant & D. R. Anderson (orgs.). *Children's understanding of television*. New York, Academic Press, pp. 125-150.

COMISKY, P. & BRYANT, J. (1982) Factors involved in generating suspense. *Human Communication Research*, 9 (1), pp. 49-58.

FESHBACH, N. D. & ROE, K. (1968) Empathy in six- and seven-year-olds. *Child Development*, 39 (1), pp. 133-145.

GEEN, R. G. (1975) The meaning of observed violence: Real vs. fictional violence and consequent effects on aggression and emotional arousal. *Journal of Research in Personality*, 9, pp. 270-281.

______. (1981) Behavioral and physiological reactions to observed violence: Effects of prior exposure to aggressive stimuli. *Journal of Personality and Social Psychology*, 40 (5), pp. 868-875.

______. & RAKOSKY, J. J. (1975) Interpretations of observed violence and their effects on GSR. *Journal of Experimental Research in Personality*, 6, pp. 289-292.

______. & STONNER, D. (1973) Context effects in observed violence. *Journal of Personality and Social Psychology*, 25 (1), pp. 145-150.

GERBNER, G.; GROSS, L.; MORGAN, M. & SIGNORIELLI, N. (1994) Growing up with television: The cultivation perspective. In J. Bryant & D. Zillmann (orgs.). *Media effects*. Hillsdale, Lawrence Erlbaum, pp. 17-41.

GORANSEN, R. E. (1969) Observed violence and aggressive behavior: The effects of negative outcomes to observed violence. *Dissertation Abstracts International*, 31 (01), DAI-B. (University Microfilms Nº AAC77 08286).

GUNTER, B. (1985) *Dimensions of television violence*. Aldershots, Gower.

HAPKIEWICZ, W. G. (1979) Children's reactions to cartoon violence. *Journal of Clinical Child Psychology*, 8, pp. 30-34.

HOFFNER, C. & CANTOR, J. (1985) Developmental differences in responses to a television character's appearance and behavior. *Developmental Psychology*, 21 (6), pp. 1065-1074.

HUESMANN, L. R. (1986) Psychological processes promoting the relation between exposure to media violence and aggressive behavior by the viewer. *Journal of Social Issues*, 42 (3), pp. 125-140.

______. & ERON, L. D. (orgs.). (1986) *Television and the aggressive child: A cross-national comparison*. Hillsdale, Lawrence Erlbaum Associates.

JABLONSKI, C. M. & ZILLMANN, D. (1995) Humor's role in the trivialization of violence. *Medienpsychologie Zeitschrift für Individum und Massenkommunikation*, 7, pp. 122-133.

LACAYO, R. (12 de junho de 1995) Are music and movies killing America's soul? *Time*, pp. 24-30.

LINZ, D. G.; DONNERSTEIN, E. & PENROD, S. (1988) Effects of long-term exposure to violent and degrading depictions of women. *Journal of Personality and Social Psychology*, 55 (5), pp. 758-768.

LISS, M. B.; REINHARDT, L. C. & FREDRIKSEN, S. (1983) TV heroes: The impact of rhetoric and deeds. *Journal of Applied Developmental Psychology*, 4, pp. 175-187.

MORISON, P. & Gardner, H. (1978) Dragons and dinosaurs: The child's capacity to differentiate fantasy from reality. *Child Development*, 49, pp. 642-648.

NATIONAL ACADEMY OF SCIENCE. (1993) *Understanding and preventing violence*. Washington, DC, National Academy Press.

NATIONAL INSTITUTE OF MENTAL HEALTH (1982) *Television and behavior: Ten years of scientific progress and implications for the eighties (V. 1). Summary Report.* Washington, DC, Government Printing Office.

National Television Violence Study (V. 1). (1997) Newbury Park, Sage Publications.

National Television Violence Study (V. 2). (1998) Newbury Park, Sage Publications.

OGLES, R. M. & HOFFNER, C. (1987) Film violence and perceptions of crime: The cultivation effect. In M. L. McLaughlin (org.). *Communication Yearbook* (V. 10, pp. 384-394). Newbury Park, Sage.

PAIK, H. & COMSTOCK, G. (1994) The effects of television violence on antisocial behavior: A metaanalysis. *Communication Research*, 21 (4), pp. 516-546.

SANDERS, G. S. & BARON, R. S. (1975) Pain cues and uncertainty as determinants of aggression in a situation involving repeated instigation. *Journal of Personality and Social Psychology*, 32 (3), pp. 495-502.

SURGEON GENERAL'S SCIENTIFIC ADVISORY COMMITTEE ON TELEVISION AND SOCIAL BEHAVIOR (1972) *Television and growing up: The impact of televised violence.* Washington, DC, Government Printing Office.

TAYLOR, B. J. & HOWELL, R. J. (1973) The ability of three-, four- and five-year-old children to distinguish fantasy from reality. *The Journal of Genetic Psychology*, 122, pp. 315-318.

TANNENBAUM, P. H. & GAER, E. P. (1965) Mood change as a function of stress of protagonist and degree of identification in a film-viewing situation. *Journal of Personality and Social Psychology*, 2 (4), pp. 612-616.

THOMAS, M. H. & TELL, P. M. (1974) Effects of viewing real versus fantasy violence upon interpersonal aggression. *Journal of Research in Personality*, 8, pp. 153-160.

WILSON, B. J.; KUNKEL, D.; LINZ, D.; POTTER, W. J.; DONNERSTEIN, E.; SMITH, S. L.; BLUMENTHAL, E. & GRAY, T. E. (1997) Violence in television programming overall: University of California, Santa Barbara Study. *National Television National Study* (V. 1). Newbury Park, Sage, 1, pp. 8-268.

WILSON, B. J.; KUNKEL, D.; LINZ, D.; POTTER, W. J.; DONNERSTEIN, E.; SMITH, S. L.; BLUMENTHAL, E. & BERRY, M. (1998) Violence in television programming overall: University of California, Santa Barbara Study. *National Television National Study* (V. 2). Newbury Park, Sage, pp. 3-204.

WOTTING, C. E. & GREENBERG, B. S. (1973) Experiments in televised violence and verbal aggression: Two exploratory studies. *Journal of Communication*, 23, pp. 446-460.

ZILLMANN, D. & CANTOR, J. R. (1977) Affective responses to the emotions of a protagonist. *Journal of Experimental Social Psychology*, 13, pp. 155-165.

______. (1980) Anatomy of suspense. In P. H. Tannenbaum (org.). *The entertainment functions of television.* Hillsdale, Lawrence Erlbaum, pp. 133-163.

______. (1991) Empathy: Affect from bearing witness to the emotions of others. In J. Bryant & D. Zillmann (orgs.). *Responding to the screen.* Hillsdale, Lawrence Erlbaum, pp. 135-167.

Uma Análise da Pesquisa sobre Violência na Mídia no Japão

SACHIKO IMAIZUMI KODAIRA

As pessoas sempre mostraram preocupação com as influências da mídia em sua própria sociedade e especialmente com relação às crianças. Entre os vários tipos de mídia, a TV tem recebido bastante atenção há muito tempo.

Nos últimos anos, a "Violência na TV" ou a "Violência na Mídia" em um sentido mais amplo, incluindo fitas de vídeo e videogames etc., parece ter sido discutida mais seriamente do que nunca, de vários pontos de vista, em um número maior de países, e também como uma das grandes questões mundiais. É uma das características atuais dos diversos meios de comunicação de massa, inclusive a TV, tratar freqüentemente deste assunto.

Uma das conferências internacionais sobre comunicações a que assisti em 1993 realizou uma sessão especial intitulada "A Televisão Global e a Violência na TV: precisamos de um código de prática?", organizada por membros do Canadá, em que os efeitos negativos dos programas de TV estrangeiros foram considerados um problema sério.

Com o progresso da tecnologia, nossa própria sociedade mudou muito em vários aspectos, incluindo as mudanças na mídia, e, ao mesmo tempo, a sociedade tem tido dificuldades para manter tanto a qualidade como a quantidade de sua mídia. O fluxo de informação global aumentou enormemente, e o fluxo internacional de programas de TV, inclusive programas infantis, também se expandiu de muitas formas.

Pesquisas internacionais recentes e várias conferências indicam que muitos produtores de TV em diversas partes do mundo estão preocupados com o futuro dos programas infantis sob as circunstâncias da expansão da comercialização da TV e do ambiente da mídia em geral. Eles sentem fortemente a necessidade de algum tipo de cooperação internacional a fim de manter e desenvolver a qualidade e a diversidade dos programas infantis para a nova era.

Neste artigo, gostaria de discutir o que precisamos para o futuro da "TV infantil" e do "ambiente da mídia para as crianças" analisando as pesquisas já realizadas, com atenção especial para a "Violência na Mídia" no Japão.[1]

Interesse na influência da TV no período inicial da televisão no Japão

Embora o volume total de pesquisas relacionadas com a violência na TV no Japão possa ser relativamente pequeno, o tópico em si tem sido visto como uma questão importante desde o período inicial da programação japonesa de TV. Mesmo antes de a televisão ter sido introduzida no Japão, em 1953, expressou-se preocupação com seus possíveis efeitos sobre a sociedade, especialmente com os efeitos negativos que a violência na TV poderia exercer sobre as crianças.

No período inicial da televisão japonesa, não apenas as instalações, técnicas de produção e programas, mas também as discussões sobre os efeitos possíveis deste novo meio de comunicação foram muito influenciadas pelos EUA de diversas formas. Por exemplo, um educador japonês que visitasse os EUA em 1950 não poderia ignorar os problemas enfrentados por educadores e pais norte-americanos por causa da influência da TV na educação infantil, embora ficasse muito impressionado com o poder da TV como um meio de informação, e, conseqüentemente, sua experiência era apresentada ao voltar para o Japão.

Vários aspectos das preocupações relativas à violência na TV nos EUA — incluindo a notícia de que o presidente do FCC tinha feito um forte apelo para banir programas potencialmente nocivos baseado em resultados de pesquisas, bem como a declaração do professor Lazarsfeld de que tinha chegado a hora de conduzir estudos científicos sobre os efeitos da TV nas crianças, de 1954 — também foram introduzidos na mídia japonesa. Estes pontos de vista causaram muita preocupação para membros de agências de TV e do governo no Japão.

Quanto à situação da programação japonesa naquele período, programas de lutas profissionais foram inicialmente transmitidos em 1954 e se tornaram um dos primeiros e principais alvos de críticas por causa de seus efeitos sobre as crianças. Alguns escolares se machucaram seriamente e um até mesmo morreu, tentando imitar os lutadores. Em 1956, a NHK excluiu todos os programas de lutas profissionais de sua programação.

Contudo, como os canais da TV comercial começaram a oferecer mais entretenimento de massa nos anos seguintes, as críticas e as preocupações gerais com relação à TV aumentaram. Uma conferência nacional organizada pelo Comitê Central de Problemas Juvenis, do gabinete do primeiro-ministro, realizada em maio de 1958, concluiu que o recente e rápido crescimento no número de crimes juvenis resultava basicamente da influência negativa da mídia de massa, e advertia a indústria televisiva, cinematográfica e de publicações a exercer um melhor autocontrole sobre seus conteúdos. Por volta de 1960, a NHK começou a cortar cenas violentas dos programas de TV e alguns programas censuráveis foram cancelados.

Por causa da situação acima delineada, várias pesquisas sobre a influência da TV nas crianças, incluindo os grandes projetos a seguir, foram conduzidas da metade da década de 50 à metade da década de 60:

- O Estudo de Shizuoka da NHK (o Primeiro e o Segundo), realizado pelo Instituto de Pesquisa da NHK (1957 e 1959).
- O Estudo do Ministério da Educação (um projeto de cinco anos a partir de 1958).
- O Estudo da Associação Nacional das Redes de Televisão Comercial (um projeto de três anos a partir de 1960), uma parte do qual ficou conhecida como a Pesquisa da Universidade de Tóquio.

Estes estudos enfocaram as várias influências da TV como um novo meio de comunicação na sociedade japonesa, a partir de uma perspectiva bastante ampla: tanto os efeitos favoráveis como os nocivos foram investigados, incluindo, de uma forma indireta, questões relativas à violência na TV. Contudo, os resultados globais das pesquisas indicaram que não havia uma relação causal clara entre ver televisão e a agressividade das crianças.

No Estudo de Shizuoka da NHK, por exemplo, que foi dirigido pelo dr. Furu e é visto como um dos quatro principais estudos sobre "A TV e a Criança", juntamente com os estudos feitos pelo dr. Himmelweit (Reino Unido), pelo dr. Schramm (EUA) e pelo dr. Maletzke (Alemanha), o interesse da pesquisa centrava-se sobretudo nas mudanças nos padrões de comportamento ocasionadas pela exposição prolongada à TV. [1]

Mudanças na vida diária, influência na capacidade de ler e desempenho nos estudos de Ciências e Estudos Sociais, bem como a influência no estado mental foram analisadas. Com relação à formação de caráter, efeitos indesejáveis, tais como o desenvolvimento de atitudes passivas ou o isolamento dos amigos e uma tendência a fugir para o mundo da fantasia, não foram encontrados. Quando se comparou o grupo dos que assistiam muito à TV com o dos que assistiam pouco, descobriu-se que mais horas eram tiradas do tempo normalmente gasto com lição de casa e tarefas domésticas no caso do primeiro grupo, mas não foram encontradas diferenças consistentes no campo das habilidades intelectuais e tendências comportamentais. Tampouco foram encontradas diferenças significativas entre os dois grupos com relação à tendência à agressão.

Em setembro de 1960, depois do Segundo Estudo de Shizuoka, o Instituto de Pesquisa da NHK conduziu um tipo diferente de pesquisa para analisar as reações das crianças (de quinta e oitava série) e dos adultos (pais dos alunos de quinta série) à violência nos programas de TV, incluindo o assistir a dois filmes de faroeste feitos para a televisão e considerados violentos. [2]

Os resultados indicaram que cenas violentas com instrumentos fáceis de se conseguir na vida diária, tais como facas, cordas e cadeiras, foram mencionadas pelos pais como aquelas que eles não gostariam de mostrar a seus filhos. As crianças também não gostaram dessas cenas. A pesquisa também mostrou que este tipo de violência deixava nas crianças uma impressão mais forte e as deixava mais perturbadas do que as cenas violentas com armas de fogo e espadas. Resultados semelhantes foram encontrados em um dos estudos conduzidos pelo Ministério da Educação.

Os estudos conduzidos pela NHK naquele período sugeriram que a atmosfera total dos programas de TV podia perturbar as crianças emocionalmente, mesmo que a freqüência dos atos violentos não fosse alta.

Tendências de pesquisa dos anos 60 aos anos 70

O período que acabamos de estudar, começando por volta de 1955, foi chamado a Era de Ouro dos Estudos sobre "A Criança e a TV" no Japão.[2] Na década seguinte (1965-75) surgiram as conclusões tiradas por vários pesquisadores a partir de estudos sobre "A Criança e a TV" realizados tanto no Japão como em outros países.

Quanto às possíveis influências negativas da TV sobre as crianças, muitos pesquisadores deste período concluíram que não houvera nenhum impacto digno de nota sobre o desenvolvimento intelectual infantil, e que não tinham sido encontradas evidências para apoiar a teoria de que ver TV encoraja tendências passivas e escapistas na criança. Eles concluíram que outros fatores, tais como o ambiente familiar e a disposição básica da criança, respondem mais pela agressividade, ações violentas e delinqüência infantil do que os programas de TV em si. [3] Estudos posteriores foram desenvolvidos nesta linha: o Terceiro Estudo de Shizuoka pela NHK (1967) foi um deles.

Ao mesmo tempo, contudo, a importância da análise de conteúdo dos estímulos primários, os programas de TV neste caso, foi enfatizada como essencial para estudar os efeitos da mídia de uma forma científica, embora se tenha também concluído que desenvolver uma estrutura detalhada para descrever as características dos conteúdos não seria de modo algum simples. [4]

Neste meio tempo, entre meados da década de 60 e da de 70, houve vários protestos contra programas "vulgares". Em 1969, um desses programas de variedades com tolices/piadas, comandado por comediantes populares na época, transformou-se em um tema de discussão acalorada no Conselho dos Meios de Comunicação para uma Programação Melhor, que tinha sido criado em 1956 para estudar as reações do público aos programas correntes e para fazer recomendações a fim de melhorar a programação tanto da NHK como das redes de televisão comercial.

No mesmo período, duas séries de super-heróis com efeitos especiais em geral usados para criar cenas vívidas de lutas tornaram-se extremamente populares entre as crianças japonesas (meninos). A maioria dos pais criticou a violência dos programas e não gostou dos monstros grotescos aí mostrados. A imitação de ações violentas se popularizou e vários incidentes trágicos ocorreram, apesar de advertências do tipo "Não chute como este herói! Não imite este salto!" terem sido transmitidas. Também houve muitas críticas de intelectuais proeminentes.

Contudo, especialistas em psicologia infantil responsabilizaram o contexto social pelo fato de estes programas terem se tornado tão populares. Segundo eles, as crianças japonesas, estimuladas por seu ambiente a estudar e a se esforçar, tinham a oportunidade de liberar vicariamente sua própria energia reprimida através de cenas de lutas entre heróis e monstros e também através de um personagem que podia se transformar em super-herói simplesmente gritando "*change!*".

A fim de desenvolver estudos relativos à "influência da TV sobre a sociedade" nestas condições, a ênfase na análise do conteúdo dos programas se tornou necessária na década seguinte.

Análise de conteúdo e estudos comparativos internacionais

Desde a segunda metade da década de 70, a análise de conteúdo se popularizou nos estudos sobre mídia no Japão, embora não tanto quanto nos EUA; a análise da representação da violência sempre foi incluída como um fator importante no Japão.

Um exemplo de estudo de conteúdo no Japão foi uma série de análises conduzidas por um grupo chamado FCT (Forum for Children's Television [Fórum para a Televisão Infantil]). Em sua análise de 1982, vários tipos de desenhos animados e seriados foram categorizados em "violência por instrumentos, armas, poderes mágicos", "violência física", "violência verbal" e "violência até a morte", e descobriu-se que a animação do tipo drama doméstico tendia a incluir mais "violência verbal" como um elemento essencial. [5]

Em 1987 a mesma organização conduziu análises quantitativas e qualitativas em quinze seriados de ação de três tipos: "moderno japonês", "moderno norte-americano" e "histórico japonês". De acordo com as análises, havia muitas cenas violentas, especialmente "com armas do tipo revólveres/rifles", mas o número de mortes nesses programas era relativamente pequeno; assim, a violência era representada de uma forma não-realística. A assim chamada violência justificada (como experienciada pelo espectador) era comum na maioria dos programas analisados, especialmente nos seriados de *samurais*. Este estudo também mostrou a importância da música nos programas, uma vez que a música que atrai os jovens pode transformar cenas cruelmente violentas em não-realísticas e atraentes. [6]

Desde 1977, uma outra série importante de estudos de análise de conteúdo envolvendo comparações entre o Japão e os EUA tem sido conduzida por Iwao et al. Mesmo antes dessa data, notou-se que pesquisadores e produtores de TV estrangeiros, em visita ao Japão, surpreendiam-se com a "violência" representada na TV e que alguns desenhos japoneses exportados (especialmente desenhos com personagens do tipo robô, populares na década de 70 no Japão) tinham sido proibidos por causa de protestos por parte dos pais, decisões governamentais etc., tanto na Europa como na Ásia.

A análise feita por Iwao de 139 seriados transmitidos entre 5 e 11 horas da manhã em Tóquio durante uma semana de julho de 1977 foi muito importante, uma vez que produziu dados sobre a quantidade e a representação da violência na TV japonesa pela primeira vez, e de uma forma que possibilitava a comparação com os dados norte-americanos usando o método desenvolvido por Gerbner. [7]

Este estudo mostrou que, embora a quantidade de violência nestes tipos de programas de TV não fosse significativamente diferente no Japão e nos EUA, a natureza da violência era completamente diferente; a TV japonesa representava as ações violentas e suas conseqüências de uma forma mais vívida, com maior ênfase no sofrimento das vítimas. Os pesquisadores salientaram que este fator poderia ter levado às impressões dos visitantes norte-americanos de que a TV japonesa era mais violenta.

O mesmo estudo também indicou que as cenas de violência se concentravam nos "seriados de polícia", "desenhos animados" e "seriados de samurais" e que a representação detalhada do sofrimento era mais freqüentemente observada nessa última categoria. Em cenas típicas de seriados de samurais, recebia maior peso o suscitar a solidariedade do espectador para com a vítima, em geral um herói e não um vilão. O tema dominante era o dos vilões que atormentam os heróis que, por sua vez, ganham no final. Todos esses resultados sugeriam que a impressão de que um programa era violento ou não era largamente influenciada pela forma como as cenas eram representadas, em vez da freqüência dessas cenas.

Depois da pesquisa de 1977, análises semelhantes foram conduzidas por Iwao et al. a cada três anos até 1989. Os resultados de dados recentes e/ou cumulativos introduziram alguns pontos mais interessantes. Por exemplo, a pesquisa mostrou que os programas com grande violência recebiam as avaliações mais negativas do público. [8]

A pesquisa cobriu um total de 585 seriados de TV, ou um total de 358 horas de seriados de TV, a cada três anos durante doze anos. Foram colhidas amostras de seriados transmitidos das 5 às 11 horas da manhã em cinco redes de TV (NHK, NTV, TBS, Fuji TV e TV Asahi) durante o período de uma semana. As amostras foram gravadas e classificadas por pessoal treinado, e divididas em quatro categorias: programas, personagens, comportamentos/cenas violentas, e comportamentos/cenas de sexo. Um resultado indicou um número total de 5954 cenas violentas transmitidas, o que perfaz um total de 16 horas, 26 minutos e 50 segundos. Além disso, um dos resultados da primeira pesquisa em 1977 mostrou que 727 personagens na TV foram machucados e 557 morreram. O tipo de seriado classificado como o número um em termos de cenas mais violentas foi o histórico japonês (como o dos samurais), e o mesmo resultado se repetiu em cada um dos períodos estudados. Uma outra descoberta significativa foi que os seriados com muitas cenas violentas tendem a ser impopulares, o que pode estar relacionado com o fato de que o número médio de cenas violentas transmitido por programa diminuiu de 6,7 vezes em 1983 para 4,2 vezes em 1986.

Em um outro estudo conduzido pelos mesmos pesquisadores norte-americanos/japoneses em 1980 e 1981, "Compreensão Internacional via Programas de TV", analisou-se o programa *Shogun*. Os resultados indicaram que este seriado, que visava primeiramente ao público norte-americano, foi mais bem recebido do que alguns seriados norte-americanos típicos que eram populares; ao mesmo tempo, contudo, *Shogun* foi considerado um programa bastante violento. Em particular, os espectadores com um nível de educação mais baixo, com pouca vivência de cultura japonesa, tendiam a perceber este programa como mais violento. A pesquisa concluiu que os espectadores norte-americanos não eram tão tolerantes quanto os japoneses ao tipo de violência representada nos seriados de samurais. [9]

Um outro estudo conjunto Japão-Estados Unidos, do mesmo tipo, realizado em 1989/1990, indicou que os seriados dramáticos japoneses para a TV representavam a violência muito mais freqüentemente do que os norte-americanos. [10] O estudo de Mikami elaborou "um índice-padrão para medir um aspecto importante das duas culturas, os EUA e o Japão, através da análise sistemática do conteúdo das mensagens televisivas, para comparar o índice em uma análise cultural recíproca na seqüência do tempo". Os seriados dramáticos transmitidos das 7 às 11 da noite durante uma semana na televisão comercial (cinco redes japonesas e três norte-americanas), em ambos os países, foram gravados e classificados de acordo com as normas usadas no projeto Indicadores Culturais, que envolvia dezesseis países.

No resultado, 59,4% dos seriados dramáticos norte-americanos apresentavam a violência como assunto, enquanto quase todos os japoneses (97,1%) incluíam alguma violência como assunto, o que corroborou a afirmação do parágrafo anterior. As amostras dos seriados dramáticos de ambos os países foram comparadas com base nas técnicas comuns da análise do sistema de mensagens. Algumas semelhanças foram encontradas, tais como as características dos programas, os traços de caráter do personagem, e os perfis de violência. Contudo, também foram encontradas muitas diferenças entre os seriados dramáticos japoneses e os norte-americanos. Uma das principais é uma estrutura culturalmente única em ambos os países, o que influencia as diferenças de conteúdo dos programas. Como exemplo, um objetivo fundamental dos personagens japoneses pode refletir o tradicional espírito do "auto-sacrifício ou *Giri-Ninjo*". Em contrapartida, a felicidade pessoal e os relacionamentos íntimos são tendências dos personagens norte-americanos. Mikami argumenta que a diferença de conteúdo, no que se refere à representação da violência e do sexo, também resulta de diferentes políticas/regulamentações para as transmissões televisivas em ambos os países; as normas parecem ser mais estritas nos EUA do que no Japão.

Há um outro estudo importante a ser aqui mencionado. Em 1988, o AMIC (Asian Mass Communication Research and Information Centre [Centro Asiático de Informações e Pesquisas de Comunicação de Massa]) lançou um projeto de pesquisa para estudar a violência na TV asiática. Oito países, inclusive o Japão, se juntaram neste projeto, e este foi o primeiro estudo comparativo científico sobre o assunto dentro desta região, embora a representação da violência na TV fosse um assunto de grande preocupação não somente para o público em geral e para grupos de pressão, mas também para os produtores de TV e autoridades governamentais. Mais uma vez, a pesquisa foi baseada no método de Gerbner. [11] [12]

Tendo em vista o número limitado de programas em alguns canais de TV particulares de cada país, e a educação diferente dos países participantes, a comparação dos dados dos oito países foi bastante difícil. Mas surgiram alguns resultados interessantes e significativos comparando os programas produzidos na Ásia com os do Ocidente (principalmente programas norte-americanos).

Entre as amostras deste estudo, os programas estrangeiros nos oito países tinham mais incidentes violentos do que os programas locais em geral. Mais importantes eram as diferenças culturais na representação da violência; algumas das variações significativas, do ponto de vista do impacto sobre os espectadores, eram as representações de violência em grandes detalhes nos programas asiáticos, e uma tendência para exaltar o sofrimento das vítimas. Os heróis dos programas asiáticos sofrem tanta ou mais violência do que os vilões. O contexto da violência também é diferente. Na Ásia, a violência representada na TV é principalmente causada por conflitos pessoais ou interfamiliares, e não por fatores institucionais, como acontece comumente nos programas ocidentais.

Em *Brief abstract of violence on television in Asia* [*Breve resumo da violência na televisão asiática*], escrito por Goonasekera e Yut Kam, os resultados mostram o número de programas e a porcentagem das amostras dos programas de TV transmitidos nos oito países asiáticos. Os programas da amostra são tanto locais como estrangeiros, e, neste caso, os países de origem são também definidos no estudo. Comparando a violência na TV entre programas de origem ocidental e asiática, as descobertas das diferenças culturais quanto à violência na TV são as seguintes:

Origem ocidental	*Origem asiática*
• Mais incidentes violentos	• Menos incidentes violentos
• Menos representações das vítimas sofrendo	• Exaltação do sofrimento
• Violência representada com menos detalhes	• Violência representada em detalhes
• Violência saneada. Pouco ou nenhum sangue	• Comumente aparece sangue
• Tanto os heróis como os vilões cometem violência	• Tanto os heróis como os vilões cometem violência
• O herói sofre menos violência do que os vilões	• O herói sofre mais violência que os vilões
• Vilões tanto das classes sociais mais altas quanto das mais baixas	• Os vilões pertencem principalmente às classes sociais superiores
• Violência principalmente dentro de conflitos sociais e institucionais	• Violência devida sobretudo a vinganças pessoais e conflitos interfamiliares
• Desencorajam a violência com exceção dos desenhos animados	• Desencorajam a violência
• Forma de arte universal/baixa especificidade cultural	• Programas específicos da cultura asiática

Resultados dos estudos gerais de longo prazo

Na década de 80, houve alguns projetos de pesquisa importantes que analisaram os efeitos de longo prazo da TV sobre as crianças, incluindo, na análise, vários fatores relacionados.

O primeiro exemplo foi um estudo conduzido por um grupo de pesquisadores afiliados ao Instituto Nacional de Saúde Mental. Primeiro, em 1983, eles tentaram analisar a relação entre exposição à violência na TV e agressividade em crianças pré-escolares, levando em consideração o ambiente familiar como fator importante. [13]

Não houve correlação significativa entre exposição à violência na TV e agressividade na vida diária das crianças analisadas neste estudo; entretanto, quando a análise era limitada a crianças pré-escolares cujos pais não estavam se dando bem, algumas tendências importantes foram observadas. Em tais famílias em discórdia, quanto mais as crianças eram expostas a programas violentos, maior o seu grau de agressividade.

Neste projeto de pesquisa, a análise do grupo criança-família foi planejada desde o início. Assim, cinco anos depois, em 1988-89, o mesmo conjunto de crianças agora com 9-11 anos e seus pais foram estudados novamente para analisar a influência de longo prazo dos hábitos televisivos e outros fatores a partir de seus anos pré-escolares. [14]

Esta pesquisa indicou que as crianças em idade escolar tendiam a assistir a programas violentos quando estavam estressadas por causa de experiências infelizes ou irritantes em casa ou na escola, mas não houve evidência que mostrasse efeitos na agressividade das crianças na vida diária. Os pesquisadores explicaram que a teoria da catarse poderia ser válida. Quanto aos efeitos de longo prazo, observou-se o seguinte: não é possível prever atividades problemáticas ou anti-sociais nos anos escolares a partir do grau de exposição à violência televisiva nos anos pré-escolares; contudo, as crianças que assistiam excessivamente a programas violentos quando eram pré-escolares tendiam a carecer das redes de apoio necessárias à saúde mental. Um outro resultado muito importante foi que havia uma correlação entre a agressividade atual das crianças e as tendências de suas mães a ver programas violentos cinco anos antes.

Um outro exemplo foi um estudo de três anos conduzido por um grupo de pesquisa na Universidade de Tóquio. Um dos objetivos principais deste estudo era tentar analisar a influência da TV em crianças pré-escolares nas condições mais naturais possíveis, levando em consideração uma noção mais ampla de variáveis independentes e dependentes. Pediu-se aos professores da pré-escola que classificassem vários tipos de comportamentos das crianças, incluindo não apenas ações agressivas, mas também conhecimento social básico, capacidade lingüística, brincadeiras e áreas de interesse etc., e às mães pediu-se que listassem os programas de TV a que seus filhos assistiam regularmente em casa, por três anos consecutivos. [15]

Embora "a influência da TV nas ações agressivas das crianças" fosse apenas uma parte de todo o estudo, foi encontrada, em seu Estudo Preliminar (1983-85), uma correlação positiva tardia e recíproca entre a agressividade das crianças pré-escolares no primeiro ano e uma preferência por "programas de heróis ou com efeitos especiais (desenhos animados de ação-aventura e seriados com efeitos especiais)" no segundo ano. Essa correlação foi significativa apenas para as meninas, embora fosse positiva também para os meninos. Os resultados das análises indicaram que a agressividade levava a uma preferência por programas de TV violentos, e não vice-versa. Já teve início a comparação internacional com os EUA, Suécia e Alemanha, e espera-se que o estudo forneça análises e interpretações enriquecidas da pesquisa como um todo. [16]

Outras pesquisas empíricas sobre a violência na TV na década de 80

Uma série de estudos de pesquisa empírica acerca da violência na TV e sua influência sobre as crianças durante a década de 80 foi conduzida por Sasaki. [17] As pesquisas anteriores a respeito da influência da violência na TV sobre as crianças japonesas devem ser apresentadas como evidência do poder da mídia.

Em *A review of empirical studies on television violence* [*Uma revisão dos estudos empíricos sobre a violência na televisão*] (1986), Sasaki adotou e reviu quatro teorias fundamentais existentes sobre como as pessoas são influenciadas quando assistem à violência na TV:

1) Catarse, que postula que uma participação vicária na agressão reduz o comportamento agressivo.
2) Aprendizagem por observação, pela qual os comportamentos agressivos representados na televisão são aprendidos e imitados pelos espectadores.
3) Dessensibilização, pela qual as pessoas se habituam à violência, deixando de ficar aborrecidas ou de se sentir agredidas por ela.
4) Enculturação, que pressupõe que uma alta exposição à violência na televisão contribua para concepções tendenciosas da realidade social. [18]

Sasaki (1988) supunha que a enculturação era provável de ocorrer quando se assistia a programas de TV com violência em cenários mais realísticos e semelhantes à vida do espectador. A fim de estudar a relação entre a quantidade e o tipo de programas vistos na TV e a percepção de segurança do mundo real por parte dos jovens espectadores, uma amostra de 504 alunos de primeiro grau foi estudada. Pediu-se aos sujeitos que selecionassem seu programa de TV favorito de uma lista que foi preparada para o estudo. Os resultados mostraram não haver relação entre a quantidade de programas vistos e a percepção de segurança do mundo real e de confiança nas outras pessoas. Contudo, alguns tipos de programas mostraram afetar a percepção de segurança dos espectadores. Se um programa contém violência em um cenário realístico de vida semelhante ao dos espectadores, tais como os "seriados dramáticos gerais", em vez dos "programas orientados para o crime", os espectadores tendem a aprender o que fazer no caso da situação perigosa. Isso indica que a influência da enculturação depende do tipo de programa da TV. [19]

Ao analisar a violência na TV, em geral se questiona qual das seguintes teorias é verdadeira: a "teoria da catarse", de acordo com a qual o comportamento violento é reduzido pela liberação do estresse através da participação vicária, ou a "teoria da aprendizagem por observação", segundo a qual os espectadores imitam o comportamento agressivo. Sasaki (1989) conduziu um estudo para definir "qual dessas teorias tem lugar em quais tipos de situações" e "que tipos de violência na TV" causaram problemas nos espectadores. A pesquisa classificou os programas de TV violentos em várias categorias empregando tipos de recompensas. Dois tipos de pesquisas foram realizados, para catalogar os tipos de recompensas e para classificar os programas de TV violentos. A primeira pesquisa envolveu 73 alunos de primeiro grau e 58 de segundo grau. Pediu-se aos alunos que listassem até três programas a que eles freqüentemente assistiam e que escrevessem uma redação sobre como se sentiam depois de assistir a eles. Trinta e três tipos de recompensas foram catalogados a partir das redações que foram usadas na segunda pesquisa. Pediu-se aos sujeitos selecionados para a amostra, 389 alunos, que listassem até três programas a que eles freqüentemente assistiam e que respondessem a 33 perguntas em uma escala de cinco pontos. Os sete tipos de recompensas eram: distração da mente, identificação com personagens do programa, aquisição de conhecimento, empatia, riso, desejo e distração emocional. Três tipos de programas violentos foram classificados, conforme segue, empregando os sete tipos de recompensas: programas comoventes-violentos, programas empáticos-violentos e programas engraçados-violentos. O primeiro tipo comovia os espectadores e os levava a adquirir conhecimento mostrando fatos históricos. Contudo, entre os três tipos de programas violentos, a teoria da aprendizagem por observação foi prevista no segundo e no terceiro tipos, enquanto que a dessensibilização ao comportamento violento foi prevista no terceiro tipo. [20]

Dando continuidade ao estudo sobre os tipos de programas violentos e as quatro categorias, *An empirical study of the typology of violent television programs* [*Um estudo empírico da tipologia dos programas de televisão violentos*] foi realizado em 1993. O pesquisador pretendia elucidar a razão das teorias contraditórias — por exemplo, a teoria da catarse sugere que ver violência na TV reduz o comportamento violento, enquanto que a teoria da aprendizagem por observação sugere que a violência na TV aumenta o comportamento agressivo entre os espectadores. O pesquisador levantou a hipótese de que "os tipos de efeitos baseados na teoria da catarse, da aprendizagem por observação, da dessensibilização e da enculturação correspondem, respectivamente, aos tipos de programas violentos baseados nas recompensas". Foi feita uma pesquisa com 680 sujeitos selecionados ao acaso. Os resultados deste estudo basearam-se nos 268 questionários enviados pelo correio que foram respondidos e mandados de volta. Os dados analisados revelaram quatro tipos de programas violentos: recreativo, empático, que satisfaz intelectualmente e que é acompanhado de risada. A natureza dos quatro tipos de programas violentos foi analisada e mostrou-se que estes tipos de programas estavam correlacionados com os efeitos previstos das quatro teorias da violência na televisão. O efeito da catarse estava relacionado aos programas violentos recreativos, enquanto que o efeito da aprendizagem por observação se correlacionava com os programas violentos que satisfaziam intelectualmente. O efeito da dessensibilização se relacionava com os programas violentos acompanhados de risada, e o efeito da enculturação estava relacionado aos programas violentos empáticos. Assim, a hipótese do pesquisador foi confirmada. [21]

Sasaki & Muto (1987) estudaram o problema da ameaça (*ijime*) entre os estudantes a partir do ponto de vista da violência na TV. Muitos programas de TV apresentavam pelo menos uma cena que usava a ameaça como fonte de humor. Portanto, de acordo com este fato, levantou-se a hipótese de que as crianças que vêem mais programas de TV com *ijime* tendem a ameaçar os outros, e que elas mais aprendem formas de ameaçar quando vêem tais programas do que através de qualquer outro meio. Além disso, como uma terceira hipótese, as crianças que vêem muitos programas com *ijime* tendem a se dessensibilizar com o comportamento ameaçador. Foi conduzida uma pesquisa com 977 alunos de primeiro grau. Os sujeitos foram divididos em um grupo de espectadores freqüentes e um grupo de espectadores não-freqüentes, e perguntou-se se eles já tinham usado a ameaça, definida nos termos das nove formas de ameaçar encontradas na amostra dos programas violentos. Também se perguntou aos sujeitos como eles aprenderam seu jeito de ameaçar e o que fariam se testemunhassem uma situação com ameaça. Os resultados de um teste de qui-quadrado sustentaram a primeira hipótese, mas não as outras. Os pesquisadores sugeriram um estudo posterior sobre dessensibilização usando estratégias de medida mais sensíveis e precisas. Os resultados também indicaram que, no processo de aprender comportamento ameaçador, os meios de comunicação pessoal, bem como os de massa, parecem funcionar como fontes de aquisição de métodos de ameaça. O pesquisador concluiu com a sugestão de que é necessário controlar a representação de comportamentos ameaçadores na TV. [22]

Estudos anteriores nos EUA e na Europa sustentaram a relação entre a quantidade de violência vista na TV e o nível de agressividade dos espectadores. Sasaki (1986) conduziu um estudo a fim de elucidar a relação entre as duas variáveis no Japão. Pediu-se a uma amostra de 473 estudantes (249 de primeiro grau e 224 de segundo grau) que escolhessem até cinco programas de uma lista de 25 programas violentos e respondessem a vinte perguntas sobre seu comportamento violento diário. Os resultados sustentaram a hipótese. O segundo propósito do estudo era elucidar a relação entre a violência vista na TV e o grau de dessensibilização do espectador a cenas violentas. O pesquisador levantou a hipótese de que quanto mais violência na TV as pessoas vêem, mais acostumadas ficam a ela. O resultado indicou que há uma relação positiva só entre os estudantes de segundo grau, o que poderia significar que, quanto mais as pessoas são expostas à violência na TV, mais se acostumam a ela. O terceiro propósito deste estudo foi descobrir as influências dos diferentes tipos de violência na agressividade dos espectadores e em seu grau de dessensibilização. Foram usadas as três categorias de Iwao para programas de televisão violentos — programas com violência casual, com violência proposital e com violência passiva. Os resultados não indicaram nenhuma relação positiva entre a quantidade de violência vista na TV e o nível de dessensibilização. Contudo, houve uma relação positiva entre a quantidade de violência vista na TV e a agressividade dos espectadores. A relação era mais forte quando se assistia a programas com violência casual e passiva do que quanto se assistia a programas com violência proposital. [23]

Pesquisa realizada por especialistas em delinqüência juvenil

Pesquisas sobre a influência da mídia têm sido realizadas não apenas por pesquisadores de mídia e psicólogos infantis, mas também por pesquisadores da área de psicologia criminal. Vários estudos importantes conduzidos pelo Instituto Nacional de Pesquisa da Ciência da Polícia tentaram analisar as relações entre o acesso à mídia de massa e vários outros fatores que afetam as crianças e o comportamento delinqüente/desviante dos jovens. Os pesquisadores tiveram a oportunidade de incluir tanto crianças comuns quanto delinqüentes juvenis como sujeitos de pesquisa. A representação de delinqüência e de comportamento desviante na mídia de massa — não apenas em programas de ficção, mas também nos de não-ficção — tem sido enfocada recentemente pelos pesquisadores.

Um desses estudos, realizado em 1983, tentou determinar as características dos estudantes de primeiro grau que tendiam a se adaptar a tais representações da mídia de massa. Os resultados mostraram que esses estudantes tendiam a ter queixas da família e da vida escolar, e tinham tido mais experiências de ações violentas e/ou de ser vítimas. [24]

Como parte de um projeto de pesquisa mais recente sobre a influência que gangues organizadas do crime (*boryokudan*) exerciam sobre os jovens, projeto este conduzido pelo mesmo instituto em 1991, foram analisadas as percepções que os jovens tinham das gangues representadas na mídia de massa. A seguir apresentamos os principais resultados deste estudo. [25]

Em primeiro lugar, a mídia de massa era a principal fonte de informação sobre as gangues tanto para os estudantes de primeiro grau como para os delinqüentes. Essas fontes eram tanto não-fictícias, como noticiários de TV e artigos de jornal, como fictícias, tais como seriados de TV, filmes e romances.

Em geral, os estudantes comuns obtinham suas informações principalmente de fontes não-fictícias, enquanto que os delinqüentes confiavam mais nas fontes fictícias.

As reportagens não-fictícias sobre as gangues tendem a formar imagens negativas delas, como sendo aterrorizantes, egoístas, brutais e assim por diante. A ficção relativa às gangues, por outro lado, tende a formar relativamente poucas imagens negativas que, em alguns casos, são misturadas com imagens positivas como solidariedade, espírito de unidade e masculinidade. Além disso, é importante notar que tais representações fictícias tendem a ser vistas como realidade pelos delinqüentes.

Entre os estudantes de primeiro grau e os delinqüentes, aqueles que têm acesso regular às reportagens da mídia sobre as gangues apresentam maior probabilidade de formar imagens positivas delas do que aqueles que raramente têm acesso a tais informações. Esta tendência é mais evidente nos delinqüentes do que nos estudantes comuns de primeiro grau.

Neste caso, mais uma vez, a relação de causa e efeito entre o acesso à mídia/representação da mídia e o comportamento e atitudes desfavoráveis não foi elucidada. Os pesquisadores desta área parecem ser bastante cautelosos quanto a ver a mídia de massa como causa de delinqüência juvenil. Sobre isso, há uma análise muito interessante e importante feita por Fujimoto, um especialista em criminologia, em seu trabalho *Can mass media be a cause of juvenile delinquency?* [*A mídia de massa pode ser uma das causas da delinqüência juvenil?*]. [26]

Analisando a história da delinqüência juvenil depois da Segunda Guerra Mundial e as contramedidas de agências governamentais, ele salientou que em cada um dos três períodos de pico de contramedidas juvenis pela delinqüência, a mídia de massa popular de cada período tornou-se o alvo das críticas: o cinema no primeiro pico por volta de 1951, a TV no segundo pico por volta de 1964, e uma variedade de meios de comunicação, incluindo novos tipos de revistas em quadrinhos para adolescentes, no terceiro pico por volta de 1983. Ele levantou a hipótese de que era natural que a mídia de massa chamasse a atenção dos especialistas como uma possível causa de influência em cada período de pico da delinqüência juvenil, mas que é difícil dizer se tais meios de comunicação eram realmente causas dessa delinqüência, visto que não havia um intervalo de tempo suficiente entre os períodos de pico da delinqüência e as contramedidas de fato tomadas.

Tendências atuais da pesquisa: um outro boom na pesquisa sobre a mídia?

A seguir, eu gostaria de introduzir as tendências mais recentes da pesquisa sobre as representações da violência, do sexo e de outros temas desfavoráveis na mídia. Desde 1987, mais ou menos, têm havido debates públicos sobre revistas em quadrinhos pornográficas, fitas de vídeo (especialmente "fitas de horror" e "fitas de vídeo para adultos"), jogos de computador (violência, sexo) etc. em várias ocasiões.

As agências governamentais não somente solicitaram auto-regulamentos das organizações em questão, como também realizaram novas pesquisas para discussões posteriores e possíveis contramedidas. Quanto às fitas de vídeo, a seriedade da questão aumentou desde que uma série de ataques a garotas jovens, ocorridos de 1988 a 1989, foi cometida por um adulto jovem que possuía aproximadamente 6 mil fitas de vídeo, incluindo algumas "fitas de horror", em seu quarto.

O governo metropolitano de Tóquio (que havia realizado vários estudos sobre crianças e jovens, e sobre a mídia) conduziu um estudo sobre fitas de vídeo em 1991, e também sobre o ambiente multimídia em geral, com ênfase nos computadores, em 1992. A pesquisa de 1991 indicou, por exemplo, que as crianças que assistiam a muitas fitas de vídeo (mais de sete horas por semana) tinham uma inclinação positiva e compreensiva, mas, ao mesmo tempo, eram um pouco mais agressivas e não-éticas do que a média. De acordo com seus pais, essas crianças tinham complexos de inferioridade e comportamentos problemáticos, tais como delinqüência e violência, em casa.

Também se descobriu, pela observação dos pais, que as crianças que assistiam com freqüência a "fitas de horror" eram agressivas e não-colaboradoras. As crianças que regularmente assistiam a "fitas de adultos" pareciam ter mais problemas. Elas tendiam a assistir a tais fitas sozinhas em seus quartos tarde da noite. Tendiam a ter vários problemas, eram mais agressivas e não-éticas, e apresentavam mais exemplos de comportamentos problemáticos ou sexualmente desviantes.

Uma das descobertas importantes desta pesquisa foi a falta de compreensão da seriedade do problema por parte dos adultos. Por exemplo, os pais cujos filhos freqüentemente assistiam a fitas de adultos achavam que suas crianças tinham tendência para a delinqüência, mas deixavam que assistissem a tais fitas com relativa liberdade. Um pouco mais da metade das locadoras de fitas de vídeo estudadas nesta pesquisa responderam que as fitas de horror e as fitas de adultos exerciam uma influência negativa sobre as crianças, mas quase nenhuma delas dispunha de regulamento próprio para a venda ou aluguel desse tipo de fita por razões financeiras.

A Agência de Coordenação e Administração dos Negócios da Juventude do Gabinete do Primeiro-Ministro conduziu uma pesquisa de âmbito nacional para colher dados básicos sobre o ambiente da mídia envolvendo os jovens japoneses em 1991. Em 1992 o mesmo órgão realizou um estudo mais específico sobre a influência da mídia atual, centrado nas revistas em quadrinhos pornográficas; este é um dos pontos mais sérios de preocupação no Japão. [28]

Descobriu-se que as crianças que têm acesso às revistas em quadrinhos pornográficas tendiam não apenas a fazer sexo, mas também a apresentar comportamentos violentos ou desviantes, e que essas tendências eram especialmente prevalecentes entre os estudantes de primeiro grau. Aqui, mais uma vez, os pais desses alunos subestimaram a situação da mídia que afetava seus filhos.

Análise da literatura sobre a violência nos jogos de computador

Há mais de uma década os jogos de computador começaram a ser produzidos no Japão e foram introduzidos no mercado cujo alvo são as crianças. Embora tenha havido muitos estudos relativos aos aspectos negativos, para as crianças, dos jogos de computador, afirmou-se que tais jogos desempenham um papel importante na formação da capacidade de lidar com a mídia (Yuji & Mori, 1995). Os jogos de computador podem contribuir para a sociedade orientada para a informação com multimídia, assim como nela representar um importante papel. Esta noção foi sustentada por um estudo mostrando que as crianças que usam jogos de computador são mais rápidas no processamento de informações (Yuji, 1996). Os estudos a seguir elucidaram os prós e os contras dos jogos de computador.

Sakamoto, Hatano & Sakamoto (1992) conduziram um estudo sobre o uso do computador entre estudantes de 10 a 15 anos, e sua influência sobre variáveis psicológicas como nível de criatividade, motivação para a realização e desenvolvimento social. [29] Perguntou-se aos sujeitos amostrados, 663 estudantes, com que freqüência usavam o computador; essa informação foi mais tarde comparada com índices usados para determinar o desenvolvimento social. Os resultados indicaram níveis mais baixos de criatividade, motivação para a realização e desenvolvimento social entre os alunos do sexo masculino de primeira a quarta série que se divertem com jogos de computador, enquanto aqueles que usam o computador para o processamento de textos tinham níveis mais altos de criatividade e motivação para a realização. Além do mais, os estudantes do sexo masculino de primeira a quarta série que usam o computador para a programação apresentavam níveis mais altos de criatividade. Em nível de primeira a quarta série, a correlação entre freqüência de uso e essas diversas variáveis psicológicas era mais baixa para as estudantes do sexo feminino do que para os do sexo masculino, e os garotos de quinta à oitava série que jogavam jogos de computador apresentavam níveis mais altos de complexidade cognitiva.

Semelhante ao estudo conduzido por Sakamoto et al. (1992), Sakamoto (1992) realizou uma pesquisa focalizando a relação entre a freqüência com que as crianças usam o videogame e algumas variáveis psicológicas, tais como o desenvolvimento social, agressividade, atitude com relação à guerra, posição sociométrica na sala de aula e desempenho escolar. Como as crianças se encontram no estágio de formação da personalidade e ainda estão se desenvolvendo, é possível que sejam facilmente influenciadas pelo uso do videogame. Embora não esteja cientificamente provado, diz-se que as crianças que usam videogame com freqüência e, em geral, não se comunicam com os outros, desenvolveriam suas habilidades sociais mais lentamente do que aquelas que não usam videogame. Medindo o nível de empatia, a complexidade e centralidade cognitiva e a capacidade de cooperação como componentes do desenvolvimento social dos sujeitos da amostra, o pesquisador pretendia elucidar a relação entre a freqüência com que as crianças usam o videogame e o nível de desenvolvimento social. A população da amostra era formada por 392 estudantes entre 10 e 14 anos. As crianças foram divididas em dois subgrupos a fim de distinguir o nível de comunicação: um grupo dos que geralmente brincam sozinhos e um grupo dos que brincam com os outros. Os resultados indicaram que os estudantes do sexo masculino de primeira a quarta série que usavam videogame freqüentemente apresentavam um nível baixo tanto de desenvolvimento social como de desempenho escolar e tinham uma atitude positiva em relação à guerra. Não houve diferença significativa entre as crianças que jogavam videogame sozinhas e aquelas que jogavam com outras crianças. Além disso, os estudantes de quinta à oitava série que usavam videogame em princípio apresentavam um nível alto de complexidade cognitiva. O estudo revelou que os estudantes (do sexo masculino) de primeira à quarta série "que jogavam videogame freqüentemente obtinham sua popularidade entre os colegas graças às suas habilidades nesses jogos". [30]

A maioria dos estudos anteriores focalizou sobretudo os aspectos e efeitos negativos dos jogos de computador. A fim de descobrir se há efeitos positivos relacionados com esses jogos, Yuji (1996) conduziu um estudo para avaliar a relação entre o uso de jogos de computador e as habilidades de processamento de informações. Como os jogos de computador exigem altas habilidades paralelas de processamento de informações e tempos rápidos de reação, presume-se que as habilidades de processamento de informações dos jogadores também sejam desenvolvidas. Os sujeitos deste estudo foram 46 crianças de jardim-de-infância (25 meninos e 21 meninas). A amostra foi dividida em dois grupos de acordo com o nível de freqüência com que usavam jogos de computador. Foram usados desenhos como estímulos para testar as habilidades de processamento de informações dos sujeitos. Os estímulos eram quatro combinações de duas cores e dois formatos de rãs: uma rã verde de olhos grandes, uma rã verde de olhos pequenos, uma rã cor-de-rosa de olhos grandes, e uma rã cor-de-rosa de olhos pequenos. Depois que o Estímulo 1 era mostrado no centro da tela do computador por dois segundos, quatro padrões do Estímulo 2 apareciam na tela por um segundo. Então os sujeitos eram testados para omitir cores e formatos diferentes do desenho do primeiro estímulo tão rápida e corretamente quanto possível. Os resultados indicaram que as crianças que jogam jogos de computador tinham excelentes habilidades perceptivas, motoras e de processamento de informações. O pesquisador sugeriu que se conduzissem estudos posteriores e um exame abrangente dos jogos de computador, já que eles podem desempenhar um papel importante na sociedade orientada para a informação com multimídia. [31]

Yuji & Mori (1995) conduziram uma análise de conteúdo do *software* de jogos. O propósito deste estudo foi definir o conteúdo nas embalagens dos jogos, analisar quanto há de violência nos vídeos de jogos de ação e estudar o problema que envolve gênero e agressividade. Os resultados mostraram que a maioria dos jogos de computador existentes é destinada ao sexo masculino e implica claramente altos níveis de violência. Contudo, o pesquisador insistiu em afirmar que não há relação entre estes conteúdos e as crianças que usam tais *softwares* aprenderem sobre discriminação sexual e tornarem-se mais agressivas. A importância deste estudo pode ser compreendida a partir do ponto de vista da capacidade de lidar com a mídia. Isto é, os resultados mostraram que os jogos de computador desempenham um papel importante na formação dessa capacidade. Se o conteúdo dominado pelo sexo masculino e orientado para a violência desses jogos afasta as consumidoras do sexo feminino, isto é um problema que precisa ser resolvido, como insistiu o autor. [32]

Mori & Yuji (1995) conduziram um outro estudo com uma perspectiva um pouco diferente de seu estudo anterior — eles analisaram os conteúdos dos jogos de computador e os compararam com os de programas da TV. O estudo demonstrou a existência de violência da TV nos jogos de computador. Os resultados indicaram não só que a violência e as diferenças de gênero nos jogos de computador se baseiam em programas da TV, mas também que a freqüência de cenas violentas é mais alta em tais jogos do que na TV. [33]

Hábitos infantis de ver TV e preocupações de pais e professores

Pais

Questões que tratam das opiniões de pais e professores sobre os efeitos da televisão nas crianças têm sido incluídas de várias formas em muitas pesquisas até esta data. Embora o maior número de respostas seja que a TV produz tanto efeitos favoráveis como desfavoráveis, o número de respostas do tipo "maior quantidade de efeitos desfavoráveis" ultrapassa o de respostas do tipo "maior quantidade de efeitos favoráveis".

As grandes preocupações dos pais são as imitações infantis da violência, a linguagem nociva nos programas e comerciais da TV, e o possível dano ao desenvolvimento emocional da criança. Contudo, os pais japoneses não parecem ser muito rigorosos com relação aos hábitos de ver TV em casa, e as crianças são relativamente livres para escolher os programas que quiserem e para assistir a eles quando quiserem. [34] [35]

Por exemplo, cerca da metade dos bebês de 1 a 2 anos toma a iniciativa de ligar a TV e a ela assistir sem nenhum adulto por perto durante aproximadamente metade do seu tempo de TV. Depois dos três ou quatro anos, as crianças tendem a ver TV com maior freqüência sozinhas ou com outras crianças do que com seus pais.

As crianças de até 2 anos assistem com grande interesse a vários programas de TV destinados especialmente a pré-escolares; quase todos estes programas são atualmente transmitidos pela NHK, o único canal estatal do Japão. Entre eles, *With Mother* [*Com a Mamãe*] (1959-), o programa infantil transmitido há mais tempo no Japão, é particularmente popular entre pais e filhos. (*With Mother* é semelhante ao *Playschool* ou *Playdays* da BBC.) Muitos bebês começam a assistir a este programa antes de completarem um ano.

Até mesmo os bebês com menos de um ano respondem de forma considerável à TV; as pesquisas indicam que, no caso de bebês de 4-7 meses, mais da metade mostra interesse pelos sons e imagens da tela, e que eles começam a brincar com o aparelho de TV ligando e desligando já aos 6-7 meses, uma vez que estes aparelhos atualmente são muito fáceis de manusear. Mais de um quarto dos bebês de 8-9 meses imita bater palmas e mais da metade dos de um ano imita exercícios de sessões de ginástica na TV. Além disso, cada vez mais as crianças com 1 ano e meio-2 anos são vistas cantando e falando palavras ouvidas nos programas e comerciais da TV. [36]

Depois dos três anos as crianças se interessam cada vez mais por desenhos animados, histórias com efeitos especiais e programas de variedades para o público em geral, transmitidos geralmente pelos canais comerciais, à medida que seu interesse por programas pré-escolares diminui. As diferenças de preferência entre meninos e meninas aparecem por volta dos 3-4 anos. (Os meninos gostam de programas que incluam ações que eles possam imitar e usar depois na brincadeira com os amigos, enquanto as meninas gostam de histórias com família.) Assumir o papel de personagens da TV se torna popular aos 3-4 anos. Quanto a imitar ações violentas e usar linguagem vulgar, 50% das crianças apresentaram alguma influência da TV. Essa tendência é mais forte entre os meninos, entre espectadores assíduos e também entre crianças cujas mães são bastante rigorosas quanto ao hábito de ver TV de seus filhos.

As crianças desta faixa etária também querem ter os brinquedos, jogos, livros, artigos de papelaria, roupas e mochilas associados a seus personagens favoritos da TV.

Quanto às regras familiares para o hábito de ver TV das crianças, no caso de bebês de 1-2 anos, "o que ver" é a maior preocupação dos pais; então, à medida que as crianças crescem, as preocupações dos pais se transferem para "o número total de horas diárias de televisão" e "quando ver", em vez do conteúdo dos programas. Uma razão pela qual os pais japoneses não são muito rigorosos quanto ao hábito de ver TV de seus filhos é a seguinte: uma vez que os programas populares tendem a se tornar assunto de trocas (através da dramatização das histórias, da imitação dos personagens e das conversas) no grupo de brincadeiras ou na escola, as crianças que não sabem nada de tais programas são freqüentemente deixadas de lado. Os pais se preocupam muito seriamente com o fato de seus filhos serem ignorados ou maltratados pelos amigos.

Professores

Infelizmente, a primeira impressão que muitas pessoas têm dos programas infantis japoneses parece ser a de desenhos animados e histórias com efeitos especiais, em geral com ação violenta e/ou expressões vulgares. Contudo, muitos visitantes de outros países ficam surpresos com a existência de outros tipos de programas, incluindo uma variedade de programas escolares para crianças de jardim-da-infância até jovens do segundo grau. Além disso, há outros programas de qualidade para crianças, como *TV Picture Books* [*Livros Ilustrados da TV*] (histórias), *Fun with English* [*Divertindo-se com Inglês*], *I Can Do That Myself* [*Posso Fazer Isso Eu Mesmo*] (culinária e outros tópicos do tipo como fazer), *Music Fantasy: Dramas* [*Fantasia Musical: Histórias*] (música clássica) e *News for Children* [*Notícias para a Criança*] (revista de notícias semanal para pais e filhos). Todos esses programas são transmitidos tanto pelos canais terrestres da NHK (TV Geral e TV Educativa), como por um de seus canais DBS.

Quanto aos programas escolares para a TV, eles começaram em 1953 no Japão. Desde o início, uma organização chamada Federação dos Professores de Todo o Japão para o Estudo do Uso do Rádio e da TV na Educação tem desempenhado um importante papel, contribuindo para o uso efetivo desses meios de comunicação e melhorando a qualidade dos programas, em cooperação com a NHK.

O Instituto de Pesquisa da Cultura nos Meios de Comunicação da NHK tem conduzido, em nível nacional, *Pesquisas de Utilização dos Programas Escolares*, desde 1950. O objetivo das pesquisas é obter dados básicos sobre a disseminação do equipamento audiovisual e sobre o uso dos programas escolares para o rádio e a TV, assim como avaliar os programas pela observação dos professores e estudar suas atitudes com relação aos vários tipos de meios de comunicação. Os dados são usados como base para a discussão sobre o desenvolvimento futuro dos programas escolares e de materiais relacionados.

Com relação aos anos de 1996-97, 95% das escolas japonesas de primeira a quarta série estavam fazendo uso dos programas escolares para a TV transmitidos pela NHK. A taxa era de 54% para os jardins-de-infância e 70% para as escolas maternais.

Alguns dos programas escolares da NHK têm sido transmitidos para vários países da Ásia, América Latina e África — em suas línguas locais — com algum apoio financeiro da parte do Japão, em resposta a pedidos feitos por esses países. Contudo, talvez isso não seja de conhecimento geral. A NHK não apenas tem transmitido programas para esses países, mas também enviado vários especialistas na produção de programas educacionais, para ajudar esses países a desenvolver seus próprios programas nesta área.

Mais de 95% das crianças japonesas freqüentam o jardim-de-infância ou a escola maternal antes de entrar para o primeiro grau aos seis anos de idade. Os professores de pré-escola, por sua vez, reconhecem a influência global da TV sobre as crianças na maioria dos casos, tanto em relação aos seus efeitos positivos quanto em relação aos negativos.

Uma das pesquisas da NHK em 1996 indicou que em 73% dos jardins-de-infância de todo o Japão os professores responderam que a linguagem das crianças decaiu pelo fato de reproduzirem o vocabulário da TV; 65% afirmaram que as crianças às vezes agiam duramente imitando a violência televisiva (*kick-boxing*, luta livre profissional, pulando de lugares altos, imitando lutas com armas de fogo etc.); e 56% acreditavam que a TV exercia alguns efeitos prejudiciais sobre o desenvolvimento emocional das crianças, por exemplo, a má compreensão do conceito de "morte". Todos esses exemplos são de programas escolhidos pelas próprias crianças e vistos em casa, em geral sem a presença de um adulto, como já mencionamos.

Quanto à influência global da televisão sobre as crianças pequenas, muitos professores responderam que "há mais influências ruins do que boas". Esta visão negativa dos professores parece estar ligada à sua relutância em usar a TV nos jardins-de-infância e escolas maternais, e pode muito bem ter contribuído para o declínio gradual do uso da TV educativa para crianças desde o início da década de 80. Alguns professores explicaram que não querem usar a TV porque as crianças já passam muito tempo vendo TV em casa. (Embora o número total de horas de TV de uma criança seja menor do que o de um adulto, como acontece em muitos outros países. De acordo com a pesquisa da NHK em 1996, as crianças entre 4 e 6 anos de idade viam uma média de 2 horas e 21 minutos de televisão por dia, e as de 7 a 10 anos, 2 horas e 13 minutos; o número total médio de horas diárias para todos os japoneses acima de 7 anos era 3 horas e 34 minutos.)

Contudo, há uma diferença óbvia entre os programas que as crianças escolhem sozinhas em casa e aqueles usados nos jardins-de-infância e escolas maternais sob a orientação dos professores. Considerando que essa diferença aumenta à medida que as crianças crescem, e que a disciplina apropriada com relação à televisão não é em geral dada firmemente em casa, os jardins-de-infância e escolas maternais poderiam desempenhar um importante papel na educação sobre a mídia, ajudando as crianças a desenvolverem uma atitude mais seletiva em relação à TV e outros meios de comunicação, incluindo fitas de vídeo e videogame. [37]

Perspectivas de desenvolvimento da pesquisa

Como vários estudos já indicaram, é muito difícil explicar as relações claras de "causa e efeito" entre a exposição à violência na mídia e a agressividade das crianças na vida real. Mesmo assim, é importante desenvolver mais a pesquisa sobre os "múltiplos efeitos da violência na mídia em nossa sociedade", com abordagens e métodos mais sofisticados e mais novos, especialmente porque as circunstâncias em que a representação de vários tipos de violência e de outros assuntos desfavoráveis têm aumentado e parecem estar se tornando cada vez mais vívidas, não apenas na TV como também em muitos meios de comunicação, como fitas de vídeo, videogame, revistas em quadrinhos, cinema etc. Neste contexto, como pesquisador na área "As Crianças e a Mídia", estou particularmente interessado nos três aspectos a seguir.

Pesquisa sobre "violência na mídia"

O primeiro aspecto é a importância de uma análise mais precisa da "possibilidade dos diferentes efeitos da violência na mídia em culturas diversas". Embora já tenham sido feitos alguns estudos nesta área, ainda precisamos de uma análise mais precisa e profunda.

Parece haver tipos de expressões de violência que podem ser entendidas e sentidas de forma semelhante na maioria das sociedades do mundo. Contudo, também parece haver outros tipos de violência, isto é, "violência" que é sentida e entendida de uma forma muito diferente dependendo da cultura do espectador. Em outras palavras, algumas representações particulares que são aceitáveis em uma sociedade podem ser vistas como violentas demais em outra. Além disso, as crianças e os adultos de cada cultura podem ter percepções e atitudes diferentes.

A partir da minha própria experiência através de discussões com pesquisadores de vários países, sinto a necessidade de uma análise científica sobre este aspecto. Analisando reações diversas tanto de crianças como de adultos aos mesmos programas de TV em sociedades com diferentes culturas (e também com experiências internacionais), poderíamos descobrir até que ponto as pessoas percebem de forma semelhante e diferente os mesmos quadros e mostrar suas reações à "violência" e outras representações da mídia. É, naturalmente, muito importante analisar, através de um estudo a longo prazo, o mecanismo de como e até que ponto tais representações da violência podem afetar os comportamentos e atitudes dos espectadores, especialmente crianças. Este tipo de pesquisa internacional pode ser útil e importante não só para discussões sobre a violência na mídia, mas também para a cooperação internacional no desenvolvimento da mídia como um todo, incluindo trocas efetivas de programas de TV e idéias relacionadas ao uso que as crianças fazem da mídia. [38]

Ênfase nos aspectos positivos da mídia

Meu segundo ponto é a necessidade da ênfase nos aspectos positivos da mídia; isto é, a importância do desenvolvimento da pesquisa e de atividades a ela relacionadas para criar e distribuir programas de TV e *software* de vídeo etc. favoráveis aos espectadores, especialmente às crianças, e que atraiam sua atenção. Tenho trabalhado nesta linha no Instituto de Pesquisa da NHK, e essa abordagem foi uma das características da pesquisa sobre "As Crianças e a Mídia" no decorrer da década de 80 no Japão. [39]

Temos estudado tanto os programas de TV como as reações das crianças a eles, de modo a fornecer dados úteis aos nossos produtores para a melhoria dos programas atuais e para o desenvolvimento de novos programas. Vários dos programas escolares da NHK já introduzidos foram desenvolvidos com base em muitos tipos de estudos. Muitos outros estudos, especialmente visando às crianças pequenas, têm sido conduzidos pelo Projeto de Pesquisa sobre a Programação de TV (Mídia) para Crianças de Dois Anos desde 1978.

Este projeto exige a cooperação entre os produtores de TV da NHK, pesquisadores de mídia como eu, e especialistas de várias áreas, como psicologia do desenvolvimento, pedagogia etc., e tenta basicamente desenvolver programas de qualidade para crianças entre 2 e 4 anos, que são as crianças que mais vêem TV no Japão, e que estão, também, no estágio mais importante do aprendizado do hábito de ver TV. Os pesquisadores adotaram o método de experimentos de ver TV com um elemento perturbador. Estes estudos são realizados em uma sala experimental usando programas produzidos para este fim, e envolvem a análise de várias reações das crianças (tais como atenção, reações verbais e várias reações não-verbais). [40] [41]

Com o apoio dos estudos deste projeto, vários programas novos foram produzidos para as crianças pequenas. Quando um segmento de exercícios de ioga foi planejado para ser introduzido no programa *With Mother*, a série diária da NHK para pré-escolares, oito segmentos foram produzidos sob condições diferentes: executores, variedade e número de posições de ioga, quantidade de instruções etc. As respostas de crianças de 2 anos a cada segmento foram gravadas e analisadas, e várias sugestões foram dadas aos produtores: quanto menor o número de posições, mais as crianças tendiam a assistir ao segmento. As crianças imitavam mais se recebessem maiores instruções. A instrução do tipo "Conversando com os espectadores" foi positivamente correlacionada com a imitação da parte das crianças. Como resultado, foram introduzidas melhorias para a produção final de um segmento de ioga chamado "Olá, Dona Posição". De acordo com um outro estudo conduzido depois do início da transmissão deste segmento recém-desenvolvido, a imitação dos movimentos nele apresentados se tornou popular entre as crianças de 2-2 anos e meio, o núcleo do público alvo.

Um outro bom exemplo é a série animada de um minuto chamada "Crianças como Nós", que também foi introduzida como parte do programa *With Mother*. Neste caso, os membros do projeto de pesquisa começaram a trabalhar para desenvolver esta nova idéia baseados nos resultados de pesquisas de vários trabalhos anteriores. Depois de muita discussão, decidiu-se produzir vários personagens refletindo os traços e comportamentos típicos de crianças entre 2 e 3 anos de idade (tais como tendências a ser exigente, travesso, desorganizado, guloso, esquecido etc.), e cada segmento apresenta histórias simples e compreensíveis de um ou dois minutos de duração.

O propósito desta animação era fazer com que as crianças observassem estes personagens repetidamente, em várias histórias diferentes, e então passassem a refletir sobre o seu próprio comportamento, bem como a aprender que há diversos tipos de pessoas na nossa sociedade. Uma decisão importante foi não fazer comentários do tipo "Não faça isso!" ou "Faça aquilo", uma vez que é importante para as crianças desta faixa etária aprenderem a julgar seu próprio comportamento.

O experimento como pesquisa formativa foi conduzido com o mesmo método para a produção final de *Crianças como Nós*. Pesquisas de acompanhamento realizadas depois do início da transmissão, através da observação feita pelas mães das reações de seus filhos e também das observações de alguns especialistas, mostraram que esta nova série estava atingindo os principais objetivos propostos. [42]

Embora sejam necessárias muitas pessoas, um grande orçamento e tempo para conduzir estes tipos de experimentos e pesquisas, eles são muito importantes e expressivos, é claro, para produtores e pesquisadores. Além disso, é muito significativo dar aos pais oportunidades para pensarem sobre a qualidade dos programas de TV para crianças através desses vários estudos.

Há um outro exemplo que eu gostaria de mencionar. Trata-se de um projeto interdisciplinar focalizando a influência da TV sobre crianças que estão aprendendo a andar, bebês e fetos, conduzido sob a liderança do presidente do Hospital Infantil Nacional. Este projeto consiste de um grupo pediátrico, um grupo de antropologia cultural e um grupo de pesquisa de mídia. Constitui uma característica especialmente importante deste projeto o fato de que muitos pediatras com especialização tomam parte nos estudos sobre a TV.

Por exemplo, um dos estudos indica que mesmo os bebês (com 8 meses de idade) podem reconhecer desenhos na TV de uma forma semelhante aos adultos. Em um outro estudo, os pediatras descobriram uma resposta indicativa de comportamento anormal em um bebê de 18 meses, primeiramente através de um questionário sobre os hábitos de ver TV em casa respondido por sua mãe. Um exame clínico posterior revelou que este bebê tinha deficiência auditiva. Um estudo de observação foi realizado para avaliar o comportamento de crianças com deficiências em relação à TV, e um grupo de pediatras começou a pensar em desenvolver novos métodos de testes sensoriais usando a televisão.

Embora este projeto tenha dado atenção tanto aos efeitos positivos como aos negativos da TV, sua abordagem básica era compreender o significado de "ver TV" na sociedade de hoje e descobrir como este meio de comunicação pode efetivamente ser usado para o benefício da humanidade. [43] [44]

Importância da educação sobre a mídia

Finalmente, gostaria de enfatizar, mais uma vez, a importância da educação sobre a mídia. Como já mencionei, tal educação é muito importante para as crianças, como um passo vital na aprendizagem de como ver TV e como desfrutar de outros meios de comunicação de forma a serem beneficiadas por eles. À medida que as crianças crescem e sua compreensão do mecanismo da mídia se aprofunda, vários meios de comunicação podem se tornar ferramentas importantes para as crianças se expressarem. Também é muito importante que os adultos compreendam o ambiente mais recente da mídia, tanto para eles mesmos como para dar conselhos efetivos para as crianças a partir de vários pontos de vista: como pais, como professores e como provedores de diversos *softwares* para as crianças.

Conclusões

Embora a análise e a discussão dos aspectos negativos da mídia sejam, é claro, necessárias, acho que é igualmente importante dar atenção aos aspectos positivos dessa mídia, a fim de encorajar e aumentar o número de produções desejáveis de cada um dos meios de comunicação, e assim tornar todo o ambiente da mídia ao nosso redor benéfico para o futuro de nossas crianças.

Neste contexto, várias formas de cooperação se tornariam cada vez mais importantes, incluindo a cooperação interdisciplinar e internacional. Há uma tendência clara entre os membros responsáveis pela pesquisa, produção e transmissão de programas infantis e educativos, no sentido de procurar novas formas de cooperação internacional efetiva em um sentido mais amplo do que nunca. [45]

Acredito que seja essencial pensar sobre o crescimento infantil, educação e desenvolvimento da mídia não em termos de uma nação ou sociedade, mas de um ponto de vista global, em termos do futuro de toda a humanidade. Com tantos países atualmente dando atenção especial à "Violência na Mídia", é meu desejo que as pessoas envolvidas utilizem esta "tendência" e pensem nela como uma oportunidade maravilhosa para trabalharmos em harmonia a fim de chegar a uma solução favorável que ponha fim ao problema de uma vez por todas, e ao mesmo tempo acentuar o lado positivo e freqüentemente negligenciado da mídia como um todo.

Vários pesquisadores no passado afirmaram que a sociedade japonesa tende a reagir de acordo com a teoria da catarse mais do que as outras culturas no mundo, pensando no fato de que o Japão tem uma taxa de criminalidade relativamente baixa e, ao mesmo tempo, uma grande quantidade de conteúdos violentos na mídia, pelo menos até aqui. Não há nenhuma prova científica desta teoria. Pode ser que os japoneses tendam a aliviar seu estresse assistindo a programas violentos na TV e jogando jogos violentos no videogame. Contudo, e mencionamos isto anteriormente, a violência nas histórias japonesas é com freqüência seguida de cenas mostrando os efeitos sobre as vítimas e o processo de seu sofrimento, algo que pode diminuir a tendência para atitudes e comportamentos agressivos entre os espectadores japoneses.

Muitos dos estudos no passado concluíram que o poder da mídia é uma fonte de influência negativa. Contudo, se os efeitos da mídia são tão marcantes, é possível que ela possa ser usada para alguma coisa positiva. Os pesquisadores deveriam dar mais ênfase ao como fazer uso positivo do poder da mídia para as crianças no futuro.

É necessário conduzir um estudo com ênfase na possibilidade de que diferenças culturais e de experiências individuais desempenhem um papel como fatores determinantes da percepção da "violência" (no mundo real e na mídia). Os resultados de tal estudo poderiam trazer benefícios para as futuras produções e trocas de programas de TV. Estudos internacionais anteriores sobre a violência na TV, dos quais o Japão participou, mostraram que há características diferentes nas cenas violentas do Japão e dos EUA, assim como de outros programas asiáticos. No que se refere à forma como percebemos tais cenas violentas, a pesquisa sugere que há uma disparidade devida às diferenças culturais, à experiência com outras culturas e à compreensão de culturas diferentes.

A crescente preocupação internacional com a natureza dos direitos da criança estimulou a organização Concurso do Prêmio Japão a realizar um simpósio intitulado "Escutem as Crianças — Os Direitos da Criança e a Televisão" em novembro de 1996. (O Prêmio Japão é um concurso internacional para programas educativos criado em 1965 e organizado pela NHK.) De diferentes partes do mundo, foram inscritos muitos programas que tratavam dos direitos da criança a partir de vários pontos de vista, tais como abuso infantil, intimidação, crianças na pobreza, crianças na guerra e assim por diante. A razão das discussões entre os especialistas em programas educativos era que as crianças devem se conscientizar de seus direitos e ter a oportunidade de falar como os programas educativos destinados a elas ou aos adultos devem ser produzidos.

Portanto, recomendo que os futuros pesquisadores da mídia conduzam estudos que encorajem os pontos levantados durante o simpósio, e que as pessoas de negócios ligados aos meios de comunicação concentrem-se no uso positivo do poder da mídia a fim de criar ambientes televisivos (meios de comunicação) mais favoráveis.

Notas

1. As opiniões apresentadas neste artigo são do autor, e não os pontos de vista oficiais da NHK.
2. Além dos tipos de estudos aqui expostos, a NHK conduz uma série de outros estudos sobre programas educacionais para crianças e escolas, utilizando um analista de programação, basicamente para melhorar tais programas, mas também para desenvolver outros novos.

Referências bibliográficas

1. FURU, T. (1962) *Television and children's life: A before-after study*, NHK Radio and Television Culture Research Institute. (Análises detalhadas do Primeiro e do Segundo Estudos de Shizuoka foram publicadas em *The NHK Report on Broadcast Research* de 1958 a 1960.) (japonês)
2. MATSUMOTO, K. (1961) The reaction of children and adults to violence of TV programs. *The NHK Report on Broadcast Research*, 11 (2), pp. 2-22. (japonês)

3. TSUJI, I. (1969) Effects of mass media. *Child Psychology Series*, 9, Kaneko Shobo. (japonês)

4. HATANO, G. (1969) "Children's culture and mass communication". *Annual Review of Japanese Child Psychology*, Kaneko Shobo, pp. 234-248) (japonês)

5. FCT (1982) *TV and Children's Health.* (japonês)

6. ______. (1988) *How TV Has Been Commercialized.* (japonês)

7. IWAO, S.; DE SOLA POOL, I. & HAGIWARA, S. (1981) Japanese and U. S. media: some cross cultural insights into TV violence. *Journal of Communication*, 31 (2), pp. 28-36.

8. ______. et al. (1991) Content analysis of TV dramatic programs. *Hoso Bunka Foundation Research Report*, 14, pp. 291-294. (japonês) (Também em *HBF Reports* 11 e 8)

9. ______. (1983) International understanding via TV programmes: the case of SHOGUN. *The Bulletin of the Institute for Communication Research,* (Keio University), 20, pp. 101-117. (japonês)

10. MIKAMI, S. (1993) A cross-national comparison of the U. S.-Japanese TV drama: international cultural indicators. *KEIO Communication Review*, 15, pp. 29-44. (Um relatório escrito por G. Gerbner et al. também se encontra em *HBF Research Report*, 16, 1993, pp. 349-357.) (japonês)

11. GOONASEKERA, A. & Lock, Y. K. (1990) Violence on television in Asia. *Asian Journal of Communication*, 1 (1), pp. 136-146.

12. HAGIWARA, S. (1990) Violence on television in Asia: Japanese study. *KEIO Communication Review,* 11, pp. 3-23.

13. KASHIWAGI, A. & MUNAKATA, K. et al. (1985) Research on relationship between influence by children's exposure to TV film with high violence ratings and family background. *Hoso Bunka Foundation Research Report*, 8, pp. 58-66. (japonês)

14. MUNAKATA, K. & KASHIWAGI, A. et al. (1991) Effect of viewing of TV programs with violence on children and their families: five-years later. *Hoso Bunka Foundation Research Report*, 14, pp. 275-278. (japonês)

15. SUZUKI, H. (1988) Studies on the influence of television on children: outline of problems and research plans. *Studies of Broadcasting* (NHK), 24, pp. 59-74.

16. ______. et al. (1990) Multipanel study of the influence of television viewing on children (1). *The Bulletin of the Institute of Journalism and Communication Studies* (The University of Tokyo), 41, pp. 1-87. (japonês) e Suzuki, H. et al. (1991) Multipanel study of the influence of television viewing on children (2), The University of Tokyo. (japonês)

17. SASAKI, T. (1996) *Media and violence*, Kaneko Shobo. (japonês)

18. ______. (1986) A review of empirical studies on television violence. *Educational Studies*, 28, International Christian University, pp. 127-156. (japonês)

19. ______. (1988) An empirical study on enculturation by TV viewing. *Hoso Kyoiku Kenkyu*, 16, pp. 61-74. (japonês)

20. SASAKI, T. (1989) A study on the classification of violent TV programs: an application of uses and gratification research. *Hoso Kyoiku Kenkyu*, 17, pp. 65-78. (japonês)

21. ______. (1993) An empirical study of the typology of violent television programs. *Educational Studies*, 35 (International Christian University), pp. 65-78. (japonês)

22. ______. & MUTO, E. (1987) An empirical study of the effects of "Ijime" TV programs on children. *Hoso Kyoiku Kenkyu*, 15, pp. 57-70. (japonês)

23. ______. (1986) Viewing violence on TV and children's aggressiveness. *Hoso Kyoiku Kenkyu*, 13/14, pp. 57-71. (japonês)

24. UCHIYAMA, A. T. (1986) Characteristics of juveniles conforming to deviant behaviors depicted in mass media. *Reports of the National Research Institute of Police Science: Research on Prevention of Crime and Delinquency*, 27 (2), pp. 1-11. (japonês)

25. ______. et al. (1992) A study on the influence of organized criminal gangs upon juveniles: 2. Juveniles' perception of *Boryokudan* represented in the mass media. *Reports of the National Research Institute of Police Science: Research on Prevention of Crime and Delinquency*, 33 (2), pp. 15-25. (japonês)

26. FUJIMONO, T. (1985) Mass media and the concept of harmfulness: can mass media be a cause of juvenile delinquency? *Comparative Law Review* (Chuo University), 19 (3), pp. 1-26. (japonês)

27. Bureau of Citizens and Cultural Affairs, Tokyo Metropolitan Government (1991) *REPORT: Research on Influence of Video Software on Children and Youth.* (japonês)

28. Youth Affairs Administration, Management and Co-ordination Agency, Prime Minister's Office (1993) *Research report on youth and social environment centered on porno-comics.* (japonês) e Youth Affairs Administration, Management and Co-ordination Agency, Prime Minister's Office (1992), *REPORT: The second survey on information — orientated society and youth.* (japonês)

29. SAKAMOTO, A.; HATANO, K. & SAKAMOTO, T. (1992) The relationships between children's use of computers and such psychological varibles as creativity, motivation to achieve, and social development. *Japan Educational Technology Magazine*, 15 (4), pp. 143-155. (japonês)

30. ______. (1992) Children's videogame use and social development: empathy, cooperativeness, cognitive complexity, aggressiveness, attitudes toward war, sociometric status, and social achievement. *Ochanomizu University Jinbunkagaku Kiyoh*, 45, pp. 169-786. (japonês)

31. YUJI, H. (1996) Computer games and information processing skills. *Perceptual and Motor Skills*, 83, pp. 643-647.

32. ______. & MORI, S. (1995) Gender and violence on computer games. *Journal of Child Study*, 1, pp. 93-104. (japonês)

33. MORI, S. & YUJI, H. (1995) Comparative analysis of contents of TV programs and computer games. *The Annual Research on Early Childhood* (Hiroshima University) 17, pp. 7-16. (japonês)

34. KODAIRA, S. I. (1987) *Television's Role in Early Childhood Education in Japan*, NHK Broadcasting Cultural Research Institute, e KODAIRA, S. I. (1988), Young children and television in the home. *The NHK Monthly Report on Broadcast Research*, 38 (8), pp. 2-11. (japonês)

35. AKIYAMA, T. (1981) Television's influence on infants and education. *The NHK Report on Broadcast Research*, 31 (6), pp. 26-35. (japonês)

36. ______. & KODAIRA, S. I. (1990) TV viewing by infants in japan. *Medienpsychologie*, Jg. 2, Heft 3, pp. 191-199. (alemão)

37. KODAIRA, S. I. & ITANI, Y. (1997) Use of media in kindergartens and nurseries; from the 1996 School Broadcast Utilization Survey. *The NHK Monthly Report on Broadcast Research*, 47 (5), pp. 36-51. (japonês)

38. ______. (1986) *Television for children in Japan: trends and studies*, NHK Broadcasting Cultural Research Institute, e KODAIRA, S. I. (1992) Effects of TV, videos, video games on children: a review of research in Japan since the mid-1980's. *Annual Review of Japanese Child Psychology*, Kaneko Shobo, pp. 1878-2009. (japonês)

39. ______. (1990) The development of programmes for young children in Japan. *Journal of Educational Television*, 16 (3), pp. 127-150. (inglês)

40. SHIRAI, T. & SAKAMOTO, T. et al. (1982) *What television could do for preschoolers*, Japan Radio-TV Education Association. (japonês)

41. ______. & KODAIRA, S. I. (1987) *Children and television: a study of new TV programs for children based on the pilot of animated production*. NHK Broadcasting Culture Research Institute.

42. KODAIRA, S. I. & AKIYAMA, T. (1988) *"With Mother" and its viewers: behavior monitoring of 2 and 3 year olds*. NHK Broadcasting Culture Research Institute.

43. KOBAYASHI, N. (1989) Infants in the age of television: studies in Japan (trabalho preparado para a IIC Annual Conference, Paris).

44. HOSO BUNKA FOUNDATION (1989). Infants in the age of television: effects of audio visual broadcasting on pre-birth babies to early childhood (relatório para o Terceiro Estudo de Pesquisa Comissionado), *HBF Newsletter*, 29.

45. KODAIRA, S. I. (1991) Worldwide educational broadcasting: diversity and challenge in a new era. *Studies of Broadcasting* (NHK), 27, pp. 221-243, e KODAIRA, S. I. (1993) Report on a survey of educational broadcasting around the world (preparado para o 20º Concurso do Prêmio Japão) e KODAIRA, S. I. (1994) Educational broadcasting around the world in 1993: based on the worldwide survey. *NHK Monthly Report on Broadcast Research*, 44 (3), pp. 36-49 (japonês).

Criança, Mídia e Agressão

Situação da pesquisa na Austrália e Nova Zelândia

KEVIN DURKIN & JASON LOW

Este artigo oferece uma visão geral da pesquisa recente na Austrália e Nova Zelândia com relação ao tópico "As crianças e a agressão na mídia". Dimensionamos nosso relato de uma forma bem ampla, a fim de incluir tanto a pesquisa referente às questões perenes dos efeitos do conteúdo abertamente agressivo, como também as percepções e respostas do público (crianças e pais). Além disso, consideramos tópicos relacionados, tais como as representações de grupos étnicos minoritários na mídia, programas de crimes e o tratamento dado pela mídia ao abuso sexual. Portanto, "agressão" aqui inclui tanto formas de violência física, como intimidação simbólica e opressão. Concentramo-nos principalmente na pesquisa publicada desde 1990 (e futura), mas às vezes citamos trabalhos anteriores que são relevantes.

Nosso objetivo é ilustrar as direções das pesquisas e perspectivas atuais. Não tentamos fazer avaliação crítica da pesquisa. Contudo, fazemos comentários sempre que achamos que as descobertas dos pesquisadores estimulam investigações posteriores e conduzem a linhas novas e interessantes de questionamentos. Primeiro, delineamos a base com um resumo dos debates sobre a mídia nos dois países. Então, voltamo-nos para aquilo que rotularemos vagamente como as questões dos "efeitos": por exemplo, os jovens se tornam mais agressivos como resultado de assistir a programas de TV agressivos ou de jogar jogos de computador violentos? A seguir, tratamos dos próprios consumidores, discutindo trabalhos dirigidos às interpretações e compreensão infantil do conteúdo da mídia. Finalmente, falamos sobre os achados de vários projetos relacionados à mediação e à intervenção dos pais.

Base da pesquisa e das políticas

Há uma longa tradição de interesse entre os pesquisadores australianos e neozelandeses nas respostas das crianças e adolescentes ao conteúdo televisivo, incluindo o conteúdo agressivo (por exemplo, Edgar, 1977; Hodge & Tripp, 1986; Ling & Thomas, 1986; McCann & Sheehan, 1985; Noble, 1975; Palmer, 1986; Sheehan, 1986; Shuker, 1990). O debate sobre conteúdo e regulação da mídia é vigoroso em ambos os países. Na Austrália, o Departamento de Classificação de Filmes e Literatura (OFLC — Office of Film and Literature Classification), o órgão encarregado de classificar a maior parte da mídia audiovisual comercializada no país, organiza uma conferência anual em que seus funcionários, políticos, servidores civis, representantes da mídia, acadêmicos e outros se encontram para discutir questões relativas a pesquisa e políticas do assunto. A Autoridade Australiana dos Meios de Comunicação (ABA — Australian Broadcasting Authority), a organização responsável pelo desenvolvimento e controle dos padrões da programação de rádio e TV, publica regularmente informativos sobre questões correntes nesses dois meios de comunicação. Ambos os órgãos desenvolvem pesquisa extensiva sobre temas relacionados à classificação da mídia, padrões da comunidade, e preocupações e padrões do uso da mídia (Aisbett, Paterson & Loncar, 1992; Paterson & Hellmers, 1993; Paterson & Loncar, 1991; Sheldon, Aisbett & Herd, 1993). Na Nova Zelândia, a Autoridade dos Padrões dos Meios de Comunicação (BSA — Broadcasting Standards Authority) desenvolve ou comissiona pesquisas semelhantes (Bassett & Shuker, 1993; Watson, 1992, 1993; Watson, Bassett, Lambourne & Shuker, 1991). A BSA também promove debates sobre questões tais como a agressão na mídia (por exemplo, Os Trabalhos do Seminário sobre a Violência na Televisão Nacional, 1991). Debates recentes em ambos os países têm incluído a discussão sobre os seriados *Tartarugas Ninjas* e *Power Rangers*, transmitidos pela TV no meio da noite e cuja violência é nível M, o conteúdo da *pay-per-view* TV, a viabilidade do *V-chip*, o regulamento dos jogos de computador, e o acesso infantil a materiais adultos na Internet.

Há uma consciência aguda do princípio cultuado na Convenção da ONU sobre os Direitos da Criança de que as crianças têm "o direito de ser protegidas de materiais nocivos a elas" (Australian Broadcasting Tribunal, 1990a; Abbott, 1992; Biggins,1995; Griffith, 1996). Esta prioridade é reconhecida na legislação que rege o trabalho de órgãos como ABA, OFLC e BSA. É promovida por grupos de pressão como a Austrália da Mídia Jovem, uma organização de defesa e treinamento que publica a *Small Screen* [*Tela Pequena*], uma revista mensal que trata dos eventos e publicações relativos aos efeitos de filmes, televisão, videogame e novos meios de comunicação sobre as crianças. Na Nova Zelândia, há um conjunto de grupos semelhantes, e a Fundação para a Saúde Mental conduziu uma campanha extensiva e aparentemente eficaz para forçar as redes de televisão a reduzirem a quantidade de violência em seus programas (Abbott, 1992).

Como em outros países, há opiniões diversas quanto à influência do conteúdo televisivo violento sobre os jovens espectadores, e quanto aos tipos de respostas que as pessoas responsáveis pela elaboração de políticas, pais e profissionais da área devem dar a ela (Abbott, 1992; Biggins, 1995; Hodge, 1989; Prior, 1995). Por exemplo, a Academia Australiana de Pediatria (1994) publicou uma declaração clara e vigorosa de que a mera quantidade de tempo gasto com a televisão indica que "ver TV deve ser considerado como uma influência crítica no desenvolvimento da criança", que uma parte lamentável desta influência é devida ao conteúdo violento cada vez maior, que "há uma relação entre assistir a programas de TV violentos e agressividade", e que "ver a violência televisiva também pode reduzir as inibições contra a agressão e conduzir à crença de que resolver problemas através de meios violentos é normal e aceitável" (p. 6). Os pediatras, conclui a declaração, devem chamar a atenção dos pais para os efeitos penetrantes da televisão, e promover os usos mais saudáveis deste meio de comunicação.

Por outro lado, há os céticos. Entre eles, Hodge (1989) argumenta vigorosamente que as suposições ideológicas sobre a natureza das crianças (seres inocentes que precisam de proteção ou selvagens potencialmente perversos que precisam ser controlados) alimentam boa parte do debate e política australiana relativos à necessidade de certos tipos de conteúdos televisivos. Estas suposições são em geral compostas, ele sugere, pelo elitismo da classe média na área das escolhas culturais. Hodge argumenta que as normas do conteúdo televisivo infantil podem servir de contrapartida aos desejos (e, portanto, direitos) das próprias crianças, privando-as de programas que querem ver e impondo-lhes outros de que adultos discutivelmente bem-intencionados gostam, mas muitas delas não apreciam. "Se alguém se desse ao trabalho de ver e ouvir o que elas (as crianças) vêem e dizem, estragaria completamente o jogo" (p. 170).

Quando se pergunta às pessoas se têm preocupações com quaisquer aspectos daquilo que é mostrado na televisão, o tópico mais comum, mencionado espontaneamente por cerca de 25-30% da amostra, é a violência (com base em dados australianos, citado em Paterson & Loncar, 1991). A resposta de que se preocupa com a violência tende a variar entre as pessoas, de acordo com sua idade, sexo e o fato de ter filhos ou não — pessoas mais velhas, mulheres, pais e mães apresentam maior probabilidade de registrar preocupação. Cerca de 44-47% das respostas são de que as pessoas não têm preocupações quanto a isso ou "não sabem". Estudos sobre as pessoas que reclamam do conteúdo televisivo (ou para a ABA ou diretamente para o canal de TV) confirmam que a violência é sua primeira preocupação (Aisbett et al., 1992). Uma pesquisa sobre o público espectador indica apoio disseminado da comunidade aos esquemas de classificação, consciência aguda do significado dos símbolos[1] usados nessa classificação e utilização freqüente desses símbolos ao escolher os programas de TV (Paterson & Hellmers, 1993).

Há uma forte tradição libertária civil na Austrália, e a maior parte da comunidade parece preferir a escolha feita pelo consumidor bem-informado à censura da mídia. Em um estudo em larga escala das atitudes da comunidade relativas à aceitação do conteúdo classificado como R (impróprio para menores de 18 anos) na *pay-per-view TV*, a ABA descobriu que 82% das pessoas concordavam que os adultos deveriam ter a opção de assistir a programas classificados como R, e 69% concordavam que os filmes assim classificados proporcionavam entretenimento que é do interesse de muitos adultos e que, portanto, deveriam estar à disposição deles. 69% das pessoas achavam que a violência classificada como R deveria ser permitida neste contexto. A maioria (85%) sentia que, se os programas classificados como R devem passar na *pay-per-view TV*, então é importante receber informação sobre eles antes de sua transmissão (Australian Broadcasting Authority, 1994).

Em suma, a violência na mídia é um foco interminável de preocupação na Austrália e Nova Zelândia, assim como em muitos outros países. O tópico é discutido e investigado dentro de um clima social caracterizado por uma grande variedade de posições ideológicas, uma forte preocupação comunitária pelo bem-estar das crianças, e um compromisso geral com a liberdade de escolha dos adultos em relação ao uso da mídia.

Efeitos: o impacto do conteúdo da televisão e dos jogos de computador

Estudos sobre os efeitos parecem não ser predominantes na pesquisa contemporânea realizada na Austrália e Nova Zelândia. Contudo, há algumas exceções, e existe certamente interesse contínuo nesses tópicos. Discutimos aqui exemplos relativos à televisão e jogos de computador.

Televisão

A mídia não opera, é claro, em um vácuo sociocultural. Em princípio, as mensagens sobre agressão são consoantes com outros valores promovidos na vida das crianças ou com atividades das quais elas são encorajadas a participar (Sanson & Prior, 1989). Um exemplo óbvio são os brinquedos agressivos, que proporcionam às crianças meios práticos para representar eventos e comportamentos que podem coincidir com o conteúdo televisivo, ou ser inspirados por ele. Além disso, muitos desses brinquedos são comercializados via televisão infantil, ou como anúncios abertos, ou como produtos associados com programas e personagens específicos.

Acompanhando o relato do processamento de informações de Huesmann (1986, 1988) sobre os efeitos de assistir a programas agressivos, Sanson & Di Muccio (1993) argumentaram que a exposição a desenhos animados violentos e a subseqüente brincadeira com brinquedos baseados na série assistida fornecem às crianças uma oportunidade para ensaiar *scripts* agressivos derivados ou reforçados pelos programas. Crianças entre 4 e 5 anos, em pequenos grupos com meninos e meninas misturados, assistiram durante 21 minutos ou a um desenho animado agressivo ou a um desenho neutro, e então brincaram por quinze minutos ou com brinquedos agressivos ou com brinquedos neutros (os brinquedos eram produtos comerciais baseados nos desenhos) e, durante outros quinze minutos, brincaram com o conjunto oposto de brinquedos; outras crianças participaram como grupo controle, também brincando com os brinquedos, mas sem assistir aos desenhos.

Várias medidas de comportamentos agressivos e pró-sociais foram tomadas antes de assistir ao desenho (isto é, para estabelecer linhas básicas) e depois. Os resultados são complexos, e relatados separadamente para participantes da classe trabalhadora e da classe média. Contudo, eles realmente demonstram níveis mais altos de comportamentos agressivos nas crianças que foram expostas ao desenho animado violento e brincaram com brinquedos agressivos; o nível de comportamento pró-social era baixo nessas crianças. Os autores são cuidadosos ao registrar efeitos de ordem, diferenças entre os sexos e variações individuais consideráveis entre os participantes, com a maioria das crianças sem apresentar agressão, e dois meninos contribuindo bastante para ela. Eles concluem que os resultados justificam a preocupação pública com os efeitos de brinquedos anti-sociais, maciçamente anunciados na mídia, que representam personagens agressivos de desenhos animados.

As definições de Sanson et al. de comportamento agressivo são claras e foram bem operacionalizadas, mas uma questão que permanece aberta para pesquisa futura diz respeito às intenções das crianças e à gravidade de seus comportamentos. Os pesquisadores verificaram a incidência de uma série de atos verbais e físicos, sendo que alguns deles podem muito bem ser mais agressivos do que outros (por exemplo, destruir propriedade versus gabar-se de alguma coisa), e alguns podem ser brincadeiras e não ter por objetivo machucar alguém (por exemplo, lutar, atirar com revólveres — presumimos que estes pré-escolares de Melbourne estavam operando apenas com revólveres de brinquedo). Seria interessante se pudéssemos distinguir a agressão "real" da agressão "de brincadeira" promovidas por um tipo particular de programa de TV, o que poderia influenciar nossos modelos do papel das influências da mídia sobre o comportamento agressivo. O estudo de Sanson et al. fornece um impulso oportuno em direção a tal trabalho, bem como constitui um guia valioso para questões de projeto e medidas.

Jogos de computador

Há considerável interesse na Austrália e Nova Zelândia quanto aos usos da nova mídia, especialmente jogos de computador, pelos jovens. Na Austrália, os jogos de computador são classificados pelo OFLC segundo orientações semelhantes àquelas empregadas na classificação de filmes, com a diferença de que ao material classificado como R nos filmes é negada classificação nos jogos de computador (ver Bedford, 1995, para uma discussão dos direitos dos adultos neste contexto).

Durkin (1995a) realizou uma análise comissionada da literatura (internacional) disponível para investigar a posição dos jogos de computador nas vidas das crianças e adolescentes contemporâneos, considerando tanto os aspectos negativos (tais como hábito, aprendizagem ou encorajamento de comportamento agressivo, piora na vida familiar e no desempenho escolar, conseqüências para a saúde) como os positivos (tais como maior habilidade cognitiva, perceptiva e motora, maior interação entre os pares, desenvolvimento da familiaridade com computadores).

Durkin concluiu que a pesquisa não justificou as suposições de efeitos danosos disseminados. A incidência de envolvimento obsessivo com o jogar jogos de computador é baixa na maior parte das pesquisas do uso do tempo de lazer pelas crianças, e há poucas evidências de conseqüências nocivas para a vida social ou o progresso educacional. Quanto ao tópico agressão, Durkin enfatizou que havia apenas um pequeno número de estudos publicados (em contraste com a vasta literatura sobre televisão e agressão), e que tais estudos apresentavam achados fracos ou inconsistentes. Alguns estudos apontavam uma associação entre fliperama e agressividade, mas não entre jogos de computador jogados em casa e agressividade; surpreendentemente, pouco sucesso foi obtido em estudos experimentais com o objetivo de encontrar maior agressividade posterior à exposição em laboratório a jogos violentos. Contudo, Durkin observou que a maior parte desta literatura se referia a trabalhos conduzidos na América e Grã-Bretanha na década de 80, e é possível que este quadro mude à luz de novas pesquisas e em resposta a mudanças nos próprios jogos (tais como maior realismo e níveis mais altos de violência). Ele também sugeriu que é necessário realizar uma pesquisa adequada ao contexto cultural australiano (por exemplo, a Austrália apresenta números mais baixos na maioria dos índices de violência na vida real do que os EUA e isto pode atuar reciprocamente com qualquer influência devida ao conteúdo dos jogos).

Este relatório resultou em alguns debates na vida nacional. Alguns críticos interpretaram a literatura diferentemente de Durkin, e argumentaram que "Não temos provas de que o videogame não seja prejudicial, mas temos algumas provas de que seja" (Biggins, 1995, p. 85). Biggins argumenta que os pesquisadores falharam em encontrar provas de dano em razão de deficiências gerais nas pesquisas das ciências sociais, ou por causa de metodologia falha. Biggins também afirma que os pais estão "mal equipados para orientar e se responsabilizar pelos acesso das crianças ao videogame" (p. 89) e, portanto, favorecem a classificação conservadora a este meio. Biggins diz ainda que poderia se adotar com proveito a seguinte placa de auto-estrada: "Dirija com cuidado — crianças na pista".

A maioria dos participantes deste debate tende a concordar que a quantidade de pesquisa disponível é limitada. Desde o trabalho de Durkin (1995a), algumas novas pesquisas australianas foram completadas. Ask, Winefield & Augostinos (1997) recorreram à teoria da competição-agressão para discutir se os jogos de videogame violentos podem levar a comportamentos agressivos por causa de seus temas competitivos. Em essência, a tese é que, quando colocadas em uma situação de competitividade, as pessoas tendem a se tornar bravas, hostis e agressivas. Os autores também propõem, de forma semelhante ao que foi dito por Huesmann & Sanson et al., citados anteriormente, que as pessoas podem desenvolver esquemas em que ambientes competitivos são associados a cognições particulares, mais notadamente padrões hostis e agressivos de pensamento. Em um teste preliminar com alunos de primeiro grau, Ask et al. descobriram que as crianças realmente vêem as situações competitivas como mais agressivas do que as cooperativas. Os investigadores então conduziram um experimento com outros adolescentes do sexo masculino e feminino em que os participantes jogavam videogame em pares, de tal forma que alguns indivíduos estavam competindo contra seu par, e outros estavam cooperando com ele. A hipótese era de que os participantes na situação mais competitiva deveriam demonstrar respostas mais agressivas, aqui definidas como a proporção de "mortes" dos adversários na tela (computada como a razão de mortes por mortes + respostas de impedimento). Uma pesquisa norte-americana anterior, feita por Anderson & Morrow (1995), com alunos de faculdade como participantes, tinham obtido tal efeito, embora Ask et al. (1997) tenham visto este estudo como confuso porque os participantes ganhavam pontos por "morte".

No estudo de Ask et al. (1997), os participantes não eram recompensados com pontos por morte. As proporções médias de mortes obtidas pelos participantes eram virtualmente idênticas nas situações competitivas e cooperativas (0,67 e 0,66, respectivamente). Os pesquisadores também solicitaram que os participantes avaliassem seu par, para testar a hipótese de que competir com alguém mais provavelmente evoca reações hostis do que cooperar com a pessoa. Não foi obtida nenhuma diferença. Ask et al. registraram que os participantes relataram ter gostado de jogar o jogo (*Donkey Kong*), e consideraram-no fácil e não muito frustrante, embora tais registros pudessem ser tomados como contraditórios à teoria da competição-agressão. Portanto, o jogo — se percebido como "divertimento" e não como "batalha" — pode não proporcionar um teste ótimo da teoria. Certamente ele indica que as respostas agressivas não são uma conseqüência inevitável de jogar videogame competitivamente.

Ask relata uma variação do experimento usando um jogo mais ostensivamente agressivo (*Mortal Kombat III*), com alunos de primeiro grau do sexo masculino como participantes (seus pares do sexo feminino não quiseram jogar). Neste estudo, os participantes inicialmente jogaram para treinar e então, uma semana depois, tomaram parte em um "torneio" eliminatório com prêmios em dinheiro. O jogo dá a possibilidade de fazer jogadas agressivas e não-agressivas. Durante o treino, os vencedores tenderam a usar jogadas mais violentas, e durante o torneio o número dessas jogadas aumentou. Ask conclui que os participantes "tinham uma inclinação a fazer jogadas violentas quando havia mais competição". Ele adverte, contudo, para que não se façam interpretações supersimplificadas no sentido de que isto demonstra um efeito do videogame no comportamento social, e salienta que o experimento não testa efeitos de transferência (isto é, aprender sobre a eficácia da violência no contexto de um jogo e então transferir este aprendizado para contextos da "vida real"). Sua pesquisa atual é dirigida para esta questão.

Em suma, os efeitos do conteúdo violento da mídia continuam sendo uma área de pesquisa ativa. Os estudos com crianças reagindo à televisão e adolescentes jogando jogos de computador rendem descobertas complexas e estimuladoras. Ainda há muito a ser elucidado sobre as relações causais e sobre o significado da agressão nestes contextos, mas os estudos recentes enfatizam a necessidade de continuar a investigação e apontam para novos métodos que podem ser explorados proveitosamente por outros pesquisadores.

Perspectivas e experiências infantis

Uma boa parte das pesquisas australianas recentes tem se preocupado com aspectos das experiências das crianças em relação à mídia, seus padrões de uso e preferências, suas reações e interpretações ao conteúdo da mídia. Este trabalho abrange desde as primeiras experiências de ver TV até as percepções de escolares.

Bebês e crianças pequenas

A colaboração entre os coordenadores de um estudo longitudinal em larga escala sobre o desenvolvimento emocional na primeira infância (Brent Waters, Judy Ungerer & Bryanne Barnett) e pesquisadores da ABA (Margaret Cupitt & Daniel Jenkinson) está provendo dados excelentes sobre as experiências de bebês e crianças pequenas com a televisão. Embora esteja confirmado que as crianças contemporâneas passem tempo no ambiente com aparelhos de TV e de videocassete desde o início de suas vidas, a pesquisa sobre as primeiras respostas a esses meios de comunicação é relativamente escassa. Neste estudo (Cupitt, Jenkinson, Ungerer & Waters, 1997) foram coletados dados de 157 pais (principalmente mães) quando seu filho tinha 4 meses, 12 meses e 30 meses. A amostra incluiu participantes de várias origens sociais, inicialmente recrutados quando as mães freqüentavam a clínica obstétrica no centro de Sydney. Através de entrevistas, leitura de diários e de questionários, os investigadores procuraram informações sobre a quantidade, intensidade e contextos sociais das primeiras experiências de ver TV, os tipos de programas a que as crianças eram expostas e suas reações a eles, as preocupações dos pais e estratégias de mediação.

Os bebês deste estudo viam uma média de cinco horas de TV por semana aos 4 meses, aumentando para quase dez horas aos 30 meses (com considerável variação individual). De acordo com a percepção das mães, a intensidade (concentração manifesta) com que as crianças viam TV aumentava no decorrer deste período de sua vida. Os horários de pico em frente à TV para as crianças de 4 a 30 meses eram das 6 às 9h e das 18 às 21h. As crianças viam uma grande variedade de programas, incluindo tanto programas infantis como também noticiários, esporte e produções dramáticas. Os programas infantis subiam na proporção do número total de horas de TV vistas à medida que a criança ficava mais velha, embora aos 30 meses constituíssem menos da metade (45%) das horas de TV. A intensidade com que viam TV era mais alta para esses programas, apesar de níveis intermediários de interesse percebido terem sido relatados para noticiários, entretenimento leve e produções dramáticas.

Oitenta por cento das mães afirmaram que seus filhos imitavam o que viam na TV, e 18% delas afirmaram o contrário. Relatou-se que 55% das crianças imitavam jogos, atividades e cenas, 47% imitavam danças, palhaçadas, ações ou movimentos e 45% reproduziam músicas, rimas, canções ou barulhos. Em contraste, relatou-se que apenas 13% imitavam comportamento agressivo.

O significado desta descoberta está aberto ao debate e justifica pesquisas posteriores. As características e o rigor dos comportamentos, assim como as intenções das crianças, não foram registrados. É possível que as mães interpretassem de forma exagerada as brincadeiras com mais violência, que estariam aparecendo cada vez mais a partir dos 12 meses (Durkin, 1995b). Por outro lado, também é possível que as mães fossem desatentas em relação a algumas conseqüências de assistir a programas com conteúdo agressivo: por exemplo, se ocorresse imitação tardia, talvez quando a criança não estivesse sendo supervisionada de perto, poderia ser mais difícil para observadores leigos associarem isso às experiências com a TV. Também é possível que as taxas de imitação sejam mais baixas em crianças muito pequenas, que não têm capacidade motora para imitar alguns dos comportamentos vistos na TV.

Perguntou-se a um subconjunto da amostra (37 mães) o que elas achavam que seus filhos (aos 30 meses) tinham aprendido com a televisão. A maioria relatou aprendizagem positiva, como vocabulário, habilidade para contar e canções, mas um quarto afirmou que a televisão deixou seus filhos mais agressivos. Mais uma vez, esta é uma descoberta potencialmente importante, mas que precisa ser interpretada com cautela. Como as mães determinam a causalidade (uma tarefa que tem desafiado muitos dos principais cientistas sociais do mundo há décadas)? Elas são exatas, ou sub ou superestimam os efeitos da televisão neste aspecto? Como podemos dissociar a maior capacidade para comportamentos vigorosos e agressivos da criança de 1 ano, que resulta de seu desenvolvimento, de sua experiência cumulativa de ver TV? O que é diferente no um quarto de crianças (ou suas famílias) que apresentou aprendizagem de comportamentos agressivos? O que os pais fazem quando percebem influências deste tipo? Este estudo levanta questões fascinantes e fornece resultados coletados em um contexto de desenvolvimento social mais amplo do que é tipicamente acessível aos pesquisadores de mídia.

Crianças de jardim-de-infância e em idade escolar

Com relação às crianças mais velhas, vários grupos de pesquisa diferentes apresentaram descobertas baseadas nos próprios relatos das crianças sobre seus meios de comunicação (geralmente, mas não apenas, televisão). A ABA tem conduzido pesquisas extensivas sobre as opiniões das crianças com relação ao conteúdo televisivo (Sheldon, Ramsay & Loncar, 1994; Sheldon & Loncar, 1995, 1996). Sheldon et al. (1994) relatam os achados de estudos qualitativos e quantitativos realizados para investigar as atitudes de crianças de 9 a 12 anos de idade frente à violência, aos beijos e aos palavrões na televisão. Mais de cem crianças participaram dos grupos de foco preliminares e mais de 1600 tomaram parte na pesquisa.

Freqüentemente se afirma, em debates públicos, que os espectadores, inclusive os jovens, se acostumaram à violência na mídia como resultado da absoluta proliferação de conteúdo agressivo. O estudo de Sheldon et al. (1994) indica que o quadro verdadeiro é mais complexo. Por exemplo, cerca da metade da amostra certamente afirmou gostar de programas cheios de lutas, armas de fogo e perseguições de carro. Por outro lado, aproximadamente dois terços afirmaram que não gostavam de ver programas que mostravam crianças sendo machucadas ou "esbofeteadas". Quase o mesmo número de indivíduos não gostava de programas em que apareciam animais sendo machucados ou pais discutindo e brigando. Quando se perguntou na pesquisa se já tinham visto alguma coisa que as tinha aborrecido ou incomodado, 50% das crianças espontaneamente listou incidentes envolvendo violência (em oposição a menções de nudez e cenas com palavrões, que apareceram em apenas 8% e 2% das respostas, respectivamente). Uma pesquisa independente conduzida por Cupit (1997) apresenta resultados compatíveis. Ele pediu a 1500 crianças sul-australianas acima da quarta série para identificarem cenas que tinham visto em fitas de vídeo e que tinham deixado lembranças desagradáveis. Aproximadamente 25% das crianças mencionou espontaneamente temas relacionados à violência.

Durkin (1990) resume um estudo feito a partir de entrevistas sobre as reações de crianças australianas de jardim-de-infância ao programa *Tartarugas Ninjas*, uma série norte-americana que inspirou entusiasmo aparentemente universal entre os jovens espectadores e alarme correspondente entre os pais e educadores. Na época, houve muitas afirmações na mídia australiana de que as crianças menores não conseguem diferenciar fato de fantasia na TV, e relatórios de que as crianças no mundo todo estavam emulando de forma submissa as práticas de artes marciais das Tartarugas. De fato, as crianças entrevistadas por Durkin provaram estar bem conscientes de que as Tartarugas não eram reais, e mostraram que sua brincadeira agressiva não era real tampouco. Resultados semelhantes foram encontrados por Sheldon & Ramsay (1996) em uma série mais extensiva de entrevistas sobre, entre outros tópicos, os sucessores das Tartarugas, os *Power Rangers*. Estudos feitos a partir de entrevistas podem fornecer esclarecimentos sobre as percepções e raciocínio infantis, mas são naturalmente limitados como testes das conseqüências sociais de assistir a programas com um tipo particular de material (em geral este não é seu foco principal). É certamente possível que as crianças reajam à mídia agressiva de formas que elas não reconhecem conscientemente ou que não são capazes de articular. A eficácia comercial dos empreendimentos realizados a partir das *Tartarugas* e dos *Power Rangers* dificilmente pode ser refutada, e outros têm argumentado, em parte baseados em observações clínicas, que precisamos controlar a incorporação sutil de valores de heróis de desenhos animados agressivos e suas técnicas de resolução de problemas, juntamente com suas camisetas, lápis, xícaras e outros produtos (Young, 1990). A investigação realizada por Sanson et al. (1993) sobre a interação do conteúdo do programa com a brincadeira com brinquedos a ele associada é também de relevância óbvia para o estudo desta relação.

Tulloch & Tulloch (1992a, 1992b; Tulloch, 1995) realizaram vários estudos a fim de investigar se os jovens espectadores interpretam todas as formas de violência do mesmo jeito, e se os níveis de tolerância variam com o sexo e instituição social. Em um estudo, testaram as respostas de 1277 estudantes de Sydney, que estavam na quarta, sétima e décima séries, a quatro episódios com conteúdo agressivo, de vinte minutos cada um. Os estímulos fornecidos incluíam uma representação de violência doméstica em uma novela popular, um documentário sobre a violência policial, uma compilação de cenas de violência nos esportes e um drama de guerra (Tulloch & Tulloch, 1992a). As respostas dos estudantes foram obtidas a partir de questionários em que julgaram o que era certo ou errado nos comportamentos apresentados e avaliaram as soluções alternativas, bem como a partir de redações "sobre o que trata o programa". Os achados são complexos, envolvendo interações entre a idade, a classe social e o sexo, e variando de acordo com os programas. Entretanto, um dos resultados mais importantes foi que as crianças raciocinam de forma muito diferente sobre a violência em contextos diversos. Por exemplo, quase todas responderam que a violência doméstica era intolerável, não-natural, e que alguma coisa podia ser feita com relação a ela, ao passo que muitas sentiam que a violência nos esportes "acontece" e que "ninguém pode realmente pará-la". Os autores argumentam (1992b) que as crianças tratam a violência doméstica mostrada na televisão como um problema sério, e têm sentimentos fortes em relação a isso; a televisão pode desempenhar um papel no sentido da conscientização deste problema social. Estes estudos abrem possibilidades metodológicas interessantes para os pesquisadores que investigam os jovens espectadores e a violência na mídia, e levantam questões importantes sobre o papel da realidade percebida na aprendizagem a partir da televisão. Sabemos, de outra pesquisa australiana, que as crianças em geral dizem que não gostam de assistir a noticiários, em parte porque é "chato", mas também porque contêm relatos reais de eventos horríveis, violentos e assustadores (Australian Broadcasting Tribunal, 1990; Palmer, 1986; Sheldon & Loncar, 1996).

Low & Durkin (1997a) investigaram os processos de desenvolvimento e de representação nas interpretações feitas pelos jovens espectadores de um gênero de programa freqüentemente associado com conteúdo anti-social e agressivo: os programas policiais. As produções dramáticas policiais e relacionadas ao crime são populares entre os jovens espectadores australianos (Sheldon et al., 1994), da mesma forma que o são em outros países (Huston et al., 1992), mas são bem conhecidas por oferecer uma visão distorcida do crime e do trabalho policial, bem como outros desafios cognitivos para o jovem espectador (Durkin, 1992; Durkin & Howarth, 1997). Low & Durkin convidaram crianças e jovens adultos a relatar o que acontece em um programa policial. Desta forma é possível examinar se as crianças adquiriram *scripts* (esquemas cognitivos, sobre a seqüência típica de eventos para o crime, consistente com elementos da televisão popular. Por exemplo, as crianças podem aprender que "se você precisa de dinheiro, pode roubá-lo de um banco", ou que "você bate em alguém quando quer alguma coisa". Na realidade, não emergiu nenhuma evidência destes tipos de *scripts* em qualquer dos grupos de diferentes idades. Contudo, mesmo as crianças mais novas estruturaram conhecimento, do tipo *script*, do que acontece em programas policiais. Todas as crianças participantes viam o processo do crime de forma integral, mas também conheciam o curso de eventos que se segue a ele: por exemplo, mesmo as mais novas acreditavam que prisões vêm depois de crimes, e as mais velhas tinham mais conhecimento dos processos intermediários (tais como investigações, perseguições e outras atividades legais). Em um outro estudo (Low & Durkin, no prelo), mesmo as crianças relativamente pequenas demonstraram não apenas consciência da intenção dos criminosos, como também alguma noção de como membros de instituições públicas (por exemplo, testemunhas) e legais (como os tribunais) desempenham um papel na administração da justiça. Uma implicação desses achados é que, pelo menos com relação ao gênero crime, as crianças não selecionam trechos isolados de ações ou cenas (agressivas ou não), mas organizam a compreensão dos programas ao redor de uma série de eventos seqüencialmente ligados entre si.

Se as crianças desenvolvem *scripts* para programas de crimes, eles se refletem em sua compreensão dos crimes da vida real e do trabalho da polícia? Em um outro estudo, Low & Durkin (1997b) pediram a crianças entre 6 e 12 anos para avaliarem com que freqüência a polícia se engajava em atividades freqüentemente mostradas na televisão (perseguições em alta velocidade, prisões feitas de forma agressiva) e em atividades que não são mostradas com freqüência na TV (patrulhas de rotina, manutenção da ordem). Pediu-se à metade das crianças que estimassem a freqüência com que estas atividades eram empreendidas pela polícia na vida real, e à outra metade pediu-se que estimasse esta mesma freqüência para a polícia da televisão. As crianças do segundo grupo demonstraram consciência racionalmente precisa das atividades representadas com freqüência ou não nos programas policiais. Contudo, as crianças do primeiro grupo tenderam a superestimar a freqüência de algumas atividades e a subestimar a de outras — e estas imprecisões incidiram sobre as direções preditas pelo conteúdo televisivo. Entre as atividades vistas como mais freqüentes no trabalho policial estavam comportamentos agressivos, tais como perseguições dramáticas e buscas difíceis. Em outras palavras, estes jovens espectadores parecem estar construindo sua compreensão social referindo-se à fonte de informação que está mais à sua mão: a televisão. Uma qualificação importante, contudo, foi que as crianças eram menos influenciadas pela TV no caso de estimar a freqüência das atividades policiais que tinham a oportunidade de observar diretamente (tais como as patrulhas de rotina).

Em suma, há um interesse crescente nos relatos e interpretações das próprias crianças quanto às suas experiências com a mídia. Vários métodos são usados, desde entrevistas e tarefas de geração de *scripts*, até experimentos. Se uma linha comum pode ser discernida, é o reconhecimento de que o uso da mídia pelas crianças não é um fenômeno unidirecional, mas um processo interativo influenciado pelo desenvolvimento cognitivo e lingüístico e pelo contexto social.

Mediação dos pais

Um aspecto proeminente do contexto social é, naturalmente, a família. Um outro tema de trabalhos recentes são as formas como os pais se envolvem no uso da mídia pelas crianças. Os pesquisadores têm se interessado cada vez mais na mediação dos pais, em parte devido ao desenvolvimento teórico dentro da pesquisa da mídia (Huston & Wright, 1994) e da psicologia do desenvolvimento (Goodnow & Collins, 1990; Sigel, McGillicudy-DeLisi & Goodnow, 1992) e em parte devido a realidades políticas e socioculturais: o reconhecimento de que, qualquer que seja o clima legislativo, a responsabilidade principal pelo uso que as crianças fazem da mídia recai sobre aqueles que cuidam delas.

O estudo sobre a primeira infância de Sydney relata que a maior parte das vezes em que as crianças inicialmente viam TV ocorria na presença de um dos pais, e isso era ainda mais provável no caso de noticiários, atualidades, esportes, entretenimento leve e produções dramáticas (Cupitt et al., 1997). Com efeito, os próprios hábitos de ver TV dos pais eram os determinantes primários da exposição das crianças ao conteúdo televisivo, embora, durante o período de tempo estudado, as crianças se tornaram um pouco mais autônomas, elegendo os programas infantis sempre que eles estavam disponíveis.

Cupitt et al. (1997) descobriu que as mães eram ambivalentes quanto aos efeitos da televisão, percebendo conseqüências positivas (tais como experiências mais amplas e ganhos educacionais), assim como influências negativas ou nocivas. Em respostas abertas, preocupações com o conteúdo violento/guerras foram expressas por 59% das mães. Este número foi mais alto do que o referente a sexo (25%), noticiários e atualidades (22%) e desenhos animados (21%). As mães estavam preocupadas com o fato de que modelos violentos poderiam encorajar a aceitação da agressão e de outros valores indesejáveis.

Cifras muito semelhantes foram encontradas por Skoien & Berthelson (1997) em um estudo das atitudes dos pais em relação ao videogame. A maioria dos pais (94%) indicou perceber o valor educacional do jogo, mas um número quase igual (87%) percebeu que o videogame substituía outras atividades e quase todos (98%) viam esses jogos como tendo potencial para encorajar estereótipos de papéis sexuais negativos, comportamento agressivo e vício.

Vários pesquisadores têm trabalhado com questões relativas às normas estabelecidas pelos pais. Sheldon et al. (1994) descobriram que quase todos os pais (98%) de crianças pequenas afirmavam ter regras restringindo o ato de ver TV de seus filhos de alguma forma. Quase a metade (48%) disse regular o ato de assistir a programas contendo violência. 89% dos pais da pesquisa de atitudes em relação ao material classificado como impróprio para menores de 18 anos na TV a cabo, pesquisa essa realizada pela ABA (1994), indicaram que usavam um ou mais métodos de intervenção para influenciar o ato de seus filhos verem TV, e apenas 7% disseram que seus filhos eram capazes de selecionar seus próprios programas sem orientação paterna. Skoien & Berthelson (1997) relatam que cerca de 85% dos pais em seu estudo indicam ter agido para restringir a brincadeira de seus filhos com jogos de computador pelo menos ocasionalmente (voltamo-nos para suas estratégias a seguir).

Um estudo importante iniciado conjuntamente pela ABA e pelo OFLC investigou uma grande quantidade de questões relativas aos usos de entretenimento eletrônico nos lares australianos (Cupitt & Stockbridge, 1996). Participaram pais e seus filhos de 8 a 17 anos. O projeto teve uma fase qualitativa (envolvendo cerca de oitenta pais) e uma fase quantitativa, baseada em pesquisa (envolvendo mais de setecentas famílias). Tratou-se das preocupações dos pais com relação aos usos da mídia e suas estratégias para regular o entretenimento eletrônico em casa, bem como os padrões relativos de uso dos diferentes meios de comunicação pelas crianças. O relatório fornece uma abundância de achados adicionais sobre as razões das regras regulando os usos da mídia eletrônica, as respectivas percepções de pais e filhos a essas regras, a relação entre o uso da mídia e a rotina familiar e o trabalho dos pais, e as preferências de jogos dos jovens.

Os dados constituem um lembrete claro da importância das atitudes dos pais com relação à mídia em um contexto mais amplo. Deram-se aos pais quinze fatores possíveis diferentes que poderiam causar impacto sobre a vida de uma criança e pediu-se a eles que identificassem (dando sua primeira, segunda e terceira escolha) aqueles itens que mais os preocupavam com relação ao bem-estar de seus próprios filhos. No topo de sua lista vinha " Educação" (35%), seguida por "Segurança pessoal" (25%), "Qualidade de vida" (13%), "Drogas" (12%) e "Entretenimento eletrônico" (6%). A classificação de entretenimento eletrônico (que incluía fliperama, CDs e cassetes, cinema, computadores, jogos de computador e videogame, telefone, rádio, televisão e vídeo) foi marginalmente maior do que "Emprego" (4%) e "Ambiente natural" (3%).

A maioria dos pais tinha regras relativas a quando a TV podia ser vista (82%) e quando os jogos de computador podiam ser jogados (75%). Um número menor de pais tinha regras relativas ao *conteúdo* dos jogos (56%). Em geral, os pais preocupavam-se menos com o conteúdo dos jogos do que com o conteúdo da televisão. Uma das principais razões para isso era quc os jogos eram vistos como menos realísticos. É interessante notar que os jogos violentos, do tipo combate, foram classificados como menos interessantes do que os jogos de fase.

As estratégias dos pais para influenciar o ato de ver TV de seus filhos incluem regras quanto às horas para ver TV (relatada por 50% dos pais), hora para ir dormir (48%), controle dos programas (40%) e discussões sobre a adequação dos programas (31% das pessoas podiam dar mais de uma resposta). 31% dos pais disseram que usavam o sistema de classificação ou guia da TV para escolher os programas apropriados. Notem que o sistema de classificação opera por ausência quando o horário de ver TV é restrito, uma vez que os programas classificados como somente para adultos só são permitidos depois das oito e meia da noite. Paterson & Hellmers (1993) descobriram que muito poucos pais relatam que seus filhos vêem TV sozinhos depois das oito e meia da noite e, neste caso, eles tendem a ser mais velhos. Quando os sistemas de classificação para televisão, filmes e fitas de vídeo foram considerados, mais de 70% dos pais usavam as informações sobre classificação pelo menos algumas vezes.

As estratégias que os pais empregavam para restringir o uso do videogame foram solicitadas por Skoien & Berthelson (1997). 35% dos pais usavam estratégias diretas ou coercivas (tais como proibir a brincadeira ou intervir para desligar o aparelho), 23% sugeriam ou encorajavam alternativas, e 42% utilizavam regras (tais como estabelecer horários específicos para jogar, e permitir tal brincadeira somente depois que a lição de casa ou as tarefas domésticas fossem completadas). Estes pesquisadores também investigaram os estilos de orientação dos pais, adaptando instrumentos planejados originalmente no estudo das famílias e a televisão (Bybee, Robinson & Turow, 1992; Van der Voort, Nikken & Van Lil, 1992). Seus resultados indicam que as crenças dos pais sobre o videogame predizem os tipos de orientação usados: por exemplo, os pais que davam valor educacional aos jogos tendiam a favorecer a orientação não-focalizada, enquanto que os pais preocupados com o conteúdo utilizavam orientação avaliativa, e os pais preocupados com a substituição do videogame por outra atividade usavam a orientação restritiva. Pesquisas futuras poderiam proveitosamente investigar as conseqüências da intervenção dos pais, ou de sua ausência.

Estes níveis declarados de regulações dos pais são passíveis de contestação, uma vez que as pesquisas tendem a estimular respostas socialmente desejáveis: os pais podem não querer confessar que permitem que seus filhos assistam a programas impróprios para eles ou que joguem jogos igualmente inadequados. Contudo, Cupitt & Stockbridge (1996) colheram relatos sobre normas familiares tanto dos pais como de seus filhos independentemente, e então examinaram até que ponto eles eram congruentes. Na maioria dos casos, pais e filhos deram respostas consistentes. No caso de desacordos, havia uma tendência dos pais de afirmarem que existiam regras, e dos filhos dizerem que não — embora isso variasse de um meio de comunicação para o outro. A maioria dos pais provavelmente concordará que há diferenças de opiniões entre as gerações com relação à situação das regras domésticas! No geral, entretanto, as respostas dos filhos tendiam a validar os relatos dos pais.

Em suma, os achados australianos de vários estudos diferentes em larga escala indicam que a maior parte dos pais está envolvida no uso da mídia pelos filhos. Os pais controlam o que seus filhos assistem e, numa extensão menor, o que jogam no computador. Eles fixam regras relativas à quantidade e horário. Às vezes, intervêm para desviar a atenção de seus filhos de um tipo de conteúdo para outro. Os pais transmitem seus pontos de vista sobre a mídia e sobre os comportamentos apresentados ou provocados, de formas diretas e indiretas. Ainda sabemos pouco sobre os processos ou conseqüências das avaliações que as crianças fazem de sua mídia.

Tópicos relacionados

Por fim, mencionamos brevemente dois tópicos com que se preocupam atualmente pesquisadores e responsáveis pela elaboração de políticas na Austrália e Nova Zelândia, e que coincidem em parte com as preocupações em outras partes do mundo e são certamente pertinentes aos direitos da criança: o tratamento dos povos nativos na mídia e o tópico do abuso sexual. Embora a importância dessas questões seja óbvia, a pesquisa a elas relacionada se encontra em uma fase muito inicial. Contudo, tem o potencial para aumentar nossa compreensão das relações entre a agressão na sociedade e as experiências infantis com a mídia de massa.

Há uma preocupação crescente com a apresentação de grupos minoritários na mídia australiana, principalmente os aborígines. Os aborígenes tendem a ser pouco e mal representados. Eles aparecem raramente em muitas áreas da televisão, por exemplo, mas, quando o fazem, estão em geral associados com comportamento anti-social, embriaguez, violência, distúrbios civis e tumultos raciais (Bell, 1993; Bostock, 1993; Cuneen, 1994; Goodall, 1993; Nugent, Loncar & Aisbett, 1993). A agressão neste contexto, então, manifesta-se nas contribuições da mídia para a marginalização cultural de um grupo minoritário, no processo de estereotipar grupos étnicos como agressivos e problemáticos, e o possível encorajamento, na sociedade em geral, de atitudes racistas e comportamentos agressivos com relação a pessoas de origem nativa (Cahill & Ewen, 1992). A representação do povo Maori na mídia da Nova Zelândia está associada com algumas considerações semelhantes, embora a história mais complexa das relações coloniais naquele país tenha dado origem a um padrão correspondentemente mais ambivalente (às vezes muito idealizado) (Blythe, 1994).

Infelizmente, pouco se sabe sobre as reações dos jovens (e de outros) espectadores a estes aspectos do conteúdo. Contudo, Sheldon & Loncar (1996), em entrevistas com 117 crianças australianas, descobriram que os alunos de primeira a quarta série tinham consciência da escassez do povo aborígine na televisão, e eram particularmente positivos com relação a um programa lidando com questões raciais se eles próprios tivessem experiência neste aspecto. Ainda há muito a ser investigado quanto ao impacto de imagens raciais negativas e injustas, e do potencial para imagens positivas.

Nossa questão final deriva das análises das formas como a mídia australiana e neozelandesa trata dos problemas do abuso sexual infantil e da violência doméstica (Atmore, 1996, no prelo, a, b). Atmore discute como a mídia contribui para uma maior consciência do abuso sexual, e desenvolve uma perspectiva feminista sobre a natureza do "pânico moral" e o entrelaçamento de propósitos jornalísticos e ideológicos. Dada a provável durabilidade deste tópico, surgem questões importantes relativas ao impacto sobre as percepções que as crianças têm de sua segurança pessoal e do comportamento adulto, embora relativamente pouca pesquisa empírica pareça estar se ocupando destes assuntos.

Em suma, sugerimos que estes são dois tópicos muito pertinentes se desejamos compreender as inter-relações entre agressividade, mídia e crianças e jovens. Quanto ao primeiro desses tópicos, as histórias e composições multiculturais da Austrália e Nova Zelândia significam que estes países têm responsabilidades particularmente importantes relativas ao Artigo 17 da Convenção da ONU, de que os Estados devem "encorajar a mídia de massa [...] a considerar particularmente as crianças de grupos nativos e minoritários". Quanto ao segundo tópico, a ocorrência ubíqua de abuso sexual, e do sensacionalismo da mídia com relação a esse problema, sugerem muitas questões para os pesquisadores da mídia — assim como desafios conceituais e logísticos tremendos que ainda temos de encarar.

Conclusões

A pesquisa tem tratado de várias questões relativas à agressão e a mídia das crianças e jovens na Austrália e Nova Zelândia. As preocupações da comunidade têm sido extensivamente investigadas, e várias abordagens têm sido adotadas para estudar as possíveis conseqüências do ato de ver e de brincar com conteúdo agressivo da mídia. É provavelmente justo dizer que o equilíbrio da atenção da pesquisa atual se dirige às percepções, experiências e compreensões dos próprios jovens espectadores e às prioridades e estratégias de mediação dos pais. Os desenvolvimentos da pesquisa têm refletido os desenvolvimentos da mídia eletrônica, embora a televisão ainda seja de interesse. Tem-se sugerido que, entre os muitos prospectos de direções futuras, uma maior atenção a questões que certamente envolvem agressividade (tais como representação étnica, crime, abuso sexual), mas que têm sido até aqui relativamente negligenciadas pelos pesquisadores desta área, poderia nos sugerir a diversificação de nossas investigações e de nossos métodos, em última análise contribuindo para uma compreensão mais ampla das relações entre jovens espectadores, suas famílias, sua mídia e a sociedade em geral.

Nota

1. G = General (livre), PGR = Parental Guidance Recommended (recomendada orientação dos pais para menores de 15 anos), M = Mature (recomendado para maiores de 15 anos), R = 18 + Restricted (recomendado para maiores de 18 anos).

Referências bibliográficas

ABBOTT, M. W. (1992) Television violence: A proactive prevention campaign. In G. W. Albee, L. A. Bond, T. V. Cook Monsey (orgs.). *Improving children's lives: Global perspectives on prevention. Primary prevention of psychopathology*, v. 14 (pp. 263-278). Newbury Park, Sage.

AISBETT, K.; PATERSON, K. & LONCAR M. (1992) *Who complains?* Sydney, NSW, Australian Broadcasting Tribunal.

ANDERSON, C. A. & MORROW, M. (1995) Competitive aggression without interaction: effects of competitive versus cooperative instructions on aggressive behavior in video games. *Personality and Social Psychology Bulletin, 21*, 1020-1030.

ASK, A. (1996) The behavioural effect of violent video games during competition. Trabalho apresentado na Conferência de 1996 da Sociedade Psicológica Australiana, Sydney.

ASK, A.; WINEFIELD, A. H. & AUGOSTINOS, M. (1997) *Competition, aggression, and violent video games*. Manuscrito avaliado para publicação, Departamento de Psicologia, University of Adelaide.

ATMORE, C. (1996) Cross-cultural media-tions: Media coverage of two child sexual abuse controversies in New Zealand/Aotearoa. *Child Abuse Review, 5*, 334-345.

______. (no prelo) Rethinking moral panic and child abuse for 2000. In J. Bessant & R. Hill (orgs.). *Reporting law and order: youth, crime and the media*. Hobart, National Clearing House for Youth Studies.

______. (no prelo) Towards 2000: child sexual abuse and the media. In A. Howe (org.) *Sexed crime in the news*. Melbourne, Federation Press.

AUSTRALIAN BROADCASTING TRIBUNAL (1990a) *TV Violence in Australia. Report to the Minister for Transport and Communications. Volume I: Decisions and reasons*. Sydney, Australian Broadcasting Tribunal.

______. (1990b) *TV Violence in Australia. Report to the Minister for Transport and Communications. Volume II: Research findings*. Sydney, Australian Broadcasting Tribunal.

AUSTRALIAN COLLEGE OF PAEDIATRICS (1994) Policy statement: Children's television. *Journal of Paediatrics & Child Health, 30*, 6-8.

BASSETT, G. & Shuker, R. (1993) *Attitudes and perceptions of television violence*. Educational Research and Development Centre, Massey University.

BEDFORD, R. (1995) Contributions to “Interactive games. What about adults?” Symposium in *Regulation and entertainment media. Proceedings of the Censorship Conference, 1995*. Sydney, NSW: Office of Film and Literature Classification.

BIGGINS, B. (1995) Contributions to “Interactive games. What about adults?” Symposium in *Regulation and entertainment media. Proceedings of the Censorship Conference, 1995*. Sydney, NSW: Office of Film and Literature Classification.

BLYTHE, M. (1994) *Naming the Other: Images of the Maori in New Zealand film and television*. Metuchen, Scarecrow Press.

BOSTOCK, L. (1993) *From the dark side. Survey of the portrait of Aborigines and Torres Strait Islanders on commercial television*. Sydney, Australian Broadcasting Authority.

BYBEE, C.; ROBINSON, J. D. & TUROW, J. (1982) Determinants of parental guidance of children's television viewing for a special subgroup: Mass media scholars. *Journal of Broadcasting, 26*, 697-710.

CAHILL, D. & EWEN, J. (1992) *Youth in the wilderness. Young people and the Commonwealth Government's access and equity strategy*. Canberra, ACT, Office of Multicultural Affairs.

CUNEEN, C. (1994) Enforcing genocide? Aboriginal people and the police. In R. White & C. Alder (orgs.) *The police and young people in Australia*. Cambridge, Cambridge University Press.

CUPIT, G. (1997) The nature of unwanted media stimulated memories in upper primary children. Trabalho apresentado na Conferência Anual da Seção de Desenvolvimento, Sociedade Psicológica Britânica, Loughborough, UK, setembro.

CUPITT, M.; JENKINSON, D.; UNGERER, J. & Waters, B. (1997) *First contact: Preschool children and television*. Monografia, Australian Broadcasting Tribunal, Sydney (em preparação).

CUPITT, M. & Stockbridge, S. (1996) *Families and electronic entertainment*. Sydney, NSW, Australian Broadcasting Authority/Office of Film and Literature Classification.

DURKIN, K. (1990) Turtle trauma: Lay fears, media hype and research findings concerning the effects of superhero cartoons on young viewers. *Into the Nineties: Proceedings of the Censorship Conference, 1990*. Sydney, NSW, Office of Film and Literature Classification.

______. (1992) Young people, crime and the media. *Proceedings of the Censorship Conference, 1992*. Sydney, NSW, Office of Film and Literature Classification.

______. (1995a) *Computer games: Their effects on young people — A review*. Sydney, Office of Film and Literature Classification.

______. (1995b) *Developmental social psychology: from infancy to old age*. Oxford, Blackwell.

______. & Howarth, N. (1997) Mugged by the facts? Children's ability to distinguish their own and witnesses' perspectives on televised crime events. *Journal of Applied Developmental Psychology, 18*, 245-256.

EDGAR, P. (1977) *Children and screen violence*. St. Lucia, University os Queensland Press.

GOODALL, H. (1993) Constructing a riot: Television news & Aborigines. *Media Information Australia, 68*, 70-77.

GOODNOW, J. J. & COLLINS, W. A. (1990) *Development according to parents: the nature, sources, and consequences of parents' ideas.* Hillsdale, Erlbaum.

GRIFFITH, G. (1996) *Censorship: A review of contemporary issues.* Sydney, NSW, NSW Parliamentary Library Research Service.

HODGE, R. (1989) Children and television. In J. Tulloch & G. Turner (orgs.). *Australian television. Programs, pleasures and politics* (pp. 158-171). Sydney, Allen & Unwin.

HODGE, R. & TRIPP, D. (1986) *Children and television.* Cambridge, Polity Press.

HUESMANN, L. R. (1986) Psychological processes promoting the relation between exposure to media violence and aggressive behavior by the viewer. *Journal of Social Issues, 42*, 125-139.

______. (1988) An information processing model for the development of aggression. *Aggressive Behavior, 14*, 13-24.

HUSTON, A. C.; DONNERSTEIN, E.; FAIRCHILD, II.; FESHBACH, N. D.; KATZ, P. A.; MURRAY, J. P.; RUBINSTEIN, E. A.; WILCOX, B. L. & ZUCKERMAN, D. (1992) *Big world, small screen. The role of television in American society.* Lincoln and London, University of Nebraska Press.

HUSTON, A. C. & WRIGHT, J. C. (1994) Educating children with television: The forms of medium. In D. Zillmann, J. Bryant & A. C. Huston (orgs.). *Media, children, and the family: social scientific, psychodynamic, and clinical perspectives* (pp. 73-84). Hillsdale, Erlbaum.

LING, P. A. & THOMAS, D. R. (1986) Imitation of television aggression among Maori and European boys and girls. *New Zealand Journal of Psychology, 15*, 47-53.

LOW, J. & DURKIN, K. (1997a) Children's understanding of events and criminal justice processes in police programs. *Journal of Applied Developmental Psychology, 18*, 179-205.

______. (1997b) *Children's television knowledge as a source of learning about law-enforcement.* Manuscrito avaliado para publicação.

______. (no prelo) Structure and coherence in children's on-line TV narratives: What develops? *Cognitive Development.*

MADDISON, D. (1997) Censorship: Paedophiles, pornography, and pyrotechnics. *Internet, 3*, 25-33.

MCCANN, T. E. & SHEEHAN, P. W. (1985) Violence content in Australian television. *Australian Psychologist, 20*, 33-42.

NATIONAL TELEVISION VIOLENCE SEMINAR PAPERS (1991) Uma compilação dos trabalhos apresentados no Seminário Nacional sobre a Violência na Televisão, organizado pela Broadcasting Standards Authority, agosto. Wellington, Broadcasting Standards Authority.

NOBLE, G. (1975) *Children in front of the small screen.* London, Constable.

NUGENT, S.; LONCAR, M. & AISBETT, K. (1993) *The people we see on TV. Cultural diversity on television.* Sydney, Australian Broadcasting Authority.

PALMER, P. (1986) *The lively audience. A study of children around the TV set.* Sydney, Allen & Unwin.

PATERSON, K. & LONCAR, M. (1991) *Sex, violence & offensive language: community views on the classification of TV programs.* Sydney, Australian Broadcasting Tribunal.

PATERSON, K. & HELLMERS, R. (1993) *Classification issues. Film, video and television.* Sydney, Australian Broadcasting Authority.

SANSON, A. & Di Muccio, C. (1993) The influence of aggressive and neutral cartoon and toys on the behaviour of preschool children. *Australian Psychologist, 28,* 93-99.

SANSON, A. & PRIOR, M. (1989) Growing up in a violent world. *Network, 5,* 16-26.

SHELDON, L.; AISBETT, K. & HERD, N. (1993) *Living with television.* Sydney, Australian Broadcasting Authority.

SHELDON, L.; RAMSAY, G. & LONCAR, M. (1994) *"Cool" or "gross". Children's attitudes to violence, kissing and swearing on television.* Sydney, NSW, Australian Broadcasting Authority.

SHELDON, L. & LONCAR, M. (1995) Cool stuff and slimey stuff — children and classification issues. *Media Information Australia, 75,* 139-149.

______. (1996) *Kids talk TV: "super wickid" or "dum".* Sydney, NSW, Australian Broadcasting Authority.

SHUKER, R. (1990) *Youth, media and moral panic in New Zealand: From hooligans to video nasties.* Palmerston North, Massey University (Department of Education).

SIGEL, I. E.; McGILLICUDY-DELISI, A. V. & GOODNOW, J. J. (orgs.) (1992) *Parental belief systems: The psychological consequences for children* (pp. 345-371) Hillsdale, Erlbaum.

SKOIEN, P. & BERTHELSEN, D. (1997) *Understanding parental beliefs and practices in relation to video game play.* Manuscrito avaliado para publicação, Centre for Applied Studies in Early Childhood, Queensland University of Technology, Brisbane.

TULLOCH, J. & TULLOCH, M. (1992a) Tolerating violence: Children's response to television. *Australian Journal of Communication, 19,* 9-21.

______. (1992b) Attitudes to domestic violence: School students' responses to a television drama. *Australian Journal of Marriage and Family, 13,* 62-69.

TULLOCH, M. (1995) Evaluating aggression: School students' responses to television portrayals of institutionalized violence. *Journal of Youth and Adolescence, 24,* 95-115.

VAN DER VOORT, T. H. A.; NIKKEN, P. & VAN LIL, J. E. (1992) Determinants of parental guidance of children's television viewing: a Dutch replication study. *Journal of Broadcasting and Electronic Media, 36,* 61-74.

WATSON, C. A. (1992) *Violence in the news: a comparison of the violent incidents broadcast during one week of the Gulf War with those screened during one week nine months later.* Wellington, Broadcasting Standards Authority.

WATSON, C. A.; BASSETT, G. R.; LAMBOURNE, M. A. & SHUKER, R. G. (1991) *Television violence: an analysis of "violent acts" on the three New Zealand channels during the week of 11th-17th. February 1991.* Wellington, Broadcasting Standards Authority.

YOUNG, A. (1990) *Violence in children's television and film: a clinician's perspective. Into the Nineties: Proceedings of the Censorship Conference, 1990.* Sydney, NSW, Office of Film and Literature Classification.

Lutando Contra a Violência na Televisão

Um estudo de caso israelense

DAFNA LEMISH

Em 1º de maio de 1994, um artigo intitulado "Dezenas de Crianças se Machucaram em Lutas no Estilo WWF" foi publicado no importante jornal diário israelense *Yediot Acharonot*:

> "Embriagadas" pela série de luta romana da TV WWF, dezenas de crianças do norte se machucaram ao tentar imitar seus ídolos com os amigos. Os pais que vivem em Nahariya dizem que, como resultado da intensificação do ato de assistir à série televisiva — em que todos os exercícios são apresentados —, muitas crianças da cidade "se viciaram" em executar tais exercícios na realidade.
>
> Dezenas de crianças do norte quebraram as mãos e pés durante lutas no estilo WWF. Um garoto de 10 anos disse ao *Yediot Acharonot*: "Estávamos praticando e um dos meninos quebrou a perna. Eu quebrei acidentalmente o braço de uma garota. Isso aconteceu com apenas alguns golpes. Mas eu fui expulso da escola três vezes por causa desse tipo de acidente". Ontem, depois de realizar um exercício de queda para trás com virada de cabeça, um garoto de 15 anos de Nahariya perdeu a consciência. Felizmente, ele acordou depois de alguns minutos.
>
> Por causa da intensificação destes acidentes, os cidadãos de Nahariya estão exigindo restrições na transmissão desta série de luta romana. Ilana, mãe de uma das crianças: "Os socos trocados na escola se tornaram rotina. Dezenas de crianças estão sendo mandadas de volta para casa depois da luta. Começa como 'faz-de-conta' e termina como 'de verdade'."

Esta notícia e outras semelhantes no inverno de 1994 expôs o público israelense a um fenômeno que preocupava o pessoal de muitas escolas de primeiro grau na época: comportamento violento associado com uma série norte-americana de luta romana transmitida pela TV. O presidente do Comitê de Educação do Knesset (Parlamento) Israelense organizou uma reunião especial para discutir o fenômeno com membros do Parlamento, educadores, representantes da indústria televisiva e especialistas acadêmicos. O efeito da violência na televisão foi manchete por um dia.

O objetivo deste artigo é documentar este estudo de caso específico como um exemplo do potencial de uma luta integrada contra os efeitos da violência na televisão sobre as crianças, levada a cabo pelo sistema educacional, pelo público, pelos legisladores, pelas emissoras de TV e pela sociedade científica. O estudo de caso começa com as bases do desenvolvimento da televisão israelense, o contexto em que os currículos de capacitação da mídia se desenvolveu, e o estado atual da preocupação com a violência na televisão. A seguir é feita uma descrição do estudo de caso em questão — a natureza do programa, os resultados do projeto de pesquisa e as estratégias acumuladas na luta contra os efeitos negativos.

A televisão como uma força nacional

A preocupação com a possível contribuição da violência na televisão para a violência na sociedade em geral não atraiu a atenção do país no passado. Uma exceção é o estudo feito por Bachrach com relação aos efeitos diferenciais da violência na televisão sobre crianças israelenses criadas em dois ambientes muito diferentes — uma cidade e um *kibbutz* (Bachrach, 1986; Huesmann & Bachrach, 1988). Parte do projeto de pesquisa nacional dirigido por Huesmann & Eron (1986), Bachrach encontrou correlações significativas entre ver violência na TV e agressão entre os pares para as crianças vivendo na cidade, mas não para as crianças do *kibbutz*, que, na época, estavam sendo socializadas em um ambiente singular.

A ausência de interesse nos efeitos da TV pode ser explicada pelo contexto histórico único em que a televisão se desenvolveu em Israel. Este país está atualmente passando por uma importante revolução nas comunicações — de um único canal de TV, estatal e não-comercial, estabelecido em 1967, para um sistema misto no estilo norte-americano, em que os canais comerciais e estatais competem pelo público.

O atraso na comercialização da TV israelense resulta de um debate de quatro décadas sobre a influência potencial da televisão no desenvolvimento da sociedade israelense em geral, e do formato comercial no estilo norte-americano em particular. Na década de 50 e início da de 60, o renomado primeiro-ministro israelense David Ben Gurion e seus partidários argumentaram que a televisão no estilo norte-americano, com seu sistema de valores capitalistas e atributos culturais estrangeiros, exerceria uma forte influência negativa sobre esforços nacionais importantes para recriar e nutrir o desenvolvimento de uma cultura judia israelense única. Depois da guerra de 1967, novas preocupações ideológicas e políticas levaram à decisão de incluir a TV no sistema de comunicação estatal. Entre os motivos principais para esta decisão estava o pensamento de que através da televisão Israel poderia se comunicar com seus vizinhos hostis e habitantes dos Territórios Ocupados. Na verdade, esperava-se que a televisão pudesse fazer avançar o diálogo entre os dois povos (Katz, Haas & Gurevitch, 1997; Lemish & Lemish, 1997).

Presumiu-se, portanto, que a televisão desempenhasse um papel no desenvolvimento da nação. Por exemplo, dada a contínua situação da segurança em Israel, a mídia enfatizou a cobertura de notícias e negócios públicos. Analisando dados sobre lazer, cultura e comunicação nos primeiros vinte anos da televisão monopolista israelense, Katz, Haas & Gurevitch (1997) concluíram que ela deu apoio à norma de coletivismo no sentido de "atividades partilhadas e simultâneas, governadas por normas de auto-sacrifício e obrigação mútua, realizadas com a consciência de que todas as outras pessoas estão se ocupando de forma semelhante" (p. 19). Por exemplo, assistir ao noticiário das 21 horas no único canal de TV existente tornou-se "uma espécie de ritual cívico durante o qual a sociedade tem uma conversa íntima com ela mesma" (Katz, Haas & Gurevitch, 1997, p. 6).

O número limitado de horas em que se via TV nas duas primeiras décadas da televisão israelense e a atitude positiva geral da sociedade em relação ao papel da TV na integração nacional podem explicar a falta de debate sobre os efeitos da televisão nas crianças em geral e na violência infantil em particular. Por exemplo, em uma pesquisa com pais de crianças de 2-11 anos de idade, Levinson & Tidhar (1993) descobriram que 77% dos pais avaliavam o impacto educativo da televisão sobre seus filhos como positivo, e apenas 3% como negativo; em comparação com 46% e 16% em relação à TV a cabo. Portanto, embora a TV a cabo, que estava começando a ser introduzida, fosse claramente percebida como menos positiva do que a televisão educativa, ainda era avaliada positivamente por metade dos pais.

A preocupação com o papel da televisão na vida de Israel se desenvolveu exatamente nas áreas de sua maior força — em seu envolvimento com a política, em seu papel no desenvolvimento nacional e no desenvolvimento da identidade cultural. Deste debate público emergiu, no final da década de 80 e no início da de 90, o que parecia ser um consenso nacional exigindo a institucionalização de programas de capacitação da mídia para as escolas.

Capacitação da TV em Israel

Na última década, quando a sociedade israelense gradualmente experimentava as principais mudanças no ambiente da mídia, três currículos nacionais de capacitação da mídia foram adotados pelo ministro da Educação: um currículo de capacitação da TV para o sistema escolar elementar, um currículo de capacitação da TV e do cinema para o sistema escolar médio, e um currículo de mídia de massa para o sistema escolar superior. Simultaneamente, programas de treinamento para professores têm desenvolvido cursos gerais e especializados em ensino e produção da mídia, editores têm preparado livros, e milhares de estudantes de todos os níveis começaram a estudar formalmente a mídia. Paralelamente a esta tendência, a maioria das principais universidades de Israel estabeleceu programas formais para o estudo acadêmico da comunicação de massa.

Alcançar tal interesse nacional unificado é muito incomum em um país cuja vida pública é caracterizada por divisões e discordâncias profundas na maioria das questões políticas e de planos de ação importantes. A análise de como este consenso foi obtido revela que foram feitas alianças entre pessoas cujas posições políticas e ideológicas geralmente as colocam em oposição em quase todas as outras questões. A "capacitação da mídia" foi percebida como um objetivo educacional desejável por pessoas com pontos de vista muito diferentes representando ideologias completamente diversas. Para alguns, essa capacitação visava ao desenvolvimento de instrumentos para evitar a americanização de Israel. Para outros, era percebida como um meio de educar os futuros cidadãos contra a manipulação política. Coalizões pouco usuais de interesses formaram-se em torno de questões étnicas — representações de mulheres e crianças, pornografia. Finalmente, muitos estavam preocupados com o papel singular de supervisão da sociedade israelense pela TV, com relação à dependência de informações e interpretações de assuntos atuais, e o poder potencial dos cidadãos.

O resultado destes vários esforços foi a capacitação da mídia ser oferecida como uma cura — ou como um confortador de consciência — para todos os males sociais. Embora parecesse haver um amplo acordo sobre os princípios básicos da educação pela mídia — tal como a compreensão de que as mensagens da mídia são construídas e contextualizadas social-política-e-culturalmente —, as pautas de grupos educacionais diferentes da sociedade israelense levaram ao desenvolvimento de suas próprias variações de programas de educação pela mídia.

Isto resultou em uma situação em que as ações na área estão conduzindo a capacitação da mídia para direções diferentes e no fato de que a implementação está à mercê de pessoas em posições de poder que promovem um tipo de currículo baseado em suas próprias interpretações ideológicas e interesses (para uma discussão completa, ver Lemish & Lemish, 1997).

O cenário televisivo em mudança

Desde sua introdução no início da década de 90, a televisão a cabo tem se expandido com muita rapidez em Israel. Aproximadamente 60% dos lares israelenses assinam a TV a cabo (70% na área metropolitana densamente povoada de Tel-Aviv) e há indicações de que este número continua a crescer. Além disso, em meados de 1993 o Segundo Canal de Televisão foi autorizado a expandir seu horário e a introduzir comerciais. Estas importantes mudanças aumentaram muito o número de horas em que se pode ver TV em Israel, a quantidade de opções dos espectadores, e a dependência crescente com relação ao mercado televisivo internacional, principalmente o norte-americano (Nossek & Tidhar, 1994; Weimann, 1995, 1996).

Assim, o discurso público citado anteriormente pode estar mudando, à medida que a cultura israelense muda do coletivismo para o individualismo, como se manifesta pelo consumismo, juntamente com uma diminuição no consumo de cultura elevada e um aumento da mídia popular (Katz, Haas & Gurevitch, 1997). Um apoio possível para esta tese vem do estudo de Weimann (1995, 1996) sobre a introdução da TV a cabo na sociedade israelense. Weimann descobriu, em sua amostra de 180 famílias, mudanças significativas no consumo da televisão, no contexto social do ato de ver TV, e nos sentimentos e atitudes com relação a este meio de comunicação. Por exemplo, o maior tempo gasto vendo TV era acompanhado de inquietação e sentimentos de culpa (expressos ao concordar com afirmações do tipo: "ver TV é uma perda de tempo", "freqüentemente vejo mais TV do que pretendia"). Além disso, Weimann encontrou um aumento nas preocupações relativas ao fato de as crianças verem TV, assim como nas tentativas de controlar o horário de TV, que em geral resultavam em conflitos.

O interesse no impacto da televisão sobre as crianças atingiu seu ápice em janeiro de 1994, depois do assassinato brutal de um motorista de táxi por dois adolescentes de classe média. O papel da mídia em encorajar e contribuir para a legitimação da violência foi discutido nos jornais, rádio e televisão. Sob essas circunstâncias especiais — o recente crescimento dramático de opções na TV e o choque por um assassinato sem sentido — ocorreu o primeiro debate público sobre televisão e violência — sobre o caso da WWF.

WWF — A série da televisão

Os programas da WWF — World Wrestling Federation [Federação Mundial de Luta Romana] apresentam lutas realizadas na arena com público ao vivo. Operando sob o pretexto de se tratar de um esporte, a WWF é, na verdade, uma indústria de entretenimento crescente e um fenômeno cultural único. Esta forma de luta é distintamente diferente de outros eventos esportivos que passam na TV: parece que não há regras claras ou um código aceito de comportamentos. Praticamente todas as formas de atos violentos costumam ser aceitas e possíveis até a derrota brutal do oponente.

Na verdade, a WWF é uma forma de paródia do esporte: as regras do jogo estão lá para serem quebradas, o juiz existe para ser ignorado (Fiske, 1987). Enquanto em outras modalidades esportivas os oponentes têm chances iguais na competição, as diferenças entre os oponentes da WWF são enfatizadas desde o início: o "cara legal" e o "mau caráter" são identificáveis pelos seus nomes, roupas e aparências, pelos instrumentos que usam, por suas reações ao público, por sua linguagem corporal e expressões faciais. O "cara legal" é freqüentemente um tipo caucasiano bonito, promovido na cultura euro-americana como uma imagem do Bom e Poderoso. Por outro lado, o "mau caráter" é em geral de pele escura, fisicamente grotesco, veste-se ridiculamente e não tem aparência de europeu. Estes lutadores propositadamente quebram as regras, ignoram o juiz, enganam seus próprios parceiros e evocam sentimentos de maldade no público excitado.

O estudo de caso de 1994

Os programas da WWF eram transmitidos em Israel por vários canais em dias e horas diferentes no decorrer da semana. Devido à crescente preocupação pública, um estudo centrado nos efeitos deste programa violento sobre as crianças foi promovido na primavera de 1994.[1] Seu principal objetivo era avaliar o papel que os programas da WWF desempenhavam na vida das crianças de escola elementar. Mais especificamente, este estudo de caso foi realizado a fim de estudar o fenômeno mais geral dos efeitos da violência na televisão tal como são filtrados através de diversas variáveis mediadoras dentro de contextos específicos (para uma discussão completa deste projeto, ver Lemish, 1997).

O estudo foi desenvolvido em três fases e incluiu medidas quantitativas e qualitativas:

1. Pesquisa realizada com 285 questionários completados por diretores de escolas elementares.
2. Entrevistas não-estruturadas e extensivas por telefone com 75 diretores de escolas elementares.
3. Visitas a nove escolas representativas de diferentes perfis da sociedade israelense. 901 questionários foram completados por crianças da terceira à sexta série nestas escolas. Além disso, 254 entrevistas de final aberto foram realizadas com crianças de tais séries que se ofereceram como voluntárias para serem entrevistadas.

Efeitos comportamentais

Os resultados dos três estágios sugerem inequivocamente que as lutas da WWF foram um fenômeno distinto e perturbador em muitas escolas elementares israelenses durante o período acadêmico de 1993-94. A violência que acompanhava as lutas da WWF era única e separável de outras formas de violência escolar. As lutas se realizavam dentro de uma arena simulada, na frente de um público que torcia pelos lutadores, utilizando-se de acordos na maioria feitos antes da luta, os quais incluíam a identificação do tipo do lutador e táticas específicas de luta. Os entrevistados eram de opinião de que o fenômeno aumentava a violência nas escolas e o número de ferimentos a um grau nunca visto antes e não repetido desde o seu declínio. Enfatizou-se que a violência do tipo WWF era não apenas uma versão diferente de violência escolar, mas também uma entidade diferente — tanto qualitativa como quantitativamente.

Estes resultados sustentam a literatura que trata da contribuição da violência na TV para o comportamento violento (para meta-análises recentes, ver, por exemplo, Geen, 1994; Gunter, 1994; Paik & Comstock, 1994). Além disso, o estudo forneceu evidência de que o comportamento por modelação realmente tem lugar de uma forma tardia sob condições sociais favoráveis, e de que é efetivo mesmo no caso de crianças mais velhas (neste caso, de 8-12 anos) do que aquelas geralmente examinadas em estudos experimentais. Estes dados também elucidam a questão da direção da causalidade do efeito da violência: as crianças mais violentas, segundo seus pares, eram, na verdade, espectadores assíduos e imitadores constantes das lutas da WWF. Contudo, as crianças identificadas como não-violentas, incluindo algumas meninas, também brincavam de luta da WWF. Em outras palavras, descobriu-se que assistir às lutas da WWF remodelava e aumentava o comportamento violento principalmente entre crianças rotuladas como violentas, mas também entre algumas crianças não-violentas.

Uma possível interpretação das razões pelas quais a mudança de comportamento pode ser verdadeira para algumas crianças não-violentas e não para outras, emergiu da discussão das crianças sobre sua confusão quanto à fantasia e realidade na série. Essa falta de clareza tem sido relacionada, na literatura, ao fato de facilitar o comportamento imitativo. Por exemplo, em uma meta-análise dos estudos da violência na televisão, Hearold (1986) concluiu que a percepção do realismo era um fator importante na relação entre assistir à violência e comportar-se agressivamente. Van der Voort (1986) descobriu que quanto mais realístico as crianças consideravam um episódio na TV, mais o assistiam, com ele se envolviam, tomavam-no seriamente, percebiam-no como violento e o julgavam mais excitante. Van Evra (1990) sugeriu que as crianças menores são particularmente vulneráveis a estes efeitos, devido às suas dificuldades para separar a fantasia da realidade.

Diferenças de gênero

O papel das lutas da WWF dependendo do sexo da criança emergiu como um tema central à medida que o estudo se desenvolvia. A oposição à WWF serviu para reforçar sua identidade de gênero, no caso da maior parte das meninas. Para elas, as lutas da WWF, assim como outros eventos esportivos, legitimavam a visão de mundo masculina de que "os caras mais durões ganham". A ênfase que as meninas davam aos aspectos violentos do programa e, mais especificamente, à natureza violenta do sexo masculino apóia a visão de Byrson (1978) do esporte na televisão como uma forma de monopolização masculina da força física. Assistir às lutas da WWF e imitá-las era percebido como parte da "natureza" dos meninos e de seu comportamento normativo. Como sugere a literatura, a maioria das meninas neste estudo apreciava menos a violência, assistia a ela e a imitava menos, e era mais crítica à violência do que os meninos (Van der Voort, 1986; Van Evra, 1990).

Para outras garotas, embora fossem a minoria, as lutas da WWF davam a oportunidade de experimentar com segurança as normas masculinas de comportamento. Foram essas meninas que, nas entrevistas, falaram de seu prazer de brincar de luta da WWF em casa, onde a possibilidade de sanções sociais e físicas era minimizada. O ambiente doméstico lhes permitia fazer experiências com suas habilidades físicas e psicológicas para lutar, ou com irmãos mais novos (e, portanto, mais fracos), ou com irmãos mais velhos (em geral brincalhões). (Para uma análise destes resultados a partir de uma perspectiva feminista, ver Lemish, em revisão).

Efeitos culturais

As crianças deste estudo identificaram a série da WWF como representante de uma cultura e ideologia estrangeiras. Essa cultura foi caracterizada por uma forma extrema de "mais-tudo": "mais" no sentido positivo — mais rico, maior, mais desenvolvido, mais criativo, mais variado e assim por diante. Contudo, também, "mais" medo e crítica — mais violento, mais selvagem, mais perigoso. Estas percepções foram incorporadas a uma visão de mundo baseada em experiências anteriores com a mídia popular que apresenta os EUA como uma sociedade rica e violenta de uma forma estereotipada homogênea. Nessa excitante cultura todo-poderosa chamada América, a violência é um tema central. Assistir regularmente às lutas da WWF parecia contribuir para a perpetuação desta crença mítica de que "vivemos em um Mundo Mau" (Gerbner & Gross, 1976). Como tais programas pertencem a um mundo de experiências que de outra forma não estariam disponíveis para os jovens espectadores (a maioria nunca esteve nos EUA, por exemplo), sua influência pode ser duradoura por apresentar estruturas mentais seletivamente limitadas para referências futuras (para uma discussão completa, ver Lemish, no prelo).

O contra-ataque do sistema educacional

Como o número de ferimentos relacionados às lutas da WWF aumentou (os relatórios dos diretores calcularam pelo menos 150 ferimentos físicos exigindo cuidados médicos profissionais, outros quatrocentos ferimentos que exigiram primeiros socorros na escola e um número incontável de ferimentos que não precisou de atenção médica), e a exposição aos jornais ficou maior, as escolas foram obrigadas a agir. A maioria dos diretores entrevistados relatou como se engajou em um processo que exigiu a utilização de todos os recursos disponíveis — pedagógicos e outros — a fim de confrontar diretamente o fenômeno das lutas da WWF. Duas estratégias gerais foram adotadas — tratamentos de curto e longo prazo:

1. Tratamentos de curto prazo: apagando o incêndio

Os tratamentos de curto prazo em geral resultaram do choque e aborrecimento inesperado que se seguiam a um ferimento grave na escola. Fazia-se necessária uma reação imediata e ela acontecia em quatro níveis — individual, em classe, na escola e dos pais.

Em nível individual:

Os diretores adotaram uma política de punição estrita e inequívoca, o que incluía o banimento explícito de qualquer atividade relacionada às lutas da WWF (lutar, vestir camisetas com o nome WWF escrito, trazer bonecos da WWF para a escola, ou brincar com *cards* da WWF). As punições por desobediência incluíam reprimenda pelo diretor, convocação dos pais, advertência escrita no prontuário do aluno, suspensão de privilégios (tais como permissão para sair da classe durante os intervalos), proibição de tomar o ônibus da escola, lição de casa especial, afazeres escolares especiais, e até mesmo suspensão das aulas por vários dias.

Em classe:

Professores, membros do conselho da escola, professores de educação especial e mesmo os próprios diretores realizaram discussões especiais no horário de aula em um esforço para levar para casa a seriedade do problema. Eram mostrados às crianças relatórios da mídia sobre o perigo envolvido com as lutas da WWF, assim como evidências de ferimentos ocorridos em suas próprias escolas. Os alunos foram encorajados a escrever cartas reclamando da transmissão das lutas da WWF para os jornais e representantes de outros meios de comunicação, incluindo diretores de canais de TV a cabo; a encenar e discutir simulações de lutas da WWF; a expressar-se através de redações criativas etc. Foram feitos esforços especiais para explicar às crianças a natureza teatral da série.

Na escola:

Assembléias-gerais foram dedicadas à discussão do fenômeno lutas da WWF e à elaboração da política da escola. As patrulhas feitas por professores durante os intervalos foram intensificadas e seus deveres dirigidos a lidar com a luta. Pediu-se aos Conselhos de Alunos que se juntassem aos esforços. Estudantes se ofereceram como voluntários para patrulhas especiais de "luta contra a WWF". Grupos formados por alunos e professores reescreveram as normas existentes para incluir itens referentes a tais lutas. Novas instituições escolares foram estabelecidas, tais como o "Conselho da Paz", o "Comitê da Tolerância" e os "Curadores da Não-Violência". Estudantes mais velhos se ofereceram como voluntários para orientar crianças mais jovens violentas. Prêmios especiais foram concedidos a estudantes elogiados por suas ações contra a violência escolar. Foram feitos esforços especiais para desenvolver "O Intervalo Ativo": um plano estruturado de atividades para o período de recesso, que incluía atividades de entretenimento e esportivas, música e dança, e artes criativas. Tudo isso foi desenvolvido na esperança de limitar as oportunidades de se desenvolverem lutas relacionadas à WWF.

Em nível dos pais:

As atividades incluíam convocações de reuniões especiais de pais, a circulação de materiais escritos e o estabelecimento de Conselhos de Pais para juntarem-se aos esforços a fim de eliminar o fenômeno. Em conjunto, todos os diretores enfatizaram os tremendos e genuínos esforços educacionais feitos na tentativa de lutar contra este novo e crescente fenômeno.

2. Estratégias de longo prazo: uma abertura para a oportunidade

As estratégias de longo prazo caracterizaram-se pela tentativa de incorporar a luta contra o comportamento relacionado com a WWF dentro de esforços educacionais gerais contra outros fenômenos negativos na escola, tais como comportamento violento, deterioração da disciplina escolar, desrespeito para com os amigos etc. A WWF forneceu uma "abertura para o oportunidade" de avançar na implementação de tais planos. Em muitos casos, serviu como catalisador para legitimar a prioridade dos orçamentos exigidos para promover programas educacionais.

As conseqüências negativas das atividades relacionadas com a WWF nas escolas motivaram significativamente o interesse e a disposição do pessoal da área educacional para adotar abordagens e currículos inovadores, ainda que por causa de um sentimento de "não ter escolha". Dois tipos de programas educacionais foram implementados:

Estudos da mídia:

Estes estudos incluíram a ampla adoção do currículo nacional formal de capacitação da mídia para a escola elementar e outras iniciativas, tais como a análise de assuntos atuais, estudo da animação, desenvolvimento da capacidade de criticar o que vê na TV e cursos de produção, entre outros. A WWF serviu como uma desculpa legítima para seguir com os planos dos diretores no sentido de promover tais esforços.

Comunicação interpessoal:

Estes programas incluíram o desenvolvimento de habilidades pessoais através de vários programas educacionais inovadores que enfatizam valores como a tolerância e o respeito mútuo, o desenvolvimento da valorização de si mesmo e a capacidade de tomar decisões, mediar e resolver problemas, entre outros.

É importante enfatizar que, sem nenhuma exceção, os diretores perceberam que seus esforços foram produtivos. Todos relataram que tanto suas medidas preventivas como seus esforços educacionais resultaram na diminuição drástica do número de lutas na escola e, em muitos casos, em seu completo desaparecimento. As entrevistas com as crianças confirmaram esta observação. Muitas delas se referiram voluntariamente ao sucesso dos vários esforços como responsável pelo declínio de seu próprio comportamento violento, assim como o dos outros alunos. Muitas citaram com detalhes histórias "horrorosas" ligadas aos ferimentos e suas conseqüências e pareciam ter internalizado profundamente a política escolar esperada.

Intervenção do Conselho de Canais de TV a Cabo

O Conselho de Canais de TV a Cabo é o órgão público nomeado pelo governo para regular o desempenho das franquias de TV a cabo. Como tal, o Conselho é responsável pelo desenvolvimento de políticas relativas aos tipos de programação, incluindo tópicos, conteúdo, qualidade, variedade e escala. Além disso, é responsável pelos desenvolvimentos futuros, incluindo novos serviços a cabo, canais especializados, a utilização da transmissão via satélite etc.

Quando os perigos da transmissão das lutas da WWF chamaram a atenção do Conselho, seu presidente decidiu agir em vários níveis diferentes. Primeiro, ela convidou um pesquisador acadêmico (o autor deste artigo) a informar o Conselho sobre as pesquisas relativas às influências da violência na televisão sobre as crianças. Ela também concordou em promover este projeto de pesquisa e financiou sua execução. Os resultados do projeto foram distribuídos para jornalistas dos vários meios de comunicação, bem como para todas as organizações desta área.

Em segundo lugar, o Conselho iniciou negociações com as franquias de TV a cabo a fim de limitar o horário de transmissão da série da WWF e advertir os jovens espectadores dos possíveis efeitos negativos de tentar imitar este programa. O resultado destes esforços foi a produção de um curto anúncio público para a TV que incluía um jovem ator popular explicando para as crianças que as lutas da WWF eram apenas um show de TV que não deveria ser imitado. Este anúncio foi ao encontro das descobertas da pesquisa cujas implicações abrangiam a necessidade de esclarecer as dimensões fictícias desta série "esportiva" falsa. O anúncio era veiculado duas vezes durante cada transmissão da WWF no Canal de Esportes, bem como nos canais populares da Criança e da Família, como parte de uma campanha especial. Alguns diretores de escolas entrevistaram pessoas ligadas aos canais de TV fazendo apelo aos estudantes que, da sua parte, citavam a mídia como uma fonte de informação sobre a natureza fictícia do programa.

Um efeito colateral adicional deste estudo de caso foi o estabelecimento de um canal aberto de comunicação entre os profissionais acadêmicos e pessoas ligadas aos meios de comunicação, através da mediação do regulador. Isso já tinha se mostrado útil em várias situações. Um exemplo foi a recente discussão iniciada sobre a transmissão de chamadas violentas durante o horário em que as crianças vêem TV. Um Projeto de Controle da Violência, iniciado e patrocinado pelo Conselho como um instrumento para supervisionar as transmissões a cabo, localizou um problema específico nas chamadas de filmes violentos. Embora os filmes sejam transmitidos tarde da noite, suas chamadas passam na TV durante o dia todo em canais bastante vistos por crianças de todas as idades. O conteúdo das chamadas é ilustrativo das principais questões ligadas aos efeitos da violência na televisão: freqüentemente consistem em cenas violentas, mostradas como um "incentivo" para ver mais. A violência é apresentada de uma forma atraente e sem contexto: não há razões ou motivações para tal comportamento, por um lado; e não há conseqüências, de outro. Uma vez que não há história, mas apenas imagens e sons, é impossível distinguir os personagens "bons" dos "maus"; portanto, a violência é percebida como uma ação normal para todos.

Como resultado de discussões intensivas do caso da WWF, das chamadas e da avaliação de várias definições de violência na TV em diversas análises de conteúdo de projetos de pesquisa (por exemplo, Mediascope, Inc., 1994-95), o Conselho reformulou as normas existentes e agora proíbe, antes das 22 horas, "qualquer transmissão que inclua imagens agressivas ou violentas e expressões verbais ou sonoras relativas à violência, sexo ou sofrimento, ou transmissões que sejam objeto de imitação; nenhuma chamada que inclua tal conteúdo será transmitida antes da hora estabelecida acima; e nenhuma chamada para qualquer transmissão deste tipo, mesmo que não inclua em si tal conteúdo, será transmitida no canal infantil".

Finalmente, o Conselho elucidou sua política com relação à forma como trata questões desta natureza: uma abordagem integradora que inclui pesquisa específica, campanha educativa de longo prazo para o desenvolvimento de capacitação da TV e legislação secundária (tal como a limitação dos horários de transmissão para conteúdo violento). O Conselho, um regulador, se opõe — assim como a maioria dos acadêmicos desta área em Israel — à possibilidade de uma legislação geral formal que exproprie a questão das redes de transmissão e seus reguladores. Acredita-se que tal legislação seja impossível de ser implementada ou aplicada, e ela é vista como uma grave ameaça à liberdade de expressão e à independência do sistema de transmissão israelense.

Resumo

O caso das lutas da WWF no sistema escolar israelense criou uma oportunidade extraordinária para reconsiderar as relações da violência na televisão e a modelagem de comportamento violento sob condições bem definidas e específicas. O fenômeno apareceu de repente, quando as transmissões do Canal a Cabo de Esportes e do segundo canal comercial israelense se tornaram popular. O comportamento em questão era singularmente diferente de qualquer outro tipo de violência escolar e facilmente identificado pelos entrevistados. Os participantes eram de todos os segmentos da sociedade israelense — crianças do meio urbano e rural; da classe média e da classe baixa; de populações seculares e religiosas; do centro densamente povoado do país, assim como do norte e do sul a ele periféricos.

Além disso, o fenômeno diminuiu de uma forma tão aguda quanto apareceu, um ano depois. Várias explicações complementares podem ser oferecidas para o mecanismo social possivelmente envolvido. Em primeiro lugar, o Segundo Canal tirou o programa do ar por várias razões, inclusive pressão pública. Contudo, o programa continuou a ser transmitido regularmente, várias vezes por semana, nos canais da TV a cabo. Ainda assim, percebeu-se um declínio significativo nas lutas do tipo WWF, mesmo nas escolas localizadas nas áreas servidas pela TV a cabo. Portanto, três outras linhas de explicações que emergiram dos dados das entrevistas podem ser propostas: primeiro, a eficácia das medidas preventivas e educativas tomadas pelas escolas, como foi descrito anteriormente. Uma segunda explicação, relacionada, é que as crianças compreenderam que o programa é uma encenação e reconheceram que muitos de seus elementos não são realísticos. Nas entrevistas, muitas crianças argumentaram que compreender que o programa é uma representação reduziu o prazer de assistir a ele e sua inclinação para imitá-lo. Finalmente, as manias e modas também parecem desempenhar um papel aqui: na época, uma nova atividade estava ganhando popularidade nos intervalos escolares (jogar com pequenos discos plásticos coloridos e colecionáveis, bem como trocá-los) e gradualmente substituiu as lutas da WWF. Durante os dois anos que já se passaram, estas e outras atividades surgiram e desapareceram. Contudo, sempre existe o perigo que uma nova mania violenta na televisão apareça e ganhe popularidade novamente como um incêndio que se alastra com rapidez, como as lutas da WWF.

Finalmente, nenhuma discussão sobre a violência na televisão israelense e as crianças pode estar completa sem levar em consideração a realidade geopolítica única do conflito árabe-israelense em que essas crianças estão crescendo. Um resultado é que elas são pesadamente expostas à documentação da violência da vida real. Em um estudo precoce do efeito dos filmes da Guerra do Yom Kippur de 1973 sobre as crianças, Cohen & Adoni (1980) descobriram que tais filmes haviam estimulado medo e excitação emocional. O efeito foi mais forte nas crianças expostas ao filme da guerra com trilha sonora do que naquelas expostas ao filme com narração verbal. Contudo, os efeitos foram menores nas crianças que discutiram o filme com seus pais.

Nos últimos dois anos as crianças em Israel têm sido expostas, ao ver TV em seu ambiente doméstico natural e em geral sem mediação, às cenas mais aterrorizantes das conseqüências da violência humana — assassinatos, ataques terroristas, bombas, explosões suicidas. O horror destas cenas inclui corpos mutilados, pedaços de corpos, sangue; os gritos de dor e trauma dos atingidos; as comoventes cenas de tristeza pelas vítimas. O debate sobre as questões éticas envolvidas na cobertura ao vivo dos desastres penetrou na área pública e profissional, bem como as análises teóricas da comunicação de massa (Liebes, no prelo). A ameaça especial ao bem-estar das crianças ainda não foi estudada. Uma violência real desta magnitude está moldada nos termos mais negativos possíveis, seus perpetradores como desumanos e seus resultados como devastadores. O dano emocional possível para os jovens espectadores é uma questão bastante oportuna: Assistir a este tipo de programa cultiva a perspectiva do "mundo mau"? Incita medo e pessimismo? Encoraja a legitimidade de violência posterior (tal como retaliação)? Contribui para a crença de que "o poder está certo"? As crianças carregam alguns desses valores e percepções quando assistem a programas de entretenimento como as séries da WWF? Ou, vice-versa, a violência televisiva fictícia dá apoio a tais valores? Pelo que sabemos da literatura existente com relação a assistir à violência menos explícita (tal como a cobertura da Guerra do Golfo em 1992), há boas razões para se acreditar que as crianças não ficam insensíveis a este tipo de exposição na TV (Buckingham, 1996; Cantor, 1994, 1996; Cantor, Mares & Oliver, 1993; Derdeyn & Turley, 1994; Hoffner & Haefner, 1993; Morrison & MacGregor, 1993; Wober & Young, 1993).

Como o estudo de caso da WWF ilustra, o que parece ser necessário é uma experiência maior em esforços conjuntos: um público ativo que reage ao que percebe como uma ameaça ao bem-estar das crianças, reguladores rápidos em responder e exigir mudanças dos canais de TV, pesquisa de ação social para prover os dados de apoio para a tomada de ação, um sistema educacional pronto e capaz de explorar pedagogias inovadoras, e pessoal de TV que aceita a responsabilidade social de sua profissão. Esta é uma forma de cooperação e responsabilidade social necessária ao desenvolvimento da sociedade civil.

Nota

1. Este estudo foi iniciado e mantido por um subsídio do Conselho Israelense dos Canais de TV a Cabo. A autora deseja agradecer o presidente do Conselho, Michal Raphaeli-Kadori e o consultor de Política para a Programação de TV, Gideon Ganani, por sua cooperação. Além disso, a autora também gostaria de agradecer a Vered Seidmann por sua valiosa ajuda durante o projeto.

Referências bibliográficas

BACHRACH, R. S. (1986) The differential effect of observation of violence on kibbutz and city children in Israel. In L. R. Huesmann & L. D. Eron (orgs.). *Television and the aggressive child: a cross-national comparison.* Hillsdale, Lawrence Erlbaum Associates, pp. 201-238.

BUCKINGHAM, D. (1996) *Moving images: Understanding children's emotional responses to television.* Manchester, Manchester University Press.

BYRSON, L. (1978) Sport and the maintenance of masculine hegemony. *Women's Studies International Forum,* 10, 349-360.

CANTOR, J. (1994) Confronting children's fright responses to mass media. In D. Zillman & A. C. Huston (orgs.). *Media, children, and the family. Social scientific, psychodynamic, and clinical perspectives.* Hillsdale, Lawrence Erlbaum Associates, pp. 139-150.

______. (1996) Television and children's fear. In T. M. MacBeth (org.). *Tuning in to young viewers: social science perspectives on television.* Thousand Oaks, Sage Publications, pp. 87-115.

______.; MARES, M. L. & OLIVER, M. B. (1993) Parents' and children's emotional reactions to TV coverage of the Gulf War. In B. S. Greenberg & W. Gantz (orgs.) *Desert storm and the mass media.* Cresskill, Hampton Press, Inc., pp. 325-340.

COHEN, A. A. & ADONI, H. (1980) Children's fear responses to real-life violence on television: The case of the 1973 Middle East war. *Communications,* 6, pp. 81-94.

DERDEYN, A. P. & TURLEY, J. M. (1994) Television, films, and the emotional life of children. In D. Zillman & A. C. Huston (orgs.). *Media, children, and the family: Social scientific, psychodynamic, and clinical perspectives.* Hillsdale, Lawrence Erlbaum Associates, pp. 131-138.

VAN EVRA, J. (1990) *Television and child development.* Hillsdale, Lawrence Erlbaum Associates.

FISKE, J. (1987) *Television culture.* London, Methuen, pp. 243-264.

GEEN, R. G. (1994) Television and aggression: Recent developments in research and theory. In D. Zillman, J. Bryant & A. C. Huston (orgs.). *Media, children and the family.* Hillsdale, Lawrence Erlbaum Associates, pp. 151-162.

GERBNER, G. & Gross, L. (1976) Living with television: The violence profile. *Journal of Communication*, 26:2, 172-199.

GUNTER, B. (1994) The question of media violence. In J. Bryant & D. Zillman (orgs.). *Media effects: advances in theory and research.* Hillsdale, Lawrence Erlbaum Associates, pp. 163-211.

HEAROLD, S. (1986) A synthesis of 1043 effects of television on social behavior. In G. Comstock (org.). *Public communication and behavior,* 1, pp. 65-133.

HOFFNER, C. & HAEFNER, M. (1993) Children's affective responses to news coverage of the war. In B. S. Greenberg & W. Gantz (orgs.). *Desert storm and the mass media.* Cresskill, Hampton Press, Inc., pp. 364-380.

HUESMANN, L. R. & ERON, L. D. (1986) *Television and the aggressive child: a cross-national comparison.* Hillsdale, Lawrence Erlbaum Associates.

______. & BACHRACH, R. S. (1988) Differential effects of television violence on kibbutz and city children. In P. Drummond & R. Paterson (orgs.). *Television and its audience: International research perspectives.* London, BFI Publications, pp. 154-175.

KATZ, E., HAAS, H. & GUREVITCH, M. (1997) 20 years of television in Israel: are there long-run effects on values, social connectedness, and cultural practices? *Journal of Communication*, 47:2, pp. 3-20.

LEMISH, D. (1997) The school as a wrestling arena: the modeling of a television series. *Communications: European Journal of Communication Research*, 22:4, 383-406.

______. (em revisão) Girls can wrestle too: gender differences in the consumption of a television wrestling series.

______. (em breve) America, the beautiful: Israeli children's perception of the United States through a wrestling television series. In Y. R. Kamalipour (org.), *US image and world media: a multicultural perspective.* New York, SUNY Press.

______ & LEMISH, P. (1997) A much debated consensus: media literacy in Israel. In R. Kubey (org.). *Media literacy in the information age: current perspectives.* New Brunswick, Transaction Publishers.

LEVINSON, C. & TIDHAR, C. (1993) Parents' assessment of television viewing among their 2-11 year old children. Jerusalem, Guttman Institute of Applied Social Research (hebraico).

LIEBES, T. (no prelo) Disaster marathon: a danger to democratic processes? In T. Liebes & J. Curren (orgs.). *Media, culture and ritual*. London, Routledge.

MEDIASCOPE (1994-5) *National television violence study: executive summary*. Santa Barbara, University of California, et al.

MORRISON, D. & MACGREGOR, B. (1993) Anxiety, war and children: the role of television. In B. S. Greenberg & W. Gantz (orgs.). *Desert storm and the mass media*. Cresskill, Hampton Press, Inc., pp. 353-363.

NOSSEK, H. & TIDHAR, C. (1994) Coping with transition: from monopoly to a diverse TV environment — effects of cable on family viewing patterns in Israel. Trabalho apresentado à Associação Internacional de Comunicação, Sydney, Austrália.

PAIK, H. & COMSTOCK, G. (1994) The effects of television violence on antisocial behavior: a meta-analysis. *Communication Research*, 21:4, pp. 516-546.

VAN DER VOORT, T. H. A. (1986) *Television violence: a child's-eye-view*. Amsterdam, North-Holland.

WEIMANN, G. (1995) Zapping in the Holy Land: coping with multi channel TV in Israel. *Journal of Communication*, 45:1, pp. 97-103.

______. (1996) Cable comes to the Holy Land: the impact of cable TV on Israeli viewers. *Journal of Broadcasting and Electronic Media*, 40:2, 243-257.

WOBER, M. & YOUNG, B. M. (1993) British children's knowledge of, emotional reactions to, and ways of making sense of the war. In B. S. Greenberg & W. Gantz (orgs.). *Desert storm and the mass media*. Cresskill, Hampton Press, Inc., pp. 381-394.

O Que Sabemos da Pesquisa Européia sobre Violência na Mídia?

OLGA LINNÉ

As preocupações sobre os efeitos prováveis da mídia sobre crianças e jovens deram origem a um número considerável de pesquisas. A primeira parte deste artigo descreverá a situação da pesquisa sobre crianças e jovens na Europa e então examinará a face em mudança da pesquisa na Escandinávia, se não necessariamente o debate sobre a violência.

Em uma análise recente da pesquisa acadêmica sobre crianças e a mídia nos quinze países que atualmente são membros da União Européia, Linné (1996) demonstrou que na amostra de 107 universidades que responderam a este questionário, 51 eram ativas na área Crianças e a Mídia. Os países em que a pesquisa sobre a mídia de massa e as crianças se desenvolveu mais na década de 90 foram aqueles da parte noroeste da Europa, a saber: Reino Unido, Alemanha, França, Dinamarca, Finlândia, Suécia, Holanda, Bélgica e Irlanda (nesta ordem).

Quanto à forma como os pesquisadores avaliariam o desenvolvimento da pesquisa em seu próprio país, Itália, Espanha, Áustria, Grécia, Luxemburgo e Portugal relataram que a situação da pesquisa era relativamente insatisfatória. As respostas do Reino Unido, Alemanha, países nórdicos, Holanda e Irlanda foram bem mais positivas. Isto, acredito, tem menos a ver com fatores demográficos, como o tamanho da população, p. ex., do que com uma combinação de forças sociais e históricas.

Os questionários foram preenchidos por 107 Departamentos de Estudos da Mídia, Políticas da Mídia, Sociologia, Jornalismo, Psicologia, Pesquisa sobre o Público e Educação para a Mídia dentro da União Européia. Responderam ao questionário professores, diretores, pesquisadores e conferencistas.

As principais abordagens usadas na pesquisa, de acordo com as pessoas que responderam ao questionário, eram, respectivamente, a sociológica, a sociopsicológica e a psicológica. Muito poucas mencionaram uma abordagem literária ou humanística, ou, na verdade, uma abordagem político-econômica. Contudo, o resultado surpreendente não é tanto que estas últimas abordagens tenham sido pouco utilizadas, mas que a abordagem sociológica tenha ocupado uma posição constante na década de 90. Eu diria que esta é uma tendência européia e não americana. A abordagem sociológica é aquela em que os pesquisadores relacionam o uso da mídia pelas crianças, sua conscientização e prazer ao contexto social. As pesquisas já terminadas, ou em desenvolvimento, cobriam tanto os efeitos positivos como os negativos da mídia. A resposta mais freqüente foi que os estudos trataram da mídia e da violência; em seguida, educação para a mídia, mídia e efeitos positivos, e então mídia e efeitos negativos gerais. Menos freqüentes, embora evidentes, eram as pesquisas sobre mídia e medo, políticas da mídia, organizações e estruturas da mídia, capacitação da mídia e análise da recepção.

Assim sendo, posso concluir que, ao contrário da suposição bem conhecida de que a pesquisa sobre crianças e a mídia se concentra apenas em algumas áreas, ela na verdade seguiu muitas direções diferentes. É importante lembrar, contudo, que fiz perguntas sobre a pesquisa realizada na Europa de 1990 em diante.

As pesquisas também utilizaram muitas estruturas teóricas diferentes, de novo um resultado contrário às suposições comuns. Em princípio referiu-se à estrutura da análise da recepção como significativa para a pesquisa atual. Isto é surpreendente, uma vez que se trata de uma abordagem teórica relativamente nova. A segunda e terceira estruturas mais usadas eram a dos "efeitos" e a dos "usos e gratificações", mais tradicionais. Contudo, outras abordagens de pesquisa recentes também eram usadas com muita freqüência. Aqui me refiro a indicadores culturais e estudos semióticos. Assim, mais uma vez, em oposição ao que a literatura corrente sobre crianças afirma, esta análise demonstrou que as pesquisas sobre crianças e jovens não utilizam simplesmente estruturas de pesquisa tradicionais.

Os métodos utilizados citados com maior freqüência foram os levantamentos, estudos em profundidade e revisões da literatura, seguidos por discussões em grupo e observação dos participantes. Entrevistas, usando principalmente questionários fechados, também foram bastante utilizadas. Os experimentos de laboratório, um instrumento de pesquisa em geral usado na década de 60 (por exemplo, a maior parte das pesquisas sobre crianças e a violência na tela baseou-se neste método), foram mencionados por apenas algumas pessoas. Mais uma vez, o que é significativo é que não há um método único de pesquisa que domine. Eu interpretaria isto como uma tendência muito positiva, uma vez que nenhum método é perfeito em si mesmo e pode-se obter mais conhecimento e compreensão usando uma abordagem pluralista. É bom observar que muito poucos pesquisadores estão utilizando experimentos de laboratório, visto que estes experimentos têm sido severamente criticados por sua artificialidade.

A mídia mais estudada foi, sem dúvida nenhuma, a televisão, seguida do vídeo. Surpreendentemente, um quarto das pessoas que responderam ao questionário apontou o rádio como seu principal meio de pesquisa. Os anúncios na televisão vieram a seguir, e deve-se notar que eles tornam a TV um meio ainda mais dominante na pesquisa sobre as crianças e a mídia. Cerca de um quarto ou menos declarou que filmes e computadores em geral tinham sido estudados. Mais ou menos 20% afirmaram que jornais, jogos de computador e livros tinham sido analisados.

É interessante ver que os livros, um dos meios de comunicação mais antigos, ainda desperta tanta curiosidade nos pesquisadores quanto os mais novos, isto é, jogos de computador. A televisão interativa é um novo meio de comunicação bastante discutido, mas até aqui apenas 8% dos acadêmicos nas instituições de educação superior dos quinze países europeus tinham estudado este tipo de mídia específico.

Avaliação dos acadêmicos quanto às implicações políticas e distribuição das pesquisas

Mais da metade dos acadêmicos acreditava que as pesquisas sobre crianças tinham implicações políticas para a mídia. A resposta mais freqüente era que a pesquisa tinha afetado a televisão e o currículo escolar. Cerca de 10% acreditavam que a propaganda e o rádio tinham sido influenciados pela pesquisa, e outros mencionaram filmes, livros, jornais e jogos de computador.

Sessenta e cinco por cento das pessoas que responderam ao questionário e que atuavam na área de crianças e a mídia mencionaram que este tópico era ensinado em suas instituições (73% tinham afirmado que eram desenvolvidas pesquisas).

Uma porcentagem surpreendentemente grande de acadêmicos relatou estar dando palestras para professores do ensino elementar e médio (41%). Também eram bastante freqüentes palestras para grupos de interesse e pais. Vinte e quatro por cento dos acadêmicos mencionaram ter dado palestras para pessoal de televisão em *workshops* ou seminários. Contudo, é significativo que a maioria destas respostas foi dada por acadêmicos do Reino Unido, Alemanha, França, países nórdicos, Holanda, Bélgica e Irlanda. Assim sendo, o quadro aqui esboçado foi baseado sobretudo na parte noroeste da Europa. A situação parece ser muito diferente nos outros países, especialmente nos países mediterrâneos, Itália, Espanha, Grécia e Portugal. Portugal, assim como Luxemburgo, relatou que nenhuma pesquisa nesta área tinha sido realizada no país.

Pouco se sabe sobre a pesquisa em outros países europeus, que não são membros da União Européia. A Noruega e a Hungria, por exemplo, têm uma tradição de pesquisa bastante desenvolvida, de acordo com outros países do noroeste da Europa, mas, por causa da antiga Guerra Fria, pouco se sabe dos países da Europa Oriental.

Europa Oriental

Em um *workshop* (1996) organizado pelo ECTC — European Children's Television Centre [Centro Europeu de Televisão Infantil] e realizado na Grécia, entrevistei os diretores da Televisão Infantil da Albânia, Bósnia-Herzegóvina, Bulgária, Croácia, Macedônia e Romênia. Eles me informaram que, até onde sabiam, não tinha sido realizada nenhuma pesquisa sobre crianças e a mídia em seus países. Isto não significa que esta afirmação esteja absolutamente correta, mas, se eu tivesse feito entrevistas semelhantes com os diretores da Programação Infantil do noroeste da Europa, sei (a partir de discussões feitas com eles) que estariam bem informados sobre as pesquisas realizadas em seus países, ainda que não estivessem necessariamente atualizados.

Levando isso em consideração, acolho com prazer um pequeno livro escrito por Irving & Tadros (1997), *Children's Film and Television in Central and Eastern Europe* [*Filmes e Televisão Infantil na Europa Central e Oriental*]. Este livro não trata da pesquisa nos 21 países, mas ao menos fala da legislação para imagens violentas. Eis, a seguir, um pequeno sumário.

Na Albânia, há um sistema de auto-regulação, "para assegurar que programas violentos e eróticos não sejam transmitidos em horários em que as crianças podem estar vendo televisão" (Pepo, in Irving & Tadros, 1997, p. 14).

Na República do Azerbaijão, as regras são: "Tendo em vista a proteção pública, a distribuição de filmes que promovem a violência e a crueldade está sujeita a prisão por um período de até dois anos ou uma multa equivalente a 700-800 vezes o salário mínimo" (Mirkassimov, in Irving & Tadros, 1997, p. 15). Punição, ao que parece, bastante severa.

Da Bielo-Rússia, Andreev informa: "Qualquer uso da mídia de massa, literatura, shows etc., que inclua pornografia, o culto da violência e da crueldade, ou qualquer coisa que possa ofender a dignidade humana e influenciar as crianças de um modo prejudicial por encorajá-las a quebrar a lei, é passível de punição pela lei" (Irving & Tadros, 1997, p. 16).

Na Bósnia-Herzegovina, "a produção e a distribuição de filmes não são controladas por legislação. Não há leis especiais para regular os filmes ou a televisão infantil" (Selimovic, in Irving & Tadros, 1997, p. 18).

Na República da Bulgária, Dereliev et al. explicam que foi aprovada uma lei em 1996 sobre rádio e televisão: "Entre 6h e 23h não é permitida a transmissão de programas potencialmente nocivos ao desenvolvimento psicológico, físico e moral das crianças e jovens" (Irving & Tadros, 1997, p. 19).

A produção e a distribuição de filmes não estão sujeitas à legislação na República da Croácia. Contudo, rádio e televisão "estão proibidos de ofender a moral pública, de apresentar pornografia, destacar a violência ou provocar ódio racial, religioso e étnico" (Alajbeg et al., in Irving & Tadros, 1997, p. 21).

Na República Tcheca, "a transmissão de programas que promovem a violência e o sexo são proibidos pela televisão tcheca, que organizou um painel sobre ética a fim de elaborar recomendações para estes tópicos" (Bajgar et al., in Irving & Tadros, 1997, p. 23).

A Estônia aprovou uma lei em 1992 e o artigo 48 declara que "é proibido produzir ou apresentar para as crianças qualquer material impresso, vídeos ou outros implementos que propaguem a crueldade e a violência" (Salulai et al., in Irving & Tadros, 1997, p. 24).

Na República da Geórgia, os menores de idade são protegidos de filmes pornográficos ou violentos pela lei (Chigogidze, in Irving & Tadros, 1997, p. 25).

A Lei da Mídia da Hungria, de 1996, é muito semelhante (Irving & Tadros, 1997, p. 26).

Na Lei da Mídia Eletrônica de Massa da Letônia, de 1995, o artigo 18.5 declara que "entre 7h e 22h os programas contendo violência na forma visual ou textual e histórias associadas com o uso de drogas são proibidos" (Rubenis et al., in Irving & Tadros, 1997, p. 28).

A Lituânia aprovou uma lei em 1991 proibindo "a transmissão de pornografia ou violência" (Luiga, in Irving & Tadros, 1997, p. 30).

A antiga República Iugoslava da Macedônia aprovou uma lei em 1997 cujo artigo 35 declara: "A transmissão de programas com conteúdo indecente, em particular com pornografia ou violência, não será permitida" (Lozanovski et al., in Irving & Tadros, 1997, p. 31).

A Moldávia tem uma lei nova sobre mídia de massa, mas que não se dirige especificamente às crianças. Contudo, a televisão estatal adotou regulações internas (Pirtac, in Irving & Tadros, 1997, p. 33).

A Lei de Rádio e Televisão da Polônia, de 1992, também fala sobre a violência na tela (Grudzinska, in Irving & Tadros, 1997, p. 35).

Na Romênia, uma lei de 1994 proíbe imagens pornográficas e violentas (Chirila et al., in Irving & Tadros, 1997, p. 37).

Na Rússia, a Lei sobre Mídia de Massa de 1991 protege as crianças de ver imagens pornográficas e violentas (Menshikov et al., in Irving & Tadros, 1997, p. 40).

A República Eslováquia tem uma Lei da Mídia Audiovisual de 1995. A proteção das crianças contra imagens violentas na tela só foi reconhecida recentemente como um problema nos programas eslovacos. Contudo, Grujbarova afirma: "As cenas violentas estão aparecendo com freqüência cada vez maior, nos programas de TV importados e nos programas estrangeiros disponíveis graças à transmissão por satélite ou retransmitidos pela televisão a cabo. Sem uma iniciativa legislativa, podemos tomar apenas medidas administrativas [...] sob a forma de licença ou recomendações para os canais de TV [...] a fim de evitar excessos de violência na tela, quer no conteúdo, quer na forma" (Irving & Tadros, 1997, p. 43).

Na República da Eslovênia, a televisão estatal RTV está se preparando para aprovar um conjunto de regulações internacionais usando o modelo da União Européia de Rádio e Televisão (Irving & Tadros, 1997, p. 45).

Finalmente, na Ucrânia não há leis específicas mencionando a violência na tela (Polishchuk, in Irving & Tadros, 1997, p. 47).

Assim, parece que a maioria dos países da Europa Oriental recentemente adotou uma legislação contra a transmissão de imagens violentas na tela, pelo menos durante certas horas do dia.

Também é importante lembrar que depois do 1º Encontro Mundial sobre Televisão e Crianças em Melbourne, Austrália, em 1995, uma Carta sobre a Televisão Infantil foi aceita por muitas redes de TV do mundo inteiro. A Carta contém sete pontos principais enfatizando: alta qualidade; o direito de ver e expressar a própria cultura da criança; experiências de linguagem e de vida; e o fato de que os governos e as companhias de produção, distribuição e financiamento devem dar apoio à televisão para crianças nativas. O parágrafo 4 se refere explicitamente à violência e sexo: "Os programas infantis devem ser de grande alcance em gênero e contexto, mas não devem incluir cenas gratuitas de violência e sexo".

Pesquisas sobre violência na tela: um estudo de caso da Escandinávia

O raciocínio que esta parte do artigo seguirá é que, embora a pesquisa sobre a violência na mídia esteja na pauta do dia há mais de quatro décadas, a evidência sobre o impacto da violência na tela varia, não só de pesquisador para pesquisador, mas entre comunidades de pesquisa. Os esforços de investigação têm sido estruturados de forma diferente, e a ênfase e a interpretação dos resultados têm levado a argumentos diversos.

Neste estudo de caso analisarei como a tradição de pesquisa mudou na Escandinávia da década de 60 até a década de 90. É significativo que as teorias de pesquisa mais proeminentes aqui utilizadas serviram de orientação nos EUA: a Hipótese da Catarse, o modelo da Sugestão de Agressão, a Teoria da Aprendizagem por Observação, o Modelo do Reforço e o Modelo da Cultura (De Fleur & Ball-Rokeach, 1982). Quatro destes cinco modelos ou teorias supõem que a violência mediada pode influenciar o comportamento agressivo (a Hipótese da Catarse é a exceção).

Estas teorias tiveram um grande impacto na pesquisa européia em geral, e também na Escandinávia. Na década de 60 os pesquisadores escandinavos favoreceram especialmente os modelos que questionavam o impacto da violência na mídia sobre os jovens. Isto pode parecer meio absurdo quando se considera a diferença da proliferação da mídia nos países escandinavos e nos EUA naquela época. A Dinamarca teve, de 1951 a 1986, apenas um canal de TV e três estações de rádio, todos eles seguindo o modelo de transmissão estatal e financiados pelos pagamentos da concessão (Nordahl Svendsen, 1989). A televisão na Suécia foi introduzida de forma semelhante, como um meio de comunicação do serviço público (em 1956), e concedeu um monopólio de transmissão. Um segundo canal foi aberto em 1969 dentro da mesma corporação, também sem anúncios. Na Noruega só havia uma única instituição pública, com uma estação de rádio e um canal de TV (Østbye, 1992).

Os tempos mudaram. Na Dinamarca, Nordahl Svendsen (1989) relata que, além do novo canal, TV 2, os dinamarqueses podem receber nove canais de TV locais. A televisão via satélite pode ser recebida por 61% deles (1994), 53% (1994) podem optar por canais suecos e 48% por canais alemães. Há dois (1995) canais terrestres, três canais via satélite e dois canais via satélite/pagos.

Na Noruega, um segundo canal de TV foi inaugurado em 1992. Em um país em que a população estava habituada a receber apenas um canal (à parte aproximadamente um quarto de noruegueses que podia receber, ainda nos primeiros tempos da televisão, as transmissões suecas), seus habitantes puderam repentinamente escolher entre dois canais domésticos e, além disso, cinco canais via satélite da Grã-Bretanha, França, Alemanha e o resto da Escandinávia, e dois canais via satélite/pagos.

Na Suécia o desenvolvimento foi semelhante. Em 1985, os primeiros lares suecos foram ligados à TV a cabo de base comercial. Em 1994, 60% da população tinha acesso à TV via satélite, e "no final da década de 80 os canais via satélite destinados ao público sueco — TV3, TV4, TV5 Nordic, SF-Succé e Film-Net — tornaram-se disponíveis para os lares com TV a cabo" (Cronholm, 1993, p. 5). Em 1995 havia três canais terrestres, cinco canais via satélite e quatro canais via satélite/pagos.

O argumento de McQuail (1990) de que o desenvolvimento do rádio e da televisão na Europa foi da "velha ordem" dos monopólios nacionais à "nova ordem" do sistema de duopólio pode ser agora aplicado aos países escandinavos.

É importante descrever os sistemas da mídia em mudança na Escandinávia. Uma pesquisa nunca está solta, mas deve ser vista no contexto da sociedade, uma vez que os sistemas da mídia constituem uma parte altamente significativa daquela sociedade. Isto é de especial importância quando se discutem os argumentos das pesquisas sobre violência na televisão, porque um ponto válido parece ser que os argumentos variam com a quantidade de TV que uma sociedade oferece a seus cidadãos, e que a quantidade de televisão — teórica, se não necessariamente — pode influenciar a disponibilidade de imagens violentas.

A preocupação pública com a violência na mídia e seus pretensos efeitos era evidente na Escandinávia. Na Suécia, por exemplo, o representante do The Save the Children Fund do país fez duas campanhas contra a violência na televisão na década de 70, e têm sido tomadas medidas por associações de pais e grupos preocupados com a infância. Contudo, escrevendo em 1977, Von Feilitzen observou: "a opinião comum é de que os países escandinavos, particularmente talvez a Suécia e a Noruega, têm a menor quantidade de violência na TV do mundo" (p. 61).

Isto parece paradoxal. Visto que os sistemas da mídia da época eram tão restritos, e que a produção de programas violentos era bastante pequena, por que os pesquisadores, o representante do The Save the Children Fund, outras organizações, pais e participantes de debates gerais se preocupam tanto? A resposta vem prontamente na colocação de Von Feilitzen:

> Mesmo que a televisão sueca seja em média menos "dura" (violenta) que a de muitos outros países, também transmite séries consideradas pelos norte-americanos como muito violentas, tais como Kojak, Baretta, e Rockford. (Von Feilitzen et al., 1977, p. 62)

Pode-se questionar o grau real de violência das séries mencionadas em comparação com os programas via satélite e fitas de vídeo das décadas posteriores, mas é essencial compreender que este argumento era considerado urgente na época, da mesma forma como parece ser hoje em toda a Europa.

Contudo, há uma outra tendência no período inicial da pesquisa escandinava, além do foco na produção aparentemente baixa de programas violentos. A maioria dos primeiros relatórios de pesquisa escandinavos são resumos de estudos estrangeiros, principalmente norte-americanos. Os sistemas da mídia nos EUA e na Escandinávia eram, naturalmente, muito diferentes naqueles dias. Entretanto, isso não pareceu incomodar Bruun Pedersen da Dinamarca (1984), que concluiu:

> É inconcebível que aparecesse alguma coisa que mudasse a principal evidência das pesquisas à qual nos referimos anteriormente: "a violência na televisão tem efeitos prejudiciais sobre crianças e jovens". É hora de prosseguir a partir desta

conclusão e estabelecer controle sobre isto, porque em poucos anos a influência da violência na televisão terá um alcance muito maior do que hoje. Devemos nos preparar para quando esta hora chegar. (Bruun Pedersen, 1984, p. 77)

No geral, os pesquisadores daquela época não tinham receio de aplicar evidências de pesquisas estrangeiras ao cenário escandinavo. Os principais argumentos eram de que os programas estrangeiros com imagens violentas faziam parte da produção escandinava e que os poucos estudos escandinavos realizados estavam de acordo com a pesquisa internacional. Contudo, já em 1977, Vaagland, da Noruega, afirmava: "É arriscado usar os resultados norte-americanos como base para discutir a violência na televisão norueguesa" (p. 3).

O outro discurso clássico era sobre a questão de os pesquisadores terem concordado com os resultados das pesquisas ou não. Isto está obviamente ligado ao debate sobre até que ponto se podem aplicar as pesquisas de outros países. Bruun Pedersen (1984), da Dinamarca, claramente deu suas opiniões sobre a relevância das pesquisas.

Um estudioso que não concordou com isso foi Vaagland (1977), salientando que os políticos e outros empreendedores morais tinham aceitado as conclusões dos estudos estrangeiros sem fazer perguntas sobre os métodos usados. Por exemplo, ele criticava os experimentos de laboratório com crianças pequenas, que testavam os níveis de agressão no comportamento infantil depois de ver violência na TV. A agressão era definida como golpes em um joão-bobo, sem quaisquer conseqüências negativas para a criança.

Assim sendo, a posição de Vaagland é bastante semelhante à postura crítica de alguns acadêmicos britânicos trabalhando nesta área na época. Halloran (1978) salientou que boa parte da pesquisa sobre violência tinha sido realizada nos EUA, e generalizações de uma cultura para a outra não eram realmente válidas porque os EUA, direcionados para a mídia, historicamente e na atualidade, diferiam do que era prevalente em muitos outros países.

Embora os primeiros estudos escandinavos apontassem para a importância da influência dos pais e da educação da criança, e também indicassem o número relativamente limitado de incidentes violentos na televisão (Linné, 1969; Vaagland, 1977), e, portanto, fossem menos alarmistas do que muitos resultados de estudos norte-americanos, o debate continuou. Os efeitos mais discutidos nos debates escandinavos sobre a violência nesta época eram a imitação da violência pelas crianças; modelação; reforço de tendências violentas existentes, medo e dessensibilização (Linné, 1982).

Como muito poucos estudos escandinavos tinham sido realizados, a maioria dos debates nos primeiros anos foi não só influenciada, mas também se baseou nos modelos e paradigmas norte-americanos. A tradição britânica mais crítica da época, aqui ilustrada pelo trabalho de Halloran, foi muito menos influente nesta questão específica.

Tendências recentes na pesquisa escandinava

Em 1993, um livro importante sobre a violência e a mídia baseado em pesquisas escandinavas foi publicado (Von Feilitzen, Forsman & Roe). Os capítulos foram escritos por catorze acadêmicos dos países nórdicos, que, ou tinham estudado a violência na mídia por um tempo considerável, ou tinham escrito suas teses de doutorado sobre o assunto. É interessante notar que a maioria dos capítulos não trata da violência na televisão, mas analisa a violência nas fitas de vídeo, filmes, jogos de computador, videoclips ou pornografia.

Muitas dimensões diferentes foram cobertas nestes estudos sobre a violência no vídeo. Contudo, eu diria que a dimensão mais interessante, levando em consideração este trabalho, não é muito estudada. Apenas um dos artigos discute os efeitos de ver violência no vídeo. Um número maior de ensaios aponta para a forma como a violência no vídeo é usada por diferentes subgrupos em um contexto sociocultural. Assim sendo, a pesquisa sobre a violência no vídeo em grande parte tomou um caminho diferente do esperado quando alguém se refere às primeiras preocupações sobre os vídeos. Talvez isto possa ser explicado por uma nova estrutura.

Também parece claro que os principais estudiosos de filmes da Escandinávia, atualmente investigando a violência nos filmes, estão mais interessados em discutir e analisar subculturas, narrativas, gêneros e os contextos cultural e histórico, do que abordar as questões tradicionais sobre os efeitos prejudiciais de assistir a filmes violentos.

Jensen (1993) afirma que durante a última década a violência-como-imagem em movimento encontrou um novo meio para se desenvolver, os jogos de computador ou videogame, e que este meio específico parece exaltar a violência. A tela está infestada de *street fighters*, alienígenas e soldados com bombas. É também um meio específico de gênero. Estudos da recepção e estudos etnográficos da mídia, bem como a observação direta confirmam que este é "um mundo masculino" (p. 151). Jensen afirma que há muito pouca pesquisa sobre jogos de computador nos países nórdicos e que a escassa pesquisa internacional baseou-se em modelos de efeitos tradicionais e em teorias psicológicas, "sem tentar entender e descrever o fenômeno em seu contexto social e cultural" (p. 152). O contexto social neste caso é a Dinamarca e Jensen escreve sobre masculinidade e jogos de poder, depois de ter descrito os vários gêneros e narrativas. Sua conclusão é que o fascínio dos jovens em jogar estes jogos está no fato de que eles são um lugar onde se pode criar seu próprio poder. "Uma possibilidade de viver onde se tem poder — ao invés de viver onde se é impotente" (Jensen, 1993, p. 170).

No início do artigo de Forsman sobre a violência nos videoclips, ele se posiciona claramente ao declarar: "Freqüentemente se diz que os videoclips contêm mais sexo e violência do que outros gêneros televisivos. Em geral se afirma que o 'estilo narrativo violento' cria tudo, de problemas de concentração a atos violentos. Não é só dos EUA que vêm declarações como esta; mesmo na Suécia existem novos profetas e cruzadas moralistas do dia do juízo final contra todas as culturas populares e jovens imagináveis" (Forsman, 1993, p. 175). Então ele estuda narrativas e gêneros e conclui que a violência tomada pelos pesquisadores é aquela da análise da recepção e que deriva do "prazer" de assistir a ela. Já relatamos uma tendência semelhante que ficou evidente na pesquisa com os quinze países europeus. Forsman também acrescenta a possibilidade de que a violência seja usada pelos canais de TV e pela indústria musical do rock como uma forma de atrair os jovens.

De forma semelhante, Svensson (1993) declara, em seu estudo sobre a violência pornográfica, que hoje em dia freqüentemente se afirma que os filmes pornográficos alcançam um número de pessoas como nunca alcançou antes, por causa do mercado das fitas de vídeo para uso doméstico e da expansão da TV a cabo. Filmes pornográficos também são regularmente transmitidos via satélite. Ele afirma que há semelhanças interessantes entre o debate sobre a "violência extrema" e o debate sobre a "violência pornográfica", e que em ambos os casos as discussões sobre os efeitos prejudiciais se misturam com exigências de maior censura. Svensson conclui que as pesquisas não chegaram a uma evidência clara de que a pornografia cause crimes violentos, inclusive estupro. Ele também acredita que a pesquisa sobre os efeitos da pornografia não deve ser usada como um argumento para sua censura nas sociedades. Esta deve ser uma decisão política e não de pesquisa. Ele conclui que a censura contra a pornografia não é necessariamente benéfica porque, do seu ponto de vista, uma censura maior é mais perigosa do que os possíveis efeitos prejudiciais da pornografia.

Todos estes estudos se interessam pelas imagens "extremamente violentas", como salientam os pesquisadores. O que emerge a partir do último conjunto de estudos mencionado é um consenso aparente de não discutir os efeitos "prejudiciais" ou de outros tipos dos jogos de computador, videoclips ou vídeos pornográficos. Analisam este mundo intrigante de imagens violentas e sua função para as subculturas de uma perspectiva interpretativa. Também parece haver um consenso na condenação dos "cruzados morais" que são vistos como pessoas contrárias às culturas populares e jovens. Visto que os pesquisadores, não apenas aqueles que acabamos de mencionar, mas também os que estudaram a "violência extrema" em vídeos e filmes, freqüentemente se referem aos "cruzados morais" em seus textos, presumimos que os debates sobre os efeitos prejudiciais das diferentes formas de violência na mídia continuam nas sociedades escandinavas.

Como podemos explicar o fato de que os pesquisadores nas sociedades escandinavas, durante o período de política restrita de mídia, poucos canais de televisão, sem satélites, quase nada de fitas de vídeo, poucos filmes com "violência extrema", sem videoclips ou jogos de computador violentos, ou filmes pornográficos, discutiram e estudaram os efeitos da mídia e se mostraram extremamente cautelosos quanto ao seu desenvolvimento futuro, ao passo que muitos pesquisadores, hoje em dia, quando esse desenvolvimento apavorante parece ter acontecido, estão estudando as imagens, em vez dos efeitos dessas imagens?

Outra pesquisa escandinava, contudo, apresenta uma ênfase diferente. Anita Werner (1994), em *Children in the television age* [*Crianças na era da televisão*], dá uma estimativa conservadora de que 0,1% dos meninos noruegueses pode ser afetado pela violência na mídia e comportar-se de forma mais agressiva. Ragnhild Bjørnebekk (1994), também da Noruega, salienta que o debate sobre a violência e seus efeitos tem estado conosco há muitos anos, mas que os resultados são contraditórios e provavelmente dizem mais sobre a pessoa que escreve do que algo importante sobre a função da violência para as crianças e jovens.

Von Feilitzen enumera outros fatores importantes relativos à agressão e violência destacados pela pesquisa: "A personalidade, capacidades e agressão precoce da criança e do adolescente; condições da família, escola e grupos de companheiros (por exemplo, agressão em casa, uma escola que não estimula as capacidades do aluno, falta de popularidade entre os companheiros); formação sociocultural e condições da sociedade (embora as últimas condições mencionadas não tenham sido empiricamente estudadas). Assim, a "violência do entretenimento" desempenha, a longo (e também a curto) prazo, apenas um papel de contribuição e entra como um reforço fraco em uma síndrome de outras circunstâncias muito mais importantes" (Feilitzen, 1994, p. 149). Ela também salienta que: "A Suécia apresentou apenas um pequeno aumento no número de crimes violentos. Por outro lado, tivemos um aumento substancial no número de roubos e de outros crimes econômicos" (Von Feilitzen, 1994, p. 152).

Bjørnebekk (1994) afirma que, em contraste com os EUA, crianças assassinas ou perpetradoras de violência séria são raras na Inglaterra e na Noruega, e que o aumento do crime em ambos os países está principalmente relacionado à propriedade. Von Feilitzen declara: "Em suma, pessoas diferentes experimentam a excitação, a violência, o horror e o poder — assim como outros tipos de mídia e contextos culturais — de uma forma muito diferente, precisam disso de modos diversos, e associam significados diferentes a tudo isso" (Von Feilitzen, 1994, p. 159).

A face mudada da pesquisa escandinava

Apresentei algumas tendências do debate da pesquisa sobre a violência na televisão na década de 70 na Escandinávia. Uma delas foi a discussão da possibilidade de se aplicar os achados das pesquisas sobre violência de outros países (principalmente dos EUA) ao contexto escandinavo. O mais comum entre os pesquisadores na época era uma aceitação clara dessa possibilidade, com base no argumento de que os países escandinavos importavam filmes de ficção e programas dos EUA. Apenas ocasionalmente havia vozes dissidentes com relação a esse ponto de vista.

Na década de 90 a situação é completamente contraditória, porque, agora, só às vezes escutamos argumentos que concordam com o fato de que os achados norte-americanos podem ser importados para o contexto nórdico.

Uma razão para isso é que hoje há muito mais pesquisas baseadas em dados escandinavos em comparação com vinte anos atrás — pesquisas essas que em geral apresentaram efeitos muito menos espetaculares do que se presumia. Ao mesmo tempo há uma percepção crescente da parte dos pesquisadores de ciências sociais no sentido de não estudar a mídia isolada, mas em seu contexto social. Uma outra discussão da década de 70 tratava da questão de os pesquisadores concordarem entre si sobre a validade das descobertas (estrangeiras) e surgiram fortes argumentos de que existia um consenso entre a maioria deles para concordarem que sim. Mais uma vez, vozes ocasionais protestaram e criticaram a pesquisa norte-americana taxando-a de psicologista, artificial e limitada. Contudo, a partir da convicção da validade da pesquisa (estrangeira), os pesquisadores escandinavos exigiram que "alguma coisa fosse feita" e pediram mais censura.

Este argumento foi acrescentado ao temor de um sistema de mídia em expansão que, no futuro, permitiria a importação de mais imagens violentas. Embora os pesquisadores da década de 70 antecipassem (e temessem) o desenvolvimento e a expansão da mídia, eles não imaginavam a enorme explosão de mídia que se seguiu. Por exemplo, em 1981, a Comissão Dinamarquesa de Mídia votou contra a criação de um canal nórdico via satélite (NORDSAT). A decisão baseou-se parcialmente nos argumentos de que o canal transmitiria programas importados dos EUA e que os espectadores escandinavos prefeririam programas de ficção norte-americanos a programas escandinavos.

Agora, na década de 90, os países nórdicos experimentaram um rápido desenvolvimento da mídia e também houve um rápido desenvolvimento da pesquisa sobre a mídia (Carlsson, 1995).

Contudo, a tendência mais intrigante e inesperada é que os efeitos diretos/exclusivos causais da televisão sobre o comportamento violento não são nem mencionados na literatura da década de 90. Todos os achados de pesquisa, quando mencionam a violência na televisão, tratam-na como um possível fator de contribuição para a violência da vida real, mas *nunca* como sua causa exclusiva. Assistir à violência na televisão poderia, no máximo, contribuir com 0,1 a 10% do nível de violência na sociedade (Werner, 1994; Von Feilitzen,

1994), e o grupo que pode ser afetado pela violência parece ficar cada vez menor (Linné, 1995).

Também há vozes que vêm da Escandinávia negando quaisquer efeitos prejudiciais do ato de assistir à violência na TV. Assim, quando os países escandinavos tinham apenas um canal estatal cada um, ou dois (na Suécia), e políticas muito restritivas para a importação de programas violentos, o "pânico moral" entre os pesquisadores parece ter sido muito mais explícito do que agora. Esta tendência fica extremamente clara quando se analisam os estudos relativos à "violência excessiva" em filmes, imagens violentas na música, imagens violentas e pornográficas e jogos de computador violentos. Os pesquisadores investigando estas áreas e temas não estavam interessados nos efeitos, mas sim no conteúdo, nas imagens e na forma como os subgrupos usavam o material da mídia e lidavam com os textos. É evidente que hoje são feitas muito mais pesquisas sobre a mídia do que uma década atrás, e isto provavelmente se deve à proliferação dos velhos e novos meios de comunicação. Contrariamente ao que se poderia prever, contudo, a pesquisa da década de 90 não é dominada por estudos dos efeitos.

Os pesquisadores escandinavos mudaram de paradigmas ou, pelo menos, de atitudes? É importante lembrar aqui que a formação da maioria dos pesquisadores do período inicial era de cientistas sociais, e que, na Escandinávia daquela época, as ciências sociais eram muito influenciadas pelas tradições behavioristas norte-americanas. A maior parte dos pesquisadores escandinavos da década de 90, trabalhando na tradição dos efeitos, age com muito mais cautela do que seus colegas anteriores. Não há dúvida de que isto também se baseia no fato de que a comunidade de pesquisadores realmente sabe mais sobre a mídia à nossa volta do que sabia na década de 70. Há uma hesitação crescente em relacionar fenômenos sociais complexos a uma única causa marcante. A outra parte da resposta é que existe, na década de 90, um número muito maior de pesquisadores — entre os quais há aqueles com formação em outras disciplinas, principalmente ciências humanas. Como têm outra formação, seus interesses de pesquisa são diferentes. Ainda há um paradoxo no cenário escandinavo, a saber, a menção freqüente ao "pânico moral" interminável.

Os "empreendedores morais" parecem não ser mais os pesquisadores, e sim pais, políticos, jornalistas e participantes públicos de debates com preocupações gerais. Enquanto, na década de 70, os argumentos eram de que as pesquisas haviam provado ser perigoso para as crianças e jovens verem violência (ou, pelo menos, uma grande quantidade de violência) na televisão, a maior parte da comunidade de pesquisadores atualmente evitaria uma declaração desse tipo. É claro que isso pode frustrar "os preocupados" que estão convencidos de que a onda de imagens violentas deve causar algum efeito direto sobre as crianças e jovens. Quando os pesquisadores escandinavos salientam que 0,1 a 10% da agressão pode ser causada pelo fato de assistir a programas de TV, filmes, fitas de vídeo etc. violentos, eles não podem prever quais das crianças serão afetadas. Isto, junto com a hesitação crescente em apontar uma única causa para questões sociais complexas, pode ser outra razão para a maioria dos pesquisadores escandinavos de mídia da década de 90 estudar construções e narrativas das imagens da mídia, assim como a forma pela qual diferentes subculturas utilizam e lidam com ela, em vez de continuar a se concentrar nos efeitos evasivos da mídia violenta. Depois de ter investigado os países escandinavos como um estudo de caso, retornamos agora ao quadro europeu geral, onde examinaremos como os próprios pesquisadores avaliam as pesquisas realizadas nesta área.

Um cenário europeu

Na pesquisa a que me referi anteriormente (Linné, 1996), em que recebi respostas de 107 Instituições de Educação Superior dos quinze estados membros da Comunidade Européia, 45% dos pesquisadores afirmaram ter eles mesmos realizado uma pesquisa sobre a violência e a mídia ou escrito sobre o tema.

Pedi a tais pesquisadores para avaliarem a ligação entre a violência na mídia e a violência na sociedade: "Qual é sua opinião pessoal, baseada em sua interpretação das evidências de pesquisa, sobre a relação causal entre a violência na mídia e a violência na sociedade?" Vinte e dois por cento dos pesquisadores declararam: "há uma ligação causal evidente". Trinta e três por cento afirmaram: "há uma ligação causal vaga no caso de algumas crianças". Quatro por cento responderam: "não há uma relação causal". Vinte e nove por cento dos pesquisadores optaram por marcar: "a questão sobre violência na mídia é muito simplista para explicar fenômenos sociais complexos". Dois por cento discutiram a "multicausalidade" e dez por cento não responderam à pergunta. As respostas podem ser interpretadas como um indicador da conhecida divisão na comunidade de pesquisadores.

Por outro lado, apenas um quinto dos pesquisadores ativos na área em 1995 (quando eles responderam ao questionário) acreditava que "há uma ligação causal evidente".

A grande maioria dos pesquisadores estava mais em dúvida. Grupos de 33% cada ou acreditavam na "ligação causal vaga", ou achavam "muito simplista explicar fenômenos sociais complexos" por uma só causa — a mídia — ou negavam todas as ligações causais (4%).

Também perguntei sobre as implicações políticas das pesquisas sobre violência para a indústria da mídia de massa no próprio país do pesquisador. Quarenta e sete por cento deles responderam que acreditavam que as pesquisas tinham implicações políticas para a indústria.

Em uma pergunta aberta 24% mencionaram a legislação e outros 24% declararam que as pesquisas contribuíram para os debates sobre a violência na tela. Catorze por cento mencionaram que novas orientações tinham sido adotadas em seus países e 10%, que a programação tinha sido mudada. O restante das respostas lida com o fato de que professores e pais agora sabem mais sobre a questão evasiva da violência na tela e podem, portanto, orientar melhor as crianças. Outros pesquisadores mencionaram que as pesquisas tinham instigado debates importantes sobre censura e anúncios.

Também perguntei se os pesquisadores utilizavam evidências de pesquisas de outros países para explicar os efeitos da violência mediada em seus próprios países. Quarente e nove por cento deles disseram que sim. A maioria das respostas veio de países que não tinham sido capazes de realizar pesquisas em seu próprio ambiente — principalmente os países mediterrâneos.

Finalmente perguntei qual país, do ponto de vista deles, tinha produzido pesquisas úteis sobre crianças e violência mediada. Estavam enumerados os quinze países da Comunidade Européia e eu tinha acrescentado os EUA, Canadá e Austrália, uma vez que esses países são em geral citados em relação à violência na tela. A maioria (67%) dos pesquisadores europeus salientaram que pesquisas relevantes tinham sido feitas no Reino Unido, um país onde os acadêmicos têm se oposto persistentemente contra os efeitos diretos/causais da violência na tela sobre os atos de violência na sociedade (Halloran, 1978; Murdock & McCron, 1979; Howitt & Cumberbatch, 1975; Buckingham, 1993; Gauntlett, 1995; Barker & Petley, 1997). Entretanto, quase o mesmo número de pesquisadores (65%) mencionou os trabalhos realizados nos EUA, onde as pesquisas freqüentemente discutem a favor dos efeitos causais (Bandura, 1968; De Fleur & Ball-Rokeach, 1982; Comstock, 1990; Gerbner, 1994).

O terceiro país mais freqüentemente mencionado foi a Suécia (43%), o que, por um lado, é bastante surpreendente, uma vez que possui uma população relativamente pequena, mas, por outro lado, trata-se de um país onde as pesquisas sobre a violência na mídia têm sido feitas persistentemente. A Alemanha seguiu em quarto lugar (39%). A Austrália, na quinta posição (37%). O Canadá apareceu em posição surpreendentemente baixa, a sexta posição (31%). A Holanda veio a seguir com 26%, e a Dinamarca e a Finlândia receberam 20% e 18%, respectivamente. A Irlanda e a Itália foram mencionadas, cada uma, por 6% das respostas, a Áustria e a Espanha por 4%, e a Bélgica por 2%. Grécia, Luxemburgo e Portugal não foram mencionados. Dois por cento dos pesquisadores mencionaram as pesquisas do Japão.

No geral, os acadêmicos da Comunidade Européia relataram que poucas pesquisas haviam sido realizadas nos países mediterrâneos, e um número muito maior no noroeste da Europa. A questão sobre a relevância das pesquisas sobre a violência e a mídia reflete a questão acadêmica a ela inerente. Dada a importância de as pesquisas serem realizadas em um contexto social, uma vez que elas nunca são soltas ou, na verdade, "objetivas", parece que seria da maior importância para os países europeus, especialmente aqueles ao redor do Mediterrâneo, assim como os países da Europa Oriental, pesquisarem imagens sobre a violência. Um número maior de pesquisadores da parte noroeste da Europa mencionou que pesquisas relevantes sobre a violência tinham sido realizadas no Reino Unido e na Escandinávia, enquanto que na parte sul da Europa mais pesquisadores mencionaram os trabalhos norte-americanos. Como o estudo de caso escandinavo demonstrou, pode não ser sensato apenas aplicar paradigmas e evidências de pesquisa de um país para outro.

Como resultado do presente trabalho eu recomendaria, portanto, como prioridade número um, que a pesquisa nestes países fosse encorajada pela Comunidade Européia e pela UNESCO, a fim de que um corpo de pesquisas, relevante para cada país, seja construído. Eu acrescentaria que estas pesquisas precisam ser realizadas cuidadosamente, levando em consideração as necessidades sócio-históricas específicas destes países. Esta é a única maneira de construirmos um banco de conhecimentos mais sistemático e relevante, a partir do qual seria possível basear as decisões.

Referências bibliográficas

BARKER, M. & PETLEY, J. (orgs.) (1997) *Ill effects. The media/violence debate.* Routledge.

BJØRNEBEKK, R. (1994) Violence on the screen. *Film Magazine*, nº 48, 2/94. Oslo.

BRUUN, Pedersen, J. (1984) *Violence on the screen.* Gyldendals Pedagogic Library.

BUCKINGHAM, D. (1993) *Children talking television.* The Falmer Press.

CARLSSON, U. (1995) Interview with Ulla Carlsson, Nordicom, Göteborg University.

COMSTOCK, G. (1990) Deceptive appearances. Television violence and aggressive behaviour. *Journal of Adolescent Health Care*, 11, pp. 31-44.

CRONHOLM, M. (1993) *SR/PUB 1969-1993. 25 Years of Broadcasting Research in the Audience and Programme Research Department of Sveriges Radio.* Swedish Broadcasting Corporation.

DE FLEUR, M. L. & Ball-Rokeach, S. (1982) *Theories of mass communication, 4th Edition.* Longman.

FEILITZEN, C. von; FILIPSON, L. & SCHYLLER, I. (1977) *Open your eyes to children's viewing.* Swedish Broadcasting Corporation.

______; RYDIN, I. & SCHYLLER, I. (1989) *Children and young people in the Media Age.* Tema Information.

FEILITZEN, C. von; FORSMAN, M. & ROE, K. (1993) Some concepts and approaches to the debate about violence on television. In Feilitzen, C. von, Forsman, M. & Roe, K. (orgs.). *Violence from all directions*. Brutus Östlings Publishing House Symposion, pp. 9-24.

______. (1993) Violence — seen in many perspectives. In Feilitzen, C. von, Forsman M. & Roe, K. (orgs.). *Op. cit.*, pp. 25-48.

______. (1994) Media violence — Research Perspectives in the 1980s. In Hamelink, C. & Linné, O. (orgs.). *Mass communication research. On problems and policies*. Ablex, pp. 147-170.

FORSMAN, M. (1993) The violent images in rock 'n'. On the violent contents and the violence aesthetic in music videos. In Feilitzen, C. von, Forsman, M. & Roe, K. (orgs.). *Op. cit.*, pp. 175-201.

GAUNTLETT, D. (1995) *Moving experiences. Understanding television's influences and effects*. Academia Research Monograph 13.

GERBNER, G. (1994) The politics of media violence: some reflections. In Hamelink, C. & Linné, O. (orgs.). *Mass communication research. On problems and policies*. Ablex, pp. 147-170.

HALLORAN, J. D. (1978) Mass communication: symbol or cause of violence? *International Social Science Journal*, 30 (4), pp. 816-834.

HOWITT, D. & CUMBERBATCH, G. (1975) *Mass media, violence and society*. London, Paul Elek.

IRVING, J. & TADROS, C. (1997) *Children's film and television in central and Eastern Europe*. International Centre of Films for Children and Young People.

JENSEN, F. J. (1993) Powerplay — masculinity, power and violence in computer games. In Feilitzen, C. von, Forsman, M. & Roe, K. (orgs.). *Op. cit.*, pp. 151-173.

LINNÉ, O. (1969) *Children's reactions to violence on television*. Stockholm, Swedish Broadcasting Corporation.

______. (1982) Children at the screen — on children's viewing habits and experiences. *Mass culture and the media*. Copenhagen, nº 4, pp. 9-26.

______. (1995) Media violence research in Scandinavia. *Nordicom-Information*, nº 3-4, pp. 3-13.

______. (1996) Children and the media. *An inventory of the state of the art of European research and teaching*. Centre for Mass Communication Research, University of Leicester, UK.

MURDOCK, G. & McCron, R. (1979) The television and delinquency debate. *Screen Education*, pp. 55-68.

MCQUAIL, D. et al. (1990) Caging the beast: constructing a frame-work for the analysis of media change in Western Europe. *European Journal of Communication*, v. 5, nº 2-3.

NORDAHL SVENDSEN, E. (1989) The media research in Danish Radio. *Nordicom-Information*, nº 3, pp. 3-10.

SVENSSON, K. (1993) The violence of pornography. In Feilitzen, C. von, Forsman, M. & Roe, K. (orgs.). *Op. cit.*, pp. 313-330.

VAAGLAND, O. (1977) *Violence on television and aggressive behaviour*. Relatório nº 2. Centre for Media Research, University of Bergen.

WERNER, A. (1994) *Children in the television age*. Gyldendal.

ØSTBYE, H. (1992) Norwegian media in the 1980s. Structural changes, stable consumption. *Nordicom-Information*, nº 1, pp. 3-18.

Por Que Assistimos à Violência na Televisão?

Pesquisa de campo argentina

TATIANA MERLO-FLORES

A violência nos programas de TV e sua repercussão nas crianças tem sido o assunto de pesquisas extensivas.

As opiniões no debate vão desde aquelas que consideram a tela como um espelho da realidade social até outras que afirmam que os efeitos da violência são devastadores, particularmente para crianças e adolescentes. As primeiras tendem a justificar a violência, enquanto que as últimas gostariam de pôr um fim a ela.

A realidade social merece uma análise complexa; quando seres humanos estão em jogo, não se pode ser precipitado para tirar conclusões. Esta complexidade paralisadora freqüentemente resulta em uma terceira posição em que tudo é visto como relativo, e em que se acredita que a relação que as crianças e adolescentes estabelecem com a televisão depende de sua família, ambiente social, características pessoais etc., algo que veio a ser conhecido como "variáveis intermediárias".

Embora verdadeiro, isto não deve nos impedir de encontrar as variáveis unificadoras e as relações que nos capacitam a entender e explicar a fim de transformar.

Frente a frente com o problema das relações entre as crianças e a TV, estas três abordagens dificilmente podem fornecer respostas prováveis para aqueles que são responsáveis por crianças ou para a produção da mídia; parecemos estar em um beco sem saída.

Há mais de vinte anos tenho realizado pesquisas de campo, combinando sistematicamente metodologias quantitativas e qualitativas, ao mesmo tempo em que trabalho com técnicas psicológicas a fim de abordar o problema também em nível inconsciente. Apresentarei aqui brevemente alguns dos ângulos da análise e as descobertas de vários trabalhos, em que escalas, taxas e variáveis semelhantes foram usadas para tornar possíveis as comparações no decorrer do tempo e em amostras diferentes.

As descobertas mostram a necessidade de focalizar o problema da TV em dois níveis que se sobrepõem e são simultâneos:

- Um nível geral mais inclusivo, que não deixe praticamente ninguém de fora, relativo ao conteúdo do discurso e aos assuntos que a televisão introduz no debate público, na sociedade e na nossa vida diária.
- Um segundo nível em que os conteúdos dos programas agem como mecanismos compensatórios que se manifestam quando há algum tipo de deficiência — individual ou social.

No primeiro nível, crianças e adolescentes extraem elementos da linguagem, do jeito de se vestir, dos temas sociais e de relacionamento para se comunicar, assim se conformando a uma subcultura televisiva. Aqui a TV tem a função de nivelar socialmente, provendo uma linguagem comum às crianças, que as capacita a partilhar uma experiência comum: a televisão.

Um trabalho realizado com uma amostra de 2 mil crianças de áreas urbanas (Merlo-Flores, 1980) mostrou que todas elas vêem televisão, mesmo quando não possuem um aparelho de TV, uma vez que vão para as casas de seus amigos. A descoberta mais curiosa é que elas contam umas para as outras o que essas não puderam ver. A programação da TV tornou-se o assunto inevitável das conversas. Aquelas que são incapazes de segui-las são deixadas de fora, como se vivessem em um país estrangeiro. É interessante observar como as crianças conseguem evitar isso.

É fácil observar como as crianças brincam, conversam, ficam bravas ou mostram afeição uma pela outra através de elementos extraídos da televisão. Um desses elementos, talvez o mais repetitivo, é o da agressão. Sejam bons ou maus, heróis ou bandidos, desenho animado, ficção científica ou personagens reais, tudo e todos mostram que a violência é a forma mais rápida, mais eficiente, limpa e sem conseqüências para resolver os problemas e alcançar os objetivos. Tem-se repetido sempre que as crianças imitam o que vêem na TV. Ao realizar estudos experimentais, os pesquisadores sentam-se com um número de crianças para ver filmes contendo violência, e com outras para ver filmes semelhantes sem conteúdo violento, a fim de observar seus comportamentos imediatos. Eles estão procurando o óbvio: imitação.

A televisão, com sua carga de violência institucionalizada, dá a crianças e jovens "permissão" para usá-la. Uma mensagem é transmitida juntamente com a forma de decodificá-la, a violência é um meio "legítimo". A agressão se tornou um novo *código de comunicação*, particularmente para os mais jovens. Mas isto significa que as crianças se tornam agressivas? Não necessariamente.

O acostumar-se com a violência causa uma maior agressão na forma usual de comunicar-se, mas *não* modifica a estrutura da personalidade da criança, tornando-a violenta. Aquelas crianças que já são agressivas por temperamento, ou devido a problemas familiares, sociais ou individuais, selecionam e integram elementos violentos da televisão, ao passo que as crianças com uma carga "normal" de agressão podem assistir ao mesmo programa e escolher o mesmo personagem para identificar-se, mas, diferentemente de seus pares mais agressivos, não selecionam ou integram elementos violentos.

Aqui o segundo nível relativo à compensação das deficiências e necessidades entra em cena. *Tanto grupos sociais como pessoas projetam seus problemas, suas necessidades ou desejos naquilo que selecionam ou integram da TV. Há evidência suficiente para afirmar que este material também pode ser usado como um teste individual ou social projetivo, uma vez que contribui não só para o conhecimento da deficiência específica, mas também para o conhecimento do mecanismo compensatório utilizado.*

Seguir as impressões mais ou menos permanentes deixadas por este processo é de importância fundamental, pois achados de pesquisa claros afirmam que as relações das crianças com a violência na mídia dependem da carga de agressão com que se aproximam da tela. Obviamente, as conseqüências de longo e curto prazo serão diferentes.

Aqui, trabalhar com a relação entre as crianças e a televisão se torna essencial, levando em consideração particularmente os níveis simultâneos e sobrepostos de análise.

Minha hipótese é que, embora as crianças com uma estrutura de personalidade agressiva enquanto vêem TV inicialmente atinjam uma catarse,[1] *a longo prazo isto acrescenta potencial às suas características violentas, reforçando-as. Além disso, elas terão aprendido múltiplas formas alternativas de manifestar a agressão e de justificá-la como um meio legítimo de alcançar seus objetivos.*

Por outro lado, as crianças que não apresentam uma estrutura de personalidade agressiva aprendem a se comunicar mediante códigos violentos (formas de falar, de "brincar" etc.) consistentes com o nível de imitação; estas crianças não apenas não modificam a estrutura de sua personalidade, mas, a longo prazo, sua familiaridade com a agressão como um código de comunicação as torna amedrontadas. Estes são os adultos que vêem o mundo como hostil.

Há cerca de quinze anos, comecei um trabalho de pesquisa como uma tentativa de confirmar a bem conhecida hipótese de que a violência aumenta o comportamento agressivo das crianças: *Television as compensatory for needs* [*A televisão como compensação das necessidades*] (Merlo-Flores, Usandivaras & Rey, 1983). Conhecer as características de personalidade das crianças, particularmente em termos do grau de agressão, pareceu-me de fundamental importância. Portanto, trabalhei com o dr. Raúl Usandivaras, um psiquiatra internacionalmente conhecido, que realizou vários estudos relativos aos testes projetivos como instrumentos de diagnóstico. A metodologia qualitativa aplicada foi planejada de forma a levar em consideração o ambiente das crianças e as ligações aí estabelecidas. Em 1994, repeti o trabalho mantendo a metodologia, a escola e a faixa etária constantes (Merlo-Flores, 1995).

Descobertas de pesquisa importantes

As descobertas mais importantes deste trabalho de pesquisa são:

- A identificação com modelos da televisão só ocorre quando há conflitos familiares.
- O conteúdo da televisão selecionado e integrado só é usado como um mecanismo compensatório pelas crianças e jovens sofrendo algum tipo de carência.
- Esta compensação não ocorre necessariamente através dos programas vistos ou comentados com maior freqüência pelas crianças, mas através de seus personagens favoritos.
- A criança inconscientemente seleciona e integra aqueles elementos específicos precisamente compatíveis com seus problemas. Todas as crianças com dificuldades em seus laços familiares identificam-se com personagens principais da TV.
- Embora o mesmo personagem ou pessoa possa ser selecionado por um grande número de crianças, cada uma delas selecionará ou integrará apenas a característica que compensa sua necessidade específica.
- Crianças com problemas semelhantes tirarão de personagens diferentes elementos compensatórios semelhantes.
- Uma análise cuidadosa do que e como elas selecionam e integram conteúdos nos capacitará a lidar com este material como um teste projetivo; assim podemos descobrir não só a necessidade, mas também o mecanismo compensatório usado, aspecto este que os testes psicológicos padrão fracassam em mostrar.

- Estas descobertas são válidas tanto pessoal como socialmente. As necessidades e desejos de grupos significativos da nossa sociedade são projetados em material da televisão selecionado e integrado. Aqui podemos falar de um teste social projetivo.
- Em ambos os casos a televisão desempenha um papel semelhante ao dos sonhos.
- A violência apresentada pela televisão é usada como um código de comunicação; isto não significa necessariamente que as estruturas internas da personalidade sejam modificadas.
- A violência é selecionada e integrada especificamente através dos personagens alvos de uma identificação projetiva.
- A violência na televisão só é selecionada e integrada por crianças com características agressivas, como visto na análise dos testes projetivos.
- Mesmo quando se identifica com um personagem agressivo, a criança com um grau normal de agressão para sua idade nem seleciona, nem integra suas características agressivas.
- A violência tirada da televisão, sempre que agressão evidente é vista em uma criança, age como um meio de atingir uma catarse.

Estas descobertas constituem apenas uma síntese compacta do que, à maneira de uma hipótese, deve ser demonstrado neste capítulo.

Estudo de caso

O propósito deste trabalho é sondar os aspectos subconscientes mais profundos que nos levam a preferir certos personagens e programas de televisão; analisar o material selecionado, as razões para sua seleção e o uso feito do material; e, finalmente, estabelecer a relação entre a própria agressão de uma pessoa e a violência apresentada nos personagens e programas televisivos.

Aspectos metodológicos

Aproximadamente, gastaram-se dez horas com cada criança. As técnicas usadas para colher informações foram:

1) Uma bateria de testes psicológicos:
   - a) desenhar o corpo de uma pessoa
   - b) desenhar uma pessoa do outro sexo
   - c) desenhar um animal
   - d) escrever uma história com o animal escolhido

e) desenhar uma família em ação

f) três desenhos livres em cores

g) escrever uma história com um ou todos os desenhos livres

O objetivo básico era determinar a agressão, a identificação e os laços familiares.

2) Um questionário sobre o uso da televisão.

O questionário foi planejado como uma entrevista aberta sobre vários assuntos em um guia. Incluía as seguintes perguntas:

1. Quais são seus programas favoritos?
2. O que você gosta nestes programas?
3. Qual é seu personagem favorito?
4. O que você gosta nele?
5. Você gostaria de ser como ele?
6. De que forma?
7. Por quê?
8. Você gostaria de ser como ele quando crescer?
9. De que forma?
10. Qual o programa de que você menos gosta?
11. Por quê?
12. Qual o personagem de que você menos gosta?
13. Por quê?
14. Você discute os programas de TV com seus amigos?
15. Quais programas?
16. Sobre o que vocês falam?
17. Você brinca das coisas que vê na televisão?
18. Do que você brinca?
19. Com quem?
20. Onde?
21. Que outros jogos você gosta de jogar?
22. Que esportes você pratica?
23. Com que freqüência?
24. Onde?
25. Com quem?
26. Se uma criança chega perto de você e o(a) xinga, o que você faz?
27. Se você fosse adulto e um ladrão entrasse em sua casa, o que você faria?

28. Quantas horas por dia você vê TV?

3) História de vida da criança contada pelos pais.

O modelo usual de entrevista foi usado para traçar o guia, acrescentando algumas perguntas suplementares relativas ao conhecimento dos pais sobre os hábitos de TV de seus filhos.

Procedimentos de análise

Uma vez coletadas as informações, os resultados dos testes projetivos foram entregues a um psiquiatra (dr. Usandivaras) para interpretação. Pediu-se a ele que apontasse os tópicos que considerava altamente relevantes para o estudo:

- agressão
- identificação com o próprio sexo
- identificação de papel
- laços familiares

Os questionários e as histórias de vida foram estudados analisando-se os mesmos itens simultaneamente. Com relação às preferências das crianças, foi dada atenção especial às mais destacadas, a fim de verificar coincidências, ou não, com características da personalidade e da família. Antes de conhecer os resultados do estudo psicológico, foi feita uma análise individual de cada caso.

Portanto, inicialmente, a análise do material coletado foi feita separadamente: os testes de um lado, e os questionários e as histórias de outro, para então relacionar os resultados em um segundo estágio.

Análise esquemática das relações entre as variáveis

Quatro variáveis de comportamento evidentemente associado com a televisão foram selecionadas:

- conversas;
- seleção de elementos agressivos a partir da tela: menção de mortes, tiros, socos etc.;
- jogos;
- identificação com personagem.

Três variáveis de família e personalidade foram derivadas do estudo psicológico:

- laços familiares;
- identificação;
- agressão.

As variáveis Conversas, Jogos e Identificação situam-se, na análise do material coletado, como aquelas que manifestam mais claramente o grau de apreensão e internalização dos padrões da televisão pelas crianças (justificação de variável).

O estudo psicológico baseou-se nas variáveis Laços Familiares, Identificação e Agressão; a escolha foi parte de um esforço para detectar a implicação dessas variáveis com relação à maior ou menor receptividade à violência na televisão como manifestada no comportamento.

A variável *Conversas* lida com o uso que as crianças fazem do conteúdo televisivo como assunto de conversas com seus pares. Ela pode ser examinada dentro ou fora da escola. No primeiro caso é considerada uma manifestação superficial possivelmente condicionada pelo ambiente. O segundo caso implica uma escolha pessoal de discutir assuntos ligados à televisão. A primeira variável em si mesma é compatível com o nível de apreensão.

A variável *Jogos* refere-se ao uso feito pelas crianças do conteúdo da televisão em seus jogos. A importância desta variável com relação ao mundo infantil não pode ser nunca acentuada demais. Também é interessante ver aqui se estes jogos têm lugar exclusivamente dentro do ambiente escolar. Embora esteja relacionada com o nível de apreensão, esta variável é mais evidente, uma vez que a criança aqui não apenas revela o tópico, mas também o incorpora em sua atividade.

A *Identificação com o Personagem* existe sempre que a criança expressa seu desejo de ser, no presente ou no futuro, como o personagem de televisão escolhido. Aqui nos encontramos no nível da internalização, pois a identificação responde às características de personalidade mais profundas do indivíduo. Não nos esqueçamos que a personalidade em si mesma se forma gradualmente através de uma série de identificações.

As variáveis pessoais e familiares foram selecionadas a fim de determinar: a) a presença ou ausência de problemas nos laços familiares como causa provável de uma maior assimilação da violência na televisão; b) se a agressão como uma característica de personalidade era afetada pela internalização de padrões violentos extraídos da televisão; e c) se uma identificação adequada com seu próprio sexo servia de causa concomitante na integração de tais padrões.

Embora estas variáveis, especificamente psicológicas, sejam tratadas como tais pelos especialistas fazendo a análise, ao descrever a forma como elas foram colhidas e processadas, nossas definições serão operacionais.

A *Agressão* significa sua manifestação em testes de atitudes agressivas (até que ponto ela se desvia, de uma forma ou de outra, da descarga adequada em geral correspondente à idade).

A *Identificação* está relacionada com o fato de ser adequada ou inadequada ao sexo e aos papéis. A identificação sexual se refere ao grau de ajustamento entre o sexo biológico e a percepção de pertencer a este sexo. A identidade é construída por meio de modelos integrados diferentes e é definida por relações. A compreensão desta característica básica pode possivelmente estar relacionada com a assimilação de padrões comportamentais violentos.

Foi atribuída grande importância aos *Laços Familiares* porque trabalhos anteriores indicaram uma relação entre a imagem dos pais, a comunicação etc. e certas preferências nas escolhas infantis de programas de TV. Uma análise mais profunda das razões de possíveis conflitos não é tão relevante para o estudo quanto a forma particular como a criança percebe a relação com o grupo familiar. Sabe-se que aquilo que freqüentemente aparece como uma situação de conflito, sentimentos de abandono ou fantasias de ser negligenciado pelo grupo familiar pode ser modificado com tratamento adequado ou simplesmente com o amadurecimento. Isto torna as descobertas válidas apenas para o momento em que o teste está sendo feito, portanto, foram tomadas precauções para que tanto a entrevista quanto o teste fossem realizados no mesmo dia.

Análise Esquemática das Variáveis

Caso	Variáveis relacionadas à TV	Variáveis de família e personalidade	
Pedro	Conversas: + (escola) Brincadeiras: – Identificação com personagem: + Violência selecionada: +	Laços familiares: Identificação: Agressão:	Conflitivos — Pais separados Adequada +
Silvia	Conversas: + (escola) Brincadeiras: + (em casa) Identificação com personagem: + Violência selecionada: +	Laços familiares: Identificação: Agressão:	Pouca comunicação Não bem definida +
Matías	Conversas: + (escola) Brincadeiras: + (em casa) Identificação com personagem: + Violência selecionada: +	Laços familiares: Identificação: Agressão:	Dados contraditórios Adequada +
Damián	Conversas: + (escola) Brincadeiras: + (escola — em casa) Identificação com personagem: + Violência selecionada: –	Laços familiares: Identificação: Agressão:	Conflitivos: pais separados Adequada Nenhum sinal
Adriana	Conversas: + (escola) Brincadeiras: – Identificação com personagem: + Violência selecionada: +	Laços familiares: Identificação: Agressão:	Conflito: afastamento Adequada +
Carmen	Conversas: + (escola) Brincadeiras: + (em casa) Identificação com personagem: + Violência selecionada: +	Laços familiares: Identificação: Agressão:	Falta de afeição e comunicação Adequada +
Alejandro	Conversas: + Brincadeiras: + (escola — em casa) Identificação com personagem: + Violência selecionada: +	Laços familiares: Identificação: Agressão:	Inseguros — pai irônico, estrutura rígida Confusão sobre o papel, sentimentos de culpa Sinais evidentes/dirigida para o exterior

Caso	Variáveis relacionadas à TV	Variáveis de família e personalidade	
Claudio	Conversas: + Brincadeiras: + Identificação com personagem: + Violência selecionada: +	Laços familiares: Identificação: Agressão:	Comunicação deficiente, família desunida, necessidade de apoio Dificuldade em definir papéis Sinais pronunciados
Verónica	Conversas: + Brincadeiras: + Identificação com personagem: + Violência relacionada: +	Laços familiares: Identificação: Agressão:	Desunidos, mãe onipotente, pai inadequado Inadequada Sinais claros e expansão reprimida, ansiedade
María	Conversas: + (na escola) Brincadeiras: + Identificação com personagem: – Violência selecionada: –	Laços familiares: Identificação: Agressão:	Muito bons Adequada Nenhum sinal
María S.	Conversas: + (escola — em casa) Brincadeiras: + Identificação com personagem: + Violência selecionada: +	Laços familiares: Identificação: Agressão:	Conflitivos Adequada Sinais evidentes
Ernest	Conversas: + (em casa) Brincadeiras: + Identificação com personagem: – Violência selecionada: –	Laços familiares: Identificação: Agressão:	Bons Adequada Nenhum sinal
Laura	Conversas: + (escola) Brincadeiras: + (escola — em casa) Identificação com personagem: + Violência selecionada: –	Laços familiares: Identificação: Agressão:	Conflitivos Mal delineada Nenhum sinal evidente
Ricardo	Conversas: + (escola) Brincadeiras: – Identificação com personagem: – Violência selecionada: –	Laços familiares: Identificação: Agressão:	Bons Adequada Nenhum sinal evidente
Ana	Conversas: + (escola) Brincadeiras: – Identificação com personagem: + Violência selecionada: –	Laços familiares: Identificação: Agressão:	Conflitivos Adequada Nenhum sinal evidente
Mariela	Conversas: + (escola) Brincadeiras: + (escola) Identificação com personagem: + Violência selecionada: +	Laços familiares: Identificação: Agressão:	Conflitivos, sem imagem de família Adequada Positiva (reprimida)
Roberto	Conversas: + (escola) Brincadeiras: – Identificação com personagem: + Violência selecionada: +	Laços familiares: Identificação: Agressão:	Conflitivos, pais difíceis de atingir Inadequada Positiva (reprimida)
Aníbal	Conversas: + (escola) Brincadeiras: + (em casa) Identificação com personagem: + Violência selecionada: –	Laços familiares: Identificação: Agressão:	Pouca comunicação, sentimentos de solidão Adequada Nenhum sinal
María Sol	Conversas: + Brincadeiras: + Identificação com personagem: + Violência selecionada: +	Laços familiares: Identificação: Agressão:	Insegurança e desamparo Não delineada, necessidade de uma figura masculina para se identificar com ela Sinais evidentes com dificuldade para controlá-la, expansão
M. Constanza	Conversas: + Brincadeiras: + Identificação com personagem: +	Laços familiares: Identificação: Agressão:	Altamente perturbados, sentimentos de ter sido abandonada Confusão de papéis, figura do pai inadequada Sinais dirigidos para o exterior, *stress* e insegurança

Este estudo esquemático mostra:

- Todas as crianças discutem assuntos baseados na televisão: isto é conhecido como usar a televisão como uma estrutura comum de referência. Assim, a TV age como um fator de nivelamento social, capacitando as crianças a acessarem e usarem um único código de comunicação.
- A identificação da criança com um personagem da televisão sempre estava presente quando havia problemas nos laços familiares. Oitenta e cinco por cento das crianças da amostra tinham algum tipo de conflito familiar.
- Em todos os casos de bons laços familiares, não foi encontrada identificação da criança com personagem da televisão.
- Embora 66% dos jogos infantis incluam elementos ou questões extraídas de programas da televisão, nenhuma ligação elementar com variáveis de personalidade foi encontrada. Mesmo assim pode ser considerada como parte da estrutura de referência partilhada.
- A identificação sexual e de papel é adequada na maioria das crianças (58%). Os 42% que apresentam identificação sexual e de papel inadequada têm dificuldades em seus laços familiares e "identificam-se com personagens da televisão".
- Nos testes, 66% das crianças apresentam sinais de agressão, sendo esta característica também associada aos laços familiares. Todos os membros deste grupo identificam-se com personagens da televisão. Contudo, nem todas as crianças que se identificam com um personagem têm características agressivas.
- A preferência aparece como a variável que determina o uso feito pelas crianças dos programas de televisão. Praticamente todas as crianças assistem a um programa porque outras também o fazem, contudo, a identificação só é encontrada naquelas que têm preferência pelo programa.
- As crianças com sinais de agressão selecionam as características violentas de seus personagens e programas favoritos.
- Quinze anos depois as semelhanças e diferenças entre as diversas variáveis estudadas tornaram-se evidentes. Os resultados relativos ao grau de agressão e à seleção de elementos violentos da tela permaneceram 100% constantes em ambos os estudos. Quando o primeiro trabalho foi realizado, a proporção de crianças com uma boa identificação sexual e de papel ficava nos 80%. No trabalho de pesquisa de 1994 isso mudou dramaticamente — apenas 20% das crianças apresentavam uma boa identificação. Embora generalizações baseadas em trabalho qualitativo não sejam possíveis, ainda assim quero salientar o fato de que, em muitos esboços de família, a mãe recebia o lugar e a posição preferenciais, freqüentemente agressivos, enquanto a figura do pai aparecia como muito menor.

A televisão como um meio de compensação das necessidades pessoais — alguns exemplos comparativos

Vamos agora comparar casos semelhantes, a fim de especificar e elucidar a relação entre eles.

Ricardo e Matías

Duas crianças com características de personalidade muito diferentes, Ricardo e Matías preferem os mesmos personagens com poderes sobrenaturais. Nos testes, Ricardo apresentou uma identificação sexual correta e nenhum sinal de agressão; seus laços familiares são bons; de acordo com sua mãe, ele tem medo de ficar sozinho. Ricardo vê uma média de seis horas diárias de TV, mas nunca com a mãe.

Matías, por outro lado, apresenta sinais evidentes de agressão em seus desenhos, assim como uma identificação correta; contudo, através da história de vida contada pela mãe, a figura feminina aparece como dominante na família. A criança está com sua mãe "em todas as horas", exceto o período em que fica na escola; ela vê "todos" os programas de televisão com ele. De acordo com Matías, ele vê de seis horas e meia a oito horas de TV por dia, tem medo de escuro e de ficar sozinho. Ambas as crianças têm pai e mãe com formação profissional.

Vamos nos voltar para o que cada uma destas crianças afirma sobre seu personagem favorito: Matías escolhe um personagem imaginário com poderes; ele gosta da violência deste personagem, "quero ser como ele quando crescer". Ele discute seus programas favoritos com os amigos e, em casa, geralmente faz de conta que é um destes personagens ("gosto dele e da forma como ele mente"), imitando tudo o que o personagem faz, "particularmente a força". A criança não apenas se identifica com o personagem, mas também brinca disso em casa, onde não está condicionado a fazê-lo como estaria na escola, por exemplo, onde os amigos podem escolher temas da televisão para brincar.

Ricardo escolhe o mesmo personagem "pelo bem que ele faz", mas admite que "não gostaria de ser como ele". Discute com os amigos o que vê na televisão: eles falam sobre "sua produção" e sobre "os elementos de ficção científica existentes"; em outras palavras, sobre fatores que podemos ver como incidentais. Ele não menciona o personagem como um elemento em suas conversas. Quanto a brincar com temas da televisão, ele admite fazê-lo: menciona o futebol, quer dizer, ele escolhe um jogo especificamente tirado da televisão, mas que é um esporte popular também transmitido pela TV.

Embora ambas as crianças vejam TV por muitas horas e tenham escolhido o mesmo personagem, há uma diferença óbvia entre elas: Ricardo não se identifica com qualquer característica do personagem em particular, nem aproveita nada dele em suas brincadeiras; a saber, ele utiliza os aspectos de entretenimento e os temas para suas conversas. Isto significa que estamos em um nível de apreensão: a criança tira coisas da televisão em um nível superficial. Neste nível, a TV age como um meio de nivelamento social, fornecendo os padrões, os temas e a linguagem para conformar uma estrutura de referência em que todos partilham uma experiência comum.

No caso de Matías, a identificação com o personagem pode ser claramente vista pela forma como está integrada em suas brincadeiras e conversas; o que Matías procura no personagem responde a algumas características de sua personalidade. Ele precisa de uma figura forte e destemida com a qual possa se identificar e assim possivelmente canalizar seu alto potencial de agressão, transferindo seu medo para os outros ao se tornar o personagem assustador. Aqui nos deparamos com um processo seletivo e integrador que responde a características profundas da personalidade as quais perturbam seu desenvolvimento normal.

Pedro e Santiago

Vamos agora estudar duas crianças com problemas semelhantes que também escolheram o mesmo personagem: Pedro e Santiago são as únicas crianças da amostra cujos pais são separados. Nenhum deles tem uma idéia clara da situação da família e, a partir da história de vida contada por suas mães, aparecem como introvertidos e com medo de ficar sozinhos. Pedro é uma criança que mostra sua agressão e sofre de falta quase total de visão em um dos olhos. Os desenhos e histórias de Santiago, por outro lado, não apresentam nenhum sinal de agressão.

Ambos escolheram Joe, um personagem da série *Bonanza*, como seu personagem favorito, e identificam-se com ele. Santiago gosta de tudo em seu personagem, quer ser como ele quando crescer, "para andar a cavalo sozinho pelo país", mas não se refere a nenhuma característica agressiva da personalidade de Joe. Pedro também quer ser como ele; contudo, destaca repetidas vezes seu desejo de ser um "bom atirador", e fala de armas, tiros e lutas com prazer.

A criança agressiva escolhe um personagem por seus aspectos agressivos, enquanto que a outra prefere outras características de comportamento. Sem dúvida, o problema de falta de visão de Pedro é a razão da grande importância que ele dá ao fato de ser um bom atirador. Mais uma vez, verificamos aqui a possível necessidade de um modelo masculino sendo compensada. Também observamos a projeção interessante de um problema físico — a perda de visão.

Adriana e Mariela

Adriana e Mariela buscam "alegria" na televisão. Nos testes, as duas garotas apresentam uma identificação satisfatória com seu sexo, mas têm sentimentos de abandono e isolamento. Mariela nem mesmo desenha outros membros da família, o que é muito raro em um teste, mas compreensível ao conhecer a atitude dos pais em relação a ela. Mariela fica sozinha a maior parte do dia e faz quase todos os afazeres domésticos, que geralmente constituem tarefas de uma mãe.

Tanto os pais de Mariela quanto os de Adriana têm educação média e trabalham fora. A escolha por personagens alegres se torna a defesa destas meninas contra a tristeza e a raiva. Mariela escolhe a apresentadora de programas infantis (Xuxa) como o personagem com o qual quer se parecer quando crescer, de forma que ela possa ser "alegre". Adriana escolhe uma outra apresentadora de programas infantis; quer ser como ela agora e no futuro "para ser mais feliz", "porque ela está sempre alegre". As duas meninas também escolhem desenhos animados porque as fazem rir.

Estes dois casos nos interessaram de forma especial e o dr. Usandivaras foi consultado. Ele comentou que a busca pela alegria como um meio de negação e compensação, transformando a agressão reprimida em bondade, age como um mecanismo de defesa contra a depressão causada por sentimentos intensos de abandono. Vemos aqui uma situação conflitiva semelhante e o mesmo mecanismo de defesa: a busca pela alegria como negação e compensação da repressão. Contudo, os personagens que a expressam e com os quais se identificam são completamente diferentes. Mais uma vez a televisão parece estar funcionando como um mecanismo de compensação que também pode ser pensado como uma função onírica, um tipo de sonhar acordado para atingir o equilíbrio psicológico.

María e Silvia

Vamos agora comparar María e Silvia, que escolheram o mesmo personagem: uma policial. Em seus testes, María mostra sinais de agressividade, uma identificação adequada e algumas dificuldades em seus laços familiares (fantasias de ser excluída). Ela passa a maior parte do dia com seus três irmãos. Quanto a seus pais, eles relatam que María brinca e conversa com sua mãe (María não esconde nada da mãe), mas não vê televisão com ela, enquanto que o pai vê à noite e às vezes ao meio-dia.

Silvia mostra sinais claros de agressão em seus testes, em particular na figura feminina viril demasiadamente grande. Quanto ao relacionamento com sua família, há sinais de pouca comunicação. Diferentemente de María, Silvia tem uma irmã mais nova de quem é amiga e protetora, embora também mande nela. Seus pais dizem que Silvia tende a ficar irritada, mas não sabem o que causa esta irritação, e que ela não fala sobre si mesma. Se alguma vez Silvia discute qualquer coisa, é sobre questões familiares, e ela o faz com sua mãe. Embora Silvia fique o dia todo com a mãe, não há menção sobre partilhar atividades com ela ou com o pai que vem para o jantar. Só há menção ao relacionamento com a irmã com quem brinca e briga, e que ela prefere como companhia.

Vamos ver agora por que cada uma destas garotas escolhe a policial como seu personagem favorito. María a escolhe porque é "forte e poderosa". María gosta dela porque "é sempre a melhor, se esconde, defende outras pessoas e sempre ganha". Admite falar sobre policiais e brincar disso com os irmãos (uma brincadeira em que os meninos são perseguidos). Ela se identifica com as policiais: "Gostaria de ser como elas, porque se alguém atacasse meus pais eu iria defendê-los. Também sei pular e escalar até bem alto. Quando eu crescer quero ser como elas, ser forte".

Ao contrário, Silvia escolhe a policial porque ela "entra em ação; gostaria de ser igual a ela em tudo quando eu crescer... salvar as pessoas...". Em casa, com sua irmã, Silvia brinca que é a policial e que tem poderes. Estranhamente, escolhe um programa que, segundo ela, "não tenho permissão para ver, mas que eu vejo de qualquer jeito porque vou tarde para a cama".

As duas meninas escolhem o mesmo personagem para compensar necessidades semelhantes. María busca se destacar e se diferenciar em um grupo familiar do qual se sente excluída (ser excluído gera agressão). Assim, a busca por uma figura feminina bem-sucedida combina agressão canalizada (ser uma policial) com reconhecimento. Silvia, por outro lado, ao se identificar com a policial, busca entrar em ação como uma forma de reagir a uma família que parece não ter consciência do lugar da menina dentro dela.

Ricardo e Ana

Um caso particular é o dos gêmeos Ricardo e Ana, filhos de pais que trabalham fora. O pai é um psiquiatra e a mãe, uma assistente social, embora não esteja trabalhando no momento. A família se reúne nos finais de semana, feriados e noites de quarta-feira.

Ricardo não apresenta sinais de agressão em seus testes. Sua identificação sexual é adequada e não parece haver quaisquer problemas em seu relacionamento com a família (os papéis estão bem definidos). Ele partilha a maior parte do tempo com sua mãe e sua irmã, com quem brinca, conversa e briga. Seu único medo é a solidão. Ele divide o quarto com a irmã e nunca vê televisão com os pais.

Ana, ao contrário, é dominadora e protege Ricardo. De acordo com seus pais, ela prefere imitar ações de mulheres fortes com poderes. Parece não temer nada e é bastante extrovertida, carinhosa e alegre. Em geral falante, particularmente com sua mãe, ela às vezes vê televisão com seu pai.

Quais são suas preferências na TV? Ricardo gosta de programas com "ficção científica", como também dizem seus pais. Seu personagem favorito é o Robocop por tudo que ele pode fazer, "embora eu não queira ser como ele de jeito nenhum". Ricardo discute como os filmes são feitos com seus amigos. Ele não brinca de Robocop ou de qualquer outra coisa da TV. Aparentemente, a televisão apenas lhe provê entretenimento, como os dados do teste também confirmam. Quanto a Ana, ela prefere a companheira de Hunter, uma policial, "porque ela gosta quando sua personagem persegue alguém". Quer ser como a policial tanto agora como quando crescer; se Ana fosse como a policial, participaria de corridas e ganharia dela. Neste caso podemos apreciar como é compatível com suas características pessoais e laços familiares o uso diferente que as duas crianças, da mesma idade e família, fazem da televisão. Ricardo parece bem integrado à família, e não apresenta sinais de agressão ou falta de identidade. Portanto, a televisão torna-se um mero entretenimento, ao mesmo tempo em que mantém sua função socializadora. Ana, ao contrário, precisa se diferenciar de seu irmão gêmeo e conquistar uma posição em sua família. Identificando-se com uma policial ela consegue, como mulher, ganhar o reconhecimento de seu pai bem-sucedido e de seus irmãos, aparecendo como uma vencedora na frente deles.

Este caso é particularmente interessante porque apresenta duas crianças dentro do mesmo ambiente familiar, onde a diferença de receptividade à TV é dada pelas necessidades emocionais compatíveis com processos psicológicos individuais.

Carmen e Verónica

Voltemo-nos agora para o caso de Carmen e Verónica. Seu programa favorito é *Pa*, uma novela que apresenta o relacionamento de um viúvo com suas três filhas. Carmen é uma menina com sinais de agressão reprimida como uma defesa contra o ambiente em seus testes; ela apresenta uma identificação adequada mas tem problemas familiares (falta de comunicação, uma figura paterna temida e uma necessidade de ficar isolada da família). Carmen tem dois irmãos, um mais velho e outro mais novo. O pai tem nível universitário e uma posição de chefia no trabalho. Sua mãe, dona de casa, cursou a escola primária. A família se reúne à noite, sábados e domingos. Carmen passa a maior parte do tempo com sua mãe e apresenta uma atitude dominadora em relação aos irmãos. Ela é extrovertida e bastante sociável. "Gosta de passar a noite na casa de amigos que não conhece muito."

Verónica apresenta sinais claros de agressão e expansão reprimida, problemas de identidade (confusão, fica embaraçada quando se trata de partes femininas de seu corpo), e laços familiares altamente dissociados: uma figura paterna inadequada e uma mãe onipotente. Tanto o pai como a mãe têm formação profissional, ele é médico e ela é advogada, "embora eu não trabalhe para poder tomar conta das meninas". Verónica tem uma irmã mais nova cuja gravidez custou à mãe, segundo ela mesma, "sangue, suor e lágrimas". Deve-se observar que esta gravidez se seguiu a um aborto. De acordo com a mãe, Verónica confia nela, adora garotas e é muito ordeira: "ela toma banho, é um amor, feminina, seu guarda-roupa é inacreditável... ninguém diria que ela tem

9 anos, não se senta de perna aberta". A mãe afirma que tem ensinado tudo isso a ela para que a menina cresça como ela própria cresceu: respeitosa, feminina, com boas maneiras e bons hábitos. Ao se referir aos programas que Verónica vê, ela diz "nós vemos".

Vamos comparar a escolha comum destas duas garotas. Carmen escolhe *Pa* porque eles são engraçados como família, assim como *Friends will be friends* [*Amigos serão amigos*] e *Os Simpsons*. Ela afirma que ver TV é seu "passatempo favorito" e que geralmente discute "com seus primos e amigos o que vemos". Rejeita programas como o *Zorro* e *O incrível Hulk* porque "são para homens".

Verónica, por sua vez, diz que "adora *Pa*" e foi ver a peça. Ela constantemente compara cada personagem com sua própria família. Identifica-se com as filhas, que "às vezes se entendem com o pai e outras, não". Quer ser como sua mãe, "ela é como eu, uma mulher" e acrescenta: "quero ser médica como meu pai".

O mesmo programa permite projeções diferentes. Para Carmen, *Pa* se coloca como a família ideal: excitante, com um pai encantador e atencioso. Esta família compensa seus sentimentos de exclusão e a falta de comunicação dentro de seu próprio ambiente familiar, os mesmos sentimentos que fazem com que deseje ficar permanentemente fora de casa. Por outro lado, o programa fornece a Verónica uma importante estrutura de referência com relação ao pai e ao papel feminino. O pai de *Pa* é uma figura clara com uma posição predominante na família, em oposição à imagem inadequada de seu pai. Nesta família fictícia a mãe está ausente, deixando lugar para um espaço de encontro um pouco diferente para pai e filhas — em oposição ao papel onipotente desempenhado pela mãe de Verónica, que não dá nenhuma chance de individualização. Obviamente, para as duas meninas *Pa* se coloca como a família ideal, aquela com que sonham para compensar as dificuldades reais com suas próprias famílias.

Conclusão

A partir das comparações dos testes de projeção aplicados nas crianças, de suas respostas sobre tópicos da TV, e das histórias de vida contadas pelos pais, surge uma associação clara entre as características de personalidade, vistas no estudo psicológico, e o que a criança manifesta sobre a televisão através da linguagem, brincadeiras e, particularmente, identificação, ou não, com os personagens retratados na mídia.

Por um lado, pode-se dizer que a criança utiliza e precisa de tais "padrões", linguagem, conteúdo etc. para se comunicar com seus pares, usando a mesma linguagem televisiva, partilhando experiências que, embora não sejam as dela mesma, são comuns a todas. É por isso que vemos algumas crianças, que mal vêem TV ou falam sobre ela em casa, discutindo o assunto na escola.

Neste sentido, pode-se dizer que a TV age como um elemento de nivelamento social, uma vez que transmite uma mensagem única que pode ser partilhada por todas as crianças, fazendo com que se sintam em uma mesma posição graças ao mesmo conhecimento partilhado que utilizam para se comunicar. Este é o aspecto mais geral da aprendizagem feita pela criança através da televisão. Também é a mais superficial, pois os elementos usados são incidentais, e o processo acontece inconscientemente, sem nenhuma intenção manifesta de aprendizagem. Esta aprendizagem sutil, pela leitura "entre as linhas", pode afetar o discurso, os gestos, as atitudes, os hábitos gerais e, a longo prazo, a cultura.

Assim, estamos preocupados por ver que não há criança cuja vida intelectual, emocional e espiritual não seja diretamente afetada por esta subcultura televisiva, que compete em maior ou menor grau com os agentes socializantes tradicionais. A maior parte das crianças passa mais tempo na companhia da televisão do que na escola ou com seus pais.

Também podemos falar de uma educação mais profunda levada a cabo pelo conteúdo televisivo. Essa educação responde às várias necessidades psicológicas e pessoais das crianças que não mais inferem a partir de aspectos incidentais dos tópicos televisivos, mas a partir de personagens reais com os quais se identificam em graus diversos. Elas querem ser como eles, agora e no futuro, isto é, tais personagens são tomados como modelos de vida.

Estes personagens respondem a diferentes características de compensação de seus próprios complexos pessoais de problemas, favorecendo mecanismos de defesa de negação ou idealização, ante sentimentos de solidão e ansiedade, agressão mal trabalhada ou mesmo problemas físicos. Neste sentido não podemos mais falar apenas em captar a mensagem televisiva, mas também, em certos casos, em um processo de identificação.

A identificação é um processo seletivo; ela responde a necessidades pessoais profundas e, portanto, pode-se inferir que a influência aconteça mais em um nível individual. Emoções, necessidades básicas de afeição são satisfeitas sonhando-se acordado na frente da televisão.

Como foi visto nestas descobertas, as crianças aprendem com a televisão; elas utilizam a mensagem, os assuntos, a linguagem ou seu estilo, e não apenas em suas conversas, mas também, em geral, em suas brincadeiras. É sua própria estrutura de referência comum que está de acordo com uma subcultura infantil, ao mesmo tempo nova e desconhecida para o adulto.

Uma vez que as crianças não podem assistir a tudo que a TV tem para oferecer, ou por decisão dos pais, ou por falta de tempo, ou por qualquer outra razão, é interessante observar a forma como conseguem dar um jeito de saber, geralmente através de amigos, sobre os programas exclusivamente para adultos, fora dos limites delas. Isto é importante porque, de uma certa forma, significa que tudo na TV pode entrar no mundo infantil.

Quanto à internalização profunda dos padrões televisivos (identificação), os elementos aparentemente responsáveis por esta receptividade individual seletiva a uma única mensagem da televisão são as necessidades, em particular quando se referem à família.

Todas as crianças com algum tipo de conflito na família se identificam com personagens da televisão. Contudo, aquelas crianças com um bom relacionamento com suas famílias não o fazem, e só utilizam a TV como assunto de conversas e brincadeiras com seus pares. Além disso, quanto mais próxima a criança está do que podemos chamar de normal ou feliz, mais incidentais e superficiais são os aspectos que extrai da TV, em geral só para usá-los em suas conversas.

A aprendizagem se realiza em dois estágios: imitação e identificação. No início, ela é feita através da imitação; ao se deparar com necessidades mais profundas, ocorre a identificação. O que acontece quando esta realidade é imitada? É uma porta aberta para o "pensamento mágico"?

McLuhan (1987) afirma que a TV proporciona uma experiência bastante ativa e participante; a criança é sempre, na realidade, o produtor de TV associado. A qualidade de mosaico e a pouca informação característica da imagem desencadeia um efeito "afetuoso" e "altamente participativo". "Qualquer informação obtida precisa ser completada pelo observador." De acordo com a hipótese de McLuhan, as crianças completam o que quer que a televisão tenha a oferecer com sua própria realidade.

De acordo com os achados do trabalho de pesquisa, pode-se dizer que sempre que a realidade é insatisfatória, as crianças a completam com elementos que selecionam e integram a partir da televisão. Esta seleção e integração dos personagens e programas favoritos podem servir como testes de projeção que fornecem elementos que nunca estiveram disponíveis a partir de quaisquer testes psicológicos, os quais podem mostrar as necessidades das crianças, mas não o mecanismo de compensação que aparece claramente no uso que fazem da televisão.

É importante que nos perguntemos aqui quais as conseqüências possíveis para as crianças expostas a uma programação cujo único objetivo é o consumo, sem uma consciência profunda do papel formativo e socializador que desempenha.

A escolha dos programas refletindo uma realidade social

Há uma tendência, em todas as pesquisas, de a idade ser levada em consideração relativamente à escolha dos programas — quanto mais velha a pessoa, maior a seleção de programas para adultos. As preferências das crianças também mudam à medida que elas crescem. Esta relação aparentemente óbvia foi confirmada no trabalho de pesquisa anteriormente mencionado, quando ambas as variáveis foram cruzadas independentemente dos níveis sociais das crianças (ver Tabela 1a).

Depois de aplicar o teste estatístico de X^2, o resultado como medida de significância foi 189,8, um valor que, por um nível de risco de 5%, generosamente excede aquele exigido para confirmar a interdependência entre as variáveis estudadas.

A tabela mostra tendências claras: o interesse por programas com temas infantis, em particular desenhos animados, diminui devagar à medida que os espectadores crescem. Isto não significa que não gostem de desenhos, apenas que não são seus programas favoritos. Um caso interessante é o dos programas educativos, isto é, aqueles cujo objetivo é ensinar. Só 10% das crianças os escolheram, tendência esta que aumenta até os 11 ou 12 anos. Esta tendência reverte dos 13 anos em diante.

Se levarmos em consideração as características deste grupo, apresentadas na análise descritiva, vemos, mais uma vez, a relação estreita entre a realidade vivida pela criança e o uso que faz da televisão. É claro que os programas que tratam de assuntos adultos se tornam gradativamente os preferidos à medida que as crianças crescem, o que é natural, uma vez que devem aprender a viver no mundo real. A fim de se adaptar melhor, precisam conhecer estas realidades.

Tabela 1a
Programas preferidos pelas crianças de acordo com sua idade

Tipo de programa	Idade 7-8 (%)	9-10 (%)	11-12 (%)	13+ anos (%)
Arquétipos para crianças	45.68	43.82	37.50	35.43
	←———	———	———	———
Arquétipos para adultos	8.62	17.59	31.07	35.43
	———	———	———	———→
Desenhos animados	23.70	16.75	5.03	3.93
	←———	———	———	———
Entretenimento para crianças	17.67	12.01	7.63	7.08
	←———	———	———	———
Novelas	2.15	4.06	6.94	7.87
	———	———	———	———→
Educativos	0.43	4.06	6.25	2.36
	———	———	———→	←———
Jornalísticos	1.29	0.50	3.82	4.72
	———	———	———	———→
Esportes	0.43	1.18	1.73	3.14
	———	———	———	———→
TOTAL	100.00	100.00	100.00	100.00

N=1590

Estas tendências são mais claramente observadas ao reagruparmos as informações:

Tabela 1b
Programas preferidos pelas crianças de acordo com sua idade
(tabela com dados reagrupados)

Tipo de programa	Idade 7-8 (%)	9-10 (%)	11-12 (%)	13+ anos (%)
Programas infantis	87.00	72.50	50.10	46.50
Programas para adultos	10.80	21.70	38.10	43.30
Programas para o público em geral	2.20	5.80	11.80	10.20
TOTAL	100.00	100.00	100.00	100.00
N =	232	591	576	127

Para determinar a significância estatística da relação idade/programa, X^2 foi novamente aplicado. O resultado 135,7 (valor de independência crítico 12,59) mostra uma forte relação entre as duas variáveis.

Por que queremos enfatizar uma relação tão óbvia? Simplesmente porque, ao considerarmos ambas as variáveis e levarmos em consideração a *posição social* diferente das crianças, a relação não é mais óbvia. Novamente, a posição social é a chave para compreender tanto a relação como a influência que a televisão exerce sobre as crianças.

As descobertas mais importantes a partir desta análise são:

- À medida que as crianças crescem, a preferência por programas infantis diminui, ao mesmo tempo que há um interesse crescente em tópicos adultos. A significância estatística desta relação foi claramente demonstrada entre crianças dos níveis sociais A, B e C, isto é, crianças que vivem em um ambiente sociocultural de nível alto e médio.
- Contudo, as crianças do nível D, isto é, crianças que vivem em favelas e orfanatos, ainda preferem os programas infantis, independentemente da idade.

Estas descobertas são inteiramente compatíveis com os resultados do estudo de caso que mostra como as crianças com problemas de solidão ou abandono se voltam estritamente para os programas infantis. Em outras palavras, quanto mais profundo o problema ou maior a necessidade, maior também é a probabilidade de sua resolução ser procurada através de uma compensação mais geral ou indefinida, alcançada por meio de mecanismos que podemos chamar de primários, tais como a busca de alegria ou a regressão. Estas crianças não encontram uma saída para seus problemas, nem mesmo mecanismos de compensação... elas simplesmente fogem. Não é esta a razão dada pelos adolescentes para usar drogas?

- Esta tendência, salientada e, portanto, mais fácil de se ver neste grupo de crianças, também é encontrada entre aquelas com problemas sérios, independentemente de sua posição social.

Profissionais da área de propaganda chegam à mesma conclusão ao usar segmentações baseadas em métodos psicográficos. Tendo em vista os mais "vulneráveis", eles estudam tipos de vulnerabilidade fundamentando-se nas necessidades mais básicas. Variáveis rígidas como sexo, idade, nível educacional ou econômico não são mais usadas ao se considerar a população; as novas tecnologias de pesquisa agrupam as pessoas de acordo com as assim chamadas "variáveis suaves", que lidam precisamente com as necessidades e carências particulares profundas.

Descobriu-se também que:

- As crianças dos níveis sociais médios apresentam a maior diversidade de interesses. Isto se torna evidente pelo fato de que elas incluem como opções ou escolhas preferidas todas as treze categorias de programas utilizadas no estudo. As crianças de níveis mais altos e mais baixos escolheram apenas metade das categorias.
- As crianças mais novas obviamente têm menos interesses, como foi observado em todo o grupo. Ainda assim, aquelas da classe média apresentam a mais ampla variedade de tipos de programas como escolhas, isto é, estão abertas a várias possibilidades.
- Também se observou que no grupo de nível social mais baixo (D), as crianças mais novas (de 7 e 8 anos) escolhem uma porcentagem comparativamente mais alta de programas para adultos, em relação às crianças de outros níveis.

As descobertas, à medida que são desenvolvidas e analisadas com referência aos diferentes aspectos relativos ao desenvolvimento e adaptação das crianças, mostram como a realidade é projetada na seleção e integração dos conteúdos televisivos. Elas também mostram que esta seleção e integração dependerá, de uma perspectiva psicológica, das necessidades individuais da criança e, de uma perspectiva sociológica, das "variáveis suaves", que permitem uma segmentação e agrupamento das crianças, jovens e adultos de acordo com suas necessidades e carências.

A TV como compensação das carências sociais

As descobertas obtidas em nível individual também são válidas para os diferentes grupos que compõem nossa sociedade. A segmentação de Vals ou Risk, utilizada em publicidade, em que a população é agrupada de acordo com as assim chamadas "variáveis suaves" ou "as necessidades individuais mais profundas e poderosas", também é válida quando estudamos as crianças em relação ao produto "televisão".

Para sermos honestos temos que admitir que a programação da TV é apenas um produto, e que as crianças são seus consumidores potenciais. Isto, pelo menos, é o que acontece na maioria dos países onde não há outros critérios que não o exclusivamente comercial, quando se trata da seleção dos programas. Não importa como entendamos a situação — alguns programas podem ter objetivos mais elevados do que outros, mas se a audiência não está alta o suficiente para competir com outros canais, o programa é tirado do ar.

Pode-se dizer que as *necessidades* das pessoas fornecem os estímulos que regem o comportamento e, desta forma, colocam-se como a raiz do funcionamento tanto da sociedade como da cultura.

A mais importante e ativa das necessidades psíquicas do homem é, talvez, a resposta emocional aos outros. Em uma cidade moderna, o indivíduo acha a interação recíproca mais fácil em termos formais, sem ter que evocar respostas emocionais. Nesta situação, sua necessidade psíquica permanece insatisfeita. Na verdade, ela é pega em um sentimento de solidão e isolamento, que é mais deprimente do que a solidão genuína, pois todos nós sabemos como é ficar sozinho em uma multidão. A necessidade pessoal de respostas favoráveis se coloca como o principal estímulo para o comportamento socialmente aceitável.

Quando nossas crianças e jovens se voltam para a televisão, eles não o fazem, como geralmente (e facilmente) se diz, por entretenimento ou informação; ao contrário, eles estão desesperadamente procurando aprender como devem *ser* para conseguir uma resposta favorável dos outros, e não ficar sozinhos. "A experiência determina o comportamento de um sujeito. Mas esta, por sua vez, deriva do contato com o ambiente em que ele vive. Portanto, para compreender tanto a personalidade individual como a *personalidade geral*, é indispensável conhecer o ambiente" (Ralph Linton)

Se limitarmos nosso estudo ao número de horas que uma criança ou jovem passa diante da TV e ao uso que fazem dos conteúdos nas conversas e brincadeiras com seus pares, só nos resta perguntarmos a nós mesmos se o "ambiente televisivo" é o ambiente que rege suas vidas.

Com quem eles se comunicam mais — com seus pais ou com a televisão? Para quem eles se voltam quando se sentem sozinhos? E quando eles não sabem como agir para obter aceitação? Quais são os nunca questionados e globalmente aceitos modelos sociais ideais de identificação?

O uso individual da televisão pela criança ou jovem pode ser aplicado de modo geral aos grupos da nossa sociedade. Este uso não está restrito ao período de tempo que se passa entre o momento em que se liga e desliga o aparelho; ao contrário, ele permeia dinamicamente a realidade diária.

Ao levar em consideração as necessidades psíquicas, afetivas e culturais predominantes na população de nossas crianças e adolescentes, descobrimos que eles relacionam tendências semelhantes no uso feito da televisão. Não importa o programa do qual extraem os elementos para obter a adaptação social, o que os identifica é o uso de um meio comum, a televisão, para atingir seus fins.

Assim sendo, grupos com características semelhantes, por exemplo, crianças ou adolescentes com problemas de solidão, abandono e frustrações, encontrarão na TV a saída para aquelas situações que não agüentam, assistindo a programas apropriados para crianças: desenhos animados ou programas infantis de entretenimento.

Outros, com a possibilidade de sair de um nível social e cultural muito baixo através de sua capacidade intelectual, como mostrada em seu desempenho escolar, passam mais horas diante da tela do que seu grupo social. Eles afirmam agir assim para aprender... embora nenhum deles escolha programas didáticos (Merlo-Flores, 1996a)!

Há também aqueles com uma identificação precária com seus pais. A única fonte para a qual se voltam em busca de modelos é a televisão. Diferentemente do passado, hoje em dia nenhuma criança escolhe um professor ou um tio como modelo. Sempre que estiver faltando uma identificação adequada, a tela resolve magicamente a situação apresentando heróis que nunca morrem, que todos conhecem e aceitam.

Para descobrir a chave da interpretação do processo de relacionamento entre a criança e a televisão, a população de crianças e adolescentes deve ser considerada em grupos, de acordo com suas necessidades mais imperiosas relativas à sua adaptação, desenvolvimento e, basicamente, aceitação pelos outros.

O paradoxo como um sintoma

O grande paradoxo é que em uma época em que se superestima a imagem, o ser jovem, bem-sucedido, loiro, bonito, quase perfeito, e em que estudos são acompanhados para se manter atualizado, crianças e jovens optem por assistir a documentários, violência e programas em que a miséria humana é retratada. Os jovens estão presos em uma cultura que fracassa em oferecer modelos, um elemento essencial para o crescimento adequado. A personalidade se ajusta através de uma série de identificações. Os jovens se colocam como seus próprios modelos, todo mundo quer ser jovem; procuram-se jovens para altas posições, a experiência que vem com a idade conta menos que o vigor da juventude. Ser jovem é um valor em si mesmo, como se fosse possível escolher.

As fases da vida parecem estar todas invertidas, os jovens tornaram-se modelos para os adultos.

Um estudo que estou fazendo com Michael Morgan, da Universidade de Massachusetts, fornece dados interessantes com relação aos modelos de vida de uma amostra de mil jovens argentinos. Perguntamos a eles com quem queriam se parecer e por quê. O aspecto que mais chama a atenção é o nível extremamente alto de dispersão: não há modelos comuns para os jovens.

Sete por cento escolheram um dos pais (3,3% a mãe, 2,3% o pai, 1,4% ambos os pais) e 6% falam do que chamo modelos sacrificados, uma vez que estão mortos, como Gandhi, Che Guevara, Eva Péron e Madre Teresa de Calcutá. A maioria das escolhas restantes recai, com porcentagens muito baixas, sobre pessoas da mídia. Aquilo que podemos chamar de valores de vida são mencionados basicamente com relação aos modelos sacrificados e aos pais. Há violência pior do que não poder ser você mesmo?

É importante observar as razões pelas quais os jovens preferem programas contendo violência. A maioria das explicações mais profundas pertence ao nível inconsciente.

Um fenômeno dos tempos que não podemos deixar de observar é que histórias de vida costumavam ser contadas pelos mais velhos, pais, professor, padres; os jovens recebiam informações de acordo com o que os mais velhos julgavam conveniente para sua idade. Hoje a televisão é o narrador incontestável e suas mensagens não mais respondem às fases de desenvolvimento da criança, mas a preocupações econômicas de um grupo de adultos.

As histórias se ligam ao subconsciente, que funciona por meio de associações primárias. A tragédia, a literatura e o cinema desempenharam e ainda preenchem esta função narrativa, mas a televisão é a contadora de histórias incontestável de nossa era. A história sempre teve a missão de mostrar, unir e dar sentido às contradições internas da personalidade humana.

Um outro elemento fundamental a ser levado em consideração nesta análise é que deveríamos abordar a televisão de um ponto de vista emocional, com nossas percepções e sentimentos, e não com a lógica racional — a imagem atua, na psique, como um elo entre as experiências sensoriais, perceptivas, emocionais e motoras de um lado, e a linguagem, de outro.

A TV liberou a repressão. O id, o lado escuro e reprimido da psique, está na tela à disposição de todos. A televisão derrubou uma barreira anteriormente intransponível, revelando o que estava por trás dela — o lado escuro da natureza humana, juntamente com o que tinha sido escondido e reprimido — e assim fazendo o pêndulo balançar para o lado oposto.

Os jovens percebem a violência, a inveja e a miséria apresentadas nos programas como relacionadas a eles, a seu ser mais interior, aí se reconhecem e passam a se conhecer a partir de ângulos anteriormente proibidos — ângulos que nunca teriam ousado mencionar ou supor como seus. Comentando uma série de documentários, um jovem de 16 anos me disse: *"estes documentários mostram a miséria humana, contudo, quando assisto a eles, fico imaginando quanto desta miséria está em mim"*. Há quanto tempo a palavra miséria é usada para denotar outra coisa que não a pobreza material? Eu quase tinha me esquecido como isso é verdadeiro — a miséria também vive em nós e em mim. E um jovem de 16 anos me lembrou disso! Palavra de uso restrito... miséria.

Esta é a razão, também, da rejeição sistemática de *Os Simpsons* pela maioria dos adultos. Prefiro dizer a incapacidade dos adultos de apreenderem este programa a partir do mesmo ângulo das crianças e adolescentes. Uma jovem de 21 anos falando sobre *Os Simpsons* disse: "é o que acontece conosco todos os dias, mesmo nossas necessidades fisiológicas que são tão embaraçosas para nós, são sentimentos misturados; e a gente se sente pouco à vontade assistindo a isso, mas, ao mesmo tempo, é um grande alívio".

No Encontro Mundial sobre Televisão e Crianças de Melbourne, em 1995, trinta crianças assistiram a uma sessão inteira de forma muito racional e comedida. Contudo, a última pergunta foi: "Qual seu programa preferido?", e todas escolheram *Os Simpsons*. Deixando para trás toda a lógica, para entrar no plano das emoções, Bart se torna o modelo de numerosas crianças para o horror dos professores e dos pais. As crianças mais novas o preferem porque ele comete todos os erros, porque ele é terrível, porque gostamos dele, porque o que acontece com ele também acontece conosco.

Quando os sentimentos transmitidos pela tela ou são fortes demais para serem compreendidos, ou não podem ser relacionados à experiência, eles se tornam perturbadores. É por esta razão que as crianças, quando se pergunta a elas sobre os programas que as crianças mais novas não deveriam ver, afirmam que não podem assistir a tais programas *porque não conseguem entendê-los*. As crianças não falam isso de um ponto de vista racional, pois não estão falando de programas sobre política ou economia. Ao contrário, elas querem dizer que não conseguem assimilar de um ponto de vista emocional, que não conseguem colocar em palavras, que não conseguem relacionar com sua própria experiência.

Se perguntarem aos pais, "O que eles vão dizer?", respondem as crianças. Elas também têm consciência da grande dificuldade dos adultos de expressarem suas emoções.

Estas são as respostas mais comuns em um trabalho de pesquisa utilizando a metodologia do grupo focal, que estou desenvolvendo juntamente com estudantes de último ano da Universidade de Buenos Aires. Trabalhamos com 150 crianças de 11-12 anos, a quem pedimos que atuassem como juízes determinando o que as crianças mais novas podem ou não ver na TV, justificando suas decisões.

Em um outro grupo focal uma jovem de 22 anos disse: "o conteúdo televisivo funciona como gatilho; às vezes, vendo lésbicas, posso falar sobre coisas que, do contrário, não ousaria... como meus medos, minha sexualidade. É como reconhecimento interior, e isto cria ligações fortes, porque posso partilhar o que realmente sou por dentro...".

Há vários depoimentos como este com jovens que podem dar as razões de suas escolhas de programas contendo violência, sexo, escândalos, pornografia, intimidade — como se eles estivessem buscando interiormente a identidade a partir das áreas mais escuras de sua própria natureza. Uma busca por um caminho difícil e solitário, que os adultos deveriam compreender e acompanhar, porque o grande risco é os jovens perceberem apenas o lado escuro da natureza humana, e acreditarem que isso é tudo que somos.

Escutar os pequenos quando pedem limites é tão importante quanto ajudá-los nas situações em que se deparam com "o que não conseguem entender".

Contudo, compreender os jovens e crianças e o uso que fazem dos conteúdos violentos da televisão não implica, de modo algum, em justificar sua transmissão e produção.

Epílogo

Obter conhecimento, em particular de si mesmo, é uma das tarefas mais árduas que o homem tem de encarar para chegar à unidade, e só conhecendo a si mesmo ele pode estabelecer ligações profundas com os outros. É por isso que a televisão é usada para suprir as maiores necessidades do homem nesta era: conhecendo a si mesmo, recuperando sua identidade em um período histórico em que se é o que se parece ser e, em segundo lugar, para levar a cabo uma profunda comunicação interpessoal, quando o consumo e a cultura materialista nos levam a nos comunicarmos através da possessão, através de uma overdose de informações que entorpece nossa memória, esquecendo que a maior necessidade do ser humano é conhecer a si mesmo a fim de se compreender.

Nota

1. Catarse no sentido aristotélico da palavra, isto é, a purificação de emoções fortes, como conseqüência do envolvimento no drama trágico.

Referências bibliográficas

ARCILA, M. G. (1989) *Los argentinos e los medios*. Buenos Aires, SADEI.

AUCLAIRE, E. (1994) *Why and how the media speak about children*. International Convention on the Rights of the Child.

DURKIN, K. (1995) *Chasing the effects of media violence*. University of Western Australia, ABA Update, Australian Broadcasting Authority.

ERON, L. & Huesmann, R. (1987) *Television as a source of maltreatment of children*. University of Illinois, Chicago.

FERRES, J. (1996) *Televisión subliminal*. Barcelona, Paydos.

FUENZALIDA, V. (1993) *Motivaciones de los niños hacia la TV*. Seminario Televisión Infantil y Violencia, CPU, Santiago.

GERBNER, G.; GROSS, L.; MORGAN, M. & SIGNORIELLI, N. (1986) Living with television: the dynamics of the cultivation process. In J. Bryant & D. Zillman (orgs.). *Perspectives on media effects* (pp. 17-40). Hillsdale, Erlbaum.

GRREM (1994) *Violence and television*. Paris, março 1994.

JUNG, C. G. et al. (1996) *Meeting the shadow*. Barcelona, Kairos.

LANDI, O. (org.) (1987) *Medios, transformación cultural y política*. Buenos Aires, Legasa.

MCLUHAN, M. (1987) *El medio es el mensaje*. Barcelona, Paydos.

MERLO-FLORES, T. (1980) *La televisión forma/deforma*. Rey, Ediciones Culturales Argentinas.

______. (1995) *The oniric function of television*. Apresentado no Seminaro Internacional Educación para la Comunicación, Buenos Aires, Argentina.

______. (1996a) *Why do we watch TV?* Premio Nacional de Investigación en Educación y Comunicación. Fundación Navarro Viola, Buenos Aires, Argentina.

______. (1996b) *La educación y el mensaje televisivo*. Buenos Aires, Fundación Navarro Viola.

MERLO-FLORES DE EZCURRA, T. & REY, A. M. (1983) *La televisión ¿Forma o deforma?* Buenos Aires, Ediciones Culturales Argentinas.

______.; USANDIVARAS, R. & REY, A. M. (1983) Television as compensatory for needs. *Tiempo Argentino*, 10 de maio de 1983, Buenos Aires, Argentina.

MORGAN, M. & SHANAHAN, J. (1992) Comparative cultivation analysis: television and adolescents in Argentina and Taiwan. In F. Korzenny & S. Ting-Toomey (orgs.). *Media effects across cultures* (pp. 173-197). Newbury Park, Sage.

______. (1995) *Democracy Tango: television, adolescents, and authoritarian tension in Argentina*. Cresskill, Hampton.

OROZCO GOMES, G. (1991) *Recepción televisiva: tres aproximaciones y una razón para su estudio*. Mexico, Universidad Iberoamericana.

PRIOR, M. (1995) *Media violence, children and aggressive behavior* (pp. 22-24). ABA Update, Australian Broadcasting Authority.

QUIROZ VELASCO, M. (1993) *Violencia y medios de comunicación*. Seminario Televisión Infantil y Violencia, CPU, Santiago.

SANTOS, R. & ALBORNOZ, L. (1995) *Violencia en la programación televisiva infantil argentina*. Universidad Nacional de Quilmes.

SHANAHAN, J. & MORGAN, M. (1992) Political change and media structures: the privatization of television in Argentina. *Proceedings of the 9th Annual Intercultural and International Communication Conference* (pp. 36-40). Miami, University of Miami Press.

O Estudo Global da UNESCO sobre Violência na Mídia

Relatório apresentado ao diretor-geral da UNESCO[1]

Jo Groebel

Resumo

Este relatório apresenta os resultados do estudo global da UNESCO sobre a violência na mídia, que foi conduzido entre 1996 e 1997 como um projeto de pesquisa conjunto pela Organização Mundial do Movimento Escoteiro e a Universidade de Utrecht, sob a supervisão científica do prof. dr. Jo Groebel. Trata-se do maior estudo intercultural já realizado sobre o papel da violência na mídia sobre as crianças, com a participação de mais de 5 mil alunos de 23 países diferentes de todas as partes do mundo.

O estudo também é único em vários outros aspectos. Pela primeira vez, regiões de crise internacionais (zonas de guerra e áreas de alta criminalidade) fizeram parte da amostra da pesquisa. Diversos países que compõem toda a gama global de desenvolvimento social e tecnológico nunca tinham participado anteriormente de um estudo empírico das ciências sociais sobre a mídia.

A metodologia usada também foi singular na medida em que todas as crianças de 12 anos participantes responderam ao mesmo questionário de sessenta itens padronizado que foi traduzido em línguas diferentes como, por exemplo, japonês, inglês, russo, francês, árabe etc. O conteúdo das perguntas não estava vinculado à cultura, pois, se assim o fosse, teria sido impossível uma comparação direta dos dados. As crianças falaram sobre seu comportamento em relação à mídia, seus hábitos, preferências e ambiente social. Em janeiro de 1998, cerca de 350 mil dados individuais tinham sido coletados e processados no contexto do estudo.

Os seguintes países participaram do estudo central: África do Sul, Alemanha, Angola, Argentina, Armênia, Brasil, Canadá, Costa Rica, Croácia, Egito, Espanha, Fiji, Filipinas, Holanda, Índia, Japão, Maurício, Peru, Qatar, Tadjiquistão, Togo, Trinidad e Tobago, Ucrânia. Estes países representam o largo espectro do desenvolvimento humano e tecnológico e culturas mundiais importantes, assim refletindo um feixe representativo dos países cobertos pelo *Relatório de Desenvolvimento Humano* do UNDP de 1997. Em um próximo estágio, outros países farão parte de uma extensão do programa da pesquisa, como os Estados Unidos, Rússia, Finlândia, Polônia etc.

Em cada país, os dados foram coletados em áreas urbanas e rurais, em ambientes de alta e baixa agressão, de meninos e meninas, e de diferentes tipos de escolas. Os únicos grupos de crianças que não puderam ser considerados no estudo foram aqueles que não estavam freqüentando nenhuma escola ou viviam em áreas extremamente remotas. Contudo, até crianças vivendo em campos de refugiados participaram. A logística e a distribuição dos questionários entre as crianças comuns foram organizadas por membros do Movimento Escoteiro; a supervisão e a análise científica foram conduzidas na Universidade de Utrecht.

Cinco questões principais foram tratadas:

- Que papel a mídia, em particular a TV, desempenha na vida das crianças em nível global?
- Por que as crianças ficam fascinadas pela violência na mídia?
- Qual é a relação entre violência na mídia e comportamento agressivo entre as crianças?
- Há diferenças culturais e de sexo no impacto da mídia sobre a agressão?
- Como ambientes violentos (guerra/crime), por um lado, e o grau de desenvolvimento tecnológico, por outro, influenciam a forma de lidar com o conteúdo agressivo da mídia?

Os resultados demonstram:

93% das crianças neste estudo têm acesso a um aparelho de TV. A distribuição vai de 99% para o hemisfério norte-ocidental até 83% para a África e Ásia com a América Latina entre esses dois extremos. Nas áreas pesquisadas, a tela praticamente se tornou um meio de comunicação universal. Para as crianças em idade escolar, é a fonte mais poderosa de informação e entretenimento. Nem o rádio, nem os livros apresentam a mesma distribuição global.

As crianças de todo o mundo passam uma média de *3 horas diárias na frente da tela* com, é claro, um espectro internacional amplo de comportamentos individuais relativos ao assistir à televisão. Isto equivale a, pelo menos, 50% a mais do que o tempo gasto com qualquer outra atividade extra-escolar, incluindo lição de casa, tempo gasto com a família e os amigos, ou leitura.

Assim sendo, *a TV se tornou um fator de socialização importante e domina a vida das crianças nas áreas urbanas e rurais com energia elétrica em todo o mundo.*

Os meninos, em particular, são fascinados pelos heróis agressivos da mídia. *Alguns deles, como o Exterminador do Futuro de Arnold Schwarzenegger, tornaram-se ícones globais; 88% das crianças de todo o mundo o conhecem.* Cinqüenta e um por cento das crianças de ambientes de alto nível de agressão (guerra/crime) gostariam de ser como ele, em comparação com 37% vivendo em ambientes de baixa agressão. É claro que as crianças precisam e usam heróis da mídia para lidar com situações difíceis, e essas situações são muitas para as crianças do mundo.

Um número extraordinário de crianças vive em algum estado emocional problemático. *Aproximadamente metade delas afirma estar ansiosa a maior parte do tempo ou com freqüência*; 9% tiveram de fugir de casa pelo menos uma vez na vida; 47% dizem que gostariam de viver em um outro país. Em áreas de alta agressão, 16% das crianças afirmam que a maioria das pessoas em sua vizinhança morre porque são assassinadas por outras. Aqui, 7,5% das crianças já usaram elas próprias alguma arma contra alguém.

Nesta situação, os heróis da mídia são usados como forma de escapismo e compensação dos problemas reais das crianças. Para os meninos, são os modelos agressivos (30% dão o nome de um herói de ação); para as meninas, estrelas do mundo pop e músicos. Há diferenças regionais no que se refere aos heróis favoritos: na Ásia, os heróis de ação ocupam a posição mais alta (34%), o oposto acontecendo na África (18%), com a Europa e as Américas em posição intermediária (25% cada uma).

As visões de mundo das crianças são obviamente influenciadas por experiências reais e experiências com a mídia. Cerca de um terço do grupo que vem de ambiente com agressão acredita que a maioria das pessoas do mundo todo é má, em comparação com um quinto do grupo de baixa agressão. Um número extraordinário de crianças de ambos os grupos relata uma forte coincidência entre o que percebe como realidade e o que vê na tela (cerca de 44%). *Muitas crianças estão cercadas por um ambiente em que tanto as experiências "reais" como as experiências com a mídia reforçam a visão de que a violência é natural.*

O impacto da violência na mídia pode ser em primeiro lugar explicado pelo fato de que o comportamento agressivo é recompensado. 47% das crianças que preferem conteúdo agressivo na mídia também gostariam de se envolver em uma situação de risco (em comparação com os 19% com uma outra preferência na mídia). Novamente, isto é válido em particular para os meninos. Além disso, as nações com um alto nível de desenvolvimento tecnológico reforçam a tendência da busca de risco. O amplo espectro dos diferentes meios de comunicação audiovisuais disponíveis aumentou o desejo de satisfazer permanentemente as necessidades dos estímulos fisiológicos desencadeados pelo conteúdo agressivo da mídia.

Em conjunto pode-se concluir:

- A violência na mídia é universal. É primariamente apresentada em um contexto recompensador.
- Dependendo das características da personalidade da criança e dependendo de suas experiências diárias, a violência na mídia satisfaz necessidades diferentes: Ela "compensa" frustrações e déficits em áreas problemáticas. Proporciona "emoções" para as crianças em ambientes menos problemáticos. No caso dos meninos, cria uma estrutura de referência para "modelos de papéis atraentes".
- Há muitas diferenças culturais, contudo os padrões básicos das implicações da violência na mídia são semelhantes em todo o mundo.
- Filmes individuais não são o problema. Entretanto, a extensão e a onipresença da violência na mídia (com uma média de cinco a dez atos agressivos por hora de programação televisiva em muitos países) contribuem para o desenvolvimento de uma cultura agressiva global.
- A "normalidade" e as "características recompensadoras" da agressão são mais sistematicamente promovidas do que as formas não-agressivas de lidar com a vida. Portanto, o risco da violência na mídia prevalece em um nível global.

O que pode ser feito nesta situação?

A violência sempre foi um elemento da ficção e dos noticiários. Não pode ser excluída de nenhuma cobertura da mídia. Contudo, sua extensão, excesso e características recompensadoras são o problema. Portanto, três estratégias principais deveriam ser consideradas em nível internacional:

- Debate público e conversas com "razões comuns" entre *os cinco Ps*: Políticos, Produtores, Pedagogos, Pais e os futuros Prosumidores (consumidores ativos).
- O desenvolvimento de códigos de conduta e de autocontrole entre os profissionais da mídia.
- O estabelecimento de uma educação para a mídia a fim de criar usuários competentes e críticos.

Com sistemas de comunicação como a Internet, a mídia será ainda mais onipresente, universal e global. A mídia apresenta "riscos", como este estudo demonstrou. Mas ela também oferece muitas possibilidades pró-sociais novas. Em conseqüência, o novo ambiente digital exige atenção semelhante à da cultura e da educação no mundo tradicional.

O problema

Crianças e adolescentes sempre estão interessados na excitação e com freqüência até mesmo em histórias e contos de fadas violentos. Entretanto, com o aparecimento da mídia de massa, filmes e televisão em particular, a quantidade de conteúdo agressivo diariamente consumido por estas faixas etárias aumentou de forma dramática. Visto que a violência real, especialmente entre os jovens, está aumentando ao mesmo tempo, parece plausível relacionar os dois, violência na mídia e comportamento agressivo. Com os desenvolvimentos mais recentes da mídia, filmadoras, jogos de computador e Internet, pode-se ver um aumento adicional de imagens extremamente violentas que, é óbvio, atraem muita atenção. As fitas de vídeo apresentam cenas de tortura realísticas e até mesmo assassinatos reais, os jogos de computador capacitam o usuário a simular ativamente a mutilação de "inimigos", e a Internet se tornou — suas possibilidades pró-sociais à parte — uma plataforma para a pornografia infantil, cultos violentos e orientações terroristas. Mesmo com estes fenômenos, contudo, é crucial compreender que as causas primárias do comportamento agressivo ainda serão mais provavelmente encontradas no ambiente familiar, nos grupos de colegas e, em particular, nas condições sociais e econômicas em que as crianças são criadas (Groebel & Hinde, 1991).

A mídia desempenha um papel fundamental no desenvolvimento de orientações culturais, visões de mundo e crenças, bem como na distribuição global de valores e imagens (freqüentemente estereotipadas). A mídia não é apenas um espelho das tendências culturais, mas também pode canalizá-las, e constitui em si mesma um elemento fundamental da sociedade. Às vezes, a mídia é até mesmo uma forma direta de violência entre grupos e de propaganda de guerra. No geral, é importante identificar sua contribuição para a propagação da violência, se estamos considerando as possibilidades de prevenção. Milhares de estudos demonstraram o risco de a violência na mídia estimular a agressão. Até agora, contudo, nenhum estudo em particular lidou com o problema em escala global. Nesta situação a UNESCO decidiu iniciar um projeto para analisar a importância internacional da questão. Em particular, deveriam ser identificadas as diferenças culturais possíveis, bem como a influência de experiências agressivas diversas no ambiente real (guerra e crime) e os diferentes tipos de mídia à disposição das crianças. Tendo em vista este objetivo, desenvolveu-se um estudo baseado em um questionário intercultural. Cerca de 5 mil garotos e garotas de 12 anos de idade, provenientes de 23 países diferentes, participaram do projeto, o que significa que este estudo é o maior de sua espécie já realizado, com relação ao número de sujeitos e países incluídos. No caso de pelo menos metade dos países envolvidos neste projeto de pesquisa, era a primeira vez que se fazia um estudo deste tipo.

A Organização Mundial do Movimento Escoteiro aceitou a responsabilidade geral pelo trabalho de campo do estudo, incluindo a organização da logística internacional, o treinamento do pessoal responsável, a distribuição dos questionários, e o procedimento de coleta de dados. A supervisão científica, o processamento dos dados e a integração do estudo foram feitos pelo prof. dr. Jo Groebel da Universidade de Utrecht. A estatística ficou por conta de Willem van Leerdam. A Universidade de Utrecht ofereceu o apoio para as despesas gerais através de seu fundo de encorajamento. Jean Cassaigneau e Mateo Jover do Bureau Mundial de Escoteiros supervisionaram a maior parte da logística e foram parcialmente responsáveis pela metodologia. Agradecemos a todos que contribuíram e apoiaram o estudo, em particular as Organizações Nacionais de Escoteiros envolvidas, seus funcionários e líderes, professores e pais e, não menos importante, os milhares de estudantes que participaram do projeto em todo o mundo.

A mídia

Com os meios técnicos de automação e, mais recentemente, de digitalização, *qualquer conteúdo da mídia tornou-se potencialmente global*. Não apenas notícias individuais alcançam quase todas as partes do mundo, mas também o entretenimento de massa se tornou um empreendimento internacional. Por exemplo, filmes norte-americanos ou hindus podem ser vistos na maioria das regiões do planeta. Muito do que é apresentado contém violência. Na arte da alta literatura, bem como na cultura popular, ela sempre foi um tópico importante de comunicação humana. Quer seja o Gilgamesh, um drama shakespeariano, o Shuihu zhuan de Luo Guanzhong, o Ran de Kurosawa, histórias de Wole Soyinka, ou séries comuns de detetives, o homem sempre pareceu fascinado pela agressão. Esta fascinação não significa necessariamente que o comportamento destrutivo seja inato; entretanto, ele chama a atenção porque é um dos fenômenos da vida humana que não pode ser imediatamente explicado e exige a reflexão sobre como enfrentá-lo quando ocorre. Praticamente todos os estudos do mundo mostram que os homens são muito mais atraídos pela violência do que as mulheres. Pode-se supor que, em uma mistura de predisposições biológicas e socializações de papéis sexuais, os homens freqüentemente experimentam a agressão como recompensadora. Ajusta-se ao seu papel na sociedade, mas também já pode ter proporcionado a motivação para buscar aventura ao explorar um novo território ou proteger a família e o grupo. Sem um mecanismo de recompensa interno (a busca fisiológica de emoção) e externo (status e acasalamento), os homens poderiam ter fugido e deixado os seus sem proteção. Contudo, além da agressão "funcional", os homens desenvolveram a agressão "destrutiva", o genocídio, a tortura hedonística, a humilhação, que não podem ser explicados em termos de sobrevivência. São esses que, em geral, estão amplamente distribuídos na mídia.

Os meios de comunicação em si mesmos diferem em seu impacto. A mídia audiovisual, em particular, é mais gráfica em sua representação da violência do que os livros ou os jornais; dá menos liberdade nas imagens individuais que os espectadores associam com as histórias. Uma vez que a mídia está se tornando cada vez mais perfeita com a introdução das três dimensões (realidade virtual) e a interatividade (jogos de computador e multimídia), e como ela sempre é acessível e universal (vídeo e Internet), *a representação da violência "se funde" cada vez mais com a realidade.*

Uma outra distinção crucial é aquela entre a representação da violência "dentro de um contexto" e "sem contexto". Os romances e filmes sofisticados geralmente apresentam uma história junto com a ocorrência de violência: Qual é sua origem, quais são suas conseqüências? A violência como um produto de entretenimento puro, entretanto, carece de um encaixe em um contexto que seja mais do que uma imagem chavão do tipo bom e mau. A diferença final entre as formas individuais de mídia está ligada à sua distribuição. Uma peça ou um romance são quase sempre eventos singulares, a mídia de massa moderna, entretanto, cria uma onipresença de tempo e espaço.

Mesmo aqui, uma distinção entre formas problemáticas e não-problemáticas de violência na mídia tem de ser feita. Um noticiário ou um documentário que apresentem a crueldade da guerra e o sofrimento de suas vítimas de uma forma não-excitante fazem parte de uma investigação objetiva ou podem até mesmo servir a propósitos de redução do conflito. Campanhas de ódio, por outro lado, ou a glorificação da violência enfatizam as características "recompensadoras" da agressão extrema. Em geral, pode-se aproximadamente distinguir três tipos diferentes de conteúdo da mídia: puramente investigador (noticiário), orientado para a mensagem (campanhas, anúncios) e entretenimento (filmes, shows). Para qualquer um desses tipos, podem-se distinguir formas problemáticas e não-problemáticas:

Tipo:	Investigação Mensagem Entretenimento
Problemática:	Excitação Censura Propaganda desumanizadora Violência recompensada
Não-problemática:	Jornalismo clássico Campanhas antiviolência Histórias emocionantes

Embora esses critérios não possam ser determinados com facilidade, há exemplos claros de cada um dos diferentes tipos: a TV da realidade ou as atividades dos *paparazzi* podem estar ligadas com a verdade, mas, ao extremo, também influenciam esta mesma verdade através de seu próprio comportamento — veja a discussão em torno da morte da princesa Diana. Por meio dos padrões de comunicação informal da Internet, rumores passaram a fazer parte dos noticiários "sérios", como mostrou a discussão sobre o presidente norte-americano em janeiro de 1998. Quer se trate da verdade ou não, grupos ou cultos desviantes podem influenciar os fluxos de informação global mais eficientemente do que nunca. Os casos da Sérvia e de Ruanda, por outro lado, demonstraram o papel que a propaganda "tradicional" de massa no rádio ainda pode desempenhar no genocídio. Muitos incidentes ao redor do mundo indicam que as crianças em geral não possuem a capacidade de distinguir realidade de ficção, e dão por certo o que vêem em filmes de entretenimento que estimulam sua própria agressão. Se as crianças forem permanentemente expostas a mensagens promovendo a violência como divertida ou adequada para resolver os problemas e ganhar status, então o risco de elas aprenderem atitudes e padrões de comportamento respectivos é muito alto.

Teorias e estudos de pesquisa

Base teórica geral

Muitas teorias e estudos científicos trataram do problema da violência na mídia desde o início do século XX. A maioria vem da América do Norte, Austrália/Nova Zelândia ou Europa Ocidental. Entretanto, cada vez mais a Ásia, América Latina e África têm contribuído para o debate científico. Vamos apresentar resumidamente os estudos mais influentes. Eles cobrem uma ampla gama de paradigmas diferentes: estudos culturais, análises de conteúdo dos programas da mídia, pesquisas de comportamento. Contudo, os termos agressão e violência são exclusivamente definidos aqui considerando o comportamento que conduz ao mal de outra pessoa. Para fenômenos, em que a atividade e a criatividade trazem conseqüências positivas para os envolvidos, outros termos são usados. Recentemente, os cientistas superaram sua divergência tradicional e chegaram a algumas conclusões comuns. Eles adotam um risco de efeitos da mídia dependente do conteúdo da mensagem, das características do usuário da mídia, e de sua família, bem como de seu ambiente social e cultural. Resumindo, as crianças correm mais risco de ser imediatamente influenciadas do que os adultos. Certos efeitos, contudo, como o hábito, também valem para faixas etárias mais velhas. Enquanto os efeitos de curto prazo podem ser descritos em termos de simples relações causais, o impacto de longo prazo é mais adequadamente descrito como um processo interativo que envolve muitos fatores e condições diferentes. Entretanto, como o mundo comercial e político confia fortemente na influência das imagens e mensagens (como se vê no movimento de bilhões de dólares da indústria da propaganda ou o importante papel da mídia na política), parece ingênuo excluir a violência na mídia de qualquer probabilidade de ocorrência de efeitos.

A teoria mais influente sobre a violência na mídia é provavelmente a *abordagem da aprendizagem social*, elaborada por Bandura e colegas. Tendo em vista tudo que as pessoas aprendem através da observação de seu ambiente imediato, pode-se concluir que processos semelhantes ocorram na mídia. Muitos estudos demonstraram que as crianças, em particular, ou imitam diretamente o que vêem na tela, ou integram os padrões de comportamento observados a seu próprio repertório. Uma extensão desta teoria considera o papel das percepções. Se vejo que um certo comportamento, por exemplo, um comportamento agressivo, é bem-sucedido, acredito que o mesmo seja verdadeiro para minha própria vida. Groebel & Gleich (1993) e Donnerstein (*National Television Violence Study* [*Estudo Nacional da Violência na Televisão*], 1997) mostram em estudos europeus e norte-americanos que aproximadamente 75% dos atos agressivos apresentados na tela permanecem sem quaisquer conseqüências negativas para o "agressor", ou são até mesmo recompensados.

A assim chamada *teoria do script*, propagada por Rowell Huesmann e Leonard Eron, admite o desenvolvimento de visões de mundo complexas ("scripts") por meio da influência da mídia. Se superestimo a probabilidade da violência na vida real (por exemplo, através de sua freqüência na tela da TV), desenvolvo um sistema de crenças em que a violência constitui uma parte normal e adequada da sociedade moderna.

O papel das condições pessoais do espectador é enfatizado na *hipótese da frustração-agressão* (ver Leonard Berkowitz). Espectadores que foram frustrados em seu ambiente real, por exemplo, por punição, insulto ou privação física, "lêem" a violência na mídia como um sinal para canalizar sua frustração na agressão. Esta teoria explicaria por que em particular crianças que vivem em áreas com problemas sociais estão predispostas aos efeitos de agressão da mídia.

A tendência contrária foi adotada na *teoria da catarse* e, mais tarde, na *teoria da inibição*, de Seymour Feshbach. Como na tragédia grega, predisposições agressivas seriam reduzidas pela observação de estados semelhantes em outras pessoas (enfrentar de modo substitutivo). A inibição ocorreria quando a estimulação das próprias tendências agressivas levasse ao medo (aprendido) de ser punido e, assim, contribuísse para sua redução. Embora ambas as abordagens ainda possam ser válidas sob certas circunstâncias, elas não foram confirmadas na maioria dos estudos, e seu autor original, Feshbach, agora também admite o risco de efeitos negativos.

Muito da fascinação pela violência na mídia tem a ver com a excitação fisiológica. As cenas de ação, que em geral fazem parte da violência na mídia, prendem a atenção do espectador e criam uma leve excitação, mais provavelmente nos indivíduos do sexo masculino. Ao mesmo tempo, as pessoas tendem a reagir de forma mais agressiva em um estado de excitação. Isto mais uma vez explicaria por que cenas de TV excitantes levariam a um maior grau de agressão entre espectadores frustrados/com raiva, como Dolf Zillmann explica em sua *teoria da transferência de excitação.* Neste contexto, não é o conteúdo, e sim as características formais, efeitos visuais e sonoros que seriam responsáveis pelo resultado.

Entre outros, Edward Donnerstein, Neil Malamuth e Donald Linz investigaram o efeito da *exposição a longo prazo* a imagens extremamente violentas. Os homens, em particular, estão acostumados a cenas sangrentas freqüentes; sua empatia com vítimas de agressão é reduzida.

O impacto da violência na mídia sobre a ansiedade também foi analisado. George Gerbner e Jo Groebel demonstraram em estudos longitudinais que a representação freqüente do mundo como ameaçador e perigoso leva a atitudes mais medrosas e cautelosas com relação ao ambiente real. Quando as pessoas já têm medo ou não vivenciam experiências contrárias, elas desenvolvem uma visão de mundo cheia de ansiedade e têm dificuldade para distinguir *a realidade da ficção.*

Os *estudos culturais* discutem o papel da interpretação cultural do significado. A decodificação e a interpretação de uma imagem dependem das tradições e convenções. Isto explicaria por que um quadro agressivo pode ser "lido" de forma diferente, por exemplo, em Cingapura ou na Suíça, ou mesmo por grupos diferentes dentro de uma cultura nacional. Estas diferenças culturais têm que ser levadas em consideração. Contudo, a questão é se certas imagens também podem criar imediatamente reações emocionais em um nível fundamental (não ligado à cultura) e até que ponto a mídia de massa internacional desenvolveu uma linguagem visual mais homogênea (superextensão cultural).

Cada vez mais teorias de outras origens que não anglo-saxônicas têm dado importantes contribuições para a discussão. Em Paris, foi realizado um congresso patrocinado pela UNESCO em 1997, presidido por E. Auclaire, em que muitas destas abordagens, inclusive a da Psicanálise e da Psiquiatria, foram apresentadas. Este evento deu continuidade a uma série de encontros que se iniciaram em Lund, em 1995, em que a plataforma global da violência na mídia levou à criação da Câmara Internacional da UNESCO para Crianças e a Violência na Tela, com sede em Göteborg (e provavelmente Utrecht; ver os relatórios de Nils Gunnar Nilsson).

A teoria da orientação

Como base para o estudo da UNESCO, Jo Groebel formulou a teoria da orientação. Dependendo das experiências já existentes, do controle social e do ambiente cultural, o conteúdo da mídia oferece uma orientação, uma estrutura de referência que determina a direção do próprio comportamento do indivíduo. Os espectadores não adaptam necessariamente de forma simultânea o que observaram, eles medem seu próprio comportamento em termos da distância dos modelos da mídia percebidos. Se a crueldade extrema é "comum", "só" zombar de alguém parece inocente por comparação, se o ambiente cultural não estabeleceu uma estrutura de referência alternativa que funcione (por exemplo, controle social; valores).

Em geral, o impacto da violência na mídia depende de várias condições: conteúdo da mídia — cerca de dez atos de violência por hora na programação comum (ver o recente *Estudo Nacional da Violência na Televisão* norte-americano, 1997); freqüência; cultura e situação real; e as características do espectador e de seu ambiente familiar. Visto que a mídia é agora um fenômeno de massa, a probabilidade de uma combinação problemática é alta. Isto está demonstrado em muitos estudos. Com base na evidência científica, pode-se concluir: o risco da violência na mídia prevalece.

Método e projeto do estudo da UNESCO

Um estudo a ser realizado em diferentes países e culturas enfrenta vários problemas: a logística é difícil; muitos países não têm faculdades onde possam conduzir o estudo; as culturas são tão diferentes que aparecem não só problemas de linguagem, mas também diferenças no significado social dos termos. Portanto, os autores deste projeto optaram por um procedimento padronizado.

Toda a logística foi elaborada pela Organização Mundial do Movimento Escoteiro, em sua sede em Genebra. A organização utilizou sua rede de Organizações Nacionais de Escoteiros para conduzir o estudo nos respectivos países. Com este objetivo, dois funcionários do Movimento Escoteiro viajaram para os países da amostra (ver a seguir) e instruíram os representantes locais sobre a forma de aplicar o procedimento. Além disso, a Organização se encarregou das traduções para as diferentes línguas nacionais, bem como dos pré-testes necessários em cada país. A vantagem do Movimento Escoteiro, além de sua logística, é sua estrita independência política e ideológica. Assim sendo, não era de se esperar nenhuma interferência planejada ou não por causa de um certo sistema de crenças.

Embora linguagem e significado estejam sempre ligados à cultura, optamos por um procedimento sob a forma de questionário para analisar a relação entre as preferências na mídia e a agressão. Aplicando exatamente as mesmas perguntas em todo o mundo, foi possível uma comparação máxima. Como limitamos os itens a dados descritivos, preferenciais e comportamentais, excluindo medidas de avaliação e desempenho, adotamos uma mensuração relativamente independente com relação à cultura. É claro que diferenças sistemáticas nas preferências indicam especificidades culturais. Era isso exatamente o que queríamos medir. A confiabilidade e a validade dos dados não são reduzidas por esta abordagem. Os pré-testes regionais demonstraram que todas as crianças podiam compreender o questionário a que tinham de responder durante as aulas, e que todos os itens eram significativos para elas. Naturalmente, se não houvesse restrições financeiras e de tempo, pré-testes ainda melhores teriam sido possíveis. Contudo, as análises posteriores confirmaram a qualidade do trabalho.

O questionário em si consistia em uma combinação de perguntas sob a forma de texto com respostas, na maior parte, do tipo múltipla escolha e esboços muito simples (mais uma vez, independentes da cultura) representando várias situações sociais. As crianças tinham então de escolher entre diversas opções, por exemplo, uma solução agressiva ou pacífica para um conflito apresentado. Vários fatores foram investigados: os dados demográficos das crianças, sua situação social e familiar, uso e preferências na mídia, nível de agressão em seu ambiente, suas próprias tendências agressivas, nível de ansiedade, e sua percepção de valores e orientações. Em resumo, cerca de sessenta variáveis diferentes foram incluídas.

A amostra para o estudo consistia em um grupo central original formado por 23 países diferentes do mundo, onde, dependendo do tamanho do país, entre 150 e 600 escolares de 12 anos de idade (meninos e meninas) deveriam ser respectivamente examinados. Os países foram selecionados de forma a representar diferentes regiões e estruturas de desenvolvimento social, culturas e circunstâncias sociais e econômicas. Depois de completar os dados centrais que foram mantidos, cerca de 5 mil crianças de 12 anos de países do mundo todo contribuíram para o projeto. Os países participantes são: África do Sul, Alemanha, Angola, Argentina, Armênia, Brasil, Canadá, Costa Rica, Croácia, Egito, Espanha, Fiji, Filipinas, Holanda, Índia, Japão, Maurício, Peru, Qatar, Tadjiquistão, Togo, Trinidad e Tobago, Ucrânia.

Além do grupo central, um "grupo-controle" ainda maior de países foi organizado pelos cientistas da Universidade de Utrecht. Com este grupo adicional, que inclui a Áustria, a Rússia, os EUA, e provavelmente a França, a Grã-Bretanha, a Suécia e a Polônia, será estabelecida uma ligação com a pesquisa nacional já existente.

Foi utilizada uma amostra-cota, que considerou três critérios: sexo, ambiente rural versus metropolitano, e nível alto versus nível baixo de agressão no ambiente real do estudante. A amostra foi sistematicamente estruturada com os dois últimos critérios. Supôs-se que o sexo estava igualmente distribuído pelas escolas. Além disso, os tipos de escola foram escolhidos nacionalmente para representar os respectivos sistemas escolares.

A idade foi fixada em 12 anos para padronizar possíveis efeitos do desenvolvimento. Muitos estudos trataram das diferenças de idade, e os 12 anos parecem ser um período em que o interesse pela mídia é particularmente alto; ao mesmo tempo, as crianças ainda estão em processo de socialização. É a idade em que começam a ficar adolescentes e a se interessarem por modelos de papéis adultos e suas respectivas imagens na mídia. É claro que "idade psicológica" e maturidade podem diferir de uma cultura para outra, mas os estágios fundamentais do desenvolvimento ainda são válidos entre as culturas, como muitos estudos demonstraram. De qualquer forma, decidimos padronizar o fator idade.

A coleta de dados teve início no outono de 1996 e terminou com este relatório em setembro de 1997. Assim sendo, trata-se não só de um dos maiores projetos sobre efeitos da mídia, mas também de um dos mais atuais e "rápidos".

Os resultados

Cerca de 350 mil dados individuais foram obtidos e processados (mais de 5 mil estudantes com mais de sessenta variáveis em seus questionários cada um). Em um primeiro passo, foram feitas análises simples, a fim de obter um panorama geral dos dados demográficos, do uso global da mídia e do estado da violência entre as crianças de todo o mundo. Além disso, foram obtidos os primeiros indicadores da correlação entre uso da mídia e agressão individual. Neste estágio, a maioria dos resultados se baseia em tabelas de freqüência e porcentagem, mais algumas tabulações cruzadas. Análises mais sofisticadas serão apresentadas posteriormente (para os especialistas: incluindo análises estruturais e modelos multivariados).

Os dados demográficos

Estatísticas globais:

2788 meninos e 2353 meninas participaram neste estágio do estudo; todos tinham 12 anos. Os meninos (54,1%) estão, assim, um pouco mais representados em comparação com as meninas (45,6%). Contudo, isso foi proposital, pois vemos os meninos como o grupo de risco maior.

Cerca de 80% das crianças moram com ambos os pais; 13% só com a mãe; 2,5% com o pai. O restante vive com parentes, em orfanatos ou sozinho. Quarenta e nove por cento vivem em uma cidade grande, 28% em uma pequena cidade, 20% em pequenas aldeias, e os 3% restantes em acampamentos ou casas isoladas. O pai da maioria das crianças trabalha como empregado; 10% não sabem a profissão do pai (assim como podem não conhecê-lo). Cerca de 9% das crianças já tiveram de fugir de um país. Aproximadamente 40% das mães de todo o mundo cuidam das tarefas domésticas como sua profissão básica. A maior parte das crianças vive em famílias de tamanho pequeno a médio, ou sozinhas com seus pais ou com um ou dois irmãos ou irmãs (cerca de 90%). Cerca de um terço das crianças foi classificado (pelos representantes locais dos escoteiros) como vivendo em um ambiente agressivo ou encarando problemas. A combinação de 50% originalmente proposta não pôde ser feita porque vários países parecem raramente ter tal área, de fácil identificação.

Diferenças regionais:

Neste estágio do estudo, concentramo-nos em quatro "regiões", e não em países individuais: África, Ásia/Pacífico, Europa/Canadá, América Latina. Ao fazê-lo, juntamos áreas que podem diferir imensamente entre si. "Fundimos" a Europa e o Canadá porque pressupomos alguma base cultural comum. Isto, é claro, também é parcialmente verdadeiro para a Europa e a América Latina. Contudo, no caso da América Latina, havia um número suficiente de países para formar seu próprio grupo. De qualquer modo, esse agrupamento não foi mais do que um primeiro teste de diferenças ou sobreposições culturais aproximadas. Alguns resultados: A África tem o menor número da nossa amostra de crianças que vivem junto com o pai e a mãe (cerca de 72%), a Ásia o maior (88%), ficando a América Latina (75%) e a Europa/Canadá (83%) em posição intermediária. A Ásia apresenta o maior número de crianças vivendo em cidades grandes (56%), e a Europa/Canadá (43%), o menor. A África tem o maior número de refugiados (12%), e a América Latina, o menor (4%).

Talvez nem todos estes números se enquadrem com um cálculo global objetivo, mas algumas regiões não eram acessíveis de modo algum; além disso, só podíamos analisar as crianças que eram capazes de ler. Entretanto, para o propósito do estudo, os dados parecem ser suficientemente válidos.

Uma diferença extraordinária foi notada com relação à profissão da mãe: enquanto 51% das mães na América Latina e 55% na Ásia se encarregam (exclusivamente) das tarefas domésticas, os números para a Europa/Canadá e África são, respectivamente, 33% e 9,9%. Por diferentes razões, a maioria das mães nessas duas regiões também têm outro trabalho (encarregam-se de tudo; estão empregadas).

Resumindo, a seleção de países representava todo o intervalo de índices do Programa de Desenvolvimento das Nações Unidas.

Uso da mídia

Estatísticas globais:

Noventa e sete por cento das áreas escolares da nossa amostra podem ser alcançadas por, pelo menos, um canal de TV. Para a maior parte das áreas a média é de quatro a nove canais (34%). 5% recebem um; 3%, dois; 9%, três canais; 11%, de dez a vinte; e 18%, mais de vinte canais. As porcentagens são valores mínimos, e 17% não responderam a esta pergunta.

Noventa e um por cento das crianças de nossa amostra global têm acesso a um aparelho de TV, basicamente em casa. Portanto, a tela se tornou um meio de comunicação universal em todo o mundo. Quer seja em uma favela, em uma ilha do Pacífico Sul, ou em um arranha-céu na Ásia, a televisão é onipresente, mesmo ao considerarmos que não cobrimos algumas regiões onde a televisão não existe. Este resultado justifica a suposição de que a TV ainda é a fonte de informações e entretenimento mais poderosa depois da comunicação face a face. Isso é confirmado por estatísticas adicionais. Nem mesmo o rádio e os livros apresentam a mesma distribuição (91%, 92%).

Todos os outros meios de comunicação seguem com alguma distância: jornais, 85%; gravadores, 75%; revistas em quadrinhos, 66%; videocassetes, 47%; videogames (como o *"gameboy"*), 40%; computadores, 23%; Internet, 9%.

As crianças puderam dizer quanto tempo gastam com suas atividades favoritas. Elas passam uma média de 3 horas diárias na frente da tela. Isto é pelo menos 50% mais tempo gasto com este meio de comunicação do que com qualquer outra atividade, incluindo lição de casa (2 horas), ajudar a família (1,6 hora), brincar fora de casa (1,5 hora), estar com os amigos (1,4 hora), ler (1,1 hora), ouvir rádio (1,1 hora), ouvir fita/CD (0,9 hora), ou usar o computador (0,4 hora, para aqueles a quem isto se aplica).

Assim sendo, a TV domina a vida das crianças em todo o mundo.

Diferenças regionais:

A Europa/Canadá apresenta a mais alta distribuição de TV (aproximadamente 99%). A África, a mais baixa (83%). Na verdade, em nosso estudo, a distribuição de TV pode estar representada em excesso no caso da África, pois não consideramos grupos não-escolares ou áreas sem eletricidade. A América Latina vem logo depois da Europa/Canadá (97%). A Ásia tem uma distribuição de 92%. A ordem é mais ou menos a mesma para a maioria dos outros meios audiovisuais, como videocassetes, computadores, jogos — ver os números nas estatísticas globais. O rádio ainda desempenha um papel importante na África; neste caso a porcentagem é semelhante à da Europa/Canadá e América Latina (aproximadamente 91%), e um pouco mais alta do que na Ásia (88%).

Orientações e valores

Estatísticas globais:

As condições emocionais, bem como seus ideais, são fatores importantes que moderam a forma como as crianças lidam com seu ambiente e avaliam o que vêem na mídia. É claro que a própria mídia pode influenciar estas condições e normas.

Quais são as condições emocionais gerais das crianças? Cerca de dois terços afirmam que estão felizes a maior parte do tempo. Cerca de um quarto conhece o sentimento, mas não o experimenta regularmente, e cerca de 2,5% diz que nunca está feliz. Não há diferença entre meninos e meninas. Quase a metade das crianças está ansiosa a maior parte do tempo ou com freqüência, e, mais uma vez, não há diferença entre meninos e meninas. Cerca de 47% das crianças dizem que gostariam de viver em um outro país (ou por aventura, ou por escapismo).

Embora a maior parte das crianças seja relativamente feliz, um número extraordinário vive em um estado emocional problemático.

Que tipos de pessoas são percebidas como modelos de papéis pelas crianças? Elas podiam dar um nome que era então ordenado em uma lista de características diferentes. Os resultados mais uma vez demonstram a importância da mídia.

A maioria das crianças (26%) cita um herói de ação, seguido por astros e músicos do mundo pop (18,5%). Contudo, há diferenças importantes entre os sexos. Trinta por cento dos meninos mencionam um herói de ação, contra 21% das meninas. Mas mesmo neste grupo feminino, este herói vem depois dos astros/músicos do mundo pop (meninas: 27%, meninos: 12%).

Outras personalidades desempenham um papel menos importante: cerca de 8% citam um líder religioso; 7%, um líder militar (meninos: 9%, meninas: 3,4%); 6%, um filósofo/cientista; 5%, um jornalista; e apenas 3%, um político. O restante são conhecidos pessoais ou tem outros papéis.

Isto confirma a tendência global: heróis de ação e astros do mundo pop são os modelos de papéis favoritos das crianças.

Não obstante, as crenças religiosas ainda estão amplamente espalhadas: Cerca de 90% das crianças afirmam que acreditam em (um) Deus.

Quais são os valores pessoais das crianças? 40% afirmam que seu maior desejo é ter uma família, ou porque vivem um relacionamento pais-filhos funcional, ou porque não têm uma família e gostariam de ter uma. Para 10%, ter comida suficiente é o maior desejo, o que pode significar que este grupo regularmente conviva com falta de comida. Para 25% dos meninos, o maior desejo é ser sempre um campeão, sendo que 19% das meninas responderam a mesma coisa.

Diferenças regionais:

As condições emocionais parecem diferir um pouco entre as regiões do mundo. Enquanto a felicidade está mais ou menos igualmente distribuída (com a América Latina um pouco "mais feliz" do que a África, Europa/Canadá e Ásia, nessa ordem), diferenças notáveis ocorrem com relação à ansiedade. Cerca de 50% das crianças na África, América Latina ou Ásia estão (muito) freqüentemente ansiosas, em comparação com cerca de 36% na Europa/Canadá.

Há diferenças regionais entre os heróis favoritos: na Ásia, os heróis de ação ocupam a primeira posição (34%), na África, a última (18%) e, na América Latina e Europa/Canadá, posições intermediárias (25% em cada uma dessas regiões). Este resultado pode estar relacionado com a saturação significativamente menor da mídia audiovisual na África, mas também pode haver outras razões culturais.

Contudo, há uma correlação clara entre a presença da TV e a escolha de heróis de ação como os favoritos.

Os favoritos na África são os astros/músicos do mundo pop (24%), que ocupam a última posição na Ásia (12%). Na África, os líderes religiosos também ocupam altas posições (18%), em comparação com a Europa/Canadá (2%), América Latina (6%) e Ásia (6%). Os líderes militares ocupam a primeira posição na Ásia (9,6%) e a última na Europa/Canadá (2,6%). Os jornalistas estão bem classificados na Europa/Canadá (10%) e mal classificados na América Latina (2%). Os políticos estão em último lugar na Europa (1%) e em primeiro lugar na África (7%).

Mais uma vez, talvez haja uma correlação com a distribuição da mídia de massa: quanto mais TV, mais alta a posição das personalidades da mídia, e mais baixa a de personalidades tradicionais (políticos, líderes religiosos). Na Europa/Canadá, os jornalistas têm dez vezes mais votos do que os políticos.

Há uma forte correlação entre o acesso à mídia moderna e os valores e orientações predominantes.

Violência e agressão

Estatísticas globais:

Conforme relatado, cerca de um terço das crianças de nossa amostra vive em um ambiente de alta agressão ou em uma região problemática. Isto abrange desde áreas de alta criminalidade, passando por zonas de guerra recente e campos de refugiados, até ambientes economicamente pobres que, é claro, não têm que ser agressivos por si. Contudo, nestas áreas, mais do que o dobro das pessoas que morrem são assassinadas, em comparação com as regiões com um baixo nível de problemas (segundo as crianças: 16% versus 7%).

Mais uma vez, nas áreas de alta agressão, duas vezes mais crianças pertencem a uma gangue armada (5,2%), em comparação com as áreas de baixa agressão. Tais crianças afirmam ter mais inimigos pessoais (9% versus 5,9%) e encaram o ataque mais freqüentemente como diversão do que as crianças das regiões de baixa agressão (8% versus 4,7%). Elas também usam armas contra alguém com maior freqüência (7,5% versus 5,5%). Portanto, como era de se esperar, as crianças das regiões de alta agressão são mais ansiosas (a maior parte do tempo: 25% versus 19%) e gostariam de viver em um outro país (53% versus 46%). Elas também relatam uma felicidade semelhante à do grupo de baixa agressão. Contudo, sua visão de mundo é, obviamente, influenciada por sua experiência: cerca de um terço do grupo de ambiente agressivo acredita que a maior parte das pessoas do mundo é má (em comparação com um pouco mais de um quinto do grupo de áreas de baixa agressão).

O padrão é claro e plausível: em áreas de grandes problemas, as crianças não apenas vivenciam mais comportamentos agressivos, como também são emocional e cognitivamente afetadas: mais violência hedonística, mais ansiedade, e uma visão de mundo mais pessimista.

Diferenças regionais:

Formas diferentes de agressão são avaliadas de modos diversos nas culturas do mundo. Queríamos saber qual é percebido como mais "danoso": um ataque físico ou um insulto verbal. Os resultados confirmam as diferenças culturais: na Europa e no Canadá, as crianças vêem um ataque físico com os punhos como pior (55,5%) do que ser xingado (44%). Na Ásia acontece o oposto: para aproximadamente 70% das crianças, os insultos verbais são piores do que os ataques físicos (29%). A África apresenta resultados semelhantes aos da Ásia (verbal: 63%, físico, 35%). A América Latina está equilibrada (50% cada).

Em situações diferentes, onde é mais provável encontrar reações agressivas? Apresentamos alguns esboços simples que mostravam diversas situações sociais: um conflito verbal, um ataque físico, um gravador estragado por uma outra criança, um aparelho de som que uma criança queria insistentemente ter, um grupo de pessoas perambulando. Para cada uma dessas situações, as crianças deviam dizer como as pessoas envolvidas reagiriam, e o que elas mesmas fariam em uma situação semelhante.

Em situações de conflito social, as crianças na África afirmaram com maior freqüência que veriam ataques físicos como reações adequadas: por exemplo, 32% bateriam no outro como reação a um insulto verbal (Ásia, 15%; América Latina, 14%; Europa/Canadá, 16%); 9% chegaram a dizer que atirar no outro seria adequado. Cerca de um terço das crianças na África respondeu que um grupo de pessoas perambulando atacaria um outro grupo como ação seguinte (Ásia, 28%; Europa/Canadá, 20%; América Latina, 19%).

Ao mesmo tempo, a vivência de ter uma arma de fogo é sentida de modo mais forte pelas crianças na África do que pelas crianças das outras regiões (25%; América Latina, 18%; Europa/Canadá, 18%; Ásia, 10%). Elas também afirmam ter uma arma de fogo com maior freqüência (4,5%; América Latina, 3,5%; Ásia, 3,3%; Europa/Canadá, 2,4%). Em geral, as crianças na África e na Ásia apresentam uma freqüência duas vezes maior do fato de ter usado uma arma de fogo contra alguém (7,1%; 8,3%) do que as crianças na América Latina e Europa/Canadá (4,4%; 3,6%).

Resumindo, os padrões e percepções de comportamento agressivo pelas crianças constituem um espelho do que vivenciam em seu ambiente real: frustração, agressão, circunstâncias problemáticas.

Contudo, até que ponto a mídia contribui para estes padrões? Até que ponto canaliza as predisposições agressivas já existentes?

Violência na mídia

A maioria dos estudos mostra que a relação entre a violência na mídia e a violência "real" é interativa: a mídia pode contribuir para uma cultura agressiva; as pessoas que já são agressivas utilizam a mídia como uma confirmação adicional de suas crenças e atitudes que, por sua vez, são reforçadas pelo conteúdo da mídia. Esta interação é especialmente verdadeira para desenvolvimentos de longo prazo. Neste estágio do estudo, podemos oferecer algumas correlações entre a mídia e a violência "real". Não se pode admitir um efeito unidirecional em nível global, e ele também não poderia ser testado empiricamente. O estudo focaliza o papel da mídia na complexa cultura da violência ao lado de outras influências.

Uma questão fundamental é se as crianças são capazes de distinguir a realidade da ficção. Outra questão lida com a percepção de que a mídia e as experiências diárias sejam semelhantes. Comparamos as crianças dos ambientes de alta e baixa agressão e perguntamos a elas se aquilo que viam na mídia lembrava suas próprias experiências.

Em ambos os casos, no grupo da área de alta agressão houve uma sobreposição maior entre realidade e ficção do que no grupo da área de baixa agressão (filmes: 46% versus 40%; TV: 72% versus 69%; rádio: 52% versus 48%; revistas em quadrinhos: 26% versus 22%; em resumo, uma tendência homogênea, não radical). Assim sendo, há maior probabilidade de as crianças do primeiro grupo serem confrontadas com mensagens agressivas semelhantes em seu ambiente real e na mídia do que as do segundo grupo. É óbvio que o conteúdo da mídia reforça a crença já mencionada de que a maioria das pessoas é má.

Muitas crianças são cercadas por um ambiente em que as experiências "reais" e com a mídia sustentam a visão de que a violência é natural.

A fascinação pela violência está freqüentemente relacionada a personagens fortes que podem controlar seu ambiente; são (no final) recompensados por sua agressão e conseguem lidar com praticamente todos os problemas. A mensagem é, pelo menos, tripla: a agressão é um bom meio de resolver conflitos; a agressão dá status; a agressão é divertida. O herói maior-do-que-a-vida constitui, naturalmente, um velho tema da arte e da literatura. Serve a duas necessidades: como compensação das deficiências de um indivíduo e como ponto de referência para seu comportamento. Relativamente nova, contudo, é a uniformidade global de tais heróis através da mídia de massa e seu peso comercial.

Um exemplo desse tipo de herói é o *Exterminador do Futuro*, personagem de dois filmes do mesmo nome, estrelados por Arnold Schwarzenegger. Nossos resultados confirmam que o *Exterminador* é um herói que não está limitado a uma cultura, pois cerca de 80% da população infantil do mundo (se nossa amostra é representativa) o conhece.

Comparando as áreas de alta e baixa agressão, chama a atenção o fato de que 51% das crianças do ambiente de alta agressão gostariam de ser como ele, contra 37% das crianças do grupo de baixa agressão. Ele parece representar as características que elas acham necessárias para lidar com situações difíceis.

Fazem sucesso semelhante heróis como *Rambo* e, é claro, heróis "locais" da mídia doméstica, como acontece na Índia, Brasil e Japão.

Um herói agressivo da mídia é particularmente "bem-sucedido" como modelo de papel nas áreas de alta agressão do mundo. Alguns destes heróis se tornaram ícones que ultrapassaram culturas.

Há padrões sistemáticos na aquisição de comportamento agressivo que ligam motivos pessoais, ambiente real e conteúdo da mídia? Analisamos a correlação entre diferentes formas de "busca de sensações" (o motivo a ser desencadeado pelo risco e pela aventura), uma característica de personalidade relativamente estável, por um lado, e diferentes ambientes reais e da mídia, de outro.

Não houve diferença na busca de sensações no ambiente de alta e de baixa agressão, o que é plausível, pois se supõe que esta característica de personalidade seja geneticamente determinada e, portanto, relativamente independente de influências do ambiente. Contudo, quando dividimos a amostra em um grupo com uma infra-estrutura tecnológica comparativamente bem desenvolvida e outro com tal infra-estrutura menos desenvolvida (critério: distribuição de computadores, então, divisão do número médio = dicotomia alta/baixa de 50%), o quadro mudou. Duas vezes mais crianças do grupo de "alta tecnologia", em comparação com o outro grupo, apresentaram tendência à busca de risco (20% versus 10%).

Em termos de regiões, a África ocupa a posição mais baixa (7,3%), a Europa/Canadá, a mais alta (18,9%), seguida pela Ásia (18,5%) e América Latina (15,9%).

Isso pode estar relacionado a dois aspectos:

- a estimulação sensorial é provavelmente maior em ambientes de alta tecnologia, criando, assim, um estado em geral maior de excitação permanente;
- com uma disponibilidade bastante grande de programação da mídia, a tendência à busca de riscos é moldada em padrões uniformes que espelham o conteúdo da mídia (por exemplo, a perseguição de carro como um ícone do cinema).

Para testar esse último aspecto, relacionamos a tendência à busca de sensações, em uma análise adicional, à preferência pelo conteúdo da mídia. O quadro é explícito. As crianças, em particular os meninos, com uma tendência à busca de riscos apresentam uma preferência maior por conteúdo agressivo da mídia do que as crianças sem essa tendência (meninos: 40% versus 29%). Ao serem perguntados se eles próprios queriam estar envolvidos em uma situação agressiva, a tendência foi ainda mais forte: 47% daqueles que preferem conteúdo agressivo da mídia também gostariam de estar eles próprios envolvidos em uma situação de risco (em comparação com uma média de 19% relativa a outras preferências na mídia, faixa: 15%-23%). Em uma análise recente, este resultado chega o mais perto possível de uma medida de efeitos diretos:

Há uma ligação entre a preferência por violência na mídia e a necessidade de se envolver em agressão.

O resultado geral pode ser interpretado como se segue:

É possível que a tendência à busca de sensações seja geneticamente determinada (com uma influência extremamente forte do sexo: 25% dos meninos, mas apenas 4% das meninas, falam de busca de riscos!). O nível e direção desta tendência, contudo, são moderados pelo ambiente. Quando a violência é apresentada como algo "emocionante" no ambiente diário da mídia, as "características recompensadoras" do respectivo comportamento são reforçadas. Quando as crianças na verdade vivenciam a violência em seu ambiente imediato, o valor hedonístico do "heroísmo" dá lugar ao valor "sobrevivência" (ver os resultados relativos ao herói de ação).

Portanto, dependendo do ambiente "real", a violência da mídia pode servir a propósitos diferentes. Não obstante, em ambos os casos ela confirma as características "recompensadoras" do comportamento agressivo.

Conclusões e recomendações

Neste estágio, podemos resumir o papel da mídia na percepção e aplicação da agressão como se segue:

A violência da mídia é universal. É basicamente apresentada em um contexto recompensador. Dependendo das características de personalidade da criança e de suas experiências de vida diárias, a violência da mídia satisfaz necessidades diferentes: Ela "compensa" as frustrações e déficits da criança em áreas problemáticas. Oferece "emoções" para a criança em um ambiente menos problemático. No caso dos meninos, cria uma estrutura de referência para "modelos de papéis atraentes". Há muitas diferenças individuais, contudo, os padrões básicos das implicações da violência da mídia são semelhantes no mundo todo. Filmes individuais não são o problema. É a extensão e a onipresença da violência da mídia que contribuem para o desenvolvimento de uma cultura agressiva global. As "características recompensadoras" da agressão são mais sistematicamente promovidas do que as formas não-agressivas de lidar com a vida. Portanto, o risco da violência da mídia prevalece.

Os resultados mostram a onipresença da TV em todas as áreas do mundo. A maioria das crianças da Terra parece passar a maior parte de seu tempo com este meio de comunicação. O que elas obtêm é uma grande porção de conteúdo violento. Combinado com a violência real que muitas crianças vivenciam, há uma grande probabilidade de que as orientações agressivas, e não as pacíficas, sejam promovidas. Também nas áreas de agressão mais baixa, o conteúdo violento da mídia é apresentado em um ambiente recompensador. Embora as crianças lidem de formas diferentes com este conteúdo em culturas diversas, o aspecto transcultural da questão é o fato de que a agressão é interpretada como uma boa forma de resolver problemas em várias situações.

As crianças querem um ambiente social e familiar que funcione. Como freqüentemente parecem não ter tal ambiente, procuram modelos de papéis que ofereçam compensação através do poder e da agressão. Isso explica o sucesso universal de personagens de filmes como o *Exterminador do Futuro*. Preferências individuais por filmes como esse não são o problema. Contudo, quando o conteúdo violento se torna um fenômeno comum à altura de um ambiente agressivo da mídia, a probabilidade de que as crianças desenvolvam uma nova estrutura de referência e que predisposições problemáticas sejam canalizadas em atitudes e comportamentos destrutivos aumenta imensamente.

Quais são as soluções possíveis? Mais importante do que a mídia são as condições econômicas e sociais em que as crianças crescem. Contudo, a mídia como elemento de culturas, crenças e orientações também merece muita atenção. Controle centralizado e censura não são eficientes e não vão ao encontro dos padrões das sociedades democráticas. Três estratégias principais devem ser consideradas:

- Debate público e conversas "de base comum" entre políticos, produtores e professores.
- O desenvolvimento de códigos de conduta profissionais e de autodisciplina para produtores.
- Formas inovadoras de educação para a mídia a fim de criar usuários de mídia críticos e competentes.

Além dos profissionais de mídia, organizações não-governamentais em geral e agentes educacionais não-formais com uma perspectiva global, como o Movimento Escoteiro, podem desempenhar um importante papel neste aspecto.

Com sistemas de comunicação como a Internet, a mídia será ainda mais onipresente e universal. Conseqüentemente, o novo ambiente digital exige atenção semelhante à recebida pela cultura e educação no mundo tradicional.

Nota

1. O estudo é um projeto conjunto da UNESCO, Organização Mundial do Movimento Escoteiro e Universidade de Utrecht. Este relatório foi apresentado pelo prof. dr. Jo Groebel à UNESCO em 19 de fevereiro de 1998.

Referências bibliográficas

GROEBEL, J. (org.) (1997) New Media Developments. *Trends in Communication 1*. Amsterdam, Boom Publishers.

______. & GLEICH, U. (1993) *Gewaltprofil des deutschen Fernsehens* (*Perfil da violência na televisão alemã*). Landesanstalt für Rundfunk Nordrhein-Westfalen. Leverkusen, Leske & Budrich.

______. & HINDE, R. (orgs.) (1991) *Aggression and war. Their biological and social bases*. Cambridge, Cambridge University Press.

______. & SMIT, L. (1997) *Gewalt im Internet* (*Violência na Internet*). Relatório para o Parlamento alemão. Bonn, Deutscher Bundestag.

NATIONAL TELEVISION VIOLENCE STUDY (*Estudo Nacional da Violência na Televisão*) (1997) Santa Barbara, University of California.

UNITED NATIONS DEVELOPMENT PROGRAM (1997) *Human Development Report 1997*. Nova York, Oxford University Press.

Situação da Mídia Infantil

Artigos de Pesquisa

A Voz das Crianças na Mídia

Um estudo dos programas de TV infantis na Ásia

ANURA GOONASEKERA

Eu gosto do que tenho é o mesmo
que eu tenho o que gosto.[1]

A maioria dos programas da mídia de massa não é produzida tendo em mente o interesse das crianças. Como outras mercadorias comerciais, eles são produzidos para obter lucro no mercado. Contudo, às vezes se diz que o mercado fornece às pessoas aquilo de que gostam. A citação no início deste artigo, tirada de *Alice no País das Maravilhas*, é para nos lembrar de que as coisas não são tão simples assim.

Na maioria dos países asiáticos, as crianças com menos de 15 anos perfazem cerca de 40% da população. Esta proporção é ainda mais alta em países mais pobres, como a Índia e Bangladesh. Contudo, apenas uma parte muito pequena dos programas de TV e de rádio, cinema, livros, periódicos e jornais é feita para as crianças. Embora dados publicados sobre as dimensões da mídia infantil sejam escassos, calcula-se que em alguns países asiáticos como a Índia, Bangladesh e Sri Lanka, ela seja menos de 5%. A falta de informações sobre as crianças e a mídia indica a falta de interesse dentro da comunidade científica e das classes governantes com relação a este assunto. Também é indicativa da ausência de uma política reconhecida quanto à comunicação para as crianças. Esta situação se torna mais terrível quando se considera o fato de que, em muitos dos países mais pobres da Ásia, uma grande proporção das crianças que deveriam estar na escola na realidade não está. A proporção é particularmente alta no caso das meninas asiáticas.

Nos países em que a economia está crescendo rapidamente e correndo na frente para se manter competitiva, a comercialização desenfreada entrou na programação da mídia infantil. Por exemplo, produtos relacionados aos programas são maciçamente anunciados e vendidos para as crianças. Diferentes sistemas de mídia colaboram para produzir e comercializar produtos infantis como parte de sua tarifa. Por exemplo, o programa de TV *Tartarugas Ninjas* gerou revistas em quadrinhos, jogos de computador, filmes e comerciais sem conta no rádio e na TV para tornar o nome familiar.

Nesta situação, que tipos de programas de TV são oferecidos para as crianças entre 6 e 15 anos de idade nos países asiáticos? Elas têm aquilo de que gostam ou gostam do que têm? Que tipo de mundo é criado para as crianças por estes programas de televisão? Até que ponto as pessoas que elaboram políticas e os produtores de programas dos canais de TV asiáticos estão conscientes dos direitos da criança enunciados pela ONU?[2] Quais são as fontes disponíveis para a produção de programas de TV infantis na Ásia?

Estas são algumas das questões que o Asian Media Information and Communication Centre (AMIC) [Centro de Comunicação e Informação da Mídia Asiática] colocou em um estudo empírico sobre a televisão e as crianças em nove países asiáticos.[3]

É sabido que os países da Ásia têm muitas diferenças sociais, econômicas e culturais. Em um nível muito elementar pode-se discernir duas Ásias: a Ásia mais pobre e a Ásia mais rica. O acesso à televisão é diferente nestas duas regiões. Bangladesh e Nepal, dois dos países menos desenvolvidos da Ásia, têm cerca de seis aparelhos de TV para cada mil habitantes. Estes números para a Índia e Indonésia são, respectivamente, 38 e 46. Em contraste, nas partes mais ricas da Ásia, ter televisão é um fato bastante difundido. A Coréia do Sul têm 416 aparelhos para cada mil habitantes, Cingapura, duzentos, e Malásia, 102 (Goonasekera & Holaday, 1993).

Também há diferentes tipos de propriedade e administração de canais de TV nos diferentes países da Ásia. Os canais podem ser do governo, de indivíduos particulares ou uma mistura de ambos. Estes fatores têm um significado importante no desenvolvimento da programação de TV nos países asiáticos. Eles também influenciam as políticas que são seguidas em relação aos programas infantis nestes países. A Tabela 1 é uma descrição sumária do panorama televisivo em termos do desenvolvimento econômico e dos padrões de propriedade em onze países asiáticos.

Tabela 1
Padrões de propriedade em onze países asiáticos

	Governo	Particular	Misto
Menos industrializados/ pobres	China, Nepal, Vietnã	Filipinas[4]	Índia, Indonésia, Sri Lanka
Industrializados/ricos			Japão, Malásia, Cingapura, Tailândia

Quais são os tipos de programas de TV à disposição das crianças na Ásia? Para os propósitos desta pesquisa, os programas de TV foram classificados em doze tipos. As doze categorias são: Animação ou Desenhos Animados; Marionetes; Histórias; Seriado/Drama; Revista Pré-escolar; Informações em Revista; Noticiários; Entretenimento em Revista; Perguntas/Jogos; Música Pop; Religião; Cultural/Tradicional. Também há uma categoria "outros" para incluir os programas que não podem ser classificados nestas doze categorias.

As Tabelas 2, 3 e 4 apresentam dados, com base nesta classificação, de dois países: a Índia e a Malásia. A Índia pertence à região mais pobre da Ásia, e a Malásia, à mais rica. A Índia tem uma política aberta com relação à recepção de programas de TV via satélite por seus cidadãos, enquanto que a Malásia impõe restrições.

Tabela 2
Transmissão de programas infantis* em Doordarshan, Índia

Tipo de programa	Duração em minutos, por semana		Tempo total de transmissão em minutos (horas)**, por ano		Como porcentagem de toda a programação infantil
	Local	Estrangeiro			
Animação	85	150	12220	(203.66)	19.83
Marionetes	—	—	—	—	—
Histórias	—	90	4680	(78.00)	7.59
Seriado/drama	60	60	6240	(104.00)	10.12
Revista pré-escolar	20	—	1040	(17.33)	1.69
Informações em revista	70	—	3640	(60.66)	5.91
Noticiários	—	—	—	—	—
Entretenimento em revista	110	—	5720	(95.33)	9.28
Perguntas/jogos	60	—	3120	(52.00)	5.06
Música pop	—	—	—	—	—
Religião	—	—	—	—	—
Cultural/tradicional	30	—	1560	(26.00)	2.53
Outros***	450	—	23400	(390.00)	37.97
TOTAL	885	300	61620	(1026.98)	100.00

	Transmissão total em horas, por semana		Transmissão total em horas, por semana
National DD	5.05	Bombay Regional	3.00
Metro DD2	5.30	Hyderabad Regional	1.00
Madras Regional	2.20	Bangalore DD	1.30
		Thiruvananthira	1.00

* Com base em programação de uma semana.
** Calculado com base no tempo de transmissão por hora em 1995.
*** Cobre programas infantis de variedades que incluem histórias, drama, perguntas/jogos, música.

A Tabela 2 apresenta dados relativos a Doordarshan (DDI), na Índia. Baseia-se na programação de uma semana em janeiro de 1995. Dois fatores se destacam nestes dados. Um é a predominância de programas de animação. É a maior categoria única da programação (19,83%). O mesmo acontece em muitos outros países da Ásia. O segundo é o predomínio de programas estrangeiros nesta categoria (63,8%).

A predominância de programas estrangeiros é composta por um fenômeno recente na cena televisiva da Índia, que é a transmissão de programas por redes multinacionais estrangeiras como Star TV, CNN e BBC World Service para o público indiano. Além disso, a Índia tem seus próprios canais via satélite, alguns dos quais são ligados a partir de pontos de origem estrangeiros, tal como Hong Kong (ver Tabela 3).

Tabela 3
Transmissão de programas infantis em canais indianos via satélite

Tipo de programa	Duração em minutos, por semana		Tempo total de transmissão em minutos (horas), por ano		Como porcentagem de toda a programação infantil
	Local	Estrangeiro			
Animação	60	780	43680	(728)	41.79
Marionetes	—	—	—	—	—
Histórias	—	—	—	—	—
Seriado/drama	—	420	21840	(364)	20.90
Revista pré-escolar	—	—	—	—	—
Informações em revista	—	—	—	—	—
Noticiários	—	—	—	—	—
Entretenimento em revista	—	—	—	—	—
Perguntas/jogos	150	60	10920	(182)	10.45
Música pop	30	—	1560	(26)	1.49
Religião	—	—	—	—	—
Cultural/tradicional	30	—	1560	(26)	1.49
Outros	480	—	24960	(416)	23.88
TOTAL	750	2010	104520	(1742)	100.00

	Transmissão total em horas, por semana
STAR TV	20.00
ZEE TV	4.00
SUN TV/ASIANET/RAJ TV	3.30
JAIN TV	6.00
TOTAL	33.30

Novamente, o tipo dominante de programa infantil é a animação ou o desenho animado (41,8%), seguido pelo seriado/drama (20,9%). A Índia não controla o acesso direto a programas via satélite por seus cidadãos. Contudo, a maioria dos programas estrangeiros via satélite é distribuída principalmente através de operadoras de TV a cabo indianas. A maioria das pessoas na Índia não tem condições de ter uma antena parabólica, em razão do auto custo. Estas pessoas assinam a TV a cabo, que retransmite programas estrangeiros via satélite, juntamente com programas locais, tais como os filmes em língua local.

A Tabela 4 apresenta os dados relativos à Malásia, que é um país muito mais rico que a Índia. Diferentemente desta, a Malásia controla o acesso de seus cidadãos às transmissões estrangeiras via satélite, exigindo que tirem uma licença para usar uma antena parabólica. Os dados desta tabela são relativos a programas de transmissão local de três canais da Malásia: RTM1, RTM2 e TV3. Novamente, há uma predominância de material estrangeiro na programação infantil. Cerca de 88% de todos os programas infantis são de origem estrangeira. O controle do acesso via satélite em si não é suficiente para evitar o predomínio de programas estrangeiros. Juntamente com tal política deveria haver um encorajamento ativo dos produtores locais a fim de que produzissem programas infantis. As forças de mercado em si mesmas podem não gerar programas infantis locais suficientes.

Tabela 4
Transmissão de programas infantis na Malásia (RTM1, RTM2, TV3) (1994)

Tipo de programa	Duração em minutos, por semana		Tempo total de transmissão em minutos (horas), por ano		Como porcentagem de toda a programação infantil
	Local	Estrangeiro			
Animação	—	390	20280	(338.0)	37.14
Marionetes	—	180	9360	(156.0)	17.14
Histórias	—	60	3120	(52.0)	5.71
Seriado/drama	—	30	1560	(26.0)	2.86
Revista pré-escolar	30	—	1560	(26.0)	2.6
Informações em revista	20	60	4160	(69.3)	7.62
Noticiários	—	60	3120	(52.0)	5.71
Entretenimento em revista	60	—	3120	(52.0)	5.71
Perguntas/jogos	—	20	1040	(17.3)	1.90
Música pop	—	—	—	—	—
Religião	20	—	1040	(17.3)	1.90
Cultural/tradicional	—	—	—	—	—
Outros	—	120*	6240	(104.0)	11.43
TOTAL	130	920	54600	(909.9)	100.00

* Drama de ação enlatado.

Tabela 5
Disponibilidade de programas infantis em sete países asiáticos por duração (em minutos) de cada tipo de programa durante um ano

Canal/País — Tipo de programa	Doordarshan Índia		Canais indianos via satélite		Malásia		China		Nepal		Paquistão		Sri Lanka		Tailândia	
	Loc. *(%)*	Est. *(%)*	Loc. *(%)*	Est. *(%)*	Loc. *(%)*	Est. *(%)*	Loc. *(%)*	Est. *(%)*	Loc. *(%)*	Est. *(%)*	Loc. *(%)*	Est. *(%)*	Loc. *(%)*	Est. *(%)*	Loc. *(%)*	Est. *(%)*
Animação	4420 *(7.17)*	7800 *(12.65)*	3120 *(2.98)*	40560 *(38.80)*	–	20280 *(37.14)*	6760 *(10.92)*	14560 *(23.52)*	2080 *(21.05)*	–	–	7280 *(15.38)*	540 *(2.13)*	6000 *(23.72)*	1040 *(4.25)*	–
Marionetes	–	–	–	–	–	9360 *(17.14)*	–	–	–	–	–	–	900 *(3.55)*	360 *(1.42)*	–	–
Histórias	–	4680 *(7.59)*	–	–	–	3120 *(5.71)*	2340 *(3.78)*	–	1560 *(15.78)*	–	–	–	4000 *(15.81)*	–	–	–
Seriado/drama	3120 *(5.06)*	3120 *(5.06)*	–	21840 *(20.89)*	–	1560 *(2.85)*	10920 *(17.64)*	–	–	–	10920 *(23.07)*	–	1140 *(4.50)*	1200 *(4.74)*	7800 *(31.91)*	–
Revista pré-escolar	1040 *(1.69)*	–	–	–	1560 *(2.85)*	–	–	–	–	–	1820 *(3.84)*	–	100 *(0.39)*	2000 *(7.90)*	–	–
Informações em revista	3640 *(5.90)*	–	–	–	1040 *(1.90)*	3120 *(5.71)*	6240 *(10.08)*	–	1560 *(15.78)*	–	–	–	450 *(1.77)*	800 *(3.16)*	3120 *(12.76)*	–
Noticiários	–	–	–	–	–	3120 *(5.71)*	–	–	–	–	–	–	–	–	–	–
Entretenimento em revista	5720 *(9.28)*	–	–	–	3120 *(5.71)*	–	–	–	–	–	–	7280 *(15.38)*	300 *(1.18)*	200 *(0.79)*	3120 *(12.76)*	–
Perguntas/Jogos	3120 *(5.06)*	–	7800 *(7.46)*	3120 *(2.98)*	–	1040 *(1.90)*	780 *(1.26)*	–	1560 *(15.78)*	–	10920 *(23.07)*	–	1500 *(5.93)*	–	3120 *(12.76)*	–
Música pop	–	–	1560 *(1.49)*	–	–	–	–	–	–	–	5460 *(11.53)*	–	1700 *(6.72)*	100 *(0.39)*	–	–
Religião	–	–	–	–	1040 *(1.90)*	–	–	–	–	–	3640 *(7.69)*	–	4000 *(15.81)*	–	4680 *(19.14)*	–
Cultural/Tradicional	1660 *(2.53)*	–	1560 *(1.49)*	–	–	–	1560 *(2.52)*	–	–	–	–	–	–	–	1560 *(6.31)*	–
Outros	23400 *(37.97)*	–	24960 *(23.88)*	–	–	6240 *(11.42)*	18720 *(30.25)*	–	3120 *(31.57)*	–	–	–	–	–	–	–
TOTAL	46020 *(74.66)*	15600 *(25.30)*	39000 *(37.30)*	65520 *(62.67)*	6760 *(12.36)*	47840 *(87.58)*	47320 *(76.47)*	14560 *(23.52)*	9880 *(100.00)*	–	32760 *(69.20)*	14560 *(30.76)*	14630 *(57.79)*	10660 *(42.12)*	2440 *(100.00)*	–

Loc. = Local
Est. = Estrangeiro

Até que ponto estão espalhadas pela Ásia as características dos programas infantis que descrevemos para a Índia e a Malásia? As Tabelas 5 e 6 apresentam um sumário das estatísticas comparáveis para sete países asiáticos. As estatísticas mostram uma predominância dos programas de animação, seguidos do seriado/drama. Além disso, cerca de 47% de todos os programas infantis são de origem estrangeira. Os dados também mostram escassez de programas culturais, pré-escolares e de informação dentro de toda a programação infantil.

Tabela 6
Transmissão de programas infantis em sete países asiáticos, 1994/1995

Tipo de programa	Tempo total de transmissão em minutos (horas), por ano				Como porcentagem de toda a programação infantil
	Local		Estrangeiro		
Animação	11312.66	(3.40)	82162.66	(25.00)	28.40
Marionetes	900	(0.27)	9720	(2.95)	3.22
Histórias	5599	(1.70)	7800	(2.37)	4.07
Seriado/drama	23162	(7.00)	27720	(8.43)	15.43
Revista pré-escolar	4520	(1.38)	2000	(0.60)	1.98
Informações em revista	9914	(3.01)	3920	(1.20)	4.21
Noticiários	—	—	3120	(0.95)	0.95
Entretenimento em revista	12260	(3.72)	7480	(2.27)	5.99
Perguntas/jogos	28033	(8.52)	4160	(1.26)	9.79
Música pop	8720	(2.66)	100	(0.03)	2.69
Religião	13360	(4.07)	—	—	4.07
Cultural/tradicional	4706	(1.42)	—	—	1.42
Outros	51792	(15.75)	6240	(1.90)	17.65
TOTAL	174278.66	(52.90)	154422.66	(46.97)	100.00

Embora essas características sejam comuns a muitos países asiáticos, também há diferenças importantes nas políticas relativas à televisão para crianças na Ásia. Algumas delas são descritas a seguir.

Na China[5] há dois tipos de programas relacionados com crianças. O primeiro são programas dirigidos diretamente a elas. Tais programas incluem entretenimento, educação e notícias. O outro tipo são programas que visam à educação dos adultos com relação a seus deveres para com as crianças. Qual o grau de familiaridade dos produtores de TV com a Convenção da ONU sobre os Direitos da Criança? O grupo de liderança da China Central Television (CCTV) [Televisão Central da China], em Pequim, e em particular o Departamento Infantil e Juvenil estavam cientes da Convenção da ONU sobre os Direitos da

Criança. O conteúdo da Convenção está conscientemente incorporado nos programas de TV. Exemplos de tais programas são os produzidos para o Dia Internacional de Transmissão Infantil (em dezembro), o Dia Internacional da Criança (em junho), e os programas transmitidos durante as férias de inverno e verão. *O Grande Moinho de Vento* e *Conte Como É* são dois programas de TV que incorporaram os princípios da Convenção da ONU sobre os Direitos da Criança. A implementação das cláusulas dessa Convenção é freqüentemente considerada em combinação com a do Programa Nacional de Ação para o Desenvolvimento Infantil da China.

Na Índia[6] o número total de programas infantis em todos os canais é menos de um por cento. A maioria deles visa às crianças de classe alta das zonas urbanas. Contudo, esses programas não são populares entre seu público alvo por falta de entretenimento. Nem um sequer dos programas lembrados pela amostra de crianças entrevistadas era feito na Índia. Quando se perguntou ao pessoal da TV Doordarshan sobre as prioridades da programação, nenhum deles mencionou programas infantis. Nenhuma das redes tem uma política específica para criar a conscientização ou programas sobre os direitos da criança. Uma lacuna óbvia na programação de TV infantil da Índia é a ausência virtual de programas feitos especificamente para os anos iniciais da adolescência.

Na Indonésia[7] a concorrência acirrada pela renda proveniente da propaganda resultou em pouca atenção aos programas infantis porque tais programas são menos atraentes para os anunciantes. O aparecimento da televisão comercial e a falta de políticas e orientações apropriadas relativas ao conteúdo da programação resultaram em uma situação confusa e fora de controle. Em razão disso ficou difícil desenvolver a televisão infantil. Dos quinze programas preferidos pelas crianças, sete eram programas para adultos. Os diretores dos canais de TV pouco ou nada sabiam da Convenção da ONU sobre os Direitos da Criança.

No Japão[8] a NHK assumiu uma posição de liderança na produção de programas infantis. Suas produções são agradáveis e têm valor educativo. Os programas infantis são transmitidos em três dos quatro canais da NHK. Um projeto chamado YUMEDIA utiliza uma caravana itinerante a fim de obter colaboração para a programação destinada a crianças de escola primária. Em contraste com a NHK, que é uma rede estatal, os canais comerciais do Japão não têm programas infantis separados. Os programas infantis estão incluídos naqueles destinados à família. Nos canais de TV comerciais a animação e o drama de metamorfose são os principais tipos de programas infantis. Os programas preferidos pelas crianças japonesas são produzidos no Japão. Os produtores da NHK conhecem bem a Convenção da ONU sobre os Direitos da Criança. A divulgação dos direitos da criança é feita através de programas educativos e de informações.

Na Malásia[9] o canal estatal, RTM, está fazendo um sério esforço para produzir programas infantis. Os canais comerciais, TV3 e Metrovision, não mostraram entusiasmo semelhante. Esta negligência se deve à percepção de que os programas infantis não têm muito apelo para os anunciantes. Os produtores da RTM conhecem bem a Convenção da ONU sobre os Direitos da Criança. Eles obtiveram este conhecimento através de conferências internacionais das quais participaram. O pessoal dos canais comerciais, por outro lado, desconhecem ou conhecem pouco a Convenção.

No Nepal[10] sérias restrições financeiras impedem a produção de programas infantis. A prioridade destes programas é baixa devido à falta percebida de apoio dos anunciantes/mercado. Esta situação é agravada pela ausência de treinamento adequado na produção de programas infantis e pela falta de criatividade. Os produtores de TV do Nepal ouviram falar da Convenção da ONU sobre os Direitos da Criança, mas não estão familiarizados com suas cláusulas em detalhes.

Nas Filipinas[11] tem havido maior interesse pelos programas infantis nos últimos anos. Contudo, esta área ainda é negligenciada. A falta de lucro dos programas infantis é a principal razão desta negligência. Além disso, muitas questões infantis se tornaram politizadas. Às vezes, a forma como a televisão lida com essas questões não tem em vista os maiores interesses da criança. Por exemplo, vítimas infantis de sexo e violência são obrigadas a relatar detalhes medonhos para o benefício das câmaras de TV. Vários projetos de lei têm sido apresentados ao Congresso das Filipinas a fim de melhorar a programação infantil da TV. Entre eles se incluem a introdução de um sistema de classificação e a regulação da propaganda na televisão.

Em Cingapura[12] tem havido uma revitalização dos programas infantis depois que a televisão se tornou comercial em 1994. Os programas infantis produzidos no país têm por alvo uma ampla faixa etária: dos 4 aos 12 anos. As crianças nesta faixa etária apresentam uma grande variação de habilidades cognitivas. Programas de TV que têm como alvo uma faixa etária assim ampla são geralmente ineficientes no seu apelo a tal grupo. Os canais de TV também transmitem vários programas para pré-escolares. As necessidades das crianças mais velhas não são suficientemente satisfeitas; em conseqüência, elas consomem programas adultos em proporções maiores. Não há nenhum treinamento especial para os produtores de programas infantis. Os programas refletem o clima político e cultural de Cingapura. A ênfase recai sobre a manutenção da harmonia racial e religiosa e sobre a estabilidade política. A prioridade dos programas infantis é baixa porque os diretores de TV acreditam que os baixos índices de audiência destes programas não justificam grandes investimentos. Poucos produtores conhecem a Convenção da ONU sobre os Direitos da Criança.

No Vietnã[13], todos os anos o governo estabelece objetivos para a produção de programas infantis. Estes programas ou são dirigidos às crianças ou visam a educar os adultos com relação às necessidades infantis. O principal fator que restringe a produção de programas infantis são as limitações financeiras. Há muito poucos programas atendendo às crianças com mais de 10 anos de idade. Os produtores conhecem a Convenção da ONU sobre os Direitos da Criança e as políticas do Estado a ela relacionadas.

Em geral os programas infantis produzidos em muitos países asiáticos não atraem as crianças às quais se destinam. Em conseqüência, apenas uma pequena porcentagem do que existe à disposição é realmente visto pelas crianças. De acordo com Mira Aghi (1996), pesquisadora de mídia indiana, cerca de 75% de sua amostra de crianças mencionou programas de adultos como seus favoritos. Crime, *thrillers*, comédias e seriados de família formam o núcleo dos programas preferidos por sua amostra. O pesquisador do Sri Lanka, Dharmadasa (1994), observa que os programas infantis produzidos localmente em geral não estão à altura do nível de qualidade e conteúdo que as crianças exigem. De acordo com uma pesquisa realizada pelo instituto Levantamento e Pesquisa da Malásia (1994), dos cem programas mais vistos na televisão da Malásia por crianças entre 6 e 14 anos de idade, apenas três eram programas infantis. Todos eles eram produções estrangeiras. Sua classificação é dada entre parênteses: *Cyber Cop* (39º lugar), *Uetraman Trio* (63º lugar) e *Alamria Disney* (80º lugar).

Dentre os países pesquisados, três seguiram políticas úteis para o desenvolvimento de programas infantis para a televisão. São a China, o Vietnã e o Japão. Tanto na China quanto no Vietnã, o apoio recebido do governo foi crucial. No Japão, a política pública de transmissão da NHK estava por trás do sucesso da televisão infantil. Contudo, em muitos outros países, os programas infantis tinham que competir no mercado e nisso não podiam ser bem-sucedidos. Para os anunciantes e homens de marketing, a televisão infantil trazia pouco lucro. A pesquisa do Centro de Comunicação e Informação da Mídia Asiática mostra claramente a necessidade de desenvolver a televisão infantil em muitos países da Ásia. Também mostra que as forças de mercado não farão isso. Um esforço combinado da parte dos grupos interessados é necessário para mobilizar apoio para a televisão infantil na Ásia. Recursos do governo, da sociedade civil, de instituições educacionais e de organizações comerciais precisam ser mobilizados. No Encontro Asiático sobre os Direitos da Criança e a Mídia[14], o Centro de Comunicação e Informação da Mídia Asiática propôs a criação de um Fundo Asiático de Comunicação Infantil para a produção e comercialização de programas infantis para a televisão, o rádio e a imprensa. Acreditamos que esta seja uma forma prática de abordar as questões relativas às crianças e a mídia na Ásia.

Notas

1. Chapeleiro Maluco no Chá das Cinco em *Alice no País das Maravilhas*.
2. As crianças têm direitos inalienáveis. Este fato foi referendado pela adoção da Convenção sobre os Direitos da Criança pela Assembléia Geral da ONU em 1989. Cento e noventa e um governos são atualmente membros deste tratado internacional, incluindo todas as nações da Ásia-Pacífico.
3. Os países são China, Índia, Indonésia, Japão, Malásia, Nepal, Filipinas, Cingapura e Vietnã. O estudo foi parcialmente financiado pelo UNICEF. Além desses países, estão incluídos, neste trabalho, dados do Sri Lanka e Tailândia.
4. As Filipinas não têm dois canais mantidos pela governo.
5. Prof. Huang Chang Zhu, diretor adjunto e pesquisador sênior, Centro de Documentação e Informação da Academia Chinesa de Ciências Sociais de Pequim, foi o pesquisador-chefe do estudo na China.
6. Lalita Eashwer, dos Serviços de Marketing Kanoi, em Madras, foi a pesquisadora-chefe do estudo na Índia.
7. Bob Gantarto, pesquisador da Fundação Indonésia para o Bem-Estar da Criança, em Jacarta, foi o pesquisador-chefe do estudo na Indonésia.
8. Sachiko Kodaira, pesquisador sênior do Instituto de Pesquisa Cultural da NHK, em Tóquio, foi o pesquisador-chefe do estudo no Japão.
9. Prof. R. Karthigesu e dr. Shanti Balraj, da Escola de Comunicações da University Sains Malaysia, em Penang, foram os pesquisadores-chefes conjuntos do estudo na Malásia.
10. Josefina Dhungana, do Grupo de Consultoria DECORE, em Katmandu, foi a pesquisadora-chefe do estudo no Nepal.
11. Dra. Theresa H. Stuart, diretora de Mobilização Social do UNICEF, em Manila, foi a pesquisadora-chefe do estudo nas Filipinas.
12. Lin Ai Leen, da Escola de Estudos das Comunicações da Universidade Tecnológica Nanyang, em Cingapura, foi a pesquisadora-chefe do estudo em Cingapura.
13. Prof. Chung A, diretor do Centro de Sociologia da Academia Política Nacional Ho Chi Minh, foi o pesquisador-chefe do estudo no Vietnã.
14. O Encontro aconteceu em Manila, Filipinas, de 2 a 5 de julho de 1996. Foi o primeiro Encontro da Criança organizado para a imprensa, rádio e televisão, cinema e mídia de publicidade. Foi financiado pela União Asiática de Rádio e Televisão (Asian Broadcasting Union — ABU), Centro Asiático de Comunicação e Informação da Mídia (Asian Media Information and Communication Centre — AMIC), Fundação Filipina para a Televisão Infantil (Philippines Children's Television Foundation — PCTVF), UNICEF e governo das Filipinas.

Referências bibliográficas

AGHI, Mira (1996) Citado em *Television and children: what kids are viewing in Asia*. Apresentação feita por Anura Goonasekera no Fórum Internacional de Pesquisadores: Os Jovens e a Mídia Amanhã. GRREM, Paris, 1997.

DHARMADASA, P. (1994) *Sri Lanka research data on children and television*, compilado por P. Dharmadasa. Cingapura, de propriedade da AMIC.

GOONASEKERA, Anura & Duncan Holaday (1993) *Asian Communication Handbook*. Cingapura, AMIC.

KARTHIGESU, R. (1994) *Children and television*. Relatório Provisório da Malásia. Cingapura, AMIC.

A Influência da Mídia e o Desenvolvimento da Ética das Crianças Chinesas dos Centros Urbanos[1]

SUN YUNXIAO

No início da década de 80, os aparelhos de TV, gravadores, aparelhos de videocassete, máquinas de videogame etc. começaram a se popularizar em toda a China continental. Em 1980, a China continental tinha 9.020.000 aparelhos de TV em cores, e em 1990 esse número crescera 1,956% e chegara aos 185.460.000 aparelhos, com uma média de 79,4 pessoas para cada aparelho de TV. Ao mesmo tempo, o número de publicações do Estado também crescia enormemente. De 1976 a 1982, as publicações para crianças e jovens aumentaram de 880 para 3690 tipos, e a impressão, de 268.000.000 para 1.034.000.000 de cópias. Em 1989, 3861 tipos de livros para crianças e jovens, com uma impressão de 1.719.300.000 cópias, e 76 tipos de revistas com uma impressão de 145.860.000 cópias foram publicados. Em 1990, 42 tipos de jornais com uma circulação de 545.870.000 cópias foram impressos. Falando de modo geral, os principais usuários desses meios de comunicação se encontravam nas áreas urbanas.

A China tem uma população de 1,2 bilhão de habitantes e 320 milhões de famílias, 20,72% das quais, cerca de 66 milhões, são famílias com filho único. A investigação sobre o uso da mídia nas famílias com filho único (1996) mostra que 98,9% dessas famílias têm aparelhos de TV, 92,3% têm rádios, 72,8% têm telefone, 62,1% têm aparelhos de videocassete, 60,3% têm videogames, 35,9% têm dispositivos para a automação da aprendizagem, e 20,6% têm computadores. Cada família assina, em média, 3,8 jornais e revistas, 2,58% dos quais se destinam ao filho único.

É óbvio que utilizar e gostar da mídia se tornou uma parte importante da vida das crianças por causa da popularidade desses meios de comunicação e, assim, suas vidas têm sido bastante influenciadas pela mídia. Portanto, a relação entre o uso da mídia e o desenvolvimento infantil da ética se tornou uma nova questão de estudo. Os objetivos de nossa pesquisa são: (1) descrever e analisar as condições do uso da mídia entre as crianças chinesas das áreas urbanas; (2) descrever e analisar as condições do desenvolvimento da ética das crianças chinesas das áreas urbanas; (3) provar e explicar a relação entre o uso da mídia e o desenvolvimento da ética; (4) comparar os efeitos dos fatores que influenciam o desenvolvimento da ética quando as crianças utilizam a mídia; (5) dar sugestões de como utilizar a mídia para melhorar a educação ética.

Hipóteses

A utilização infantil da mídia significa as ações pelas quais as crianças optam de forma a satisfazer suas necessidades sob uma certa influência social.

Quanto à ética, há muitas definições diferentes elaboradas por países e campos acadêmicos diversos. De acordo com Piaget, "cada ética tem um sistema com muitas regras, e a natureza da ética é que o indivíduo aprende a obedecer a essas regras". Portanto, o que basicamente estudamos são os conteúdos e padrões da ética na sociedade atual e até que ponto as crianças aprendem e obedecem a essas regras.

De acordo com o programa de educação ética elaborado pela Comissão Chinesa de Educação Pública em 1993, referente aos conteúdos e padrões da ética como caracterizados por pesquisadores anteriores, definimos tais conteúdos e padrões da ética aprendidos pelas crianças como aqueles que cobrem os principais aspectos de suas vidas sociais e individuais. A ética pode ser mais ou menos dividida em dois tipos: (1) Ética individual — refere-se principalmente aos padrões éticos sociais que as crianças aprendem e aos quais obedecem a fim de satisfazer suas necessidades de autodesenvolvimento. Ela inclui: quanto à vida material — comer alimentos que beneficiam a saúde, vestir-se de forma simples e asseada, amar os esportes, estudar muito, realizar tarefas independentemente, amar o trabalho, ser econômico; quanto à vida social — desejar muito o conhecimento e a informação, amar a arte. (2) Ética social — refere-se principalmente aos padrões morais, à natureza e aos códigos de conduta que uma criança deveria seguir quando coordena as relações entre si mesmo e uma outra pessoa, organização ou sociedade. Ela inclui: honestidade, igualdade, independência, estar pronto para ajudar os outros, importar-se com o coletivo, patriotismo. A diferença de nível ético entre as crianças deve-se: (1) ao fato de elas obedecerem ou não a todos os códigos éticos; (2) à extensão em que conseguem obedecer às regras.

Na sociedade moderna, a mídia de massa é vista como um dos fatores mais importantes que afetam a socialização da criança, sendo outros fatores fundamentais a família, a escola e grupos da mesma idade. Entretanto, o conteúdo educativo e recreativo da mídia é bastante heterogêneo. A mídia divulga informação educativa próxima à realidade social, o que corresponde aos conceitos e comportamentos éticos exigidos pela sociedade moderna. Por outro lado, o conteúdo recreativo divulga informação sobre o mundo imaginário, que está longe do mundo real; portanto, esse conteúdo mantém distância dos conceitos e comportamentos éticos exigidos pela sociedade moderna.

Considerando a análise acima, nossas hipóteses são: Há uma correlação entre a mídia e o conceito moral e o comportamento das crianças. Quanto mais contato as crianças tiveram com o tipo de mídia que contém conhecimento, melhor seu conceito moral e comportamento irão satisfazer as necessidades da sociedade moderna.

Metodologia

Nossa pesquisa foi realizada basicamente através de questionários.

De acordo com o *Almanaque Econômico da Sociedade Urbana Chinesa* (1992), a China tem 469 cidades, nas quais estudam 13.800.000 alunos de primeira a quarta série e 6.311.500 alunos de quinta a oitava série. Cento e oitenta e sete das 469 cidades são de tamanho médio ou maiores, com uma população total de 178.070.000, que corresponde a 15,6% da população total da China e a 53% da população total em áreas urbanas. Consideramos uma amostra de 3360 alunos de terceira a sétima série de 112 escolas de dezesseis cidades entre as 187 de tamanho médio ou maiores, e 3337 questionários válidos foram recolhidos. As cidades são Xangai, Huizhou na província de Guandong, Baoji na província de Shaanxi, Wuhan na província de Hubei, Changchun na província de Jilin, Wenzhou na província de Zhejiang, Jinchang na província de Gansu, Huaiyin na província de Jiangsu, Taiyuan na província de Shanxi, Yingkou na província de Liaonin, Cangzhou na província de Hebei, Juijiang na província de Jiangxi, Puyang na província de Henan, Neijiang na província de Sichuan, Rizhao na província de Shandong, Sanya na província de Hainan, e outras mais.

A composição da amostra é a seguinte: Os meninos perfazem 47,2% do total, enquanto as meninas correspondem a 52,8%. Um por cento tem 8 anos ou menos de idade, 9,2% têm 9 anos, 13,9% têm 10 anos, 15,7% têm 11 anos, 15,2% têm 12 anos, 11,1% têm 13 anos, 13,4% têm 14 anos, 12,7% têm 15 anos e 7,2% têm 16 anos ou mais.

Além dos questionários, organizamos 32 seminários nas dezesseis cidades, aos quais compareceram trezentos professores e pais, a fim de conhecer suas idéias e sugestões sobre a influência da mídia e o desenvolvimento ético infantil. Também foram feitos estudos comparativos com crianças comuns, crianças modelos e crianças excepcionalmente dotadas. A utilização de vários métodos de estudo garantiu a objetividade, a precisão e a qualidade científica dos resultados.

Resultados principais e análises

Em primeiro lugar, as crianças chinesas das áreas urbanas estão expostas a muitos tipos de mídia de massa. Embora a maioria das crianças veja televisão, isso não leva a um menor interesse pela mídia escrita. As crianças têm uma capacidade de leitura limitada; contudo, mais de 50% do contato das crianças chinesas das áreas urbanas com a mídia escrita (2,407%) é mais alto do que o contato com a mídia eletrônica (2,052%). Este fato é de grande importância para o desenvolvimento completo das crianças, especialmente o desenvolvimento da inteligência. Quando as crianças têm cerca de 10 anos de idade, são capazes de selecionar mídias diferentes para satisfazer suas necessidades. Elas escolherão a mídia eletrônica, como televisão, gravador, videocassete ou videogame ao precisarem de recreação ou estimulação; escolherão a TV, o rádio ou os jornais quando quiserem ouvir notícias; escolherão a mídia escrita como os livros, revistas ou jornais quando quiserem compreender o mundo atual e a si mesmas; e selecionarão as máquinas de videogame, o gravador, a TV ou o telefone quando quiserem minorar as pressões, a solidão e a inquietação. Mais da metade das crianças gosta de música pop, o que indica que é provável que se tornem socialmente envolvidas quando forem alunas. Se o tempo que a criança fica em contato com a mídia eletrônica exceder duas horas por dia, é possível que a comunicação social, estudo e até mesmo saúde mental da criança sejam afetados. De modo geral, a freqüência, duração e tipos de mídia com que as crianças chinesas têm contato são razoáveis. O fenômeno anormal de crianças perdidas em algum tipo de mídia eletrônica não se espalhou na China. Uma razão importante é que a economia na China se desenvolveu tão rapidamente que vários tipos de mídia se desenvolveram quase ao mesmo tempo; assim, é possível, para a criança, selecionar a mídia que satisfaça suas próprias necessidades. Além disso, a atenção apropriada da parte de escolas e famílias desempenha um papel importante.

Em segundo lugar, as crianças chinesas das áreas urbanas têm a natureza principal da ética e do comportamento, contudo ela não é satisfatória. Quanto ao patriotismo, elas obtiveram a nota média mais alta, que foi 4,56 pontos (o total era 5); no que se refere aos três outros aspectos — ponto de vista sobre o dinheiro, segurança e atitudes com relação ao estudo — suas notas ficaram acima da média. Quanto ao cuidado com o coletivo e os outros, bons hábitos e costumes, aspirações para depois da época de estudo, artes, treinamento físico e independência, elas obtiveram uma nota mais baixa do que a média, sendo que a mais baixa foi 3,27 pontos em independência, que não satisfazia as exigências de uma sociedade moderna.

De acordo com a pesquisa sobre o desenvolvimento da personalidade dos filhos únicos das áreas urbanas da China, descobrimos que eles têm um forte desejo de afinidade e maior persistência e que 70% dessas crianças são capazes de aceitar a si mesmas. Entretanto, a maioria dos filhos únicos não apresenta um desejo forte de realização, embora tenham melhores condições de vida e seus pais depositem grandes esperanças neles. Alguns filhos únicos são relativamente agressivos, sendo este um dos principais defeitos de sua personalidade.

Em terceiro lugar, existe uma correlação entre o contato da criança com a mídia e seus pontos de vista e comportamento ético:

1. Existe uma correlação positiva notável entre as notas morais da criança e a freqüência e duração de seu contato com o rádio, TV e mídia impressa, como jornais, revistas, livros etc. Isto é, quanto maior a freqüência e mais longo o período de tempo durante o qual a criança ouve rádio ou vê televisão, e lê jornais, revistas e livros, mais altas são as notas morais que obtém; quanto mais altas as notas morais que obtém, maior a freqüência e a duração do tempo em que mantém contato com esses quatro tipos de mídia. Ao contrário, existe uma correlação negativa entre as notas morais da criança e a freqüência e duração de seu contato com a televisão, videocassete e videogame. Isto é, quanto maior a freqüência e mais longo o período de tempo do contato da criança com a televisão, videocassete e videogame, mais baixas as notas morais que obtém; quanto mais baixas suas notas morais, mais freqüente e longo seu contato com estes três tipos de mídia.

Um estudo sobre a condição cultural, ética e ideológica das crianças chinesas (incluindo as áreas rurais) em 1996 mostra que 75,4% dos alunos de primeira a quarta série vêem os livros como o instrumento mais útil para o seu crescimento (ver Tabela 1).

Quanto aos alunos de quinta a oitava série, o que pensam é um pouco diferente (ver Tabela 1). O que se deve notar é que 28% desses alunos maiores consideram o computador como o instrumento mais útil, que se encontra na sexta posição da tabela. Isto é, pelo menos 28% dos alunos de quinta a oitava série são usuários de computador, e entraram na sociedade da informática.

Tabela 1
Mídia de Maior Utilidade

Para alunos de primeira a quarta série		Para alunos de quinta a oitava série	
Mídia	(%)	Mídia	(%)
1. Livro	75,4	1. Jornal	82,7
2. Jornal	68,8	2. Livro	80,4
3. Rádio	30,1	3. Televisão	56,7
4. Revista	29,3	4. Revista	44,7
5. Televisão	24,5	5. Rádio	37,8
6. Computador	13,7	6. Computador	28,0
7. Cinema	7,9	7. Cinema	12,8
8. Desenho animado	5,3	8. Fita cassete	8,7
9. Fita cassete	3,1	9. Desenho animado	5,6
10. Karaokê	1,4	10. CD	3,7
11. Teatro	1,2	11. Teatro	3,0
12. Videocassete	0,9	12. Karaokê	2,5
13. Videogame	0,8	13. Videogame	2,3
14. CD	0,7	14. Videocassete	2,0
	N = 2200		N = 1206

Quando perguntamos a um aluno de primeira a quarta ou de quinta a oitava série "Qual mídia da lista você acha que exerce o pior efeito sobre você?", 87,2% dos alunos menores responderão que é o videogame (ver Tabela 2).

As idéias dos alunos de quinta a oitava série são um pouco diferentes (ver Tabela 2).

Tabela 2
Mídia que Exerce o Pior Efeito

Para alunos de primeira a quarta série		Para alunos de quinta a oitava série	
Mídia	(%)	Mídia	(%)
1. Videogame	87,2	1. Videogame	85,9
2. Karaokê	41,8	2. Videocassete	58,1
3. Videocassete	39,5	3. Karaokê	41,9
4. Desenho animado	21,4	4. Desenho animado	35,0
5. CD	20,1	5. CD	18,6
6. Televisão	17,4	6. Televisão	14,7
7. Computador	11,7	7. Revista	11,9
8. Fita cassete	10,4	8. Fita cassete	12,3
9. Cinema	17,1	9. Cinema	9,4
10. Revista	3,7	10. Livro	6,0
11. Teatro	3,6	11. Computador	3,6
12. Livro	1,5	12. Jornal	1,8
13. Rádio	0,9	13. Teatro	1,5
14. Jornal	0,9	14. Rádio	1,0
	N = 2200		N = 1206

Entretanto, não podemos simplesmente concluir que a mídia eletrônica é prejudicial às crianças. Na verdade, a televisão, o videocassete e o videogame são neutros; portanto, seus efeitos dependem dos usuários — quem os utiliza, como e para que os utiliza, de que forma os entende e assim por diante. A mídia é apenas um dos vários fatores que afetam o desenvolvimento ético das crianças. O videogame exercerá uma influência nociva sobre a criança quando suas relações familiares forem tensas, quando sua própria vida não for bem-sucedida, ou quando ela tiver um forte desejo de violência.

2. Quanto ao contato com a mídia escrita e o rádio, há uma diferença notável entre o grupo de alta freqüência e o de freqüência mais baixa no que se refere às suas preferências de conteúdo da mídia: as crianças do grupo de alta freqüência obviamente preferem programas com conteúdo educativo na televisão, rádio, jornais e livros; o grupo de freqüência mais baixa, por outro lado, obviamente prefere os programas recreativos e estimulantes e a literatura popular nos livros. Há uma correlação positiva notável entre o conteúdo inteligente nos diferentes tipos de mídia e as notas morais das crianças. Assim sendo, nossas hipóteses são provadas.

3. Há uma correlação positiva extraordinária entre as notas morais das crianças e o conteúdo da literatura infantil na televisão, rádio, jornais, revistas e livros. Com o desenvolvimento da economia de mercado chinesa, a tendência principal da literatura infantil é saudável, útil e boa para o desenvolvimento das crianças, que acham que ela é de grande auxílio. A literatura infantil se refere aos desenhos animados, seriados e programas de histórias na TV; às peças de teatro infantis; aos contos de fadas, histórias para crianças, reportagens, fábulas e ensaios nas revistas e jornais; e às canções infantis. Podemos concluir que as crianças com notas morais altas gostam da literatura infantil, e assim se forma um ciclo benigno entre o conteúdo da literatura infantil e o desenvolvimento ético das crianças.

4. Há uma correlação negativa entre as notas morais das crianças e o conteúdo recreativo e estimulante nos programas de TV. As duas razões possíveis para esta relação negativa são: (1) o ponto de vista ético e os padrões de comportamento que existem na mídia são contrários àqueles que se pede que as crianças aprendam e sigam; (2) quando o ponto de vista ético e os padrões de comportamento da mídia estão de acordo com o que se pede que as crianças aprendam e sigam, a relação negativa é provavelmente causada pela forma equivocada com que as crianças compreendem os programas para adultos, porque elas não têm o conhecimento básico necessário e completo; portanto, podem compreender mal ou distorcer o conteúdo dos programas. Às vezes as duas razões estão envolvidas ao mesmo tempo.

Comentários

Esta pesquisa é apenas um primeiro passo e vale a pena que tenha continuação. Seu apoio e cooperação serão bem-vindos.

Com base nos presentes resultados, fazemos as seguintes sugestões:

1. Encorajem as crianças a entrar em contato com a mídia escrita, defendam e organizem os programas infantis que elas ouvem no rádio ou vêem na TV. Tendo isso em vista, deveríamos deixar claro para os pais e professores o significado da mídia escrita, do rádio e da televisão, e transmitir todas as experiências efetivas.

2. Fortaleçam, promovam e espalhem o conteúdo educativo e a literatura infantil. Orientem as crianças para que se relacionem melhor com o conteúdo educativo e a literatura infantil na televisão, rádio, jornais, revistas etc.

(1) Estimulem e insistam para que os escritores produzam trabalhos literários educativos e de alta qualidade, que reflitam as vidas das crianças, de forma a atraí-las para a leitura.

(2) Façam esforços para desenvolver a arte da televisão para crianças. Por causa da falta de programas educativos e literários na TV que sejam apropriados a elas, as crianças têm estado em contato com programas para adultos, tais como os filmes de *gong-fu*, os filmes de paixão etc. Se isto continuar, pode provavelmente causar equívocos e maus comportamentos, por causa da falta de conhecimento e experiência das crianças. De acordo com um relatório no quarto número do *Estudo Juvenil* do Centro Chinês de Pesquisa Juvenil, intitulado *Tragédia da adolescência — Pesquisa sobre as razões de 115 condenados à morte*, todos os 115 prisioneiros condenados à morte tinham cometido crimes durante sua adolescência. Trinta e meio por cento deles tinham sido infratores juvenis e 61,5% apresentavam registros de crimes na adolescência. Cento e três dos 115 foram afetados por fitas de vídeo indecentes, o que perfazia 90%. Um estuprador estuprou uma jovem quando viu dois amantes flertando na TV. Portanto, é de grande importância dar um apoio enérgico ao desenvolvimento de uma arte da televisão para crianças que seja saudável.

3. Reforce a orientação dada às crianças quanto ao uso da televisão, videocassete e videogame. Divulgue o conhecimento a isso relacionado a pais e professores. Melhore a capacidade das crianças de analisarem e avaliarem a mídia eletrônica. Peça a elas que diminuam a freqüência de uso da mídia eletrônica, por exemplo, três vezes por semana, 1,5 hora cada vez. Incentive as crianças a aprenderem a viver, a se preocuparem com os outros e a se desenvolverem a fim de crescer como pessoas modernas física e mentalmente sadias.

Nota

1. Este trabalho foi apresentado no Fórum Internacional *Os Jovens e a Mídia — Amanhã*, realizado de 21 a 25 de abril de 1997, em Paris, organizado pelo GRREM (Group de Recherche sur la Relation Enfants/Médias).

Referências bibliográficas

O Centro Chinês de Pesquisa Juvenil tem realizado uma série de pesquisas desde 1992, tais como *A influência da mídia e o desenvolvimento ético das crianças chinesas dos centros urbanos* (1992), *A infância e a educação dos jovens que se destacam* (1995), *As condições éticas e culturais das crianças e jovens chineses* (1996), *O desenvolvimento da personalidade e a educação do filho único chinês das áreas urbanas* (1996).

A Criança e a Mídia Eletrônica

Uma perspectiva australiana

STEPHEN NUGENT

Rádio, televisão comercial, televisão a cabo, fitas de vídeo, jogos de computador, videogame, serviços *on-line* — as opções de mídia eletrônica à disposição das crianças na Austrália na segunda metade da década de 90 são muitas. As estatísticas a seguir fornecem uma indicação das opções disponíveis e ajudam a montar o quadro da utilização infantil da mídia.

- Quase todas as famílias australianas (aproximadamente 99%) têm pelo menos um aparelho de televisão. Destas famílias, 43% têm um aparelho, 40% têm dois e 17% têm três ou mais.
- A maioria das famílias com televisão (85%) também tem um ou mais aparelhos de videocassete.
- Uma em cada cinco famílias (22%) tem um videogame conectado a um aparelho de televisão.[1]
- A penetração da TV a cabo e da Internet é menor mas está aumentando. Os números relativos a fevereiro de 1997 indicam uma penetração de ambas de cerca de 6%.[2] Estimativas mais recentes calculam a penetração da TV a cabo em mais de 10% das famílias australianas.[3]

Uma pesquisa realizada em 1995 indica que a penetração dos vários tipos de mídia nas famílias com crianças é mais alta do que nas famílias em geral. A monografia intitulada *As famílias e o entretenimento eletrônico*, da Australian Broadcasting Authority (ABA) [Autoridade Australiana dos Meios de Comunicação], citou os números da Pesquisa de Reark relativos às taxas de propriedade de equipamento de mídia e de serviços *on-line* nas famílias em geral, em comparação com as taxas das famílias com crianças (de 6 a 11 anos) e adolescentes (12 a 17 anos). A Tabela 1 apresenta os números e indica taxas mais altas de propriedade de aparelhos de videocassete e de acesso à Internet nas famílias com crianças e adolescentes.

A pesquisa realizada pela ABA para a monografia *As famílias e o entretenimento eletrônico* incluiu um inventário do equipamento eletrônico destinado ao entretenimento nas casas com crianças e adolescentes entre 8 e 17 anos. A Tabela 2 é uma seleção dos resultados do inventário.

Tabela 1
Propriedade de equipamento de mídia e de serviços *on-line* nas famílias australianas

Equipamento	Lares em geral (%)	Lares com crianças (6-11 anos) (%)	Lares com adolescentes (12-17 anos) (%)
Televisão	99	99	100
Videocassete	77	88	84
Computadores	33	55	60
Telefones celulares	22	27	33
Acesso à Internet	3	5	6

Fonte: Pesquisa de Reark: *Information Technology and Communications Monitor*, junho 1995.

É interessante notar que em meados de 1995, quando estes dados foram coletados, 58% das famílias com crianças e adolescentes tinham um aparelho de videogame conectado a um aparelho de TV. Isso se compara ao número da ACNielsen, de 1996, de 22% das famílias em geral terem um aparelho de videogame ligado a um aparelho de TV. Também vale a pena observar que o equipamento relativo à televisão a cabo não foi incluído no inventário, em razão do início relativamente tardio dos serviços da TV a cabo na Austrália.

Tabela 2
Propriedade de equipamento eletrônico de entretenimento nas famílias com crianças e adolescentes entre 8 e 17 anos de idade, em meados de 1995

Equipamento	Pelo menos um na casa (%)	Dois ou mais na casa (%)
Televisão	100	76
Rádio, gravador, ou CD player	96	83
Videocassete	93	22
Som	89	30
Aparelho de videogame conectado à TV	58	9
Minigame	39	13
	n = 743	n = 743

Fonte: Cupitt & Stockbridge, 1996.

Quando a pesquisa *As famílias e o entretenimento eletrônico* estava sendo planejada no final de 1994, os serviços da TV a cabo ainda não tinham se iniciado.[4]

Tempo gasto com a mídia eletrônica

Embora a maioria das crianças e adolescentes australianos disponha de uma variedade de aparelhos de mídia eletrônica em casa, ainda é a televisão comercial que domina seu lazer. A pesquisa *As famílias e o entretenimento eletrônico* incluiu um diário de três dias para as crianças e adolescentes completarem com relação ao seu tempo de lazer, isto é, excluindo o tempo passado na escola, viajando, dormindo, fazendo tarefas domésticas e gasto com cuidados pessoais.

Os resultados do diário mostraram que uma média de 5 horas e 40 minutos do dia era gasta em atividades de lazer pelas quinhentas crianças e adolescentes que completaram e devolveram os diários. Esse número de horas compreendia:

- 3 horas e 10 minutos em atividades de entretenimento eletrônico, e
- 2 horas e 30 minutos em atividades de entretenimento não-eletrônico.

Além disso, uma média de 41 minutos por dia era gasta fazendo lição de casa.

A análise do tempo gasto em atividades de lazer e de lição de casa indicou que a televisão era a atividade que consumia mais tempo, com uma média de 33% do tempo disponível. Isso era seguido por:

- ir a lugares (11% do tempo gasto em atividades de lazer e de lição de casa);
- fazer lição de casa (11%);
- brincadeiras em geral (10%);
- praticar esportes (8%), ouvir música no rádio, CD ou fita cassete (7%);
- jogar jogos de computador/videogame (5%); e
- perambular (5%).

A quantidade relativa de tempo gasto nas diferentes atividades variava de acordo com a idade e o sexo da criança ou adolescente. A monografia *As famílias e o entretenimento eletrônico* descreve estas variações:

> A quantidade de tempo gasto ouvindo música, vendo TV, perambulando e fazendo lição de casa aumentava com a idade da criança. Ouvir música em fita cassete, CD ou rádio tendia a ocupar mais tempo entre os 12 e os 17 anos. Em comparação com as crianças mais velhas e adolescentes, as crianças mais novas

passavam mais tempo desenhando, escrevendo cartas ou com brincadeiras em geral.

Em comparação com as meninas, os meninos passaram significativamente mais tempo vendo TV, praticando esportes e jogando videogame no decorrer da pesquisa. As meninas passaram mais tempo lendo, ouvindo fitas cassetes e CDs, desenhando ou escrevendo cartas do que os meninos... (pp. 22-23)

Mesmo com estas variações de idade e sexo, ver TV permaneceu como a atividade que mais consumia tempo em todos os grupos de crianças e adolescentes. Os números da ACNielsen para a atividade ver televisão, considerando crianças e adolescentes, indicam que a quantidade média de tempo gasto por dia permaneceu relativamente estável nos últimos seis anos (ver Tabela 3).

Tabela 3
Ver televisão — média de tempo diário gasto nesta atividade — de 1991 a 1996

	1991	1992	1993	1994	1995	1996
Todas as pessoas	3h13	3h14	3h11	3h12	3h13	3h14
Crianças de 5 a 12 anos	2h39	2h31	2h34	2h39	2h33	2h31
Adolescentes de 13 a 17 anos	2h44	2h43	2h43	2h43	2h34	2h33

Fonte: ACNielsen, *TV Trends 1997*.

Dado o predomínio da televisão nas vidas das crianças e adolescentes australianos, é útil considerarmos os canais e conteúdo à disposição deles, assim como os programas a que realmente assistem.

Os canais de TV na Austrália

Uma pesquisa realizada em 1996 pelo Bureau Australiano de Estatística descobriu que havia aproximadamente 12,2 milhões de aparelhos de TV na Austrália, ou 1,9 aparelho por família com televisão.[5] A grande maioria das casas com televisão tem acesso a três canais comerciais, bem como ao canal nacional mantido pelo governo, a Australian Broadcasting Comission (ABC) [Comissão Australiana de Televisão].

Nas cidades principais, grandes centros metropolitanos e muitas áreas regionais, as pessoas também têm acesso ao outro canal mantido pelo governo, o Special Broadcasting Service (SBS) [Serviço Especial de Rádio e a Televisão]. A principal função do SBS é prover programas multilingüísticos e multiculturais para o rádio e televisão, que informem, eduquem e entretenham todos os australianos e, ao fazê-lo, reflitam a sociedade multicultural australiana.

Também há programas televisivos para comunidades específicas em alguns mercados.

O nível do conteúdo nos canais comerciais da TV australiana é controlado por um padrão administrado pela ABA. O Padrão Australiano de Conteúdo exige que pelo menos 55% de toda a programação entre 6 horas da manhã e meia-noite seja australiana.

A ABA também administra o Children's Television Standard (CTS) [Padrão Infantil de Televisão], que tem seu objetivo:

> As crianças devem ter acesso a uma variedade de programas de televisão de qualidade, feitos especificamente para elas, incluindo programas australianos do tipo drama e outros.

O CTS exige que os canais comerciais transmitam pelo menos 390 horas de programação infantil por ano. Tendo em vista o Padrão, os programas infantis são aqueles classificados como C ou P pela ABA. Os programas C visam às crianças de escola primária e os programas P, às crianças pré-escolares. As 390 horas anuais de programação infantil são compostas de pelo menos 130 horas de programas P e pelo menos 260 horas de programas C.

Para ser classificado como C ou P pela ABA, o programa precisa apresentar uma série de características. São elas:

1. feitos especialmente para crianças ou grupos de crianças dentro da faixa etária correspondente à pré-escola ou escola primária;
2. divertidos;
3. bem produzidos, utilizando recursos suficientes para assegurar um alto padrão de texto, elenco, direção, edição, tomadas de cena, som e outros elementos da produção;
4. aumentem a compreensão e a experiência da criança; e
5. sejam apropriados para as crianças australianas.

Além dos programas C e P, há muitos outros programas na televisão comercial que têm em vista um público infantil. Eles são classificados ou como G (gerais) ou como PG (recomendada orientação dos pais — *parental guidance recommended*) pelos canais sujeitos ao Código de Prática da Indústria Televisiva Comercial.

A ABC não está sujeita nem ao Padrão Australiano de Conteúdo nem ao CTS. Contudo, de acordo com sua concessão, grande parte de sua programação é australiana e sua programação infantil é extensa.

A TV a cabo também transmite programas infantis. Há três canais cuja programação é especificamente infantil: Nickelodeon Australia, Fox Kids Network e Disney Channel Australia. Cada um deles enfatiza a importância de ajustar seus canais às necessidades do público australiano e montaram escritórios regionais e instalações para que isso seja encorajado.[6]

O que as crianças vêem na TV

A pesquisa da ABA realizada em 1995 e publicada na monografia *As crianças falam sobre a TV: "superlegal" ou "chato"* perguntou a crianças de 5 a 12 anos de idade o que gostavam e o que não gostavam de ver na TV. Comédia, drama, aventura e variedades foram citados como os tipos de programas favoritos. Os programas favoritos abrangeram desde as *Bananas de pijamas* e *Uma confusão* (ambos australianos), no caso das faixas etárias mais jovens (primeira e segunda séries da escola primária), a *Os Simpsons* (EUA) e novelas como *Vizinhos* (australiana), que eram populares no grupo mais velho (quinta e sexta séries).

As crianças que participaram da pesquisa gostavam de ver personagens da sua idade ou um pouco mais velhos, ou adolescentes e jovens adultos que pareciam estar fazendo coisas interessantes. A capacidade de representar e a atitude eram consideradas mais importantes do que a presença de personagens de boa aparência.

Elas definiram como cansativos os programas sem humor, ação e aventura, aqueles para os quais elas estavam crescidas demais, programas novos, programas com humor "adulto" que as crianças não entendiam, e alguns documentários. Uma garota de Sydney da quinta série falou sobre humor "adulto" versus humor de que as crianças podiam gostar:

> Alguns deles estão no nosso nível e podemos entender seu humor — alguns dos *shows* para adultos têm esse humor de gente grande que nós não conseguimos entender (*A Casa de Melrose*), mas *A babá*... é fora do comum. Alguém teria uma babá como a desses três garotos sensíveis, que usa minissaia e todas aquelas roupas esquisitas? (p. 51)

Os dados da ACNielsen oferecem uma medida quantitativa do que as crianças gostam de ver na TV. A Tabela 4 apresenta os trinta programas mais vistos por crianças de 5 a 12 anos de idade em Sydney, em agosto de 1996. As Olimpíadas de 1996 tiveram lugar neste período e suas transmissões dominam a lista com nove das trinta posições.

Os outros programas representam uma mistura de produções australianas e de outros países (predominantemente os EUA). Há uma grande variedade de tipos de programas, incluindo comédias (por exemplo, *A babá* e *A terceira rocha a partir do Sol*), programas de vídeo amador sobre a "realidade" (por exemplo, *Show australiano do vídeo mais engraçado feito em casa*), programas de ação e aventura (por exemplo, *Hércules: Jornadas Lendárias*) e um programa de jogos de competição física entre os participantes (*Gladiadores*). Embora muitos dos programas mais vistos não fossem especificamente feitos para as crianças, outros eram, por exemplo, *O gênio da Austrália* e *Sábado Disney*.

Tabela 4
Os trinta programas mais vistos por crianças de 5 a 12 anos — Sydney, agosto de 1996

Programa	Canal*	Dia da semana	Início	Fim	Audiência Média (%)
1. Olimpíadas 96: Destaques do nono dia	7	2ª feira	19.30	20.30	26,6
2. A babá (Domingo)	10	Dom.	18.30	19.00	24,1
3. Olimpíadas 96: Destaques do décimo primeiro dia	7	4ª feira	19.30	20.30	23,8
4. A babá (reprise)	10	Dom.	18.30	19.30	23,8
5. Olimpíadas 96: Destaques do décimo dia	7	3ª feira	19.30	20.30	23,5
6. Aproveite sua casa	7	Dom.	19.30	20.00	23,2
7. Disney: A pequena sereia	7	Sáb.	9.00	9.30	23,3
8. Olimpíadas 96: Oitavo dia ao vivo	7	Dom.	9.00	12.00	21,7
9. Quem ousa ganhar?	7	4ª feira	19.30	20.00	21,5
10. Os melhores comerciais do mundo	7	Dom.	20.00	20.30	20,4
11. Que confusão!	2	5ª-6ª feira	17.00	17.30	19,6
12. Mot	2	2ª-5ª feira	17.30	18.00	18,7
13. A terceira rocha a partir do Sol	7	Dom.	20.00	20.30	18,7
14. As formas mais estranhas de aproveitar sua casa na Austrália	7	4ª feira	20.00	20.30	17,9
15. Olimpíadas 96: Destaques do oitavo dia	7	Dom.	19.30	20.30	17,6
16. Show australiano do vídeo mais engraçado feito em casa	9	3ª feira	19.30	20.00	17,4
17. O gênio da Austrália	2	2ª feira	17.00	17.30	17,2
18. As lendas da Ilha do Tesouro	2	2ª-5ª feira	17.00	17.30	17,0
19. Olimpíadas 96: Destaques do décimo quinto dia	7	Dom.	19.30	20.30	16,9
20. A natureza surpreendente — Macacos	2	2ª-5ª feira	17.30	18.00	16,9
21. Os Simpsons (sábado)	10	Sáb.	18.30	19.00	16,7
22. Sábado Disney	7	Sáb.	7.00	9.00	16,2
23. Budgie, o pequeno helicóptero	2	2ª-5ª feira	16.45	17.00	15,1
24. Hércules: Jornadas lendárias	10	Sáb.	19.30	20.30	15,0
25. Insektors	2	2ª-6ª feira	16.45	17.00	15,0
26. Olimpíadas 96: Reprises da semana, oitavo dia	7	Dom.	14.00	18.00	14,9
27. Gladiadores	7	Sáb.	18.30	19.30	14,8
28. Os Simpsons (durante a semana, à noite)	10	2ª-6ª feira	18.00	18.30	14,6
29. Olimpíadas 96: Oitavo dia ao vivo	7	Dom.	12.00	14.00	14,5
30. Olimpíadas 96: Destaques do décimo segundo dia	7	5ª feira	19.30	20.30	14,0

* 7, 9 e 10 são canais comerciais, enquanto o 2 é o canal estatal ABC.
Fonte: ACNielsen, período de 28 de julho a 31 de agosto de 1996, espectadores infantis potenciais — 406 mil.

Preocupações dos pais

Tendo em vista a quantidade de tempo que as crianças na Austrália passam vendo TV e usando outras formas de entretenimento eletrônico, surge a questão do nível de preocupação dos pais com relação ao uso que seus filhos fazem da mídia eletrônica. Este ponto é explorado na pesquisa da ABA, *As famílias e o entretenimento eletrônico.*

Inicialmente este ponto foi explorado no contexto das preocupações relativas a uma série de questões sociais. Perguntou-se aos pais quais eram suas três maiores preocupações com relação ao bem-estar de seus filhos. A questão mencionada pelo maior número de pais da amostra foi educação (70% dos pais mencionaram a educação como uma de suas três maiores preocupações). Seguiram-se:

- segurança pessoal (física e econômica) (68%);
- qualidade de vida (53%);
- drogas (29%);
- emprego (23%);
- entretenimento eletrônico (18%); e
- meio ambiente (16%).

Dentro da categoria entretenimento eletrônico, a televisão foi a questão de maior preocupação, seguida pelos jogos de computador/videogame, fliperama e fitas de vídeo. Esta classificação se repetiu no grau de preocupação expresso pelos pais, quando subseqüentemente se perguntou a eles sobre a quantidade de tempo que seus filhos passavam com diferentes tipos de mídia eletrônica. Quase um de cada três pais (32%) indicou ter certo nível de preocupação com a quantidade de tempo gasto por seus filhos vendo TV, 15% se preocupavam com o tempo gasto com jogos de computador/videogame, e 9% estavam preocupados com o uso do videocassete.

Estes resultados indicam que, embora alguns pais se preocupem com o uso que seus filhos fazem da mídia eletrônica, para a maioria deles esta não é uma questão fundamental. Quando perguntados sobre o equilíbrio que seus filhos tinham alcançado entre o uso da mídia eletrônica e outras atividades, 75% responderam que achavam que seus filhos tinham chegado a um equilíbrio razoável, enquanto que 15% indicaram que gostariam que seus filhos se envolvessem com outras atividades e interesses. O resto declarou que não se incomodaria se o filho se envolvesse mais com entretenimento eletrônico.

O futuro

Parece que as crianças australianas têm uma gama cada vez maior de opções de mídia eletrônica à sua disposição. O número de casas conectadas à Internet continua a crescer, assim como o acesso à Internet através de instituições educacionais. Dados da ACNielsen coletados entre agosto de 1996 e janeiro de 1997 indicam que 44% dos garotos e 35% das garotas entre 14 e 17 anos de idade já tinham alguma vez acessado a Internet, enquanto que 28% e 21%, respectivamente, tinham acessado esse serviço o mês anterior.[7]

A introdução do rádio e da televisão digital, embora ainda vá demorar alguns anos, também tem potencial para aumentar a gama de serviços disponíveis da mídia eletrônica. Com um maior número de escolhas, pode ser que haja um desgaste do atual predomínio da televisão comercial como forma de lazer das crianças australianas. Os padrões de uso da mídia podem mudar com a maior utilização da mídia interativa e o maior atendimento da mídia a grupos com interesses específicos, ao invés de públicos em grande escala. No futuro próximo, contudo, é provável que a televisão comercial continue a ser o maior consumidor do tempo de lazer das crianças australianas.

Notas

1. Os números relativos a aparelhos de TV, de videocassete e de videogame são médias nacionais correspondentes a 1996 e foram extraídos da publicação da ACNielsen intitulada *TV Trends 1997* [*Tendências da TV, 1997*]. A ACNielsen (atualmente conhecida como ACNielsen McNair) é a organização que compila os dados relativos à avaliação da televisão na Austrália.
2. Citado no artigo "Pay household profiles emerging as ads get closer" ["Número de casas com TV a cabo aumenta à medida que os anúncios atingem mais o público"], in *Pay TV News*, 21 de fevereiro a 7 de março de 1997, sendo a fonte a ACNielsen.
3. Estimativa apresentada no artigo "Things not going better with pay TV" ["As coisas não estão melhores com a TV a cabo"], no jornal *The Mercury* de 6 de setembro de 1997.
4. Os serviços da TV a cabo tiveram início em 1995 na Austrália.
5. Pesquisa sobre a população feita pelo Australian Bureau of Statistics, setembro de 1996, citada no *AFC News*, março/abril de 1997.
6. Para maiores detalhes ver "Pay TV for Australian children" ["TV a cabo para as crianças australianas"'], escrito por Belinda Mullen, da Divisão de Televisão Infantil da ABA, no boletim de junho de 1997 (nº 4) do Fórum Internacional de Pesquisa sobre a Criança e a Mídia.
7. Fonte: ACNielsen, *TV Trends 1997*.

Referências bibliográficas

CUPITT, M. & STOCKBRIDGE, S. (1996) *Families and electronic entertainment*, monografia 6, ABA, Sydney.

SHELDON, S., LONCAR, M. & RAMSAY, G. (1996) *Kids Talk TV: "Super Wickid" or "Dum"*, monografia 7, ABA, Sydney.

Panorama do Rádio e Televisão Infantil na África do Sul

NADIA BULBULIA

Na África do Sul, onde as crianças foram, e em alguns casos ainda são, testemunhas da violência e de uma falta geral de auto-estima, não têm nem esperança nem orgulho, o rádio e a televisão se tornam meios de comunicação muito importantes para a superação dos medos e a construção do otimismo.[1]

Este artigo procura apresentar ao leitor o panorama do rádio e da televisão na África do Sul, focalizando o rádio e a televisão infantil. Ele também ressaltará o desenvolvimento, no país, da defesa da programação infantil de qualidade.

Base

Em 16 de junho de 1995, o Governo Sul-Africano de Unidade Nacional ratificou a Convenção da ONU sobre os Direitos da Criança. Ao fazê-lo, submeteu a África do Sul à implementação do princípio do "apelo da qualidade para as crianças", por meio do qual suas necessidades são consideradas prioritárias nos programas, serviços e estratégias de desenvolvimento do governo.[2] Este princípio foi adotado pelo Programa de Reconstrução e Desenvolvimento e constitui a base do compromisso sul-africano para com as crianças.[3]

Calcula-se que mais de 35% do total da população sul-africana (de acordo com o último censo) tenha menos de 14 anos de idade.[4] Embora só recentemente a África do Sul tenha ratificado a Convenção da ONU sobre os Direitos da Criança, conseguiu, antes da eleição de 1994, fazer com que as crianças do país delineassem sua própria Carta dos Direitos da Criança, em junho de 1992. Esta Carta referia-se aos direitos da criança de seguir a Convenção da ONU.

Como uma democracia emergente, há a necessidade de se dar maior atenção à criança e a mídia — em particular a criança e a mídia eletrônica. As pesquisas sobre a mídia e seus efeitos sobre as crianças, e as relações em geral entre as crianças e a mídia, ainda são limitadas. Este setor da população foi pouco pesquisado; contudo, foi organizada uma Comissão da Juventude[5] para abordar as necessidades e preocupações da população jovem da África do Sul.

Uma breve história do rádio e da televisão sul-africanos

Até 1993 o rádio e a televisão foram dominados predominantemente pela South African Broadcasting Corporation (SABC) [Corporação Sul-Africana de Rádio e Televisão]. Estabelecida em 1936 como uma rádio, a SABC desenvolveu programas regionais na década de 60 e, posteriormente, programas em línguas étnicas, de acordo com a política do *apartheid.* A televisão estatal foi finalmente introduzida em 1976, depois de intensos debates parlamentares, uma vez que o regime nacionalista do *apartheid* detivera o desenvolvimento da televisão desde o início da década de 50. Em 1985 o primeiro canal de TV independente, a Electronic Media Network (M-NET) [Rede de Mídia Eletrônica], foi lançado como um serviço pago.

Como a transição do *apartheid* para a democracia começou a se desenvolver e a África do Sul teria sua primeira eleição democrática, a mídia eletrônica recebeu maior atenção. Durante anos ela fora porta-voz do governo e controlada pelo Estado. Coalizões de organizações *antiapartheid* faziam campanhas veementes por um rádio e uma televisão democráticos. Como resultado destas campanhas, questões ligadas à liberdade de imprensa foram colocadas na pauta das negociações multipartidárias tendo em vista uma eleição democrática. A Independent Broadcasting Authority (IBA) [Autoridade Independente dos Meios de Comunicação] foi então criada em 1994, pelo Conselho Executivo de Transição. Na época, o principal objetivo da IBA era garantir uma eleição livre, justa e aberta, e criar um ambiente transparente de rádio e televisão.

O Estatuto da IBA foi decretado em 27 de outubro de 1993, e foi o primeiro Ato do Parlamento no período anterior à eleição a garantir a designação pública de conselheiros para dirigir a IBA, assim como um processo de audiências públicas de seleção. O objetivo fundamental do Estatuto é prover a regulação das atividades de rádio e televisão na República tendo em vista o *interesse público* e abrir estes meios de comunicação de forma a

> promover uma gama diversa de programas de rádio e televisão em nível nacional, regional e local, a fim de abranger coletivamente todas as línguas e grupos culturais, e prover *entretenimento*, *educação* e *informação.*[6] (Estatuto da IBA, Seção 2(a))

Embora o Estatuto da IBA não seja explícito relativamente à programação infantil, responsabiliza a Autoridade a fazer a regulação no interesse público. As crianças perfazem uma grande parte do público e constituem um setor (ou comunidade especial) dele. Programação no interesse público e, portanto, programação infantil estão se tornando prioridades. Isto está evidenciado no Documento sobre a Posição da IBA com Relação à Televisão Privada (1997), em que obriga o primeiro canal de TV comercial a transmitir pelo menos doze horas semanais de programas infantis. Estes programas, além de serem diversos em gênero, devem levar em consideração as necessidades de duas faixas etárias: 0-9 e 9-15 anos de idade.

Os meios de comunicação para as crianças

Na África do Sul, a televisão para as crianças como um meio de comunicação de massa se encontra em um estágio embrionário de desenvolvimento. Até 1990, não tinha havido nenhuma tentativa real para desenvolver programas relevantes para a vasta maioria das crianças e, portanto, eles não refletiam nem a sociedade multiétnica, multicultural e multilingüística, nem as experiências diárias dos jovens do país.

Eu diria que o *apartheid* impediu as crianças de desenvolverem o sentido de ter seu próprio lugar e de se tornar um setor holístico da sociedade, capaz de participação efetiva. De fato, o *apartheid* tratou discutivelmente com brutalidade as crianças, através de suas políticas coercitivas, especialmente nos municípios e áreas rurais. O âmbito de propaganda política de projetos supervalorizados da SABC no passado resultou de políticas de programação infantil que foram influenciadas pelo *apartheid*. O atual desafio para a televisão estatal e comercial é cumprir as exigências do Estatuto da IBA e desenvolver programas que entretenham, eduquem e informem,[7] enquanto corrigem as práticas restritas do passado.

Como já foi dito antes, as respostas das crianças e o seu consumo de mídia foram pouco pesquisados na África do Sul. A quantidade de tempo que elas passam vendo televisão ou ouvindo rádio não é controlada com regularidade, e tampouco se analisa o horário específico de seus programas para determinar suas preferências.

A pesquisa mais relevante realizada pela South African Advertising Research Foundation (SAARF) [Fundação Sul-Africana de Pesquisa para a Propaganda], relativa ao público infantil, foi completada em agosto de 1997. Foi a primeira vez que indivíduos de 12 a 15 anos foram referidos de uma forma permenorizada.

A pesquisa da Fundação sobre "os adultos de amanhã" foi a primeira deste tipo a ser publicada em treze anos. Ron Silke, diretor da SAARF, afirma que "os analistas do relatório sem dúvida distinguirão muitas oportunidades de marketing e propaganda a serem tidas como metas neste mercado".

Sob o regime do *apartheid* as pessoas eram classificadas de acordo com a raça, isto é, brancos, indianos, de outras raças (às vezes agrupados juntos, BINOR) e negros. O grupo negros se refere aos cidadãos africanos. A pesquisa ainda é conduzida desta forma.

O estudo concluiu o seguinte:

Estima-se que haja uma população de 3,6 milhões de indivíduos entre 12 e 15 anos de idade (nas áreas urbanas e rurais e de todas as raças).

- 58% (2,1 milhões) ouviram rádio "ontem" e 85% (3,1 milhões) nos "últimos sete dias".
- 53% (1,95 milhão) viram TV "ontem" e 67% (2,45 milhões) nos "últimos sete dias".
- 32% (1,18 milhão) leram revista "ontem".
- 14% (505 mil) leram jornal "ontem" (dos quais 5% leram um jornal diário inglês ou africano e 12%, um jornal semanal).[8]
- 12% (442 mil) viram um filme no cinema nas "últimas doze semanas".

O consumo pode ser agrupado da seguinte forma:

Tabela 1
Uso da mídia no grupo de 12 a 15 anos de idade, por raça

Mídia	Negros (%)	Brancos, de outras raças e indianos (%)
Rádio ("ontem")	57	62
TV ("ontem")	46	87
Revista ("ontem")	25	64
Jornal ("ontem")	9	34
Cinema ("nas últimas doze semanas")	6	62

Fonte: SAARF, 1997.

A África do Sul tem um nível de penetração da TV muito baixo em comparação com as democracias ocidentais; contudo, dentro do continente africano, a África do Sul apresenta um nível de acesso substancialmente alto. Estima-se que, dos 41 milhões de cidadãos, haja cerca de 8,5 milhões de casas, das quais 5,2 milhões tenham aparelhos de televisão. Isto equivale a dizer que quase 62% das casas sul-africanas têm acesso à TV. Este número sem dúvida aumentará, à medida que aumentar o número de casas, de empregos e de lugares com energia elétrica. Deve-se notar que o acesso à televisão, computadores e Internet está bastante concentrado nos grupos brancos, de outras raças e indianos.

Canais de TV

Estatais

A rede estatal, SABC, tem três canais e transmite a maior parte da sua programação infantil no SABC 1 e SABC 2. Estes programas, embora classificados separadamente como próprios para crianças ou jovens, se sobrepõem substancialmente. De acordo com a política de reconstrução e desenvolvimento, tem havido uma quantidade considerável de trabalho com relação aos programas educativos. Finalmente, há um esforço planejado da parte da SABC reestruturada no sentido de cumprir seu dever, de educar e informar as crianças através de programas formais e informais para a construção do conhecimento.

A televisão de Boputhutswana (TV Bop), um canal "estatal" durante o governo do *apartheid*, está sendo atualmente incorporada à SABC. A TV Bop também transmite alguns programas para crianças e para jovens.

Privados/comerciais

A M-NET, o único canal de televisão privado e por assinatura, oferece a seus assinantes uma programação infantil de três horas diárias, conhecida como KTV ou Kids TV. A M-NET pode ser recebida em 31 países africanos via satélite.

De acordo com o *TBI Yearbook 1997*,[9] a porcentagem de público adulto é a seguinte:

Tabela 2
Porcentagem de público adulto por canal de televisão

Canal	Porcentagem de público (%)
SABC 1	31,5
SABC 2	35,0
SABC 3	15,4
M-NET	16,9
C-SN (rede de programas destinados a grupos específicos da M-NET)	0,8
TV Bop	0,8

Fonte: Nielsen, África do Sul.

Estações de rádio

Embora o rádio continue a desempenhar um papel fundamental no que se refere a alcançar um público em grande escala, e embora o cenário radiofônico da África do Sul tenha crescido rapidamente, não há muito no que se refere a programação dedicada às crianças. Das 75 estações de rádio, poucas transmitem programas especificamente infantis. As estações de rádio privadas (atualmente dezesseis) não têm programas infantis. A rede pública, com suas dezesseis estações de rádio, tem um foco limitado com relação às crianças. De acordo com uma pesquisa realizada recentemente, das doze estações de espectro integral, há pelo menos cinco estações[10] transmitindo programas dedicados às crianças. A maioria desses programas é semanal (sábado de manhã, entre 7 e 10 horas), e uma estação transmite programas diários entre 15 e 16 horas. Contudo, como já dissemos, a rede pública está começando a visar às necessidades educacionais de todas as crianças sul-africanas de uma forma mais holística.

Conteúdo da programação sul-africana

Os programas de televisão mais populares, de acordo com uma pesquisa recente de audiência, são locais (isto é, sul-africanos). Contudo, nos três canais da SABC e na M-NET, os programas infantis mais populares são seriados norte-americanos do gênero comédia e programas musicais. Embora a porcentagem de programas infantis locais em todos os canais tenha aumentado nos últimos dois anos, tanto crianças quanto adultos argumentam que esses programas deveriam ser mais "relevantes" e menos "estrangeiros".[11]

Esta classificação de audiência se refere apenas a programas de televisão. A popularidade e o sucesso de programas de rádio para crianças não foram pesquisados ou documentados.

A defesa local e africana de programas infantis de qualidade

Como resultado do 1º Encontro Mundial sobre Televisão e Crianças realizado em Melbourne, Austrália, em 1995, um grupo sul-africano de *lobby*, conhecido como Children and Broadcasting Forum (CBF) [Fórum de Crianças e Canais de TV], foi criado. Este grupo é formado por um amplo perfil de investidores e público, que inclui pessoal de TV, organizações de direitos infantis, ONGs, a organização de controle da televisão e vários órgãos do governo. O CBF procura colocar as questões relativas à transmissão de programas infantis na pauta nacional e desafia os responsáveis pelos canais de TV a satisfazerem as necessidades infantis quanto à programação da televisão.

Em 1996 o CBF organizou um encontro regional (sul-africano) sobre a transmissão de programas infantis. Este encontro elaborou uma carta regional de acordo com a International Children's Television Charter (CTC) [Carta Internacional sobre a Televisão Infantil], que focalizava as preocupações da região. Decidiu-se que um encontro africano seria organizado para um diálogo e trocas mais amplas, de modo que a África possa desenvolver uma política de transmissão de programas infantis que priorize as necessidades das crianças africanas.

Em outubro de 1997 o 1º Encontro Africano sobre a Transmissão de Programas Infantis foi realizado em Accra, Gana, e uma Carta Africana sobre os Programas Infantis foi elaborada e aceita (ver sob o título Resoluções e Declarações Internacionais). A Carta também está escrita segundo a linha da CTC e inclui o rádio como o meio de comunicação de maior alcance na África.

Em agosto de 1995 a IBA aceitou a CTC e também se comprometeu a dar maior atenção à proteção das crianças.[12]

Atualmente o CBF está trabalhando para obter endosso da parte dos canais africanos e de investidores relevantes para a Carta Africana sobre os Programas Infantis.

A África foi representada no 2º Encontro Mundial sobre Televisão e Crianças (Reino Unido, março de 1998) e foi organizada uma sessão plenária para a região.

Agradecimento

Gostaria de agradecer a Ron Silke, diretor da Fundação Sul-Africana de Pesquisa para a Propaganda, por sua ajuda.

Notas

1. *[Relatório da Pesquisa Tripla da IBA]* Independent Broadcasting Authority Triple Inquiry Report, 1995.
2. Declarado no lançamento do Programa Nacional de Ação, 1996.
3. O Programa de Reconstrução e Desenvolvimento foi dissolvido como órgão, mas ainda influencia cada um dos ministérios individuais.
4. Os números do censo são controvertidos e esta cifra pode ser muito maior.
5. O governo criou a Comissão da Juventude em 16 de junho de 1996 (Dia do Jovem). Trata-se de um órgão estatutário dentro do gabinete do vice-presidente.
6. O grifo é meu.
7. Estatuto da IBA — Seção 2.
8. O acesso a jornais nas áreas rurais é pequeno e há muito poucos jornais em língua africana.
9. TBI — *Television Business International Yearbook 1997*, p. 301.
10. Quando este artigo foi escrito, as cinco estações que se seguem tinham programas infantis: Ukhozi FM, Umhlobo Wenene, Lesedi FM, Thobela FM e Radio Lotus.

11. Programação estrangeira refere-se a todos os programas que não sejam sul-africanos.
12. Relatório da Pesquisa Tripla da IBA, 1995.

Referências bibliográficas

Estatuto da IBA nº 153, 1993.

Trabalho de Posição da IBA para a introdução do primeiro canal de televisão comercial na África do Sul, 13 de maio de 1997.

Independent Broadcasting Authority Triple Inquiry Report, África do Sul, agosto de 1995.

National Institute for Economic Policy (NIEP), *Children, poverty and disparity reduction*, África do Sul, 1995.

NCRC & UNICEF, *A National Programme of Action for Children in South Africa. An Outline*, 16 de junho de 1994.

Horário da programação da SABC e M-NET, 8-14 de setembro de 1997.

Teenage Amps, SAARF, 1997.

Television Business International Yearbook 1997.

As Crianças e a Mídia em Flandres

Um breve panorama

KEITH ROE

A Bélgica é provavelmente o país com maior número de assinantes de TV a cabo do mundo, com 95% das casas ligadas a esse sistema. Além do mais, este serviço começou cedo: em 1972 quase 10% das casas já tinham TV a cabo, e esta porcentagem subiu para quase 50% em 1975 e para quase 80% em 1980. O pacote básico oferecido aos assinantes pelos vários provedores normalmente consiste de mais de 25 canais, e canais extras do tipo *pay-per-view* (por exemplo, para filmes e esportes) estão fartamente disponíveis.

Depois de um longo processo de descentralização, as duas principais comunidades lingüísticas da Bélgica — a que fala francês e a que fala holandês — se incumbiram completamente da transmissão de TV em 1991. Nessa época havia um aumento constante do número total de horas transmitidas pela TV Flamenga, principalmente em conseqüência da chegada de um canal comercial em 1989. Assim, de cerca de onze horas e meia de TV por dia (divididas entre os dois canais estatais) em 1988, a transmissão subiu para mais de 24 horas por dia (divididas entre três canais) em 1992. Neste mesmo período a proporção de programas de entretenimento também aumentou: de 67% para 79% no canal comercial, e de 46% para 57% no principal canal estatal. Além disso, um número desproporcional desses programas era transmitido nas principais horas do dia (Tanghe & De Bens, 1993).

Entre 1990 e 1993, o número total de programas na TV Flamenga aumentou uma média de quase um quinto nos dois canais estatais, e de quase um terço no canal comercial. Durante o mesmo período os programas de ficção aumentaram cerca de 90% nos canais estatais e 53% no canal comercial. Como porcentagem do número total, a ficção cresceu de 26% para 40% no principal canal estatal e de 42% para 48% no canal comercial (Biltereyst, 1996; cf. Biltereyst, 1992; De Bens, 1991; Tanghe & De Bens, 1993). Sessenta e quatro por cento do conteúdo dos programas de ficção era de origem norte-americana — um número extraordinariamente alto para a Europa na época —, seguido por programas australianos, ingleses e alemães. Contudo, estes números escondem variações entre os diversos canais, com até 83% dos programas de ficção do canal comercial vindo da América do Norte. Os programas de ficção em língua holandesa (flamengos e da Holanda) também são muito populares e tendem a dividir as horas de transmissão mais importantes com os programas americanos (Biltereyst, 1991).

De acordo com números recentes (Blumler & Biltereyst, 1997), os dois canais estatais flamengos dedicam mais horas de transmissão aos programas infantis do que a média européia (15,2% em comparação com 9,5%). Contudo, entre 1991 e 1995 a porcentagem de programas infantis produzidos por estes canais caiu de 44,7% para 27,7%, com um aumento correspondente dos programas importados, principalmente dos EUA. Em conseqüência, a TV estatal flamenga agora se encontra em posição apreciavelmente inferior à média européia de produção de TV infantil (28% em comparação com 39%), e bem acima da norma européia para programas importados dos EUA (44% em comparação com 25%). Boa parte dos programas norte-americanos são da Disney, e daí resulta que os desenhos animados perfazem 61% da programação infantil dos canais estatais flamengos, em comparação com uma média européia de 40% (Blumler & Biltereyst, 1997).

As crianças e o uso da TV

Os primeiros números disponíveis sobre o uso da TV pelas crianças em Flandres (de 1978) indicavam que as crianças flamengas entre 4 e 11 anos viam uma média de 53 minutos de TV por dia, aumentando este número para setenta minutos diários no inverno (as variações sazonais relativas à quantidade de horas em que se vê TV são grandes — ver Roe & Vandebosch, 1996). No final de 1996 o número para crianças de 4 a 11 anos tinha aumentado para 114 minutos diários e era igual a 112 minutos diários para a faixa etária dos 12 aos 17 anos (BRTN, 1996). Contudo, recentemente, há indicações de que as crianças estejam vendo menos TV do que antes. Uma comparação entre a média de horas diárias de TV em dezembro de 1995 e em dezembro de 1996 indicou uma queda de 28 minutos por dia para o grupo de 4 a 11 anos e de dezesseis minutos para o de 12 a 17 anos (BRTN, 1996). As razões desta queda são vagas, mas estudos recentes (por exemplo, Roe & Muijs, 1995, 1997) mostram que a disseminação do uso de aparelhos de videocassete e de jogos de computador pode estar levando à substituição do uso da televisão.

As crianças mais novas (com menos de 12 anos) tradicionalmente preferem a TV estatal. Contudo, nos últimos anos foram inaugurados dois novos canais comerciais (totalizando três canais comerciais) e um estudo recente com crianças de 10 anos (Roe & Muijs, 1997) sugere que a maioria agora prefere a televisão comercial. Os resultados mostraram que um dos novos canais comerciais (VT4) é o mais popular, seguido pelo canal comercial original (VTM), com o outro canal comercial novo (KA2) em terceiro lugar, o canal *pay-per-view* de filmes, Filmnet, em quarto lugar, e o principal canal estatal (TV1) em quinto lugar. Entretanto, apesar da popularidade da televisão comercial, a propaganda parece ser impopular. Em um estudo recente com crianças flamengas de 9 a 12 anos de idade, Tritsmans (1997) descobriu que muitas delas desaprovam e criticam a propaganda na TV. Paradoxalmente, a maioria admite comprar pelo menos às vezes os produtos anunciados.

MTV

A MTV é muito popular em Flandres. Em um estudo com jovens de 12 a 18 anos, Roe & Cammaer (1993) constataram que menos de 2% diziam não saber nada sobre a MTV, enquanto que 73% foram capazes de dar o nome de pelo menos cinco programas da MTV. Uma proporção significativa assistia regularmente à MTV: 26% todos os dias e 16% pelo menos dia sim, dia não. Apenas 10% declararam nunca assistir à MTV e, desses, um terço não recebia o canal.

Não obstante, o fato de assistir à MTV parece ser esporádico. O estudo indicou que apenas 38% assistem a esse canal de forma regular e proposital, enquanto que 75% em geral utilizam o controle remoto para passar pela MTV mais ou menos de modo aleatório, a fim de checar o que está passando. Além disso, 40% utilizam a MTV apenas como música de fundo enquanto fazem outras coisas — quando estão lendo, fazendo lição de casa, comendo ou ajudando nas tarefas domésticas. As garotas tendem a utilizar a MTV como música de fundo mais do que os garotos. Havia a tendência de o uso da MTV aumentar com a idade, mas a quantidade de horas de MTV não estava significativamente relacionada com o sexo ou posição socioeconômica dos pais. Contudo, havia uma correlação negativa com o desempenho escolar (cf. Roe, 1983, 1987, 1988, 1989, 1992, 1993, 1995).

O mesmo estudo mostrou que a razão mais forte para ver a MTV é ouvir música, seguida por "relaxar", "acabar com o tédio", "informar-se" e "conversar com os outros sobre a MTV". O público da MTV estava bastante familiarizado com os produtos aí anunciados, e mais de 50% foram capazes de dar o nome de três anunciantes regulares. Diferentemente dos jovens espectadores do estudo de Tritsmans, os adolescentes do estudo de Roe &

Cammaers não desaprovavam particularmente a propaganda. Para 59% deles, o número de anúncios na MTV era suficiente, enquanto que 37% achavam que era excessivo. Além disso, 61% geralmente deixavam a televisão sintonizada na MTV durante os comerciais, enquanto 27% tiravam do canal, e outros 12% saíam de perto da TV por alguma razão durante os intervalos comerciais.

Gênero e ambiente sociocultural

No estudo mais recente sobre o uso da mídia pelas crianças flamengas (de 10 anos de idade), Roe & Muijs (1997) descobriram que apenas 0,7% delas viviam em casas sem um aparelho de TV, em comparação com 49% que viviam em casas com um aparelho, 37% com dois e 13% com três ou mais. Além disso, 18% tinham seu próprio aparelho de TV (em seu quarto). 88% das crianças viviam em casas com um aparelho de videocassete, 51% com um computador e 72% tinham acesso a videogame.

A quantidade média de horas de TV estava um pouco acima de 15 horas semanais. 68% viam TV todos os dias úteis da semana e 14%, em quatro dos cinco dias úteis da semana. A quantidade média de horas de TV nos finais de semana ficava entre 3,4-5 horas. Em geral, os meninos vêem significativamente mais TV do que as meninas. Ver TV nos dias úteis da semana é mais comum entre aquelas crianças cujos pais têm trabalhos não-especializados ou semi-especializados e cujas mães têm menos instrução, e menos comum entre aquelas crianças com pais que têm uma profissão e mães com um alto nível de instrução. Nos finais de semana, são os filhos de trabalhadores do setor terciário, de desempregados e de mães com nível mais baixo de instrução que vêem mais TV, e filhos de pais com uma profissão e de mães com nível universitário que vêem menos TV. Nos dias de aula o horário médio em que param de ver TV é 20h30, com 14% continuando a ver TV depois das 21h. Os filhos de pais com trabalho não-especializado e mães com menos instrução tendem a ver TV até mais tarde da noite e os filhos de pais no setor terciário e de mães de nível universitário param de ver TV mais cedo.

O tipo de programa mais popular entre as crianças flamengas de 10 anos é a comédia, seguida por filmes, desenhos animados e séries policiais/de ação. Os menos populares são os anúncios, *talk shows*, programas de informações e de ciências/tecnologia. Contudo, há fortes diferenças entre os sexos na estrutura de preferências (para mais detalhes, ver Roe & Muijs, 1997; cf. Muijs, 1997). Em termos de programas realmente assistidos, a categoria mais vista é a de desenhos animados, seguida por filmes e programas do gênero comédia.

Treze por cento utilizavam um aparelho de videocassete cinco dias por semana ou mais. O tempo diário gasto em média assistindo a fitas de vídeo era 1 hora e 36 minutos. Assim como acontece com a TV, os meninos usam mais o videocassete do que as meninas. Os filhos de trabalhadores não-especializados e semi-especializados e de mães com um nível mais baixo de instrução assistem mais a fitas de vídeo, e os filhos de pais com uma profissão e de mães com nível universitário assistem menos.

O estilo de fitas de vídeo mais popular é a ação, seguido pela comédia, caratê, *thriller* e faroeste. As menos populares são as fitas de música, de filmes clássicos, filmes de guerra e esportes. Da mesma forma que acontece com a televisão, há fortes diferenças entre os sexos com relação às preferências de fitas de vídeo. Em geral, não havia relações claras entre as preferências de fitas de vídeo e o nível socioeconômico, embora, o que é interessante, a maior preferência por fitas de horror e ação estivesse entre os filhos de mães de nível universitário, um resultado que talvez possa ser mais bem explicado em termos do mecanismo do "fruto proibido".

As crianças cujos pais têm uma profissão e cujas mães têm nível universitário apresentam maior probabilidade de viver em uma casa com computador. 18% jogam jogos de computador cinco dias por semana ou mais, e o tempo médio gasto nesta atividade é um pouco mais de uma hora por dia. 8% foram classificados como grandes usuários (isto é, gastam três horas diárias ou mais nesta atividade). Os meninos jogam significativamente mais do que as meninas. Os filhos de trabalhadores não-especializados ou semi-especializados e de mães com menor nível de instrução jogam mais e aqueles cujos pais trabalham na agricultura ou têm uma profissão e cujas mães têm instrução universitária jogam menos. O estilo mais popular de jogo são os jogos de fase[1], seguidos pelos jogos de "luta".

Uso da mídia, capacidade de ler e escrever e desempenho escolar

No estudo de Roe & Muijs, o uso da mídia também foi relacionado à capacidade de ler e escrever e ao desempenho escolar. Depois de analisar a influência do gênero e do ambiente sociocultural, descobriu-se que a quantidade de uso do videocassete e de jogos de computador está negativamente relacionada à capacidade de ler e escrever. Entretanto, contrariamente à afirmação convencional, o uso da televisão não se mostrou negativo neste aspecto. A quantidade de horas de TV foi relacionada à capacidade de ler e escrever (embora não o tenha sido ao desempenho escolar geral), mas a relação não é linear. Nos testes de leitura e escrita, as crianças que viam menos televisão obtiveram notas abaixo da média, enquanto que aquelas que viam mais TV tiraram as melhores notas. Foi o grupo classificado em segundo lugar quanto ao número de horas de televisão, e não aquele classificado em primeiro, que tirou as notas mais baixas.

Conseqüentemente, com relação a quaisquer efeitos negativos postulados, concluiu-se que, em vez de implicar com o fato de ver televisão, os pais e professores deveriam se preocupar mais com as crianças que usam muito o videocassete e os jogos de computador — que estão começando a apresentar um padrão consistente e significativo de relações negativas com a capacidade de ler e escrever e o desempenho escolar (Roe & Muijs, 1995, 1997).

Fatores intermediários paralelos

Uma das lições mais importantes da pesquisa flamenga sobre o uso da mídia pelas crianças é o papel fundamental desempenhado por diversas variáveis intermediárias. Quase todos os estudos mostram a importância do gênero na diferenciação de todos os aspectos do uso da mídia pelas crianças. A maioria dos estudos também enfatiza a importância do ambiente socioeconômico em geral e, em estudos recentes, a educação da mãe em particular. No passado, os pesquisadores tendiam a se concentrar na profissão (e em geral só do pai) em suas análises do uso da mídia. As pesquisas futuras precisam dar maior atenção ao papel do nível educacional (e, em particular, o nível educacional da mãe). A importância do desenvolvimento cognitivo, social e biológico para todos os aspectos do uso da mídia pelas crianças também deve ser levada em consideração. A natureza, extensão e significados do uso da mídia mudam rapidamente à medida que as crianças passam por várias fases de desenvolvimento. Conseqüentemente, formas de uso da mídia que são típicas, apropriadas e funcionais em um estágio de desenvolvimento, podem ser atípicas, inapropriadas e não-funcionais em outros.

Segue-se que em todas as discussões sobre "as crianças e o uso da mídia", é essencial ter em mente todos estes fatores intermediários. Crianças de 5 anos de idade não são iguais a jovens de 15 anos. O uso da mídia por garotos e garotas — especialmente na interação com o ambiente socioeconômico e o contexto étnico — difere de modo significativo em quase todos os aspectos fundamentais, a natureza da compreensão do conteúdo da mídia muda à medida que as crianças crescem , e suas experiências na escola estruturam seu uso da mídia de formas importantes. Assim sendo, sem primeiro especificar cuidadosamente a idade, sexo, grupo étnico, ambiente socioeconômico, nível de desenvolvimento cognitivo e desempenho educacional (para citar apenas os fatores mais importantes) das crianças, é impossível fazer quaisquer generalizações significativas com relação às "crianças e o uso da mídia"; na verdade, é possível que seja perigosamente enganoso até mesmo tentar fazer isso.

Nota

1. O jogo de fase é um dos tipos de jogos de computador mais amplamente disponíveis. O personagem principal se move de um nível para o outro, mais difícil, e assim por diante. Cada nível se passa em um cenário diferente. O personagem tem que desviar continuamente de objetos que caem, buracos e inimigos (com quem tem de lutar), e em geral tem de pular de uma nuvem, montanha etc. para outra. Tipicamente, o personagem se move da esquerda para a direita na tela.
O jogo de plataforma contém significativamente menos violência (visual) do que jogos do tipo "atire neles", "bata" e "acabe com eles", é menos difícil e mais orientado para a ação do que os jogos com enigma, e tem menos texto e menos enigmas do que os jogos de RPG e de aventura. Ele também parece ter menos credibilidade do que os outros jogos que acabamos de mencionar e às vezes é considerado infantil pelos usuários mais velhos (adolescentes).
Os personagens são em geral desenhados à maneira dos desenhos animados humorísticos (em oposição à caracterização mais realista dos personagens dos jogos de aventura e de luta), e muitos jogos de computador baseados em desenhos animados (do tipo *Pernalonga*) são assim. Os jogos de plataforma mais conhecidos são as séries *Super Mário* e *Sonic*, da Nintendo e Sega, respectivamente.

Referências bibliográficas

BILTEREYST, D. (1991) Resisting American hegemony: a comparative analysis of the reception of domestic and U. S. fiction. *European Journal of Communication*. 6.4, pp. 469-497.

______. (1992) Fictie op de vlaamse televisie:een kwantitatief onderzoek van het aanbod, de programmering en de consumptie. *Communicatie*. 21.4. 1-20.

______. (1996) Europees audiovisueel beleid en de beperkte interne stroom van tv programma's. *Communicatie*. 25.2. 3-26.

______. & BLUMLER, J. (1997) *Kinderprogramma's en de europese publieke omroep*. Onderzoeksrapport. Departement Communicatiewetenschap. Catholic University of Leuven.

BRTN. (1996) *Kijk-en Luisteronderzoek*. Dezembro. Brussel.

DE BENS, E. (1991) Flanders in the spell of commercial television. *European Journal of Communication*. 6.2. 235-244.

MUIJS, D. (1997) *Self, school and media: a longitudinal study of media use, self-concept, school achievement and peer relations among primary school children*. Department of Communication Science. Catholic University of Leuven.

ROE, K. (1983) *Mass media and adolescent schooling: conflict or co-existence?* Stockholm, Almqvist & Wilsell International.

______. (1987) The school and music in adolescent socialization. In J. Lull (org.). *Popular music and communication*. Newbury Park, Sage.

______. (1989) School achievement, self-esteem and adolescents' video use. In M. Levy (org.). *The VCR age: home video and mass communication*. Newbury Park. Sage.

ROE, K. (1992) Different destinies — different melodies: school achievement, anticipated status and adolescents' tastes in music. *European Journal of Communication.* 7.3, pp. 335-358.

______. (1993) Academic capital and music tastes among swedish adolescents. *Young: The Nordic Journal of Youth Research.* 1.3. pp. 40-55.

______. (1995) Adolescents' use of socially disvalued media: towards a theory of media delinquency. *Journal of Youth and Adolescence.* 24.5. pp. 617-631.

______. & CAMMAER, G. (1993) Delivering the young audience to advertisers: music television and flemish youth. *Communications: The European Journal of Communication.* 18.2. pp. 169-178.

______. & LÖFGREN, M. (1988) Music video use and educational achievement. *Popular Music.* 7.3. pp. 303-314.

______. & MUIJS, D. (1995) *Literacy in the Media Age: results from the first wave of a longitudinal study of children's media use and educational achievement.* Relatório de pesquisa. Dept. of Communication. Catholic University of Leuven.

______. (1997) *Literacy in the Media Age: results from the second wave of a longitudinal study of children's media use and educational achievement.* Relatório de pesquisa. Dept. of Communication. Catholic University of Leuven.

______. & VANDEBOSCH, H. (1996) 'Whether to View or Not': That is the Question. *European Journal of Communication.* 11.2. 201-216.

TANGHE, K. & De Bens, E. (1993) Televisie in Vlaanderen: de invloed van de commercialisering op het programma-aanbod. *Communicatie.* 23.3. 28-48.

TRITSMANS, M. (1997) *Reclame Rond Kinderprogramma's.* Eindverhandeling. Departement Communicatiewetenschap. Katholieke Universiteit Leuven.

A Mídia no Mundo

A Paisagem da Mídia Audiovisual no Globo

ROBERT LAMB

Robert Lamb é representante do UNICEF, diretor do Television Trust for the Environment (TVE) e responsável pelos estudos sobre desenvolvimento na mídia audiovisual. Um dos estudos transformou-se num relatório intitulado The bigger picture: Audio-Visual survey and recommendations, [*O quadro geral: Pesquisa e recomendações sobre a mídia audiovisual*], *fevereiro de 1997, copyright © United Nations Children's Fund, março de 1997. Com a permissão do UNICEF, reproduzimos aqui o Prefácio, o Sumário Executivo, o Capítulo 1: Principais Descobertas, Metodologia e Fontes do relatório (o Capítulo 2: Pesquisa do Panorama do Rádio e Televisão 1997-2000 e o Capítulo 3: Nota Final do Autor foram omitidos por falta de espaço).*

Prefácio

Você teria de ser um Rip van Winkle moderno para se surpreender quando lhe dizem que a televisão é, de longe, o mais poderoso meio de comunicação de massa do mundo. Mas ergueria uma das sobrancelhas se descobrisse que, em 1996, existiam sete aparelhos de televisão para cada dez residências. Metade do mundo talvez nunca tenha dado um telefonema, mas a grande maioria dos seres humanos agora assiste à televisão.

Quer adore, quer deteste, qualquer pessoa que esteja envolvida com o desenvolvimento das comunicações precisa entrar em acordo com a televisão. Há três anos, o UNICEF encarregou Robert Lamb, diretor do TVE, de conduzir um estudo e fazer recomendações ao UNICEF sobre as maneiras de reagir à velocidade estonteante do desenvolvimento da mídia audiovisual. O UNICEF fez bem em aplicar uma série dessas recomendações. Mas, com o risco de ser esmagado pelas demandas que a indústria está fazendo à organização e com pouca clareza sobre as implicações da revolução digital e de toda a conversa sobre "tecnoconvergência", incumbimos o TVE de realizar mais dois estudos: um sobre o Dia Internacional da Criança no Rádio e na Televisão; o outro era uma atualização que Robert Lamb deveria fazer de seu estudo de três anos atrás, que procurava esboçar as linhas gerais mais prováveis do desenvolvimento até o final do século.

Na opinião do UNICEF, as conclusões e as recomendações são relevantes para outras organizações comprometidas em manter o público mundial em sintonia com um desenvolvimento que possa ser mantido. *The bigger picture* baseia-se nas últimas pesquisas da indústria e beneficia-se com a coleta de opiniões de executivos, produtores e distribuidores da televisão. O UNICEF agradece muitíssimo a todos os que despenderam tempo para responder aos questionários do TVE e para se encontrar com os pesquisadores.

A tarefa que o UNICEF encarregou o TVE de realizar não era nada fácil. Consistia em chegar a uma visão global, estudar minuciosamente a bola de cristal e detectar as tendências relevantes para uma organização como o UNICEF. Não foi surpresa alguma encontrar uma exceção para cada regra. Por exemplo: um executivo de um serviço de comunicações via satélite da Ásia descobriu que nossos resultados eram muito controvertidos, embora um produtor europeu tenha achado o material leve demais! Apesar desses senões, é possível discernir certas tendências globais. A principal descoberta é que a televisão está indo em duas direções ao mesmo tempo: reforçando sua posição como quintessência dos meios de comunicação de massa, ao mesmo tempo que apresenta uma saída para a diversidade através de uma miríade de novos canais especializados.

The bigger picture desmistifica muitos jargões e, por isso, é uma leitura fácil para o leigo. Os colegas de órgãos nacionais e internacionais de assistência, assim como de ONGs, encontrarão muitas informações úteis para decidir qual é o orçamento mínimo a ser usado para se obter o máximo em termos de impacto. Confio-lhe o documento e estou à espera de quaisquer comentários que queira fazer.

Morten Giersing
UNICEF, Nova York
Fevereiro de 1997

Resumo

- A década de 1990 viu a televisão ampliar seu domínio como meio global de comunicação de massa. Em praticamente todos os lugares, a televisão é citada agora como a primeira fonte pública de informação. Sete em cada dez residências do mundo possuem um aparelho de televisão — três quartos estão fora dos países da Organização para Cooperação e Desenvolvimento Econômico (OCDE).

- A televisão está crescendo tanto como meio de comunicação de massas quanto como meio de comunicação de minorias. As organizações de fora da mídia, com a proposta de despertar a consciência para o meio ambiente e para o desenvolvimento, têm novas oportunidades de dirigir suas mensagens a grupos de interesses específicos — mulheres, crianças e jovens —, assim como para grandes massas. Mas, à medida que o número de canais se multiplica com a digitalização, as demandas sobre os departamentos que dispõem de poucos recursos financeiros crescem exponencialmente com retornos decrescentes em termos do número de pessoas alcançadas.
- Com extraordinariamente poucas exceções, o horário nobre da televisão é semelhante no mundo inteiro — entretenimento, cobertura de acontecimentos ao vivo, esportes e noticiários. Como as emissoras estatais de rádio e televisão estão em declínio no mundo todo, fazer vir à tona o potencial da televisão enquanto meio de comunicação de massa significa manter contato com as necessidades de um número cada vez maior de pessoas com poder de decisão e atentas ao índice de audiência dos programas, isto é, tanto as equipes do ramo industrial quanto os produtores independentes com um currículo expressivo de realização de programas populares.
- Apesar do florescimento dos novos serviços nacionais, as agências de notícias da televisão ocidental são os principais fornecedores e criadores de pautas dos noticiários internacionais e dos eventos correntes. Os órgãos de apoio ao desenvolvimento poderiam dar passos eficientes em termos de custos para aumentar a cobertura global no único setor de programação factual destinado ao horário nobre nas principais redes da TV nacional.
- De acordo com o critério exclusivo de número de espectadores, os órgãos de apoio ao desenvolvimento devem encerrar seu envolvimento com a co-produção de documentários. Mas, com a aplicação de uma série de normas rigorosas, continua havendo muito bons motivos para manter o envolvimento com a produção de documentários.
- As crianças e os jovens são alvos muito importantes das pessoas que estabelecem os horários dos programas, mas, tradicionalmente, não para os órgãos de apoio ao desenvolvimento. Em praticamente todos os lugares, os gastos e o número de horas com programas de televisão para crianças estão aumentando.
- Os novos sistemas multimídia (CD-ROM, Internet) ainda não têm um uso difundido a ponto de justificar qualquer projeto especial por parte dos órgãos internacionais de desenvolvimento.

- Com uma estratégia de usar mão-de-obra terceirizada, os organismos civis de defesa pública devem estar maximizando o uso de edição não-linear e câmeras digitais para satisfazer a preferência dos espectadores por programas de produção independente e dirigidos especialmente a um determinado público.
- O artigo de consumo mais vendido no mundo não é o computador, e sim o aparelho de TV em cores. O desenvolvimento dos meios de comunicação de massa é um espelho da globalização da economia mundial. Impulsionado pelas demandas dos anunciantes, o alvo número um dos fornecedores do mundo em desenvolvimento são as classes médias e aquelas que aspiram a esse *status*.
- A substituição do sinal analógico pelo digital já está acontecendo. Mas as duas tecnologias ainda coexistem. A segunda revolução eletrônica de que tanto se fala será um processo em ziguezague.
- O que os telespectadores assistem, e quando, são coisas decididas pelas pessoas que estabelecem os horários dos programas. Apesar de todo o barulho em torno da televisão interativa, que colocaria os espectadores numa posição de comando, pouca coisa mudou. A mudança vai ocorrer primeiramente em famílias abastadas que tenham crianças. A TV interativa está num estágio experimental. Até surgir no mercado um dispositivo simples e barato parecido com um controle remoto, a TV interativa continuará sendo o brinquedinho dos tecnocrânios. A esmagadora maioria dos telespectadores não poderia se importar menos com a tecnologia. A menos que as vantagens sejam indubitáveis, eles se apegarão ao que já têm. Enquanto isso, a maioria dos espectadores continua com seus aparelhos ligados nos canais nacionais já estabelecidos.
- A transmissão de acontecimentos ao vivo — principalmente eventos esportivos —, teatro popular e dramalhões, filmes de história natural e filmes de sucesso são as formas encontradas pelas emissoras para manter sua parcela do público.
- A transmissão direta via satélite e o sistema de videocassete acabaram com as restrições governamentais sobre o que as pessoas assistem, mas não tão radicalmente quanto muitos supõem.

Principais descobertas (Capítulo 1)

A televisão: o principal meio de comunicação do mundo

A década de 1990 viu a televisão estender seu domínio como meio global de comunicação de massas. Em praticamente todos os lugares, a televisão agora é citada como a primeira fonte de informações. Sete em cada dez residências do mundo possuem um aparelho de televisão — três quartos estão fora dos países da OCDE.

Com pelo menos um aparelho de televisão para cada seis pessoas do planeta, a televisão é o meio mais importante que existe para os órgãos de apoio ao desenvolvimento transmitirem mensagens para o público do mundo inteiro. Somente uns poucos países pequenos não dispõem de uma emissora doméstica. Mas todos os países estão sob a influência de uma ou outra emissora com transmissão via satélite. Até em muitos países de baixa renda a televisão deixou de ser um meio de comunicação usado somente pelas classes médias. Segundo a International Telecommunications Union, a indústria global da informação gerou 1 trilhão e 425 bilhões de dólares no mundo todo, dos quais cerca de 300 bilhões de dólares foram usados pelo setor audiovisual em 1994.

Esse estudo descobriu que as tendências esboçadas pelo TVE numa pesquisa de 1994, patrocinada pelo UNICEF, estão se concretizando. O aumento do número de canais, das horas que se vê televisão e da quantidade de possuidores de aparelhos de TV foi realmente impressionante — um aumento de 100% desde o final dos anos 80. Considerado isoladamente, o artigo de consumo mais vendido no mundo é o aparelho de televisão em cores. Segundo a Phillips, 105 milhões de aparelhos de TV em cores foram vendidos no mundo inteiro em 1995.

Em 1995, o norte-americano médio passou mais tempo assistindo à televisão do que ouvindo rádio, navegando na Internet, lendo jornais ou ouvindo música gravada, considerando juntos todos esses fatores. Isso não é excepcional — um polonês passa mais tempo vendo TV do que um norte-americano; um malaio, tanto quanto um dinamarquês, ou um italiano tanto quanto um turco.

Praticamente todas as residências do mundo industrializado possuem um ou mais aparelhos de TV, com a Ásia emparelhando-se rapidamente com o Primeiro Mundo. O mais notável de tudo é a rápida expansão nos países de baixa renda, onde a televisão costuma ser assistida por comunidades maiores do que famílias individuais. Há um aparelho de TV para cada três lares indianos, onde se estima que mais de 400 milhões de pessoas tenham visto a série hindu intitulada *Ramayana*. Há previsões de que a posse de aparelhos de TV por família vietnamita suba dos atuais 37% para mais de 70% em apenas dois anos. Na China, a televisão está presente em pelo menos 280 milhões de lares, com 60 mil aparelhos de TV em cores sendo vendidos por dia.

Uma em cada cinco famílias do mundo inteiro está ligada ao circuito de TV a cabo ou via satélite. Uma em cada quatro famílias tem um aparelho de videocassete. Nas escolas e faculdades — todas as instituições educacionais de Botswana estão equipadas com um aparelho de videocassete — este é um instrumento essencial para a educação. Cada vez mais, as organizações da sociedade civil usam o vídeo para fazer campanhas e despertar a consciência.

O modelo de expansão do número de proprietários de aparelhos de televisão e videocassete é o mesmo para a América Latina, para os países do Caribe e de língua árabe. Somente nas aldeias miseráveis e nas áreas rurais da África subsaariana não se espera que a televisão se transforme num meio de comunicações de massa no ano 2000.

A mais inesperada das descobertas foi que a globalização da economia não está, em sua maior parte, acontecendo de acordo com as expectativas. A maioria dos aproximadamente 1,6 bilhão de aparelhos de TV está mostrando programações locais em língua nacional. "Por toda parte, a demanda é por programas de produção independente na língua local", comentou recentemente Rupert Murdoch, presidente da News Corporation.

O TVE descobriu que existe uma necessidade avassaladora de as organizações de apoio ao desenvolvimento investirem mais recursos em televisão de acordo com uma estratégia destinada a utilizar as "alavancas" das emissoras de rádio e TV.

O paradoxo das emissoras de rádio e televisão

A televisão está crescendo tanto como meio de comunicação de massas quanto de minorias. Organizações que não fazem parte da mídia, com a proposta de despertar a consciência para o meio ambiente e para o desenvolvimento, têm novas oportunidades de dirigir suas mensagens a grupos de interesses específicos — mulheres, crianças e jovens —, assim como para grandes massas. Mas, à medida que o número de canais se multiplica com a digitalização, as demandas sobre os departamentos especializados em informações e que dispõem de poucos recursos financeiros vão crescer exponencialmente com retornos decrescentes em termos do número de pessoas alcançadas.

Uma das descobertas mais importantes desse estudo é o sucesso das emissoras de rádio e televisão nacionais em conseguir manter a maioria dos telespectadores.

Isso se aplica a todos os países, pobres ou prósperos, independentemente de quantos canais a cabo, via satélite, a cabo sem fio ou de transmissão terrestre existem à disposição em todos eles.

Na Alemanha, cinco emissoras dividem três quartos do público. Os quatro canais Televisa do México respondem por 80% dos telespectadores. Os três canais SBAC da África do Sul são assistidos por 83% dos telespectadores. No Reino Unido, os quatro canais mais importantes dispõem de 90% do público. Até nos Estados Unidos, com uma exposição mais longa à televisão multicanal do que qualquer outro país, 70% do horário nobre da televisão é ocupado pelas quatro maiores redes.

Se usarmos termos globais de comparação, a parcela de audiência das emissoras transcontinentais é pequena. A televisão ligada a satélite com transmissão direta para a residência ou retransmitida por cabo só teve êxito onde adaptou sua programação para as audiências locais. Um excelente exemplo é a Zee TV. Oferecendo um menu de programação vistosa dirigida a uma assistência indiana jovem de bom poder aquisitivo, ela afirma ter uma audiência de 80 milhões no subcontinente.

A propaganda movimenta uma indústria global de televisão no valor de US$300 bilhões. E os anunciantes estão achando que vale a pena atingir nichos de audiências por meio de canais especializados em determinados temas.

O desenvolvimento desses canais especializados é o fenômeno da década de 90. Trabalhando com orçamentos magros, a demanda deles por programação própria para sua clientela vai aumentar geometricamente à medida que a digitalização for se concretizando. Esse desenvolvimento poderia desviar os órgãos que tentam atingir as maiores audiências.

Os órgãos de apoio ao desenvolvimento deveriam considerar suas prioridades da forma mais rigorosa possível, visando às redes e emissoras/produtores nacionais com um currículo de sucesso comprovado em termos de altos índices de audiência e vendas internacionais.

O que os espectadores estão assistindo?

Repetindo, com pouquíssimas exceções, a audiência no horário nobre é semelhante em todo o mundo — entretenimento, acontecimentos ao vivo, esportes e noticiários. Com o declínio das emissoras estatais de rádio e televisão em todo o mundo, aproveitar o potencial de mídia de massa da televisão significa manter-se em sintonia com as necessidades das pessoas que tomam decisões, cada vez mais atentas ao índice de audiência na indústria de televisão, e com os produtores independentes com um bom currículo de programação popular.

Eventos ao vivo — especialmente esportes —, teatro popular de produção independente (telenovelas, melodramas etc.) e filmes de sucesso são os meios pelos quais as redes nacionais têm mantido suas parcelas de audiência.

Apesar de todas as previsões de convergência e interatividade, assistir televisão continua sendo uma atividade passiva. As pessoas-chave são aquelas que estabelecem os horários dos programas, os patrocinadores e um punhado de companhias de produção que gozam de grande prestígio — um grupo de elite que decide o que os espectadores vão ver, e quando. Estas são as "alavancas" mais importantes da indústria e seu número se encontra na casa das centenas.

Através do acesso que têm as audiências de massa, essas pessoas podem influenciar profundamente uma tomada de decisão. É um mito achar que, se atingirmos políticos ou pessoas que tomam decisões com uma programação dirigida especialmente a eles, as políticas serão mudadas no sentido de favorecer um desenvolvimento que possa ser mantido. Os programas que garantem uma transmissão no horário nobre, que geram debate nacional envolvendo o público em geral devem ser o alvo principal para organizações que buscam influenciar as tomadas de decisão.

Com o rápido declínio da ética das empresas estatais de rádio e televisão, esta última é, cada vez mais, um mundo de competição feroz com o aumento crescente da popularidade dos programas sensacionalistas. As empresas de televisão estão preocupadas quase que exclusivamente com o índice de audiência, ou em atingir as categorias de interesse específico. Preocupam-se basicamente em atrair o espectador jovem (14-30 anos).

Mas é encorajador que este relatório tenha descoberto uma reserva de boa vontade entre os patrocinadores de organizações como o UNICEF, que implementam uma política audiovisual sofisticada. Seu trabalho no campo de animação, o profissionalismo de seus pontos de venda de anúncios e de seus filmes "B", e a experiência em intermediar co-produções, dão a organizações como o UNICEF uma base segura sobre a qual obter mais visibilidade.

O TVE recomenda que a manutenção de contatos com a elite que toma decisões na televisão, a simpatia por suas necessidades, a oferta de histórias e contatos e, de tempos em tempos, a proposta de co-financiamentos, sejam as prioridades de qualquer órgão que queira aumentar a visibilidade na televisão. Jornalistas simpáticos de programas sensacionalistas devem ser procurados. Os órgãos devem dar prioridade à manutenção de uma lista de VIPs da televisão e ao cultivo desses contatos numa base individual. Dada a parcela predominante da programação em inglês no mercado internacional de vendas, deve-se dar atenção especial aos patrocinadores norte-americanos e britânicos.

A exceção fatual

Apesar do florescimento de novos serviços nacionais, as agências ocidentais de notícias para a televisão são os fornecedores e elaboradores da pauta dos noticiários internacionais e dos negócios correntes. Os órgãos de apoio ao desenvolvimento podem dar passos eficazes no sentido de aumentar a cobertura global no único setor de programação fatual transmitido no horário nobre nas principais redes nacionais de TV.

Um estudo recente de cobertura de notícias num levantamento de 35 países descobriu que a hegemonia das agências de notícias das televisões ocidentais é ainda maior do que quando a UNESCO patrocinou a Nova Ordem Mundial da Informação na década de 70.

Uma pesquisa patrocinada pela União Européia concluiu que 80% do público nos Estados Unidos cita o noticiário da televisão ou a programação de negócios correntes como sua fonte principal de informação. Os programas de variedades dedicados a um tema específico também compõem o horário nobre.

Os dois argumentos mais freqüentes entre os editores de noticiários e de negócios correntes contatados durante este estudo foram: temas locais tratados por meio de histórias que respeitam a independência editorial e histórias que procuram ser relevantes para audiências nacionais. Embora os serviços nacionais de TV enfoquem principalmente histórias do país e de seus vizinhos mais próximos, contam principalmente com as três grandes agências sediadas em Londres (duas de propriedade norte-americana) para cobertura internacional. Essas agências também fornecem notícias para as aproximadamente trinta emissoras importantes de noticiário via satélite, tais como CNN, BBC World e Deutsche Welle. Cerca de 90% das notícias que não foram geradas em seu país de origem passam por Londres.

O ambiente multimídia possibilita a organizações de fora dos meios de comunicação de massa planejarem campanhas integradas de televisão, rádio e imprensa. Um modelo possível é uma agência de TV extremamente profissional da Global Beltway que combina noticiários, assuntos regionais, fotografias e informação na tela.

Agências bilaterais ou organizações internacionais com necessidade de se comunicarem com um país ou região em particular devem trabalhar com emissoras nacionais. O meio mais efetivo de se obter cobertura global é através das agências de notícias de TV internacionais. O caminho preferido pela maioria das emissoras é via produtores independentes confiáveis.

O enigma do documentário

Segundo um critério exclusivo de índice de audiência, os órgãos de apoio ao desenvolvimento devem encerrar seu envolvimento com a co-produção. Mas, com a aplicação de um rigoroso conjunto de regras, continuamos tendo bons motivos para manter o envolvimento permanente com a produção de documentário.

Os documentários praticamente desapareceram da programação em horário nobre das principais emissoras, incluindo as emissoras de serviço público que perderam parcelas de mercado nas guerras de índice de audiência. Porém, o formato de programa sensacionalista não significa necessariamente alguma perda na qualidade da cobertura.

Documentários isolados, tanto no formato de programa sofisticado como no formato convencional, ainda podem ter um impacto evidente na opinião pública, na proporção inversa ao número de espectadores que assistem aos programas. Também há um mercado internacional de vendas significativo porque esse tipo de programa fatual tem um "período de validade" longo e pode ser adaptado de modo a satisfazer necessidades de emissoras nacionais e regionais. Seriados e outras formas de programação em "pacotes" são os mais procurados, sendo difícil colocar um documentário isolado. O sucesso do Discovery Channel em todo o mundo é baseado na "embalagem nova" que ganham seus programas para se adequar ao gosto de audiências nacionais/regionais. É crucial que o formato documentário também possa ser editado de modo a não ferir sensibilidades culturais e religiosas.

Novas tecnologias — câmaras digitais super-8 e equipamento de edição não-linear — também oferecem a oportunidade para que o produtor independente faça programas com padrão internacional de transmissão a uma fração do custo de uma década atrás. O novo *hardware* digital de elaboração de programas e de canais ainda oferece a maior esperança para cobertura consistente, aprofundada e corajosa do ambiente e do desenvolvimento.

O TVE propõe que os órgãos só apóiem a produção de documentários quando todos ou a maioria dos seguintes critérios forem satisfeitos: que os patrocínios sejam destinados a tipos de programas com índice de audiência comprovadamente acima da média para programação fatual; que os temas sejam diretamente relevantes à sua missão; que a co-produção envolva pelo menos uma ou mais das principais emissoras; que sejam apresentados planos de trabalho promocional e de distribuição; que sejam concedidos amplos direitos ao órgão para distribuição internacional no todo ou em parte, perpetuamente.

A única exceção deveria ser: quando o órgão tiver uma necessidade política urgente de transmitir um programa num país e/ou território particular; cobertura de um assunto (por exemplo, água ou saúde pública) com pequeno potencial de mídia, mas que concorde com a prioridade do órgão (sempre existirão razões para organizações civis de defesa pública nadarem contra a corrente principal da mídia).

Atingir o espectador mais jovem

As crianças e os jovens são os alvos principais das pessoas que estabelecem os horários dos programas mas, tradicionalmente, não dos órgãos de apoio ao desenvolvimento. Praticamente por toda parte os gastos e as horas de transmissão estão aumentando.

Argumenta-se que muito pouco esforço tem sido feito para apoiar a programação que visa a pessoas entre 10 e 30 anos de idade. Existe evidência convincente de que a melhor maneira de atingir adultos é através dos membros mais jovens da família — especialmente em culturas em que assistir à TV em família é a norma. Por exemplo, os patrocinadores de programas de notícias para crianças oferecem muito menos resistência em termos de apresentar diretamente o trabalho de uma organização civil de defesa pública como atração principal.

As necessidades das crianças e jovens telespectadores são bastante diferentes das do adulto. A Convenção sobre os Direitos da Criança reconhece explicitamente o direito da criança à auto-expressão.

Uma pesquisa recente de 62 emissoras revelou que, de longe, as emissoras nacionais tiveram os maiores gastos e as maiores audiências. Apenas cinco países — França, Austrália, Canadá, Reino Unido e os Estados Unidos — dominavam o mercado internacional de vendas de programação para crianças e jovens.

Os programas mais populares são acontecimentos ao vivo e desenhos animados. Os programas de variedades em que atuam jovens apresentadores e que têm formatos de movimento rápido no local são avidamente vistos por audiências jovens. Nos contatos feitos durante a pesquisa para os dois estudos patrocinados pelo UNICEF, o TVE concluiu que os produtores de programas para crianças e jovens constituíam a categoria mais aberta a novas idéias.

Contatos preliminares feitos durante esta pesquisa indicam que um investimento em recursos humanos e financeiros nesta área que se expande rapidamente daria dividendos, não apenas por atingir as pessoas que tomam decisões na nova geração, como também por usar sua influência com os pais para alterar o estilo de vida deles, e por dar mais atenção a questões do meio ambiente e do desenvolvimento.

Multimídia e congêneres

Os novos sistemas multimídia ainda não estão difundidos a ponto de justificar qualquer esforço especial de parte dos financiadores internacionais. De uma perspectiva global, as aplicações multimídia — CD-ROM, jogos de computador etc. — são os brinquedos de relativamente poucas famílias abastadas. O TVE descobriu que a propaganda envolvendo a Internet, multimídia, tecnoconvergência e congêneres estava desviando a atenção (e recursos escassos) do fato de que um número muito pequeno de pessoas sabe realmente usar os novos sistemas interativos.

Organizações como o UNICEF arriscam-se a perder o quadro geral de vista caso se decidam a investir na produção de *software* interativo. Seu papel deve limitar-se a vender imagens e informação apenas aos produtores de *software* para multimídia.

A digitalização e outros avanços como Web-TV ou vídeo por encomenda (VpE) podem conduzir à muito comentada revolução da televisão interativa (isto é, televisão, telefone e computador como uma unidade integrada). Mas, até agora, nenhuma companhia pôs no mercado um navegador barato o suficiente para dar um fim à era da participação passiva.

Também não existe qualquer evidência de uma demanda importante da parte dos espectadores. Um artigo preparatório da RAI para o Fórum Mundial de Televisão das Nações Unidas em outubro de 1996 afirma: "...apesar de aproximadamente trinta experimentos com VpE no mundo inteiro, envolvendo milhares de famílias, os resultados não sugeriram grande potencial comercial".

As conclusões do TVE são que somente por volta do fim do século — ou talvez mais tarde — a comunidade de apoio ao desenvolvimento precisará desenvolver uma estratégia nesta área.

O TVE recomenda que o envolvimento com multimídia se restrinja a dar início a um catálogo de filmes na Internet. À medida que a década se aproxima de seu final, o catálogo *on-line* torna-se um importante veículo para promover co-produções e *software* audiovisual de produção independente sobre temas relevantes para a missão dos órgãos.

Utilização das novas tecnologias de elaboração de programas

Através de uma estratégia de terceirização, as organizações civis de defesa pública devem estar maximizando o uso das novas câmaras digitais e dos equipamentos de edição não-linear para satisfazer a preferência dos espectadores por programação independente dirigida especialmente a um determinado tipo de público.

As conclusões das duas pesquisas do TVE, o perfil da demanda por programação especial em seus seis catálogos "Moving Pictures", assim como cinco *workshops* regionais de televisão promovidos pelo TVE desde 1994, indicam que, para criar impacto, é necessário introduzir uma política sistemática de versões que satisfaçam as preferências das audiências.

Os novos avanços tecnológicos tornam esse objetivo viável economicamente. Os programas podem ter novas versões (por exemplo, dublagem de voz, legendas, introduções de vídeo, inserção de histórias locais etc.) a um custo relativamente baixo. Um exemplo é a versão espanhola de doze programas "Moving Pictures", do TVE, por 7 mil dólares no México.

Órgãos como o WWF e o UNICEF tiveram grande sucesso com noticiários em vídeos e filmes "B", que permitem às emissoras fazerem suas próprias versões. Mas, como nos disse um produtor holandês, as estações de TV são "preguiçosas" e "sobrecarregadas". Elas estão muito propensas a usar programas de vídeo se for feito um esforço para adaptar o resultado.

A avaliação TVE/ICDB mostrou que, com poucas exceções, não se pode esperar que departamentos que sofrem muita pressão, mesmo de instituições bem organizadas e financiados como o UNICEF, assumam esta tarefa. Mas, em todo o mundo existem organizações e emissoras com grande experiência em adaptar programação. É crucial ter em mente que uma abordagem descentralizada permite que uma instituição adapte o resultado para ficar de acordo com sensibilidades nacionais, regionais, culturais e religiosas. Baseado na própria experiência do TVE, deve-se confiar mais nos produtores nativos no Sul e nas economias em transição no sentido de elaborar e fazer versões da programação que satisfaçam preferências locais. Caso necessário, pode-se efetuar um controle de qualidade por profissionais de produção experimentados e dignos de confiança.

As instituições com uma missão de defesa pública deveriam destinar uma parte de seu orçamento anual de informação para financiar o trabalho de versão. Mais esforço deveria ser feito para canalizar as capacidades de produção nos países que não participam da OCDE.

Metodologia e Fontes

A pesquisa para este relatório foi conduzida por Robert Lamb, diretor do TVE, durante um período de seis semanas (outubro-novembro 1996).

O TVE examinou as últimas publicações:

Zenith Media Television in Europe and Asia to 2005. Londres, Zenith Media, Bridge House, 1996.

Television Business International (TBI) Yearbook 1997. Londres, 21th Century Publications, Pearson Professional Ltd., 1996.

Screen Digest. Londres, Screen Digest Ltd., publicação mensal.

The Digital Broadcast Revolution. Londres, Broadcasting Corporation.

Interactive TV: A Revolution in Global Broadcasting. Londres, Financial Times, Corporation, 1996.

Extending Choice in the Digital Age. Londres, British Broadcasting Corporation, 1996.

Study on the Introduction of Terrestrial Television; Grupo de Decisões Convergentes, The Mews. Londres, Putney Common, 1996.

Television in a Changing World; artigo de preparação da RAI — 4 vols. — para o fórum de TV das Nações Unidas. Novembro 1996.

Watching the World — Television and Audience Engagement with Developing Countries (Third World and Environment Broadcasting Project). Londres, International Broadcasting Trust, 1996.

O texto traz referências a outras fontes publicadas. O TVE realizou encontros de duas pessoas e entrevistas por telefone com mais de oitenta pessoas-chave na indústria da televisão e enviou mais de 150 questionários.

O TVE apoiou sua avaliação no ICDB (Dia de Difusão Internacional da Criança) de junho de 1996.

O TVE também contatou mais de quarenta Centros de Recursos de Vídeo (CRVs) nos países do Sul e do NIS.

Estatísticas

Estatísticas

Tabela 1
Televisão e Vídeo (1996)

	Número de canais terrestres de TV	Número de canais de TV via satélite/ cabo/pagos	Estimativa do número de aparelhos de TV/1000 hab. (1994)	Acesso a vídeo (%)	Penetração	
					TV a cabo (%)	Via satélite (%)
ÁFRICA						
África do Sul	3	5	101	32	18	(.)
Angola	1	0	7	*	0	*
Argélia	1	0	79	*	0	*
Benin	1	0	6	*	0	*
Botsuana	1	0	17	*	0	*
Burkina	3	0	6	30	0	(.)
Burundi	1	3	2	*	0	*
Cabo Verde	1	0	3	*	0	*
Camarões	1	0	24	19	(.)	3
Chade	1	0	1	*	0	*
Congo	1	0	7	*	0	*
Costa do Marfim	2	2	60	*	0	*
Djibuti	1	0	44	*	0	*
Egito	9[1]	0	109	18	(.)	*
Eritréia	1	0	(.)	*	0	*
Etiópia	1	0	4	*	0	*
Gabão	1	0	38	*	0	*
Gâmbia	1	0	*	66	0	(.)
Gana	2	0	89	45	0	*
Guiné	1	0	8	*	0	*
Guiné-Bissau	1	0	*	*	0	*
Guiné Equatorial	1	0	10	*	0	*
Lesoto	1	0	10	*	0	*
Líbia	1	0	100	*	0	*
Madagascar	2	8	20	*	0	*
Malavi	1	0	*	*	0	*
Mali	1	16	1	50	0	*1*
Marrocos	1	1	79	8	0	3
Maurício	5[2]	2	222	42	0	(.)
Mauritânia	1	0	25	*25*	0	*2*
Moçambique	2	0	4	*	6	5
Namíbia	1	5	23	52	0	(.)
Níger	1	5	5	*	0	*
Nigéria	3	1	38	21	*	3
Quênia	4	9	11	65	1	(.)
República Centro-Africana	1	0	5	*	0	1
São Tomé e Príncipe	1	0	162	*	0	*
Senegal	1	1	37	36	10	*1*
Serra Leoa	1	0	11	40	0	1
Seychelles	1	0	88	*67*	0	0
Suazilândia	1	0	20	*	0	*

	Número de canais terrestres de TV	Número de canais de TV via satélite/ cabo/pagos	Estimativa do número de aparelhos de TV/1000 hab. (1994)	Acesso a vídeo (%)	Penetração	
					TV a cabo (%)	Via satélite (%)
Sudão	1	1	80	*	0	*
Tanzânia	1	0	21	28	0	(.)
Togo	1	4	8	*	0	(.)
Tunísia	5[3]	1	81	*	0	3
Uganda	3	0	11	70	0	1
Zaire	1	0	2	*	0	*
Zâmbia	4[4]	6	27	*5*	0	1
Zimbábue	2	0	27	6	0	1

* Não há dados disponíveis.
(.) Igual ou menor do que a metade da unidade apresentada.
1. Inclui três canais locais.
2. Inclui 2 canais de TV pagos.
3. Inclui 2 retransmissores.
4. Inclui 3 canais de TV pagos.

Nota: Os números estão arredondados para os números inteiros seguintes e os números em itálico se referem às estimativas mínimas.

Fontes: A tabela baseia-se em dados do *TBI Yearbook 97* e do *UNESCO Statistical Yearbook 96.*

ÁSIA						
Afeganistão	1	0	10	*	0	*
Arábia Saudita	2	0	255	43	0	19
Armênia	1	0	225	*	0	*
Azerbaidjão	3	0	*	*	0	*
Bahrein	5	0	430	*	*	*
Bangladesh	1	0	16	4	0	1
Brunei	2	0	241	*87*	0	*
Camboja	2	0	8	*	0	*
Casaquistão	4	0	*	*	*	*
China	18	(.)	189	*25*	11	1
Chipre	13	1	320	82	(.)	5
Cingapura	4	43	390	84	5	(.)
Coréia do Norte	3	0	43	*	0	*
Coréia do Sul	4	0	323	*74*	5	2
Emirados Árabes Unidos	10	30	107	*65*	3	40
Filipinas	6	50	48	*	6	*
Geórgia	2	0	*	*	*	*
Hong Kong	4	35	291	*76*	*6*	*17*
Iêmen	2	0	280	*	0	16
Índia	19	17	40	*8*	*26*	(.)
Indonésia	7	0	62	29	0	4
Irã	5	0	62	38	0	0
Iraque	1	0	75	*	0	*(.)*
Israel	6	214	275	*68*	59	(.)
Japão	9	2[1]	681	*80*	8	28
Jordânia	3	5	76	*	0	*22*
Kuwait	3	1	380	*79*	*	11
Laos	2	0	8	*	0	*
Líbano	10	0	360	*	*	3

	Número de canais terrestres de TV	Número de canais de TV via satélite/ cabo/pagos	Estimativa do número de aparelhos de TV/1000 hab. (1994)	Acesso a vídeo (%)	Penetração	
					TV a cabo (%)	Via satélite (%)
Malásia	4	5	157	41	0	*
Maldivas	1	0	25	*	0	*
Mongólia	3	0	42	*	0	*
Mianmá	2	0	5	*	0	*
Nepal	1	0	5	*	*	*
Omã	2	1	662	*22*	0	*
Paquistão	3	8	19	*19*	0	*1*
Qatar	2	24	398	*35*	17	0
Quirguistão	2	0	*	*	0	(.)
Síria	2	1	62	*	0	*
Sri Lanka	7	0	50	*	0	*(.)*
Tadjiquistão	1	*	*	*	*	*
Tailândia	2	8	117	*20*	*2*	3
Turcomenistão	1	0	180	*	*	*
Turquia	18	1	181	17	3	2
Usbequistão	1	0	190	*	*	*
Vietnã	2	0	28	*	0	*

* Não há dados disponíveis.
(.) Igual ou menor do que a metade da unidade apresentada.
1. Em 1998 são esperados aproximadamente quatrocentos canais por satélite.
Nota: Os números estão arredondados para os números inteiros seguintes e os números em itálico se referem às estimativas mínimas.
Fontes: A tabela baseia-se em dados do *TBI Yearbook 97* e do *UNESCO Statistical Yearbook 96.*

OCEANIA						
Austrália	16	8	489	80	3	*
Fiji	3	0	17	75	0	*
Ilhas Cook	1	0	179	*	0	*
Nova Zelândia	4	5	510	72	25	(.)
Papua-Nova Guiné	1	0	3	*	0	*
Vanuatu	1	0	13	*	0	*

Nota: Os números estão arredondados para os números inteiros seguintes.
* Não há dados disponíveis.
Fontes: A tabela baseia-se em dados do *TBI Yearbook 97* e do *UNESCO Statistical Yearbook 96.*

AMÉRICA LATINA E CARIBE						
Antígua e Barbuda	1	16	370	55-65	*20*	75-100
Antilhas Holandesas[2]	2	23	334	*	8	*
Argentina	5	312	219	43	53	*(.)*
Aruba	1	31	277	*	*75*	*10*
Bahamas	1	0	226	*	20	*
Barbados	1	6	279	86	*0*	*
Belize	3	56	167	*	32	*
Bermudas	3	0	924	30	*32*	*
Bolívia	5	0	113	*	*	*
Brasil	92[1]	253	209	16	8	8
Chile	5	60	211	35	25	*
Colômbia	5	0	118	*	*	*

	Número de canais terrestres de TV	Número de canais de TV via satélite/ cabo/pagos	Estimativa do número de aparelhos de TV/1000 hab. (1994)	Acesso a vídeo (%)	Penetração	
					TV a cabo (%)	Via satélite (%)
Costa Rica	10	46	142	*21*	*4*	*1*
Cuba	3	0	171	*	0	*
Dominica	2	20	75	*	*33*	*
El Salvador	1	0	443	31	3	1
Equador	10	42	88	35	4	1
Granada	3	26	337	*25*	*50*	*2*
Guadalupe	2	0	262	*	*	*
Guatemala	7	0	53	60	15	0
Guiana	2	0	39	*	0	*
Guiana Francesa	3	1	181	*	*	*
Haiti	2	0	5	*	*19*	*
Honduras	10	168	78	32	11	0
Ilhas Caimã	2	20	200	*	45	15
Ilhas Virgens (EUA)	3	72	636	*28*	*49*	*3*
Jamaica	2	0	142	*42*	15	6
Martinica	2	0	137	*	*	*
México	8	24	163	58	13	1
Nicarágua	6	183	67	*8*	*4*	*1*
Panamá	4	0	170	*16*	*3*	*2*
Paraguai	2	0	83	*	*	*
Peru	8	0	99	*	3	3
Porto Rico	9	104	267	*45*	*	*
República Dominicana	10	40	90	12	5	2
Santa Lúcia	2	40	189	*	23	1
São Cristóvão e Nevis	1	68	213	*	*71*	*
São Vicente e Granadinas	1	0	147[3]	*	*	*
Suriname	7	0	141	*	*	*
Trinidad e Tobago	3	38	317	*	*	*2*
Uruguai	4	0	232	*	*	*
Venezuela	5	110	164	40	39	*

* Não há dados disponíveis.
(.) Igual ou menor do que a metade da unidade apresentada.
1. + 90 afiliados
2. Curaçao e Bonaire
3. São Vicente

Nota: Os números estão arredondados para os números inteiros seguintes e os números em itálico se referem às estimativas mínimas.

Fontes: A tabela baseia-se em dados do *TBI Yearbook 97* e do *UNESCO Statistical Yearbook 96.*

AMÉRICA DO NORTE						
Canadá	39	47[1]	685	83	75	1
Estados Unidos	345	387	817	81	66	6

1. Incluindo 1 canal de lançamento.

Nota: Os números estão arredondados para os números inteiros seguintes e os números em itálico se referem às estimativas mínimas.

Fontes: A tabela baseia-se em dados do *TBI Yearbook 97* e do *UNESCO Statistical Yearbook 96.*

	Número de canais terrestres de TV	Número de canais de TV via satélite/ cabo/pagos	Estimativa do número de aparelhos de TV/1000 hab. (1994)	Acesso a vídeo (%)	Penetração	
					TV a cabo (%)	Via satélite (%)
EUROPA						
Albânia	1	0	91	*	0	6[1]
Alemanha	14	15	560	*59*	48	30
Áustria	2	0	480	69	37	17
Bélgica	8	17	453	46	94	6[1]
Bielo-Rússia	2	0	226	12	*	*
Bósnia-Herzegovina	1	0	*	*	0	*
Bulgária	4	0	363	30	17	4
Croácia	5	0	353	*	(.)	46
Dinamarca	5	2	539	*64*	23	13
Eslováquia	3	0	474	*24*	18	5
Eslovênia	4	0	320	10	45	19
Espanha	12	9	402	*58*	4	*2*
Estônia	3	50	367	10[2]	29	22
Federação Russa	11	0	377	*	14[4]	3[4]
Finlândia	5	6	511	*56*	40	*2*
França	12	48	591	*64*	7	*5*
Grécia	5	0	206	*50*	(.)	(.)
Holanda	9	25	494	*68*	93	4
Hungria	4	3	429	*35*	37	11
Irlanda	2	0	302	59	47	*6*
Islândia	2	6	350	*	*1*	*3*
Itália	12	57	437	*48*	*	*3*
Letônia	3	24	465	16	7	11
Lituânia	5	0	386	*9*	*8*	*2*
Luxemburgo	14	2	374	*	88	*2*
Macedônia TFYR	4	0	166	*	0	*
Malta	1	1	747	60	*12*	*2*
Moldávia	1	0	271	*	*	*
Mônaco	2	0	741	*	12	*
Noruega	3	11	428	*49*	35	13
Polônia	5	46	308	59	23	16
Portugal	7	0	321	52	0	*3*
Reino Unido	15	64	439	*74*	*7*	*18*
República Tcheca	4	60-80	478	27	18	17
Romênia	8[3]	0	201	37	31	4
Sérvia e Montenegro	2	0	*	*80*	8	10
Suécia	3	16	475	72	47	13
Suíça	5	4	416	*65*	83	3
Ucrânia	6	0	340	*	*	*

* Não há dados disponíveis.

(.) Igual ou menor do que a metade da unidade apresentada.

1. 1995
2. Entre estonianos
3. Incluindo 1 satélite
4. Rússia européia

Nota: Os números estão arredondados para os números inteiros seguintes e os números em itálico se referem às estimativas mínimas.

Fontes: A tabela baseia-se em dados do *TBI Yearbook 97* e do *UNESCO Statistical Yearbook 96.*

Tabela 2
Programas de Televisão para Crianças e Jovens (1996)

Canal	Horas transmitidas por semana[1]	Horas compradas por ano	Orçamento gasto em acontecimentos ao vivo (%)	Orçamento gasto em desenhos animados (%)	Orçamento gasto em aquisições do estrangeiro (%)	Principais países dos quais os programas foram comprados
AUSTRÁLIA						
ABC	24,5	300	40	60	80	Reino Unido, Canadá, Estados Unidos
Nine Network	5,0	13	80	20	0	Austrália
ÁUSTRIA						
ORF	36,0	*	40	60	*	Alemanha, Estados Unidos
BÉLGICA						
BRTN	18,5	*	*	*	43	Europa, Austrália, Estados Unidos
CANADÁ						
CBC	16,0	*	*	*	*	*
SRC	25,0	*[2]	70	30	15	Canadá, Estados Unidos, França, Reino Unido
TVOntario	51,0	1,500	75	25	40	Estados Unidos, Austrália, Reino Unido
DINAMARCA						
DR	13,0	200	100	0	10	Reino Unido, Suécia, França, Estados Unidos
FINLÂNDIA						
YLE — TV1	8,0	*	17	83[3]	*	Reino Unido, Canadá, França, Alemanha
YLE — TV2	*	*	90	10	99	Reino Unido, Polônia, Alemanha, Austrália
YLE — FST	3,5	90	*	*	7	Reino Unido, Suécia, Holanda, Canadá
MTV3	5,0	230	0	100	95	Estados Unidos, Reino Unido, Holanda, Finlândia
FRANÇA						
TF1	17,0	*	30	70	60	Estados Unidos, Itália, Reino Unido
France 2	6,0	*	*	*	100[3]	Estados Unidos, Reino Unido
France 3	25,0	350	15	85	30	Estados Unidos[4]
Canal Plus	13,0	70	0	100	*	França, Estados Unidos, Canadá, Reino Unido, Itália
M6	5,0	*	*	*	*	*

Canal	Horas transmitidas por semana[1]	Horas compradas por ano	Orçamento gasto em acontecimentos ao vivo (%)	Orçamento gasto em desenhos animados (%)	Orçamento gasto em aquisições do estrangeiro (%)	Principais países dos quais os programas foram comprados
ALEMANHA						
ZDF	14,0	*	45	35	50	Reino Unido, Austrália, Canadá
NDR	12,0	*	50	50	*	*
RTL	12,0	*	10	90	75	Estados Unidos, França
Sat 1	7,0	*	100	0	*	Estados Unidos, Austrália
Pro 7	37,5	*	0	100	*	Estados Unidos, Reino Unido, França, Alemanha
IRLANDA						
RTE	29,0	*	15	85	*	Austrália, Reino Unido, Estados Unidos
ITÁLIA						
Rai 1	18,0	*	40	60	*	Estados Unidos, Reino Unido, França, Espanha
JAPÃO						
NTV	15,0	*	0	100	*	Estados Unidos
HOLANDA						
VPRO	4,0	195	*	*	*	Reino Unido, Escandinávia
RTL4	20,0	728	30	70	90	Estados Unidos, Canadá, Reino Unido
RTL5	5,0	*	30	70	90	Estados Unidos, Canadá, Reino Unido
NORUEGA						
NRK	8,0	160	70	30	20	Reino Unido, Holanda, França, Alemanha, Canadá, Escandinávia
PORTUGAL						
SIC	10,0	600	0	100	100	Estados Unidos
ESPANHA						
TVE	32,0	*	89	11	*	Estados Unidos, União Européia
Antena 3 TV	24,5	*	15	85	95	Estados Unidos, Canadá, Japão
Tele 5	19,0	*	0	100	*	*
Canal Plus	4,0	202	26	74[5]	*	Estados Unidos, Espanha, França, Reino Unido

Canal	Horas transmitidas por semana[1]	Horas compradas por ano	Orçamento gasto em acontecimentos ao vivo (%)	Orçamento gasto em desenhos animados (%)	Orçamento gasto em aquisições do estrangeiro (%)	Principais países dos quais os programas foram comprados
ÁFRICA DO SUL						
SABC1	40,0	*	40	60	60	*
SUÉCIA						
SVT (Ch 1)	15,5	124[6]	*	*	10	Países nórdicos, Reino Unido, Estados Unidos, Alemanha, Holanda, República Tcheca, Eslováquia
TV4	6,5	200	25	75	35	Estados Unidos, Reino Unido, Austrália, França
SUÍÇA						
TSI	8,0	150	40	60	95	Estados Unidos, Reino Unido, Itália, outros
DRS	7,0	200	90	10-30	*	Estados Unidos, França, Austrália, Alemanha
TSR	10,0	620	50	50	100	Europa, Estados Unidos
REINO UNIDO						
BBC	28,0	250	94	6	5	Austrália, Canadá, Europa, Estados Unidos
ITV	11,0	*	*	*	6	Austrália, Estados Unidos, França
GMTV	4,5	*	*	*	*	Reino Unido, Estados Unidos
Channel 4	12,0[7]	500	60	40	35	Estados Unidos, Austrália, Canadá, Reino Unido
Sky One	29,0	400	40	60	70	Estados Unidos, Austrália, França, Canadá
Disney Channel	60,0	*	60	40	*	Estados Unidos
ESTADOS UNIDOS						
ABC	5,0	*	*	*	0	Estados Unidos
CBS	4,5	*	*	*	0	Estados Unidos
NBC	2,5	0	100	0	*	Estados Unidos
WB Network	9,0	13	0	100	0	Estados Unidos
UPN	2,0	*	0	100	0	*
Canais Só Para Crianças						
AUSTRÁLIA						
Nickelodeon	100,0	700	50	50	*	Estados Unidos, França, Espanha, Austrália

Canal	Horas transmitidas por semana[1]	Horas compradas por ano	Orçamento gasto em acontecimentos ao vivo (%)	Orçamento gasto em desenhos animados (%)	Orçamento gasto em aquisições do estrangeiro (%)	Principais países dos quais os programas foram comprados
CANADÁ						
YTV	107,0[8]	*	52	48	21	Canadá, Reino Unido, França, Austrália, Estados Unidos
FRANÇA						
Canal J	93,0	850	40	60	40	França, Reino Unido, Canadá, Austrália, Estados Unidos
ALEMANHA						
Nickelodeon	98,0	400	*	*	*	Reino Unido, França, Itália, Estados Unidos, Canadá, Austrália
ITÁLIA						
Junior	56,0	150-200	80	20	20	Estados Unidos, Austrália, Alemanha, França, Reino Unido, Japão
HOLANDA						
Kindernet	25,0	450	20	80	80	Estados Unidos, França, Austrália, Bélgica, Reino Unido, Alemanha
ESPANHA						
Minimax	91,0	1,800	20	75	*	União Européia (Espanha, França, Reino Unido), Estados Unidos
REINO UNIDO						
Nickelodeon	99,0	*	35	65	85	Estados Unidos, Reino Unido, Austrália, Canadá
ESTADOS UNIDOS						
Fox Kids Network	19,0	117	*	*	*	Estados Unidos
Nickelodeon	100,5	*	*	*	*	Estados Unidos, Canadá

* Não há dados disponíveis.

1. Arredondados para a meia hora mais próxima.
2. 3-4 novas séries por ano.
3. Somente aquisições.
4. Principalmente séries da Warner.
5. Refere-se a horas (52 horas de acontecimentos ao vivo/150 horas de desenhos animados) em vez de se referir ao orçamento.
6. Orçamento para a região de Estocolmo.
7. Mais durante as férias escolares.
8. Apenas para crianças; as horas de programação de YTV vão de 5 da manhã-3 da manhã diariamente.

Nota: Toda a informação desta tabela/pesquisa é compilada dos questionários preenchidos pelas emissoras. Redes que não aparecem aqui incluem aquelas que não devolveram um questionário completo para a *Television Business International* a tempo de serem impressos, e outras que não possuem uma quantidade significativa de programas para crianças.

Fonte: A tabela baseia-se em dados do *TBI Yearbook 97*.

Abreviaturas — Televisão

ABC	American Broadcasting Company
BBC	British Broadcasting Corporation
BRTN	Belgian Radio and Television Station of the Flemish Community
CBC	Canadian Broadcasting Corporation
CBS	Columbia Broadcasting System
DR	Danmarks Radio (Danish Broadcasting Corporation)
DRS	Germanspeaking TV channel of the SSR-SRG (Société suisse de radio diffusion et télévision — Schweizerische Radio und Fernsehgesellschaft)
GMTV	TV Breakfast Service
ITV	Independent Television
M6	Métropole Télévision
MTV3	Mainos Television Oy
NBC	National Broadcasting Corporation
NDR	Norddeutscher Rundfunk
NRK	Norsk Riksringkasting (Norwegian Broadcasting Corporation)
NTV	Nippon Television Network Corporation
ORF	Österreichischer Rundfunk
Pro 7	Program 7
RAI	Radiotelevisione Italia
RTE	Radio Telefis Eireann
RTL	Radio Télé-Luxembourg
SABC	South African Broadcasting Corporation
Sat 1	Satelite 1
SIC	Sociedade Independente de Comunicação SA
SRC	Société Radio Canada
SVT	Sveriges Television (Swedish Broadcasting Corporation)
TF 1	Télévision France 1
TSI	Televisione Svizzera di Lingua Italiana
TSR	Télévision Suisse Romande
TVE	Television Espanola
UPN	United Paramount Network
VPRO	Vrijzinnig Protestantse Radio Omroep
WB	Warner Brothers
YLE	Yleisradio OY (Finnish Broadcasting Company)
YLE/FST	Yleisradio OY/Finlands Svenska Television (Finnish Broadcasting Company/ The Swedish Television of Finland)
YTV	Youth Television
ZDF	Zweites Deutsches Fernsehen

Tabela 3
Telas de Cinema

País e ano	Telas por milhão de habitantes
Islândia 1996	187
Estônia 1995	170
Suécia 1996	132
Turquia 1994	121
Estados Unidos 1996	112
Letônia 1995	108
Noruega 1996	90
República Tcheca 1995	79
China 1995	79
França 1996	77
Nova Zelândia 1995	74
Austrália 1996	71
Suíça 1996	69
Itália 1996	64
Finlândia 1996	63
Dinamarca 1996	62
Canadá 1994	61
Irlanda 1996	61
Espanha 1996	59
Hungria 1995	58
Áustria 1996	52
Israel 1995	52
Eslovênia 1995	50
Alemanha 1996	49
Lituânia 1995	49
Bélgica 1996	43
Eslováquia 1996	43
Ilhas Faro 1994	42
Luxemburgo 1996	41
Cingapura 1994	38
Reino Unido 1996	38
Taiwan 1995	36
Croácia 1995	35
Hong Kong 1995	31
Chipre 1995	30
Portugal 1996	29
Holanda 1996	28
Malta 1994	27
Grécia 1996	26
Líbano 1994	23
Polônia 1996	21
Uruguai 1996	21
Bahrein 1994	20
Bulgária 1995	20
Romênia 1996	19
Macedônia 1994	18
Filipinas 1995	18
México 1996	17
Rússia 1995	15
Malásia 1994	14

Nota: Os países estão organizados pelo último ano disponível. Os números estão arredondados para os números inteiros seguintes.
Fonte: A tabela está baseada nos dados da *Screen Digest*, Agosto 1997.

Tabela 4
Computadores Pessoais (PCs) e Usuários da Internet (1994)

País	Computadores pessoais por 100 pessoas	Usuários da Internet por 10 mil pessoas
ÁFRICA		
África do Sul	2	37
Argélia	*	(.)
Egito	*	(.)
Guiné	*	(.)
Nigéria	(.)	*
Senegal	1	*
Tunísia	1	(.)
Zâmbia	*	(.)
Zimbábue	*	(.)
ÁSIA		
Arábia Saudita	3	(.)
Armênia	*	(.)
Azerbaidjão	*	(.)
Casaquistão	*	(.)
China	*	(.)
Chipre	*	7
Cingapura	15	103
Coréia do Norte	11	22
Filipinas	1	(.)
Hong Kong	11	117
Índia	0	(.)
Indonésia	0	0
Irã	*	(.)
Israel	8	135
Japão	12	43
Kuwait	*	7
Malásia	3	5
Mongólia	(.)	*
Tailândia	1	2
Turquia	1	2
OCEANIA		
Austrália	22	487
Fiji	*	(.)
Nova Zelândia	19	486
AMÉRICA LATINA E CARIBE		
Argentina	1	2
Brasil	1	(.)
Chile	3	12
Colômbia	*	2
Equador	*	2

País	Computadores pessoais por 100 pessoas	Usuários da Internet por 10 mil pessoas
Jamaica	*	2
México	2	4
Nicarágua	*	1
Panamá	*	(.)
Peru	*	(.)
Suriname	(.)	*
Uruguai	*	3
Venezuela	1	1
AMÉRICA DO NORTE		
Canadá	18	353
Estados Unidos	30	671
EUROPA		
Alemanha	14	141
Áustria	11	206
Bélgica	13	102
Bielo-Rússia	*	(.)
Bulgária	*	1
Croácia	*	13
Dinamarca	19	276
Eslováquia	*	15
Eslovênia	*	50
Espanha	7	40
Estônia	*	50
Federação Russa	1	1
Finlândia	16	772
França	14	89
Grécia	3	21
Holanda	16	319
Hungria	3	46
Irlanda	14	97
Islândia	*	979
Itália	7	30
Letônia	*	13
Lituânia	*	2
Luxemburgo	*	84
Noruega	19	633
Polônia	2	17
Portugal	5	34
Reino Unido	15	228
República Tcheca	3	62
Romênia	*	1
Suécia	17	489
Suíça	29	398
Ucrânia	0	1

* Não há dados disponíveis.
(.) Igual ou menor do que a metade da unidade apresentada.
Nota: Os números estão arredondados para os números inteiros seguintes.
Fonte: A tabela baseia-se em dados de *Human Development Report 1997.*

Tabela 5
Linhas de Telefone e Provedores da Internet (1996)

Economia	Linhas de telefone ('000)	Teledensidade por 100 habitantes	Provedores da Internet ('000)	Densidade de provedores por 100 habitantes	Provedores da Internet por 100 linhas
Alemanha	44.100,0	53,4	721,8	0,87	1,64
Áustria	*3.820,0*	*46,6*	91,9	1,12	*2,41*
Bélgica	4.725,5	46,5	64,6	0,64	1,37
Dinamarca	3.251,0	61,5	106,5	2,01	3,28
Espanha	15.412,8	39,3	110,0	0,28	0,71
Finlândia	2.813,0	54,8	283,5	5,52	*10,08*
França	32.900,0	56,3	245,5	0,42	0,75
Grécia	5.328,7	50,6	15,9	0,15	0,30
Holanda	8.431,0	54,3	270,5	1,74	3,21
Irlanda	1.390,0	38,3	27,1	0,75	*1,95*
Itália	25.259,0	44,0	149,6	0,26	0,59
Luxemburgo	244,2	58,8	3,5	0,84	*1,44*
Portugal	3.724,3	37,5	26,1	0,26	0,70
Reino Unido	*29.700,0*	*50,4*	591,6	1,00	*1,99*
Suécia	6.032,0	67,6	233	2,61	3,86
União Européia	**187.131,5**	**50,0**	**2.941,0**	**0,79**	**1,57**
Austrália	9.500,0	*51,9*	514,8	2,81	5,42
Canadá	18.057,1	60,3	603,3	2,01	3,34
Coréia do Sul	19.601,0	43,3	66,3	0,15	0,34
Estados Unidos	*172.000,0*	*64,7*	10.112,9	3,81	*5,88*
Hungria	2.661,6	26,1	29,9	0,29	1,12
Islândia	155,4	57,6	11,7	4,32	7,51
Japão	*62.300,0*	*49,7*	734,4	0,59	*1,18*
México	8.826,1	9,6	29,8	0,03	0,34
Noruega	*2.471,1*	*56,3*	171,7	3,91	*6,95*
Nova Zelândia	*1.782,2*	*48,9*	84,5	2,32	*4,7*
Polônia	6.560,0	16,9	54,5	0,14	0,83
República Tcheca	2.817,3	27,1	41,2	0,40	1,46
Suíça	4.547,0	65,4	129,1	1,86	2,84
Turquia	*14.286,5*	22,4	13,2	0,02	*0,09*
Outros países da OCDE	**325.565,3**	**45,5**	**12.597**	**1,76**	**3,87**
OCDE	**512.696,8**	**47,1**	**15.538**	**1,43**	**3,03**
África do Sul	4.258,6	10,3	99,3	0,240	2,33
Argentina	*6.330,0*	*18,1*	12,7	0,036	0,20
Brasil	13.459,4	8,2	77,1	0,047	0,57
Chile	2.248,0	15,5	15,9	0,109	0,71
China	54.940,0	4,5	19,7	0,002	0,04
Cingapura	1.563,0	51,3	28,9	0,949	1,85
Filipinas	1.787,0	2,6	3,6	0,005	0,20
Hong Kong	3.451,2	54,7	49,2	0,779	*1,42*
Índia	14.450,0	1,5	3,1	0,000	0,02
Indonésia	4.186,0	2,1	9,6	0,005	0,23
Israel	2.539,1	43,7	38,5	0,663	1,52
Malásia	3.771,3	18,3	4,2	0,020	0,11
Rússia	*25.980,0*	*17,8*	69,2	0,047	*0,27*
Tailândia	4.200,2	7,0	9,2	0,015	0,22
Taiwan, China	10.010,6	46,6	34,7	0,161	0,35
Venezuela	2.666,9	11,7	2,4	0,011	0,09
Países que não fazem partes da OCDE	**155.841,3**	**5,2**	**477**	0,02	0,31
Economias principais	**668.538,1**	**16,4**	16.016	0,39	2,40
MUNDO	741.000,0	12,8	16.146	0,28	2,18

Nota: Os números em itálico se referem às estimativas.
Fonte: International Telecommunication Union, ITU/97-15.

Tabela 6
Valor de Vendas a Varejo de *Software* Interativo de Entretenimento
(na Europa e nos Estados Unidos, US$ 1 000)

País	1992	1994	1996
BENELUX			
consoles avançados	2.538	14.229	45.579
PC/CD-ROM	213	15.454	172.368
FRANÇA			
consoles avançados	2.968	16.785	243.435
PC/CD-ROM	318	22.361	209.918
ALEMANHA			
consoles avançados	747	12.562	156.206
PC/CD-ROM	2.624	156.528	1.005.290
ITÁLIA			
consoles avançados	795	8.857	42.186
PC/CD-ROM	1.630	22.990	133.250
ESPANHA			
consoles avançados	0	6.381	58.803
PC/CD-ROM	837	7.508	106.088
REINO UNIDO			
consoles avançados	4.086	22.784	184.480
PC/CD-ROM	1.675	35.274	305.410
RESTO DA EUROPA			
consoles avançados	0	3.467	97.741
PC/CD-ROM	1.108	31.924	377.021
EUROPA TOTAL			
consoles avançados[1]	11.134	85.065	828.429
PC/CD-ROM	8.404	292.038	2.309.344
ESTADOS UNIDOS			
consoles avançados[2]	22.400	72.375,0	1.204.600
PC/CD-ROM	36.045	595.335,0	1.802.880
1. dos quais			
Sony Playstation	0	0,0	610.955
Sega Saturn	0	0,0	180.681
outros consoles avançados	11.134	85.065	36.793
2. dos quais			
Sony Playstation	0	0,0	717.750
Sega Saturn	0	0,0	268.400
Nintendo 64	0	0,0	210.000

Nota: O *software* interativo de entretenimento considerado aqui inclui CD-ROMs para computadores pessoais multimídia e CDs para consoles avançados, tais como Sony Playstation, Sega Saturn e Philips CD-i.
A tabela baseia-se em avaliação independente, feita por Screen Digest e fundamentada em consulta a um grande número de fontes, tanto pesquisa voltada para o mercado quanto de fabricantes e fornecedores de *software*.
Os valores estão arredondados para os US$ 1 000 seguintes.
Fonte: A tabela baseia-se em dados de *Screen Digest*, fevereiro de 1997.

Tabela 7

Estações de Transmissão de Rádio e Concessões de Emissoras de Rádio

	Número de estações de transmissão de rádio (1996)		Rádios por 1000 habitantes (1994)
	AM	FM	
ÁFRICA			
África do Sul	14	286	314
Angola	17	13	30
Argélia	26	0	236
Benin	2	2	91
Botsuana	7	13	125
Burkina	2	1	28
Burundi	2	2	64
Cabo Verde	1	6	176
Camarões	11	11	148
Chade	6	1	246
Comores	2	1	129
Congo	4	1	115
Costa do Marfim	71	0	143
Djibuti	2	2	81
Egito	39	6	307
Eritréia	*	*	87
Etiópia	4	0	197
Gabão	6	6	147
Gâmbia	3	2	163
Gana	4	1	229
Guiné	6	6	43
Guiné-Bissau	2	3	40
Guiné Equatorial	2	0	424
Lesoto	3	4	33
Libéria	3	4	228
Líbia	17	3	226
Madagascar	17	3	192
Malavi	10	17	226
Mali	2	2	44
Marrocos	20	7	219
Maurício	2	0	367
Mauritânia	2	0	147
Moçambique	29	4	37
Namíbia	4	40	139
Níger	15	5	61
Nigéria	35	17	196
Quênia	16	4	88
República Centro-Africana	1	1	73
Ruanda	1	1	67
São Tomé e Príncipe	1	2	270
Senegal	8	0	117
Serra Leoa	1	1	233
Seychelles	2	0	490

	Número de estações de transmissão de rádio (1996)		Rádios por 1000 habitantes (1994)
	AM	FM	
Somália	*	*	41
Suazilândia	7	6	163
Sudão	11	0	258
Tanzânia	12	4	26
Togo	2	0	212
Tunísia	7	8	199
Uganda	10	10	107
Zaire	10	4	98
Zâmbia	11	5	83
Zimbábue	8	18	86

* Não há dados disponíveis.
Fontes: A tabela baseia-se em dados de *The World Factbook 1996* (Internet) e *UNESCO Statistical Yearbook 96*.

ÁSIA

Afeganistão	5	0	*
Arábia Saudita	43	13	294
Armênia	10	3	*
Azerbaidjão	*	*	*
Bahrein	2	3	556
Bangladesh	9	6	47
Brunei	4	4	271
Butão	1	1	17
Camboja	1	0	108
Casaquistão	*	*	376
China	274	*	184
Chipre	11,2[1]	8,6[1]	300
Cingapura	13	4	645
Coréia do Norte	18	0	126
Coréia do Sul	79	46	1,017
Emirados Árabes Unidos	8	3	312
Filipinas	261	55	144
Geórgia	*	*	550
Hong Kong	6	6	677
Iêmen	4	1	32
Índia	96	4	81
Indonésia	618	38	148
Irã	77	3	237
Iraque	16	1	218
Israel	9	45	478
Japão	318	58	912
Jordânia	5	7	243
Kuwait	3	0	445
Laos	10	0	127
Líbano	5	3	889
Malásia	28	3	432
Maldivas	2	1	118

	Número de estações de transmissão de rádio (1996)		Rádios por 1000 habitantes (1994)
	AM	FM	
Mianmá	2	1	82
Mongólia	12	1	136
Nepal	88	0	35
Omã	2	4	583
Paquistão	26	8	88
Qatar	2	3	428
Quirguistão	*	*	*
Síria	9	1	257
Sri Lanka	12	5	201
Tajiquistão	*	*	*
Tailândia	200	100	190
Turcomenistão	*	*	*
Turquia	15	94	162
Usbequistão	*	*	81
Vietnã	*	228	104

* Não há dados disponíveis.

1. Área grega, área turca.

Fontes: A tabela baseia-se em dados de *The World Factbook 1996* (Internet) e *UNESCO Statistical Yearbook 96.*

OCEANIA

Austrália	258	67	1.291
Fiji	7	1	607
Ilhas Cook	1	1	700
Ilhas Salomão	4	0	122
Nova Zelândia	64	2	991
Papua-Nova Guiné	31	2	76
Vanuatu	2	0	462

Fontes: A tabela baseia-se em dados de *The World Factbook 1996* (Internet) e *UNESCO Statistical Yearbook 96.*

AMÉRICA LATINA E CARIBE

Antígua e Barbuda	4	2	427
Antilhas Holandesas	9	4	1.069
Argentina	171	0	673
Aruba	4	4	581
Bahamas	3	2	735
Barbados	3	2	877
Belize	6	5	581
Bermudas	5	3	1.270
Bolívia	129	0	670
Brasil	1.223	0	393
Chile	159	0	345
Colômbia	413	217	178
Costa Rica	71	0	260
Cuba	150	5	347
Dominica	3	2	600

	Número de estações de transmissão de rádio (1996)		Rádios por 1000 habitantes (1994)
	AM	FM	
El Salvador	77	0	443
Equador	272	0	327
Granada	1	0	595
Guadalupe	2	8	228
Guatemala	91	0	68
Guiana	4	3	491
Guiana Francesa	5	7	645
Haiti	33	0	50
Honduras	176	0	408
Ilhas Caimã	2	1	967
Ilhas Turks e Caicos	3	0	514
Ilhas Virgens (Estados Unidos)	4	8	1.005
Ilhas Virgens Britânicas	1	0	474
Jamaica	10	17	436
Martinica	1	6	203
México	679	0	256
Montserrat	8	4	582
Nicarágua	45	0	262
Panamá	91	0	227
Paraguai	40	0	172
Peru	273	0	255
Porto Rico	50	63	713
República Dominicana	120	0	173
Santa Lúcia	4	1	764
São Cristóvão e Nevis	2	0	666
São Vicente	2	0	667
Suriname	5	14	680
Trinidad e Tobago	2	4	491
Uruguai	99	0	606
Venezuela	181	0	443

Fontes: A tabela baseia-se em dados de *The World Factbook 1996* (Internet) e *UNESCO Statistical Yearbook 96.*

AMÉRICA DO NORTE

	AM	FM	Rádios por 1000 habitantes
Canadá	900	29	1.051
Estados Unidos	4.987	4.932	2.122

Fontes: A tabela baseia-se em dados de *The World Factbook 1996* (Internet) e *UNESCO Statistical Yearbook 96.*

EUROPA

	AM	FM	Rádios por 1000 habitantes
Albânia	17	1	190
Alemanha	80,23[1]	470,17[1]	935
Áustria	6	21	619
Bélgica	3	19	774
Bielo-Rússia	35	18	285
Bósnia-Herzegovina	9	2	227
Bulgária	20	15	454

	Número de estações de transmissão de rádio (1996)		Rádios por 1000 habitantes (1994)
	AM	FM	
Croácia	14	8	261
Dinamarca	3	2	1.036
Eslováquia	*	*	568
Eslovênia	6	5	378
Espanha	190	406	312
Estônia	*	*	467
Federação Russa	*2	*2	339
Finlândia	6	105	1.003
França	41	800	891
Grécia	29	17	418
Holanda	3	12	909
Hungria	32	15	625
Irlanda	9	45	636
Islândia	5	147	793
Itália	135	28	802
Iugoslávia	*	*	182
Letônia	*	*	662
Lituânia	13	26	387
Luxemburgo	2	3	636
Macedônia TFYR	6	2	182
Malta	8	4	530
Moldávia	9	5	679
Mônaco	3	4	1.016
Noruega	46	493	799
Polônia	27	27	441
Portugal	57	66	233
Reino Unido	225	525	1.429
República Tcheca	*	*	631
Romênia	12	5	204
Sérvia e Montenegro	26	9	*
Suécia	5	360	879
Suíça	7	265	841
Ucrânia	*	*	812

* Não há dados disponíveis.

1. Alemanha Ocidental, Alemanha Oriental.

2. Existem cerca de 1050, inclusive estações de rádio AM, FM e ondas curtas na Federação Russa.

Fontes: A tabela baseia-se em dados de *The World Factbook 1996* (Internet) e *UNESCO Statistical Yearbook 96.*

Tabela 8
Títulos de Livros Publicados

País e ano	Total	Por 100 mil habitantes (1992-94)	Livros infantis títulos	Livros infantis cópias (000)	Livros didáticos escolares títulos	Livros didáticos escolares cópias (000)
ÁFRICA						
África do Sul 1994	4.574	11	526	4.113	272	16.297
Argélia 1994	323	1	17	*	15	*
Benin 1994	84	2	*	*	6[1]	9[1]
Egito 1993	3.108	5	23	583	809	49.261
Eritréia 1993	106	3	0	0	64	323
Etiópia 1990	385	*	*	*	*	*
Gâmbia 1994	21	2	*	*	2	6
Gana 1992	28	(.)	*	*	*	*
Madagascar 1994	114	1	1[1]	3[1]	17[1]	60[1]
Malavi 1994	243	3	4[1]	*	20	*
Marrocos 1994	354	1	9	19	23	96
Maurício 1994	84	8	0	0	15	17
Namíbia 1990	106	*	*	*	*	*
Nigéria 1992	1.562	1	*	*	407	*
Quênia 1990	348	*	*	*	*	*
Tanzânia 1990	172	*	*	*	*	*
Tunísia 1993	539	6	129	*	61[1]	*
Uganda 1993	314	2	99	740	*	*
Zaire 1992	64	(.)	1[1]	8[1]	14[1]	112[1]
Zimbábue 1992	232	2	5[1]	*	8[1]	*
ÁSIA						
Afeganistão 1990	2.795	*	*	*	*	*
Armênia 1994	224	6	91	681	211	9.021
Azerbaidjão 1994	375	5	20	319	42	2.957
Casaquistão 1994	1.148	7	104	7.002	*	*
China 1994	100.951	8	3.064	131.730	*	*
Chipre 1994	1.040	142	20	18	99	414
Coréia do Sul 1994	34.204	77	5.348	22.582	4.470	79.352
Emirados Árabes Unidos 1993	293	14	*	*	293	5.117
Filipinas 1994	1.233	2	15[1]	*	207	*
Geórgia 1994	314	6	4	15	21	51
Índia 1994	11.460	1	400	*	191	*
Indonésia 1992	6.303	3	1.084[1]	*	715[1]	*
Irã 1994	10.753	16	1.201	*	*	*
Israel 1992	4.608	86	*	*	1.092	3.731
Japão 1992	35.496	28	2.889[1]	18.780[1]	2.512[1]	12.190[1]
Jordânia 1993	500	10	28	*		
Kuwait 1992	196	11	*	*	*	*
Laos 1992	64	1	13[1]	34[1]	0	0
Malásia 1994	4.050	21	1.844[1]	7.048[1]	1.023	7.799
Mianmá 1993	3.660	8	*	*	*	*
Mongólia 1992	285	12	25[1]	100[1]	*	*

País e ano	Total	Por 100 mil habitantes (1992-94)	Livros infantis		Livros didáticos escolares	
			títulos	cópias (000)	títulos	cópias (000)
Omã 1992	24	1	*	*	*	*
Paquistão 1994	124	(.)	7[1]	25[1]	10[1]	252[1]
Qatar 1994	371	69	1	*	228	*
Quirguistão 1994	328	7	4[1]	41[1]	13	530
Síria 1992	598	4	34	*	*	*
Sri Lanka 1994	2.929	17	85	174	14	8.975
Tajiquistão 1994	231	4	11[1]	97[1]	21	1.210
Tailândia 1992	7.626	13	439	*	640	*
Turcomenistão 1992	565	14	47[1]	1.807[1]	28	1.763
Turquia 1994	4.473	8	269	*	355	*
Usbequistão 1993	1.340	6	42	806	194	20.069
Vietnã 1993	5.581	8	683	8.596	1.370	66.049
OCEANIA						
Austrália 1994	10.835	61	*	*	*	*
Brunei 1992	45	16	*	*	*	*
Fiji 1994	401	52	0	0	223	1.251
AMÉRICA LATINA E CARIBE						
Argentina 1994	9.065	26	807[1]	4.847[2]	736[2]	4.720[2]
Belize 1993	70	34	6[1]	*	20[1]	*
Brasil 1994	21.574	14	10.354	44.998	5.454	82.222
Chile 1992	1.820	13	148	*	169	*
Costa Rica 1994	963	29	*	*	*	*
Cuba 1994	932	9	69	2.879	150	625
Equador 1994	11	(.)	9[1]	36[1]	*	*
Guiana 1994	33	4	1[1]	40[1]	32[1]	468[1]
Honduras 1993	22	(.)	3	9	*	*
Paraguai 1993	152	3	3	*	25	*
Peru 1994	1.993	9	29	*	39[2]	*
Trinidad e Tobago 1993	26	2	25[1]	20[1]	1[1]	10[1]
Venezuela 1994	3.660	17	*	*	*	*
AMÉRICA DO NORTE						
Canadá 1993	22.208	76	971	*	1.240	625
Estados Unidos 1994	51.863	20	5.321	*	*	*
EUROPA						
Alemanha 1994	70.643	87	4.777	*	3.551	*
Áustria 1994	7.987	100	463	*	*	*
Bielo-Rússia 1994	3.346	32	232	10.753	172	14.961
Bulgária 1994	5.925	69	429	6.029	1.124	11.281
Croácia 1994	2.671	59	*	*	274	*
Dinamarca 1994	11.973	230	1.147	*	844	*
Eslováquia 1994	3.481	65	839	10	208	2.268
Eslovênia 1994	2.906	151	360	*	481	22.551

País e ano	Total	Por 100 mil habitantes (1992-94)	Livros infantis		Livros didáticos escolares	
			títulos	cópias (000)	títulos	cópias (000)
Espanha 1994	44.261	112	3.726	19.046	2.346	*
Estônia 1994	2.291	152	126	827	226	2.155
Federação Russa 1994	30.390	20	1.742	80.713	1.031	108.373
Finlândia 1994	12.539	247	793	*	494	*
França 1994	45.311	78	2.768	*	891	*
Grécia 1990	3.255	*	*	*	*	*
Holanda 1993	34.067	222	9.615	*	11.002	*
Hungria 1994	10.108	100	699	8.890	1.650	18.896
Islândia 1994	1.429	537	111	*	276	*
Itália 1994	32.673	57	1.745	18.360	2.165	46.439
Iugoslávia 1994	2.799	*	71	260	609	7.937
Letônia 1994	1.677	65	188	1.990	202	2.314
Lituânia 1994	2.885	77	175	2.422	178	4.350
Luxemburgo 1994	681	169	6	*	11[2]	*
Macedônia 1994	672	31	32	72	402	2.519
Malta 1993	417	115	12[2]	*	23	*
Moldávia 1994	797	18	49	1.613	43	866
Noruega 1994	6.846	159	440	*	*	*
Polônia 1994	10.874	28	492	5.979	574	27.701
Portugal 1994	6.667	68	1.025	3.969	1.381	10.348
Reino Unido 1994	95.015	164	7.495	*	3.156	*
República Tcheca 1994	9.309	91	234	*	411	*
Romênia 1994	4.074	18	*	*	362	14.895
Suécia 1994	13.822	158	1.185	*	563	*
Suíça 1994	15.378	217	641	*	381	*
Ucrânia 1993	5.002	10	575	17.373	167	18.903

* Não há dados disponíveis.
(.) Menos do que metade da unidade mostrada.
1. Primeira edição.
2. 1992.
Fontes: A tabela baseia-se em dados de *UNESCO Statistical Yearbook 1996* e de *Human Development Report 1997.*

Tabela 9
Companhias Internacionais de Entretenimento (as 50 mais importantes)
(classificadas de acordo com o faturamento de 1996-97)

Classificação	Companhia	Matriz	Faturamento (bilhões de US$)
1	Time Warner	Nova York	20.925
2	Walt Disney	Burbank	18.730
3	Bertelsmann	Guetersloh, Alemanha	12.300
4	Viacom.	Nova York	12.080
5	News Corp.	Sydney/Nova York/Los Angeles	11.216
6	Sony Entertainment (div. da Sony Corp.)	Tóquio/Los Angeles	8.400
7	Havas	Paris	8.200
8	Tele-Communications Inc.	Englewood, Colo.	8.022
9	Universal Studios	Los Angeles	6.514
10	Granada Group	Londres	6.450
11	EMI Group	Londres	5.729
12	Polygram	Holanda/Londres	5.453
13	NBC (div. da General Electric)	Nova York	5.200
14	US West	Denver	4.660
15	Cox Enterprises	Atlanta	4.600
16	Gannett	Arlington, Va.	4.400
17	CBS (div. da Westinghouse)	Nova York	4.145
18	Comcast	Filadélfia	4.030
19	Kirch Group	Ismaning, Alemanha	4.000[1]
20	Pearson	Londres	3.694
21	Rank Group	Londres	3.515
22	United News & Media	Londres	3.240
23	CLT-Ufa	Luxemburgo	3.000[1]
24	Organizações Globo (div. da Globo)	Rio de Janeiro	2.900
25	Carlton	Londres	2.840
26	Fuji TV	Tóquio	2.690
27	Tribune Co.	Chicago	2.400
28	Nippon TV	Tóquio	2.300
29	Tokyo Broadcasting System	Tóquio	2.196
30	Canal Plus	Paris	1.970
31	Rogers Communications	Toronto	1.800
32	Mediaset	Milão	1.750
33	British Sky Broadcasting	Londres	1.704
34	Asahi	Tóquio	1.670
35	TF1	Paris	1.640
36	Toho	Tóquio	1.540
37	Kinnevik	Estocolmo	1.500
38	Grupo Clarín	Buenos Aires	1.400
39	Cablevision Systems Corp.	Woodbury, N.Y.	1.300
40	Compagnie Generale des Eaux	Paris	1.200
41	Grupo Televisa	Cidade do México	1.151
42	Egmont Group	Dinamarca	1.000
43	Publishing & Broadcasting Ltd.	Sydney	0.987
44	Pro 7 TV	Unterfoehring, Alemanha	0.966
45	AMC Entertainment	Kansas City, Mo.	0.750
46	United Artists Theatre Circuit	Englewood, Colo.	0.678
47	King World	Nova York	0.633
48	Le Groupe Videotron	Montreal	0.618
49	Grupo Cisneros	Caracas, Venezuela	0.518
50	Cineplex Odeon	Toronto	0.510

1. Estimado
Fonte: Variety, Agosto 25-31, 1997.

Referências bibliográficas

Global Interactive Entertainment: Big Growth in Spending. *Screen Digest*, fevereiro de 1997.

Human Development Report 1997. The United Nations Development Programme. Nova York, Oxford University Press, 1997.

International Telecommunication Union. Pressrelease nº 15, 7 de setembro de 1997.

PEERS, M. & GOLDNER, D. (1997) The Global 50. Merger Mania Shuffles Rankings. Suplemento de *Variety*, 25-31 de agosto.

TBI Yearbook 97. (1996) Television Business International. Londres, 21st. Century Business Publications.

UNESCO Statistical Yearbook 96. (1997) Paris, UNESCO.

The World Factbook 1996. *Site* da Internet: http://www.odci.gov/cia/publications/pubs.html Washington, CIA, 1997.

World Cinema Market: Start of the European Fightback. *Screen Digest*, agosto de 1997.

As Crianças no Mundo

Estatísticas

Estatísticas

Figura 1
Número de Crianças em Diferentes Regiões (1995)

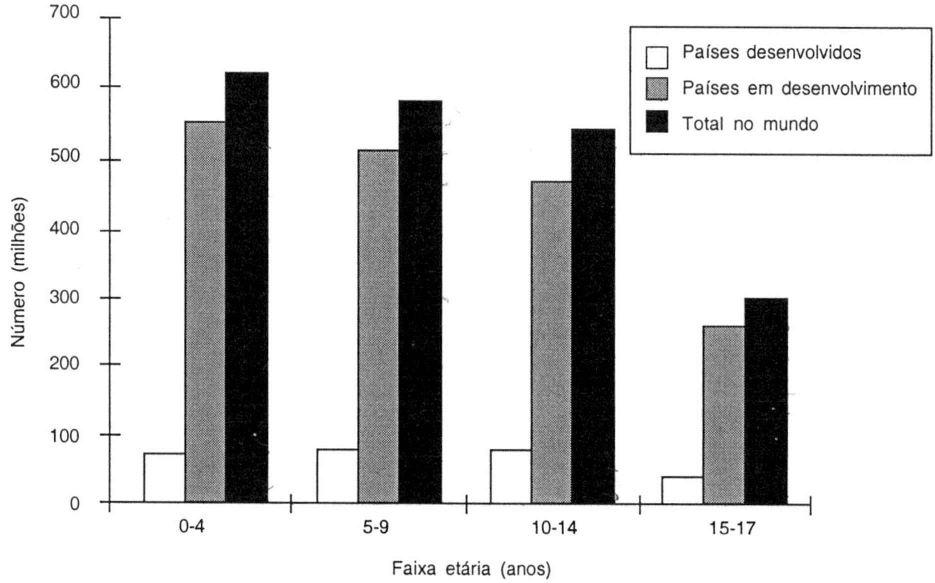

Fonte: The State of the World's Children 1997, UNICEF.

Tabela 1
As Crianças em Diferentes Regiões — Percentagem da população total

		Total no mundo (%)	Regiões mais desenvolvidas[1] (%)	Regiões menos desenvolvidas[2] (%)
Crianças	0 - 4 anos	11,1	6,2	12,4
Crianças	5 - 14 anos	20,4	13,5	22,2
Crianças	15 - 24 anos	18,0	14,1	19,0
População total (milhares)		5.716,426	1.166,598	4.549,828
Média de idade da população total (anos)		25,3	35,7	23,1

1. As regiões mais desenvolvidas abrangem a América do Norte, Japão, Europa, Austrália e Nova Zelândia.
2. As regiões menos desenvolvidas abrangem todas as regiões da África, América Latina, Ásia (excluindo o Japão) e Melanésia, Micronésia e Polinésia.

Nota: Projeções com médias das variações.
Fonte: World Population Prospects: The 1994 revision, Nações Unidas, Nova York, 1995.

Tabela 2
Indicadores Demográficos (1995)

	População total (milhões) 1995	População urbanizada[1] (%) 1995	População abaixo de 18 (milhões) 1995	População abaixo de 18 (%) 1995
ÁFRICA				
África do Sul	41,5	51	18,1	44
Argélia	27,9	56	12,8	46
Angola	11,1	32	5,9	53
Benin	5,4	31	2,9	54
Botsuana	1,5	28	0,7	47
Burkina	10,3	27	5,3	51
Burundi	6,4	8	3,4	53
Cabo Verde	0,4	*	0,2	48
Camarões	13,2	45	6,7	51
Chade	6,4	21	3,2	50
Comores	0,7	*	0,3	53
Congo	2,6	59	1,3	50
Costa do Marfim	14,3	44	7,9	55
Djibuti	0,6	*	0,3	47
Egito	62,9	45	27,9	44
Eritréia	3,5	17	1,8	51
Etiópia	55,1	13	29,0	53
Gabão	1,3	50	0,6	46
Gâmbia	1,1	26	0,5	45
Gana	17,5	36	9,0	51
Guiné	6,7	30	3,6	54
Guiné-Bissau	1,1	22	0,5	45
Guiné Equatorial	0,4	*	0,2	49
Lesoto	2,1	23	1,0	48
Libéria	3,0	45	1,6	53
Líbia	5,4	86	2,8	52
Madagascar	14,8	27	7,8	53
Malavi	11,1	14	5,9	53
Mali	10,8	27	5,8	54
Marrocos	27,0	48	11,6	43
Maurício	1,1	41	0,4	36
Mauritânia	2,3	54	1,1	48
Moçambique	16,0	34	8,2	51
Namíbia	1,5	37	0,7	47
Níger	9,2	17	5,0	54
Nigéria	111,7	39	58,0	52
Quênia	28,3	28	15,5	55
República Centro-Africana	3,3	39	1,6	48
Rep. Dem. Congo (Zaire)	43,9	29	23,9	54
Ruanda	8,0	6	4,2	53
São Tomé e Príncipe	0,1	*	0,1	53
Senegal	8,3	42	4,3	52
Serra Leoa	4,5	36	2,3	51
Seychelles	0,1	*	(.)	53
Somália	9,3	26	5,0	54
Suazilândia	0,9	*	0,4	50
Sudão	28,1	25	14,2	51
Tanzânia	29,7	24	15,6	53

	População total (milhões) 1995	População urbanizada[1] (%) 1995	População abaixo de 18 (milhões) 1995	População abaixo de 18 (%) 1995
Togo	4,1	31	2,2	54
Tunísia	8,9	57	3,7	42
Uganda	21,3	13	11,8	55
Zâmbia	9,5	43	5,1	54
Zimbábue	11,3	32	5,7	50
ÁSIA				
Afeganistão	20,1	20	9,4	47
Arábia Saudita	17,9	80	8,7	49
Armênia	3,6	69	1,3	36
Azerbaidjão	7,6	56	2,8	37
Bahrein	0,6	*	0,2	37
Bangladesh	120,4	18	55,9	46
Brunei	0,3	*	0,1	40
Butão	1,6	6	0,8	50
Camboja	10,3	21	5,1	50
Casaquistão	17,1	60	6,0	35
China	1221,5	30	379,3	31
Chipre	0,7	*	0,2	30
Cingapura	2,8	100	0,8	29
Coréia do Norte	23,9	61	8,1	34
Coréia do Sul	45,0	81	12,9	29
Emirados Árabes Unidos	1,9	84	0,7	37
Filipinas	67,6	54	30,2	45
Geórgia	5,5	59	1,5	27
Hong Kong	5,9	95	1,4	24
Iêmen	14,5	34	7,8	54
Índia	935,7	27	384,9	41
Indonésia	197,6	35	77,9	39
Irã	67,3	59	33,9	50
Iraque	20,4	75	10,2	50
Israel	5,6	91	1,9	34
Japão	125,1	78	25,3	20
Jordânia	5,4	72	2,7	50
Kuwait	1,5	97	0,7	47
Laos	4,9	22	2,5	51
Líbano	3,0	87	1,2	40
Malásia	20,1	54	8,8	44
Maldivas	0,3	*	0,1	53
Mongólia	2,4	61	1,1	46
Mianmá	46,5	26	20,2	43
Nepal	21,9	14	10,7	49
Omã	2,2	13	1,2	55
Paquistão	140,5	35	70,.8	50
Qatar	0,6	*	0,2	31
Quirguistão	4,7	39	2,0	43
Síria	14,7	52	7,9	54
Sri Lanka	18,4	22	6,7	36
Tajiquistão	6,1	32	3,0	49
Tailândia	58,8	20	20,2	34
Turcomenistão	4,1	45	1,9	46

	População total (milhões) 1995	População urbanizada[1] (%) 1995	População abaixo de 18 (milhões) 1995	População abaixo de 18 (%) 1995
Turquia	61,9	69	24,5	40
Usbequistão	22,8	41	10,.5	46
Vietnã	74,5	21	32,7	44
OCEANIA				
Austrália	18,1	85	4,6	25
Fiji	0,8	*	0,3	42
Ilhas Cook	(.)	*	(.)	42
Ilhas Marshall	0,1	*	(.)	48
Ilhas Salomão	0,4	*	0,2	51
Kiribati	0,1	*	(.)	46
Micronésia	0,1	*	0,1	47
Nova Zelândia	3,6	86	1,0	28
Palau	(.)	47	(.)	47
Papua-Nova Guiné	4,3	16	2,0	47
Samoa	0,2	*	0,1	46
Tonga	0,1	*	(.)	43
Tuvalu	(.)	*	(.)	40
Vanuatu	0,2	*	0,1	50
AMÉRICA LATINA E CARIBE				
Antígua e Barbuda	0,1	*	(.)	36
Argentina	34,6	88	12,0	35
Bahamas	0,3	*	0,1	34
Barbados	0,3	*	0,1	28
Belize	0,2	*	0,1	49
Bolívia	7,4	61	3,5	47
Brasil	161,8	78	62,1	38
Chile	14,3	84	4,9	34
Colômbia	35,1	73	13,8	39
Costa Rica	3,4	50	1,4	41
Cuba	11,0	76	3,0	27
Dominica	0,1	*	(.)	35
El Salvador	5,8	45	2,8	48
Equador	11,5	58	4,9	43
Granada	0,1	*	(.)	36
Guatemala	10,6	42	5,4	51
Guiana	0,8	*	0,3	38
Haiti	7,2	32	3,3	46
Honduras	5,7	44	2,9	51
Ilhas Turks e Caicos	(.)	*	(.)	36
Ilhas Virgens Britânicas	(.)	*	(.)	42
Jamaica	2,4	54	0,9	38
México	93,7	75	39,6	42
Montserrat	(.)	*	(.)	36
Nicarágua	4,4	63	2,4	55
Panamá	2,6	53	1,0	38
Paraguai	5,0	53	2,3	46
Peru	23,8	72	9,9	42
República Dominicana	7,8	65	3,2	41
Santa Lúcia	0,1	(.)	0,1	36
São Cristóvão e Nevis	(.)	*	(.)	37
São Vicente e Granadinas	0,1	*	(.)	36

	População total (milhões) 1995	População urbanizada[1] (%) 1995	População abaixo de 18 (milhões) 1995	População abaixo de 18 (%) 1995
Suriname	0,4	*	0,2	40
Trinidad e Tobago	1,3	72	0,5	38
Uruguai	3,2	90	0,9	28
Venezuela	21,8	93	9,3	43
AMÉRICA DO NORTE				
Canadá	29,5	77	7,3	25
Estados Unidos	263,3	76	68,6	26
EUROPA				
Albânia	3,4	37	1,3	38
Alemanha	81,6	87	15,8	19
Áustria	8,0	56	1,7	21
Bélgica	10,1	97	2,2	22
Bielo-Rússia	10,1	71	2,6	26
Bósnia-Herzegovina	3,5	49	0,9	26
Bulgária	8,8	71	2,0	23
Croácia	4,5	64	1,0	22
Dinamarca	5,2	85	1,1	21
Eslováquia	5,4	59	1,5	28
Eslovênia	1,9	64	0,4	21
Espanha	39,6	77	8,4	21
Estônia	1,5	73	0,4	27
Federação Russa	147,0	76	37,5	26
Finlândia	5,1	63	1,2	24
França	58,0	73	13,7	24
Grécia	10,5	65	2,2	21
Holanda	15,5	89	3,4	22
Hungria	10,1	65	2,3	23
Irlanda	3,6	58	1,1	31
Islândia	0,3	*	0,1	29
Itália	57,2	67	10,8	19
Iugoslávia	10,8	57	2,9	27
Letônia	2,6	73	0,6	23
Lituânia	3,7	72	1,0	27
Luxemburgo	0,4	*	0,1	21
Macedônia	2,2	60	0,6	27
Malta	0,4	*	0,1	27
Moldávia	4,4	52	1,4	32
Noruega	4,3	73	1,0	23
Polônia	38,4	65	10,7	28
Portugal	9,8	36	2,3	23
Reino Unido	58,3	90	13,5	23
República Tcheca	10,3	65	2,5	24
Romênia	22,8	55	5,8	25
Suécia	8,8	83	2,0	23
Suíça	7,2	61	1,5	21
Ucrânia	51,4	70	12,5	25

* Não há dados disponíveis.

(.) Menos de 50 mil.

1. A população urbana é a percentagem da população que mora em áreas urbanas conceituada de acordo com a definição nacional usada nos censos populacionais mais recentes.

Fonte: A tabela baseia-se em dados de *The State of the World's Children 1997, UNICEF.*

Tabela 3
Educação

	Índice total de adultos alfabetizados[1] (%) 1995	Índice bruto de matrículas na escola primária[2] 1990-95	Crianças que atingem o nível 5 na escola primária (%) 1990-95	Índice bruto de matrículas na escola secundária[3] 1990-94	
				masculino	feminino
ÁFRICA					
África do Sul	82	111	76	71	84
Angola	42[3]	88	34	*	*
Argélia	62	103	92	66	55
Benin	37	66	55	17	7
Botsuana	70	116	84	49	15
Burkina	19	38	61	11	6
Burundi	35	69	74	8	5
Cabo Verde	72	123[4]	*	*	*
Camarões	63	87	66	32	23
Chade	48	59	46	13	2
Comores	57	75[4]	*	*	*
Congo	75	*	53	*	*
Costa do Marfim	40	69	73	33	17
Djibuti	46	36[4]	*	*	*
Egito	51	97	98	81	69
Eritréia	*	47	79	17	13
Etiópia	36	23	58	12	11
Gabão	63	*	50[3]	*	*
Gâmbia	39	67	87	25	13
Gana	65	76	80	44	28
Guiné	36	46	80	17	6
Guiné-Bissau	55	60[3]	20[3]	9[3]	4[3]
Guiné Equatorial	79	149[3,4]	*	*	*
Lesoto	71	98	60	22	31
Libéria	38	35[3]	*	31[3]	12[3]
Líbia	76	110	*	95	95
Madagascar	80[3]	73	28	14	14
Malavi	56	80	37	6	3
Mali	31	31	85	12	6
Marrocos	44	73	80	40	29
Maurício	83	106	100	58	60
Mauritânia	38	69	72	19	11
Moçambique	40	60	35	9	6
Namíbia	*	136	82	49	61
Níger	14	29	82	9	4
Nigéria	57	93	92	32	27
Quênia	78	91	77	28	23
República Centro-Africana	60	71[3]	65[3]	17[3]	6[3]
Rep. Dem. Congo (Zaire)	77	68	64	33	15
Ruanda	61	77	60	11	9
São Tomé e Príncipe	57[3]	*	*	*	*
Senegal	33	58	88[3]	21	11
Serra Leoa	31	51	*	22	12
Seychelles	88[3]	88[3,4]	*	*	*
Somália	24[3]	11[3]	*	9[3]	5[3]
Suazilândia	77	120[4]	*	*	*

	Índice total de adultos alfabetizados[1] (%) 1995	Índice bruto de matrículas na escola primária[2] 1990-95	Crianças que atingem o nível 5 na escola primária (%) 1990-95	Índice bruto de matrículas na escola secundária[3] 1990-94 masculino	feminino
Sudão	46	52	94	24	19
Tanzânia	68	70	83	6	5
Togo	52	102	50	34	12
Tunísia	67	118	92	55	49
Uganda	62	67	55	14	8
Zâmbia	78	92	*	25[3]	14[3]
Zimbábue	85	119	76	51	40
ÁSIA					
Afeganistão	32	31	43[3]	22	8
Arábia Saudita	63	75	94	54	43
Armênia	99[3]	90	*	80	90
Azerbaidjão	97[3]	89	*	89	88
Bahrein	85	111[4]	*	*	*
Bangladesh	38	79	47	25	13
Brunei	88	107[4]	*	*	*
Butão	42	25[3]	82[3]	7[3]	2[3]
Camboja	35[3]	*	50	*	*
Casaquistão	98[3]	86	*	89	91
China	82	118	88	60	51
Chipre	94[3]	101[4]	*	*	*
Cingapura	91	107	100[3]	69[3]	71[3]
Coréia do Norte	*	104[3]	*	*	*
Coréia do Sul	98	98	100	97	96
Emirados Árabes Unidos	79	110	99	84	94
Filipinas	95	111	67	64[3]	65[3]
Geórgia	99[3]	*	*	*	*
Hong Kong	92	102	*	69[3]	73[3]
Iêmen	39[3]	78	*	47	10
Índia	52	102	62	59	38
Indonésia	84	114	92	48	39
Irã	69	105	90	74	58
Iraque	58	91	72[3]	53	34
Israel	92[3]	95	100	84	91
Japão	*	102	100	95	97
Jordânia	87	94	98	52	54
Kuwait	79	65	99	60	60
Laos	57	107	53	31	19
Líbano	92	115	*	73	78
Malásia	84	93	98	56	61
Maldivas	93	134[4]	*	*	*
Mianmá	83	105	*	23	23
Mongólia	83	97	*	85[3]	97[3]
Nepal	28	109	52	46	23
Omã	*	85	96	64	57
Paquistão	38	44	48	28	13
Qatar	79	90[4]	*	*	*
Quirguistão	97[3]	*	*	*	*
Síria	71	105	92	52	42
Sri Lanka	90	106	92	71	78

	Índice total de adultos alfabetizados[1] (%) 1995	Índice bruto de matrículas na escola primária[2] 1990-95	Crianças que atingem o nível 5 na escola primária (%) 1990-95	Índice bruto de matrículas na escola secundária[3] 1990-94	
				masculino	feminino
Tajiquistão	98[3]	89	*	98	101
Tailândia	94	98	88	38	37
Turcomenistão	98[3]	*	*	*	*
Turquia	82	103	89	74	48
Usbequistão	97[3]	80	*	96	92
Vietnã	94	111	*	44[3]	41[3]
OCEANIA					
Austrália	*	108	99	83	86
Fiji	92	128[4]	*	*	*
Ilhas Cook	99[3]	98[4]	*	*	*
Ilhas Marshall	91[3]	95[4]	*	*	*
Ilhas Salomão	62[3]	94[4]	*	*	*
Kiribati	93[3]	91[4]	*	*	*
Micronésia	81[3]	100[4]	*	*	*
Nova Zelândia	*	102	94	103	104
Palau	98[3]	103[4]	*	*	*
Papua-Nova Guiné	72	74	71	15	10
Samoa	98[3]	100[4]	*	*	*
Tonga	99[3]	98[3,4]	*	*	*
Tuvalu	99[3]	101[4]	*	*	*
Vanuatu	64[3]	106[4]	*	*	*
AMÉRICA LATINA E CARIBE					
Antígua e Barbuda	95[3]	100[3,4]	*	*	*
Argentina	96	107	*	70	75
Bahamas	98	97[4]	*	*	*
Barbados	97	90[4]	*	*	*
Belize	70[3]	109[4]	*	*	*
Bolívia	83	95	60	40	34
Brasil	83	111	70	31[3]	36[3]
Chile	95	98	95	65	70
Colômbia	91	119	59	57	68
Costa Rica	95	105	88	45	49
Cuba	96	104	95	73	81
Dominica	94[3]	*	*	*	*
El Salvador	72	79	58	27	30
Equador	90	123	67[3]	54	56
Granada	98[3]	88[3,4]	*	*	*
Guatemala	56	85	*	25	23
Guiana	98	112[3,4]	*	*	*
Haiti	45	56	47	22	21
Honduras	73	112	*	29	37
Ilhas Turks e Caicos	98[3]	*	*	*	*
Ilhas Virgens Britânicas	98[3]	*	*	*	*
Jamaica	85	109	96	62	70
México	90	112	84	57	58
Montserrat	97[3]	100[3,4]	*	*	*
Nicarágua	66	103	54	39	44
Panamá	91	105	82	60	65

	Índice total de adultos alfabetizados[1] (%) 1995	Índice bruto de matrículas na escola primária[2] 1990-95	Crianças que atingem o nível 5 na escola primária (%) 1990-95	Índice bruto de matrículas na escola secundária[3] 1990-94	
				masculino	feminino
Paraguai	92	112	76	36	38
Peru	89	119	*	66[3]	60[3]
República Dominicana	82	97	58	30	43
Santa Lúcia	82[3]	95[3,4]	*	*	*
São Cristóvão e Nevis	90[3]	*	*	*	*
São Vicente e Granadinas	82[3]	95[3,4]	*	*	*
Suriname	93	127[3,4]	*	*	*
Trinidad e Tobago	98	94	95	74	78
Uruguai	97	109	94	61[3]	62[3]
Venezuela	91	96	78	29	41
AMÉRICA DO NORTE					
Canadá	97[3]	105	97	104	103
Estados Unidos	*	107	*	98	97
EUROPA					
Albânia	*	96	92	84	72
Alemanha	*	97	100	101	100
Áustria	*	103	97	109	104
Bélgica	*	99	*	103	104
Bielo-Rússia	98[3]	96	99	89	96
Bósnia-Herzegovina	*	*	*	*	*
Bulgária	98[3]	86	93	66	70
Croácia	97[3]	87	98	80	86
Dinamarca	*	98	100	112	115
Eslováquia	*	101	97	87	90
Eslovênia	*	97	100	88	90
Espanha	95[3]	104	96	107	120
Estônia	100[3]	83	100	87	96
Federação Russa	98[3]	109	*	84	91
Finlândia	*	100	100	110	130
França	*	106	96	104	107
Grécia	95[3]	98	100	100	98
Holanda	*	97	*	126	120
Hungria	99[3]	95	98	79	82
Irlanda	*	103	100	101	110
Islândia	*	100[4]	*	*	*
Itália	97[3]	98	100	81	82
Iugoslávia	93[3]	72	*	64	65
Letônia	99[3]	83	*	84	90
Lituânia	98[3]	92	94	76	79
Luxemburgo	*	91[4]	*	*	*
Macedônia	*	87	95	53	55
Malta	86[0]	108[4]	*	*	*
Moldávia	96[3]	77	*	67	72

	Índice total de adultos alfabetizados[1] (%) 1995	Índice bruto de matrículas na escola primária[2] 1990-95	Crianças que atingem o nível 5 na escola primária (%) 1990-95	Índice bruto de matrículas na escola secundária[3] 1990-94	
				masculino	feminino
Noruega	*	99	100	118	114
Polônia	99[3]	98	100	82	87
Portugal	85[3]	120	*	63	74
Reino Unido	*	112	*	91	94
República Tcheca	*	99	98	85	88
Romênia	97[3]	86	93	83	82
Suécia	*	100	98	99	100
Suíça	*	101	100	93	89
Ucrânia	98[3]	87	*	65	95

* Não há dados disponíveis.
1. O índice de alfabetização de adultos é a percentagem de pessoas com 15 anos ou mais que sabem ler e escrever.
2. O índice bruto de matrículas é o número total de crianças matriculadas num nível de escolaridade — pertençam ou não ao grupo etário relevante para aquele nível — expresso como uma percentagem do número total de crianças no grupo etário relevante para aquele nível.
3. Indica dados que se referem a anos ou períodos que não aqueles especificados no cabeçalho da coluna, diferem da definição-padrão, ou se referem a apenas parte de um país.
4. Percentagem do grupo etário matriculado na escola primária (bruta) 1990-93.
Fonte: A tabela baseia-se em dados de *The State of the World's Children 1997*, UNICEF.

Tabela 4
Crianças que trabalham (1995)

De acordo com novas estimativas, existem cerca de 250 milhões de crianças entre 5 e 14 anos de idade que estão labutando na atividade econômica nos países em desenvolvimento. Para aproximadamente metade delas (ou 120 milhões), esse trabalho é realizado em tempo integral, ao passo que para a outra metade ele é combinado com a atividade escolar ou outras atividades não-econômicas. Entre as crianças que freqüentam a escola, até cerca de um terço dos meninos (33%) e mais de dois quintos (42%) das meninas estão também envolvidos em atividades econômicas em tempo parcial.

As estimativas globais de 250 milhões de crianças que trabalham excluem crianças que estão envolvidas em atividade regulares não-econômicas, incluindo aquelas que proporcionam serviços de natureza doméstica em tempo integral nas moradias de seus próprios pais ou responsáveis.

Distribuição de Crianças Economicamente Ativas entre 5 e 14 Anos de Idade em Países em Desenvolvimento, por Região e Sexo (1995)

Região	Ambos os sexos	Meninos	Meninas
Mundo (estimativas em milhões)	250	140	110
Regiões (em percentagem)	(%)	(%)	(%)
África	32,0	56,0	44,0
Ásia (excluindo Japão)	61,0	54,0	46,0
América Latina e Caribe	7,0	67,0	33,0
Oceania (excluindo Austrália e Nova Zelândia)	0,2	57,0	43,0
Proporção por sexo (Mundial)	100,0	56,0	44,0

Nota: As estimativas baseiam-se nas conclusões de experimentos recentes em quatro países, assim como nos resultados de pesquisas nacionais nas quais foram utilizados métodos de pesquisa por amostra e fatores demográficos relevantes desenvolvidos há pouco tempo.
Fonte: Ashagrie, 1997, ILO.

Índice de Participação na Atividade Econômica de Crianças entre 5 e 14 Anos de Idade, por Região e Sexo (1995)

Região	Ambos os sexos (%)	Meninos (%)	Meninas (%)
Mundo (estimativas em milhões)	24,7	27,0	22,3
Regiões (em percentagem)			
África	41,4	44,8	36,7
Ásia (excluindo Japão)	21,1	22,0	20,0
América Latina e Caribe	16,5	46,0	11,0
Oceania (excluindo Austrália e Nova Zelândia)	10,4	21,8	9,2

Fonte: Ashagrie, 1997, OIT.

Referências bibliográficas

ASHAGRIE, K. *Statistics on Working Children and Hazardous Child Labour in Brief.* Esboço de documento interno para discussão. Genebra, Organização Internacional do Trabalho (OIT), 1997.

The State of the World's Children. Nova York, UNICEF, 1996.

World Population Prospects: The 1994 Revision. 145 *Population Studies.* Nova York, Nações Unidas, 1995.

A Participação das Crianças na Mídia

Alguns Exemplos

Existem muitas maneiras de melhorar a imagem das crianças na mídia e de facilitar seu direito de se expressarem através da mídia. Uma das formas é oferecer a elas a oportunidade de participarem da mídia — de programas, filmes, textos, da Internet etc. — e dar a elas a chance de serem ativas no processo de produção da mídia. Esta seção contém uns poucos exemplos práticos — de modo algum exaustivos — de como isto pode ser feito. A sede de nossa instituição está interessada em coletar e publicar comentários e artigos sobre experimentos práticos e positivos de participação ativa de crianças na mídia no mundo inteiro. Esperamos que os exemplos que apresentamos a seguir inspirem pessoas e organizações envolvidas em outros projetos relacionados à participação de crianças na mídia a nos contatar para falar sobre eles. Também esperamos que os exemplos estimulem novas iniciativas.

◆

Atividades do UNICEF na Mídia para Crianças

Nos últimos anos, o UNICEF desenvolveu formas de abordar diretamente as crianças para solicitar suas opiniões e envolvê-las na discussão sobre questões de desenvolvimento. Diversas iniciativas, esboçadas abaixo, envolveram a participação de crianças de países industrializados e em desenvolvimento em projetos e diálogos significativos que aumentam sua consciência de questões globais, assim como sua capacidade de agir de maneiras apropriadas. Essas iniciativas são um grande incentivo para a participação das crianças e as desafiam a explorar e discutir ativamente questões que afetam seu futuro.

A Internet (World Wide Web — WWW)

Em 1995, foi inaugurado o *site Voices of Youth* (VOY) [Vozes da Juventude] na Internet, durante a World Summet for Social Development (WSSD) [Conferência Mundial para o Desenvolvimento Social], em Copenhague, onde foi sucesso instantâneo. Este *site* apresenta às crianças as questões dos direitos infantis e as encoraja a expressar suas opiniões. Crianças de todo o mundo responderam ao convite de fazer perguntas às autoridades governamentais que participaram da Conferência.

Após a Conferência, decidimos manter o VOY como um fórum mundial para as crianças expressarem suas opiniões e dialogar sobre questões de desenvolvimento, paz e justiça e, em particular, sobre aquelas questões que afetam sua própria vida. VOY é um bom exemplo de como a tecnologia de hoje pode ser usada para reunir jovens num diálogo significativo sobre questões que os preocupam. Aliás, o *site* VOY acabou de ser escolhido como um dos "Sete Super *Sites* do Mês" por *Kid's Space*, uma revista da Internet com leitores em 124 países e que escolhe *sites* que inspiram as crianças a aprender e a descobrir o mundo. Para mais informações, contatar Voices of Youth "on-line" em **voy@unicef.org** ou o *site* da Internet http://www.unicef.org/voy

CD-ROM

My city [Minha cidade] é um jogo interativo animado de CD-ROM financiado pelo UNICEF e pelo governo canadense. Os jogadores, que se tornam os prefeitos de sua cidade por um dia, encontram uma série de questões sociais e culturais baseadas na Convenção sobre os Direitos da Criança. Enquanto prefeitos, elas devem decidir como resolver cada uma das questões. Elas recebem um orçamento no início de sua administração, e um medidor de popularidade indica o sucesso ou fracasso de suas políticas junto aos eleitores. O objetivo do jogo é o prefeito permanecer no cargo sem perder recursos e popularidade à medida que ele/ela resolve as questões apresentadas. O jogo encoraja a consciência e a discussão dos problemas encontrados pelos jovens no mundo todo e os incentiva a tomar providências em relação a problemas similares em suas próprias comunidades.

Transmissões de Rádio e TV

A participação no Dia Internacional da Transmissão de Rádio e TV da Criança (*International Children's Day of Broadcasting)* cresceu de cerca de cinqüenta emissoras em 1992 para mais de 2 mil em 1996. No entanto, mais notável do que os números foi o quanto as emissoras do mundo todo se envolveram com a proposta e o fato de terem acolhido sua mensagem de coração. Um número crescente de emissoras está dedicando um dia inteiro — ou mesmo uma semana — às crianças. Muitas emissoras participantes treinaram crianças para produzir seus próprios programas e para elaborar documentários sobre violações dos direitos das crianças.

Outro aspecto interessante dessa data é a seleção de um tema especial para cada ano. Através do tema de 1996, a violência na mídia, conseguimos chamar a atenção para a Declaração Internacional dos Direitos da Criança na Televisão, que condena "cenas gratuitas de sexo e violência" e está inteiramente de acordo com os princípios da Convenção sobre os Direitos da Criança.

O ano de 1994 viu a criação de um prêmio Emmy internacional para homenagear a emissora cuja participação nesse dia fosse considerada a melhor.

Em 1997, o Dia Internacional da Transmissão de Rádio e TV da Criança foi celebrado no dia 14 de dezembro, domingo. Para mais informações contate o *site* ICDB [*International Children's Day of Broadcasting*] em http://www.unicef.org/icdb

Multimídia

Em novembro de 1997, o UNICEF deu sinal de largada para a *Iniciativa de Comunicação Meena*, uma nova atividade regional cuja meta é mudar a vida das meninas no Sul da Ásia, uma região onde reina a discriminação. A protagonista é Meena, uma menina de 10 anos de idade que deve superar uma série de obstáculos ao procurar exercitar seus direitos. À medida que ela vai conseguindo vencer as dificuldades, a série explora as implicações do desenvolvimento da menina para a comunidade como um todo.

O projeto tem a forma de um pacote multimídia que compreende uma série de desenhos animados com doze episódios, uma novela de rádio de quinze capítulos nos Serviços Mundiais da BBC em urdu, bengali, hindi e nepalês, documentários, revistas em quadrinhos, pôsteres, mídia voltada para os costumes populares e diversos outros materiais. Meena não será mostrada apenas no rádio e na TV; o conceito será integrado aos currículos escolares em todo o Sul da Ásia, e haverá *kits* à disposição de organizações sem fins lucrativos em favor das meninas na região.

Na África, o UNICEF lançou *Sara*, um pacote multimídia de comunicação similar visando oferecer um modelo humano para meninas adolescentes da África Oriental e do Sul.

O pacote inclui uma série de desenhos animados para televisão, uma novela de rádio, revistas em quadrinhos, livros de histórias, fitas cassete e pôsteres. Sara, a heroína, embarca numa série de aventuras e enfrenta decisões importantes, tais como permanecer ou não na escola, como lidar com adultos difíceis, e como se proteger do vírus HIV/AIDS. Os episódios ensinam às meninas as capacidades essenciais da vida, tais como comunicação efetiva, negociação e resolução de problemas. A série será levada a pelo menos quinze países da região.

Noticiário das Crianças

Em 1996, o UNICEF também participou do Children's Express [Expresso das Crianças], um noticiário apresentado por crianças para audiências de todas as idades, na visita da instituição a Bangladesh, onde elas apresentaram histórias relativas a questões de trabalho infantil.

Os membros do Children's Express lideraram uma oficina de treinamento com três crianças de Bangladesh, que depois atuaram como repórteres durante o projeto. Em conjunto, o grupo entrevistou ativistas dos direitos da criança, especialistas em trabalho infantil e outras crianças em Daca.

As crianças de Bangladesh voltaram a Nova York com o resto do grupo para trabalharem juntos em outras histórias relativas a questões de trabalho infantil na América, e fizeram os aparecimentos na mídia coincidirem com o Dia Internacional da Transmissão de Rádio e TV da Criança. A viagem foi uma seqüência à visita do Children's Express/UNICEF à Bósnia e à Croácia em 1995, que focalizou a questão das crianças afetadas pelo conflito armado.

Relatos sobre as questões das crianças

No Congresso Mundial contra a exploração sexual de crianças em 1996, uma área de preocupação identificada é como a mídia apresenta os casos sobre abusos de crianças e questões infantis em geral. O UNICEF está trabalhando com a International Federation of Journalists (IFJ) [Federação Internacional de Jornalistas] para encorajar a mídia a desenvolver diretrizes e códigos de conduta internacionais para a apresentação de questões sobre crianças. Numa série de consultas com a mídia de todo o mundo, o UNICEF irá colaborar com a IFJ e com o Comitê para os Direitos da Criança para preparar e adotar o esboço final das diretrizes para apresentação de questões infantis na mídia.

Estas são apenas algumas das atividades planejadas de mídia e multimídia do UNICEF para crianças.

Morten Giersing
Diretor

Divisão de Comunicação
UNICEF (H-9F)
Nova York, Nova York 100017
EUA

◆

Children's Express, Reino Unido/Estados Unidos

Imagine um clube de jovens cujo foco seja jornalismo em vez de futebol. Um lugar em que as crianças da cidade têm a oportunidade de lidar com questões tais como: por que os professores podem se tornar cegos a drogas, por que o suicídio é a segunda maior causa de morte de jovens e por que Ecstasy é algo por que vale a pena morrer.

O Children's Express (CE) veio à luz no quarto dos fundos de uma casa de arenito vermelho em 1975, na cidade de Nova York. Era a casa de Bob Clampitt, um antigo advogado e empresário de Wall Street, um homem que acreditava apaixonadamente que o que as crianças pensavam e diziam *importava*. Era um sonho dele criar um veículo para as crianças divulgarem notícias. Num primeiro passo, organizou uma revista chamada *Children's Express*. No entanto, o que começou como uma publicação "de crianças para crianças" na sala de estar de sua casa em Greenwich Village, logo se tornou uma agência de notícias que produzia colunas de jornal, artigos, programas de rádio e de televisão por todo o país.

Desde então, o CE foi indicado para um prêmio Pulitzer, ganhou os prêmios Emmy e Peabody por sua cobertura de televisão, publicou cinco livros e organizou simpósios semestrais sobre jovens e a mídia — no curso dos quais a organização desenvolveu uma invejável reputação como uma fonte objetiva das opiniões dos jovens. Existem agora cinco escritórios nos estados de: Washington (a matriz da Fundação), Nova York, Indianápolis, Marquette e Oakland.

Por crianças para todos

Tendo ouvido falar do Children's Express, um grupo de jornalistas e produtores de TV realizou um projeto piloto de duas semanas em Londres, em agosto de 1994. Foram colocados anúncios em escolas da cidade e trinta crianças foram selecionadas entre as cem inscritas. O critério principal foi entusiasmo. Quatro editores adolescentes do escritório de Nova York treinaram as crianças de Londres e o produto final foi uma reportagem em página dupla em *The Guardian* em outubro de 1994. Stephanie Williams, uma jornalista de 20 anos de idade, que ajudou a realizar o projeto piloto, ficou muito admirada pela maneira de os jovens trabalharem e ficou surpresa com o fato de estarem oferecendo o que faltava na mídia: a perspectiva do jovem — "de crianças para todo o mundo". Ela achou que essas crianças não poderiam deixar de receber apoio e começou a levantar fundos para montar um escritório em Londres. O Children's Express do Reino Unido celebrou seu segundo aniversário em maio deste ano.

Como fazer uma agência de notícias funcionar

Os repórteres e editores do Children's Express pesquisaram e apresentaram histórias sobre assuntos de sua escolha. Também aceitam encomendas de jornais e revistas. A organização opera como uma agência de notícias colocando suas histórias em jornais e revistas locais, nacionais e regionais. O CE visa dar a jovens o poder e os meios de se expressarem publicamente sobre questões vitais que os afetam e, no processo, elevar sua auto-estima e desenvolver seu potencial.

O Children's Express visa a crianças com idades entre 8 e 18 anos das áreas urbanas, trabalhando com elas após o período escolar, aos sábados e durante os feriados. O programa opera com duas equipes. As crianças mais jovens, entre 8 e 13 anos, são os repórteres e são treinadas pelas crianças mais velhas, entre 14 e 18 anos, que também assumem a responsabilidade por editar e supervisionar as atividades editoriais. A equipe ideal da história tem cinco participantes: três repórteres e dois editores. Cada fase da história, desde a entrevista, discussões em mesa-redonda até os relatos do acontecido, é gravada em fita. Isso não significa apenas que o programa está aberto a todos, independentemente de capacidade acadêmica, como também garante precisão e encoraja alfabetização, organização e a escrever bem. Também reforça especificamente numerosos aspectos do Currículo Nacional. Além disso, aumenta a confiança da criança em si, desenvolve a curiosidade e ensina responsabilidade e cidadania.

Da idéia à publicação

Os jovens do Children's Express chegam a ter um envolvimento extraordinário com o processo, desde a idéia inicial da história até seus nomes estarem impressos no artigo publicado. Mas é o processo que tem a máxima importância. A publicação não é uma certeza; é um detalhe a mais. As crianças dirigem a comissão de repórteres e a comissão de editores, determinam que histórias seguir, iniciam pesquisas e entrevistas e trabalham em equipes para realizar seus objetivos. Elas organizam e realizam encontros mensais, sessões internas trimestrais de treinamento e treinamento para projetos piloto (dois até agora: um em Kent em fevereiro de 1996, que não evoluiu para um escritório, e um em Newcastle em fevereiro de 1997, que evoluiu), apresentações e oficinas. Elas estão diretamente envolvidas na administração do programa: grupos de crianças se reúnem em painéis para entrevistar um grupo seleto de adultos; contribuem para a monitoração e avaliação permanentes do programa; uma equipe de jovens tem sido utilizada para selecionar os vencedores de uma competição de projeto que o CE está realizando com estudantes no London College of Printing; suas propostas administrativas são apresentadas regularmente aos curadores.

Através do CE, as crianças conhecem adultos que elas normalmente nunca conheceriam, descobrem coisas que nem sempre são o que parecem e percebem que, se elas não assumirem a responsabilidade, ninguém mais o fará. Aprendem a ver as questões do ponto de vista dos outros e a ser persistentes e assíduas. Também descobrem que existe muita gente em piores condições de vida do que elas. O primeiro grande furo jornalístico do escritório de Londres foi publicado em maio de 1995 no *The Independent* — uma investigação sobre como é fácil para crianças abaixo da idade permitida comprar bilhetes de loteria. O CE cobriu a conferência do Partido Trabalhista de 1995 para a "Primeira Edição" do Channel Four e investigou salas de aulas superlotadas para seu programa *Hands Up* [Mãos ao Alto]. Desde então, além de produzirem um material regular mensal para o *Times Educational Supplement*, elas cobriram o Parlamento Europeu Jovem em Bruxelas para *The Observer* em maio de 1996, os Prêmios BAFTA de Televisão para Crianças e a Conferência Linha de Criança, produziram uma edição especial para *The Architects' Journal* em outubro de 1996 e fizeram apresentações em conferências realizadas por Demos, BT Forum e Save the Children [Salvem as Crianças]. Membros do CE também produziram recentemente seus primeiros pacotes pré-gravados para rádio, que foram financiados pela BBC Radio 5 Live, e apresentações ao vivo têm sido preparadas para a Liberty Radio e a Radio 4.

Demanda crescente

Nos últimos dois anos, mais de 195 jovens foram treinados pelos editores adolescentes do CE e mais recrutamento está sendo planejado para os próximos meses. Até hoje o Children's Express trabalhou em mais de 175 histórias e publicou mais de cem artigos na imprensa nacional. Eles atingiram mais de 50 milhões de pessoas através de jornais, rádio e televisão, e a demanda por seus trabalhos está crescendo constantemente. Também durante este período, o CE participou de sete transmissões de televisão e cinco de rádio, falou em três conferências e cobriu outras sete. Em fevereiro de 1997, o Children's Express abriu seu primeiro escritório regional, em parceria com o Save the Children Fund [Fundo Salve as Crianças] no Cowgate Estate em Newcastle. Aqui o foco é numa comunidade específica onde não existe praticamente nada para as crianças: nem esportes, nem oportunidades de leitura, nenhuma loja, nenhum entretenimento, nenhum clube para jovens, uma escola ameaçada de ser fechada, e onde as crianças com problemas sérios de alfabetização costumam ser excluídas da escola, além de viverem situações domésticas muito difíceis. A pressão da comunidade e da mídia é grande. As crianças estão literalmente forçando a entrada no prédio para serem incluídas no programa.

Nosso objetivo é abrir outros dois escritórios no Reino Unido por volta do ano 2000, e depois outros cinco. Neste ano, é nossa intenção melhorar as expectativas futuras de milhares de crianças, assim como nos tornarmos a primeira agência nacional do Reino Unido a ter notícias produzidas por jovens.

Rowena Young
Chefe do Escritório de Londres

Endereço:
Children's Express
Exmouth House, 3-11 Pine Street
Londres EC1R OJH, Reino Unido
Fone: +44 171 833 2577
Fax: +44 171 278 7722

◆

Técnicas Participativas no Nepal[1]

Este projeto combina técnicas participativas tanto para aprender como para usar mídia de massa. Os locais são as áreas Nagubahal e Guchibahal do município de Laliput, Nepal. Combina o uso de vídeo, revista e teatro de rua. Sob o Projeto de Parceria Nepal/Reino Unido da Embaixada Britânica no Nepal, o financiamento para esta iniciativa foi concedido ao grupo DECORE Consultancy para iniciar o trabalho e avaliar os resultados do projeto, usando comunicação participativa.

A idéia do projeto baseia-se no modelo da Espiral de Interação de Thurnberg (Windahl et al., 1992, p. 79), segundo o qual, quando uma comunidade concretiza sua função de comunicação, outras funções são postas em movimento — uma espiral de identidade, comunidade, conhecimento e ação crescentes, que possibilita ao grupo/comunidade atingir suas metas. Este projeto mostra como uma abordagem de comunicação participativa pode ajudar a realizar as metas de desenvolvimento.

O grupo DECORE trabalhou com jovens de diferentes comunidades urbanas do Nepal. Estimulou os jovens a expressarem em seus próprios termos as necessidades de suas comunidades e, depois de assistir a aulas de comunicação organizadas pelo grupo DECORE, esses jovens participantes se tornaram capazes de enfrentar questões e problemas locais por meio da produção de comunicação. Em um dos casos, os participantes optaram pela questão do vício em drogas e problemas sociais afins, e expressaram suas idéias através do vídeo. Outros participantes preferiram a questão de conflito nas relações em família por meio do teatro de rua.

O grupo DECORE também realizou uma avaliação participativa do projeto para determinar em que medida o projeto como um todo atingiu seus objetivos gerais de testar uma teoria existente, ou seja, se as ações participativas conduziram de forma espiral a outras atividades da comunidade — julgando as atitudes e consciência em relação ao projeto e suas atividades entre os próprios participantes, entre seus pais/parentes, entre os membros da comunidade. Em geral, o *feedback* foi positivo.

A comunicação inicia interações

Um importante resultado do projeto é que a comunicação (interpessoal ou mediatizada) inicia uma "espiral" de outras interações que podem ser orientadas para formar uma atitude de grupo, ou para catalisar ações de grupo, ou mesmo apenas para assegurar a transmissão de informações completas e relevantes. O projeto também usa muito as técnicas participativas de comunicação.

Como uma metodologia básica de comunicação participativa, tanto o projeto quanto suas técnicas de avaliação têm condições de ser reproduzidos em outras sociedades. Os gerentes e a equipe do projeto deverão ter muita sensibilidade para julgar o que pode ser adotado e o que deve ser "criado" nos novos contextos.

Josefina O. Dhungana
Diretora Executiva

Endereço: DECORE
Development Communication and Research Consultancy Group
[Grupo de Consultoria para o Desenvolvimento da Pesquisa e da Comunicação]
P.O. Box 4343, Kathmandu, NEPAL
Fax: +977 1 221 459

Nota

1. Apresentação do projeto no Fórum Internacional de Pesquisadores, *Youth and Media — Tomorrow*, 21-25 de abril, em Paris, França, organizado por GRREM (Group de Recherche sur la Relation Enfants/Médias) [Grupo de Pesquisa sobre a Relação Crianças/Mídia], tal como foi relatado em Carlos A. Arnaldo e Helle Jensen, Helping *Young People Learn Media: a preliminary compilation of best practices*. Paris, UNESCO, 1997, pp. 14-15.

Referência

WINDHAL, Sven, e Signitzer, Benno H., com Olson, Jean T. (1992) *Using communication theory. An introduction to planned communication*. Londres, Sage Publications.

◆

Implementação do Centro de Recursos da Criança (CRC) das Nações Unidas e o Papel do Rádio

Em Salt River, África do Sul, o Centro de Recursos da Criança organizou um grupo infantil de produção de rádio que faz gravações regulares para transmissão em estações de rádio locais da comunidade. No Senegal, a Rádio Gune-Yi é um programa de rádio produzido por jovens e transmitido semanalmente nas estações nacionais de rádio. Um programa de rádio semelhante, feito por crianças, é produzido e transmitido nacionalmente na Guatemala. Na América do Norte, a Tribo Apache da Montanha Branca transmite seu próprio programa de variedades e, na Austrália, outra estação de rádio indígena também envolve jovens na produção. O que todos eles têm em comum é um interesse em questões como ambiente, paz e direitos humanos básicos. Todos eles também têm em comum um reconhecimento do modo pelo qual o rádio pode ativar pelo menos dois desses direitos — a liberdade de manter e expressar uma opinião, e o direito de ter acesso à mídia.

O rádio destaca-se entre os outros meios de comunicação de massa — imprensa, televisão e a Internet — quando se trata de divulgar e exigir aqueles direitos codificados pela Convenção da ONU sobre os Direitos da Criança. Com um alcance que atualmente excede o da televisão numa razão de dez para um nos países em desenvolvimento (500 milhões de aparelhos de rádio para 50 milhões de aparelhos de TV), com requisitos operacionais de baixo custo, um modo oral independente da alfabetização e que pode refletir cultura indígena, e também com uma tecnologia simples e fácil de dominar, o rádio desempenha um papel-chave na difusão de notícias e informação, em mensagens sobre saúde, na educação e na representação de diversificados grupos multiculturais e sociais. A novela de rádio (no formato de dramalhões) agora desempenha um papel crucial na conscientização e resolução de conflitos no Afeganistão e na Bósnia-Herzegovina.

Os comunicadores de amanhã

Num número cada vez maior de países, o rádio está oferecendo hoje, às crianças e aos jovens, a oportunidade de acesso e participação. Para eles, o treinamento na produção de programas de rádio dá experiência de trabalho em equipe e em comunicação, bem como senso de comunidade e cidadania. É um veículo efetivo para se aprender o que a Convenção sobre os Direitos da Criança significa, para eles mesmos e para os outros. Um envolvimento com o rádio também pode ser um caminho privilegiado para se compreender as responsabilidades que estão ligadas aos direitos.

Adquirir essas qualificações aumenta a confiança e a auto-estima. Também desmistifica e aumenta a capacidade dos comunicadores de amanhã. A Internet já está tornando possível o acesso para aqueles que se encontram fora do perímetro do mundo desenvolvido. RealAudio é a chave. Notícias e informação podem ser *downloaded* através de estações de rádio *on-line* e retransmitidas como sinal de rádio para estações que não possuem computadores. Estas, por sua vez, podem retransmitir suas próprias notícias e informações para a estação "matriz" e tê-las *uploaded* para a Internet como RealAudio e assim estarem à disposição de outras estações no mundo todo.

OneWorld Online (http://www.oneworld.org/news/) é a organização que está realizando o projeto piloto. Os planos atuais incluem um intercâmbio *on-line* de notícias e informação por rádio de crianças e jovens. O ano de 1998 verá muitos grupos jovens de rádio em diferentes partes do mundo se conectarem ao *site* da Internet OneWorld num processo inovador que tornará acessível a todas as emissoras de rádio do mundo as opiniões e vozes de crianças e avançará ainda mais no sentido de implementar aqueles artigos da Convenção que protegem os direitos de manter e expressar uma opinião e de ter acesso à mídia.

Sarah McNeill

UNLIMITED Productions
P.O. Box 2041, Hove BN3 2EW
East Sussex, Reino Unido
e-mail: sarahmacneill@dial.pipex.com
Fone/fax: +44 1 273 724 948

Nota

1. Estabelecida em 1994 como consultoria especializada em gerenciamento de produção para rádio e coordenação de projetos para mídia, a UNLIMITED Productions traz a experiência prática para os novos empreendimentos no campo dos direitos humanos, direitos da criança, rádio em desenvolvimento, e transmissão de programas por jovens.

◆

Rádio Gune-Yi, Senegal

Gune-Yi, que significa "jovem" na língua *uolof*, é uma equipe de produção que faz um programa semanal de cinqüenta minutos de duração; é um programa de crianças para crianças e transmitido na rádio nacional senegalesa nas freqüências AM e FM todos os sábados ao meio-dia. É financiado por Plan International, tem um conselheiro fora do país, Mimi Brazeau, e está ligado a um jornal popular de jovens e a um programa de planejamento familiar no Senegal. Sua razão de ser é que, enquanto 60% da população é de crianças, apenas 15% dos programas de rádio são dirigidos às crianças. A equipe tem um núcleo de cinco pessoas e o programa custa 70 mil dólares por ano.

O programa é gravado em aldeias por todo o país. Seu formato inclui notícias; um convidado da semana; uma seção "O que você quer saber?"; "Vovó me contou uma história"; uma seção "Jovem Repórter" com uma criança fazendo uma matéria sobre sua aldeia; uma seção "Você sabia?" descrevendo questões que afetam os jovens, incluindo saúde e os direitos da criança; uma seção "Escute, tenho algo a dizer", uma mensagem de um jovem dirigida a pais, professores ou políticos; uma seção "Você leu" de sugestões de leitura sobre autores africanos e outros. Também há intercâmbio entre os jovens do Senegal e do exterior, debates sobre questões polêmicas tais como educação das meninas e trabalho infantil, receitas, dicas do dia-a-dia e anedotas.

Educação pelo exemplo

O programa visa educar pelo exemplo, através de um processo de autodescoberta e construção da autoconfiança das crianças. Também se promove a criança tendo sempre tanto meninas quanto meninos como apresentadores. Uma socióloga visita cada local antes da gravação e faz um levantamento socioeconômico e cultural da área para identificar as questões pertinentes que afetam os jovens.

Parece que cerca de 500 mil crianças e outros tantos adultos ouvem o programa toda semana. A estação nacional dá tempo livre a esse programa e se refere a ele como um de seus projetos piloto. A imprensa também apóia, e há telefonemas e cartas. A equipe de produção vê uma confiança cada vez maior entre as meninas, a freqüência à escola aumentou e alguns clubes de ouvintes se formaram espontaneamente.

Entretenimento de alta qualidade

Mary Meyers, consultora de comunicação e desenvolvimento, que completou a primeira pesquisa monitorada da mídia com financiamento da Parceria de Rádio do ICHR (International Centre for Humanitarian Reporting) [Centro Internacional para Reportagem Humanitária] como parte de sua Iniciativa Criativa em Rádio da ODA (Britain's Overseas Development Agency), acredita que o sucesso do programa é devido à sua capacidade de divertir e à sua alta qualidade. "Não há dúvida", conclui ela, "de que o formato e o *ethos* da Gune-Yi, de permitir que os jovens falem por si mesmos, o que resulta num aumento de sua autoconfiança, é um grande exemplo para outras estações de rádio, tanto na África quanto no exterior".

Fonte

Mensagem de 15 de maio de 1997, de Gordon M. Adam, editor de *Crosslines Global Report, The Independent Newsjornal on Humanitarian Action, Development and World Trends*, para a Lista de Correio de Rádio Criativo (radio@xlines.tiac.net).

◆

Rádio dirigida aos jovens da Dinamarca[1]

Polaroid é um nome ambíguo, que descreve tanto uma atitude quanto um programa de rádio que atraiu a atenção de muitos jovens na Dinamarca. Esse programa documentário repercute na vida dos jovens da década de 90 e tem por objetivo introduzir os ouvintes na vida dos outros, aconselhar, sugerir, levá-los a aprender. O programa tem uma linha aberta de telefone, de modo que os ouvintes podem ligar para *Polaroid* e participar ativamente na hora, influenciando o debate e o desenvolvimento do programa.

Polaroid visa particularmente aos jovens entre 13 e 29 anos de idade, embora exista uma leve tendência a dar mais atenção aos jovens entre 13 e 25 anos. O jovem ouvinte típico deste programa de rádio tem sonhos de viajar pelo mundo com uma mochila nas costas, é estudante, uma pessoa considerada trabalhador não-qualificado tentando justamente ganhar algum dinheiro, é jovem e desempregado recebendo o salário-desemprego da Previdência Social. O jovem ouvinte tem uma idéia de como o mundo deveria ser organizado, mas nem sonha em se inscrever num partido ou organização política. *Polaroid* se dirige a jovens que têm alguma idéia de quem são e de como é o mundo em que vivem.

Uma voz para os jovens

O objetivo de *Polaroid* é influenciar a composição da pauta de debates sobre a vida dos jovens. O programa enfoca os problemas que têm conseqüências para os jovens e dá voz àqueles que têm algo a dizer sobre o assunto. Com essa proposta, com seus debates e ouvintes participantes, *Polaroid* visa retratar a realidade dos jovens e ajudar a voltar ao bom caminho aqueles que se transviaram.

Danmarks Radio é uma estação de rádio e TV estatal que atua em nível nacional. O rádio tem três programas: P1, P2 e P3. *Polaroid* transmite em P1 todas as terça-feiras, das 21 às 24 horas. As pessoas da produção e do programa ao vivo de *Polaroid* são jovens que estão na mesma faixa etária de seu público-alvo.

Desde 1973, a tradição da *Danmarks Radio* é de garantir tempo para vozes independentes e "livres". *Polaroid* também interage com *Go*, um programa musical diário de rádio, transmitido das 19 às 21 horas para jovens em P3 (considerado o programa mais divertido), pois, justamente antes da transmissão de *Polaroid* em P1 às terças, *Go* menciona o conteúdo e o debate do "*Polaroid* desta terça-feira" e transmite trechos de entrevistas que mostram o tema da noite. Deste modo *Polaroid*, que é um programa sério, documentário e jornalístico, é anunciado no programa musical mais leve *Go*, o que acaba trazendo ouvintes de *Go* para *Polaroid*.

Questões urgentes

Entre os tipos de problemas que *Polaroid* aborda está, por exemplo, o conflito entre os dois grupos autodenominados Rockers — Anjos do Inferno e Bandidos — que tornaram os clubes noturnos e bares lugares perigosos para os jovens à noite. Outro exemplo dos debates de *Polaroid* é o desemprego entre os jovens. O programa prossegue ancorado em pressupostos e mitos como: "Um jovem pode adquirir uma pistola em 45 minutos", "Nunca se permite acesso aos clubes noturnos à segunda geração jovem de imigrantes", "Você pode comprar esteróides anabolizantes em qualquer academia de ginástica", "Uma menina de 15 anos de idade compra bebida alcoólica facilmente num bar, às 4 horas da manhã", "É fácil obter informações pessoais sobre qualquer indivíduo com a ajuda de um *hacker*".

Polaroid também produz documentários radiofônicos fora da Dinamarca. Exemplos de assuntos: eleições na Inglaterra e a falta de participação de jovens na política; projeto "Vote com o rock", com grupos de rock como *Oasis* e *Blur,* que tentam motivar os jovens a participar; por que os jovens perderam a fé na política; como os jovens, com sua passividade, influenciam indiretamente o futuro político da Grã-Bretanha; assassinatos na banda Hip Hop nos Estados Unidos; como os jovens negros das favelas são inspirados por seus ídolos para fazer guerras entre quadrilhas; jovens judeus, nascidos e criados na Dinamarca, alistam-se no exército israelita para lutar por seu país religioso. Esses documentários são sempre seguidos de um debate. Profissionais são entrevistados e os ouvintes podem fazer chamadas telefônicas e participar da discussão.

Uma seção especial de *Polaroid* é o *Diário*. *Polaroid* convida alguém que está enfrentando uma grande mudança em sua vida, ou que superou uma crise, ou que vivenciou um conflito com alguém, para falar sobre essa experiência. Isso é feito fora do estúdio, com um gravador. O mesmo procedimento é usado para "ilustrar" contrastes entre jovens na Dinamarca. Por exemplo, um rapaz na prisão troca de vida com uma moça de classe abastada. Ele vai para a casa da garota, usa o carro dela etc., e ela vai para a prisão. Ambos estão equipados com um gravador para registrar suas opiniões sobre a "nova" vida.

A consciência social é o mais importante

Os jovens que produzem a programação não são necessariamente jornalistas profissionais. O mais importante é ter consciência social. É importante também, tanto para a forma como para o conteúdo da programação, que os produtores estejam familiarizados com o assunto e estejam preparados para lidar com os problemas que aparecerem. O fato de os produtores e apresentadores do programa também serem jovens significa que há uma compreensão e uma sensibilidade quase "automática" para os problemas, assim como em relação aos jovens que estão relatando as circunstâncias de sua vida nos documentários. O estilo e o conteúdo do programa dirigem-se naturalmente aos jovens ouvintes porque existe uma compreensão mútua entre os emissores e os receptores das mensagens em *Polaroid.*

Uma mídia poderosa

Jovens com vontade de "fazer rádio" e com o desejo de dizer algo ou contar uma história em geral precisam apenas de uma iniciação à forma de fazer programas de rádio, a técnicas básicas de entrevista, à maneira de editar e preparar tudo no papel de apresentador do programa. Isso é suficiente para que eles sejam capazes de produzir um programa documentário para rádio, de assumir a responsabilidade de decidir o conteúdo de seu programa e de transmiti-lo. O sucesso deste programa também significa que o rádio ainda é um meio de comunicação poderoso entre os jovens na Dinamarca.

Michaela Krogh
Polaroid, Danmarks Radio
Rosenørns allé 22
2000 Frederiksberg C, Dinamarca
Fax: +45-35-205 488

Nota

1. Projeto tal como foi relatado em Carlos A. Arnaldo e Helle Jensen, *Helping Young People Learn Media: a preliminary compilation of best practices*. Paris, UNESCO, 1997, pp. 17-19.

◆

Alunos franceses produzem programas de rádio[1]

Oceano representa uma abordagem que usa informática para produzir programas sonoros para escuta em rádio ou em fita cassete. O rádio hipermídia usa narrativas, música ou sons armazenados digitalmente num computador. Um programa simples dá acesso aos arquivos e permite ao "editor" harmonizar arquivos, fazer "mixagem", adicionar, remover ou editar e eventualmente "montar" seu programa sonoro. Isso envolve não apenas algumas qualificações básicas da produção de rádio, como também da informática de multimídia (hipermídia) por meio do computador. O projeto visa encorajar a educação de mídia nas escolas, usando rádio hipermídia como uma ferramenta pedagógica para educadores e professores, mas também para estudantes.

O projeto *Oceano* trabalha com escolares entre 9 e 11 anos. As classes produzem um programa de rádio de 13-20 minutos com "mix" de música todos os dias. Graças à tecnologia hipermídia, é possível hoje executar uma edição de qualidade de um programa de rádio — todos os cortes de som são digitais. A parte artística vai depender, é claro, da capacidade das crianças e da orientação dada por seu monitor. O projeto mostrou que as crianças, sabendo que "estão no ar" e com uma audiência, fazem um esforço para estruturar sua narração e para se expressar claramente. Portanto, o programa também é um exercício de apresentação escrita e oral e, desta forma, atinge um objetivo pedagógico.

Grande entusiasmo e originalidade

As crianças em geral participam com grande entusiasmo e originalidade. Como qualquer projeto baseado na livre expressão, este exige grandes investimentos (de paciência e tempo!) por parte do professor, mas os resultados freqüentemente compensam o esforço investido.

Os experimentos de 1996-97 mostraram que crianças entre 9 e 10 anos foram capazes de produzir um programa de qualidade de dez minutos durante uma sessão de trabalho de duas a duas horas e meia. As crianças são completamente autônomas no uso da tecnologia e o professor/educador intervém apenas quando necessário.

Pascal Jablonka
Responsável por Informática
Educacional do Institut Universitaire
Formation des Maitres (IUFM)
[Instituto Universitário de
Formação de Professores]
10, Rue Molitor
75016 Paris, França
E-mail: jablonka@paris.iufn.fr

Nota

1. Apresentação do projeto no Fórum Internacional de Pesquisadores, *Youth and Media — Tomorrow*, 21-25 de abril, em Paris, França, organizado por GRREM (Group de Recherche sur la Relation Enfants/Médias) [Grupo de Pesquisa sobre a Relação Crianças/Mídia], tal como foi relatado em Carlos A. Arnaldo e Helle Jensen, *Helping Young People Learn Media: a preliminary compilation of best practices.* Paris, UNESCO, 1997, p. 16.

◆

Introduzindo as Crianças ao Jornalismo e à Mídia, Argentina[1]

Este projeto é administrado por um especialista em mídia que trabalha com escolas públicas na região de Buenos Aires, interessado em educação sobre mídia para crianças e jovens e desejando facilitar seu acesso tanto no sentido de trabalhar com a mídia quanto de refletir sobre ela. O projeto favorece especialmente as escolas menos dotadas em áreas pobres que enfrentam dificuldades. Quando todas essas escolas tiverem cursos e exercícios sobre a mídia, o projeto abrirá serviços para outras escolas, incluindo escolas do setor privado e de outras regiões.

O objetivo é gerar uma nova pedagogia de mídia nas escolas públicas e assim criar uma atmosfera de curiosidade, participação e paixão pelo conhecimento, tudo isso com a possibilidade de expressão através de diversas mídias — fotografia, jornais, programas de rádio, vídeo e televisão. Portanto, o projeto busca mostrar às crianças que a participação *é* possível, que ninguém é inatingível, mesmo que pareça estar muito longe, que vale a pena ouvir sua voz e pensar sobre o que dizem.

O Centro de Coordenação trabalha em íntima colaboração com a Diretoria-Geral de Educação da Prefeitura de Buenos Aires, da Secretaria de Educação. Esta cooperação tornou possível para o Centro operar em 200 escolas públicas na capital federal de Buenos Aires, atingindo 4622 crianças com projetos de mídia em 1995.

O uso da mídia em situações de aprendizagem

O Centro usa uma importante inovação pedagógica: uma drástica mudança do modelo pedagógico tradicional para outro baseado na iniciativa do estudante e na abordagem mãos-na-massa. O Centro insiste em dizer que a escola, enquanto instituição social na sociedade informatizada de hoje, precisa *repensar seu papel*; mas, ao mesmo tempo, reconhece que a escola proporciona um espaço fundamental para o desenvolvimento e a educação do indivíduo. O projeto tenta satisfazer essa necessidade através de um processo que introduz a mídia em situações de aprendizagem.

Para conseguir isso, o projeto convida professores e bibliotecários a participarem de *workshops* para aprender a fazer produção de material gráfico, material de rádio ou audiovisual e a usá-los como apoio ou "dinamizador" no processo de aprendizagem. Os *workshops* concentram-se no planejamento, na comunicação, na investigação e na reflexão sobre a prática, as funções e ferramentas de cada mídia. Depois deles, cada participante forma um grupo com alunos de sua escola. Na escola, o *workshop* possibilita aos alunos "vivenciarem" jornalismo e mídia e, assim, participarem de processos como crítica da mídia, descoberta de fontes, debates, seleção de materiais e edição final da transmissão. Portanto, o modelo de *workshop* e produção da mídia cria uma participação ativa e uma interação gratificante entre professores e alunos.

Em nove anos, o Centro organizou mais do que 300 *workshops* em 200 escolas. Mais de 250 professores e 6 mil alunos foram diretamente envolvidos. O fator de multiplicação deste projeto tem sido muito elevado ao longo dos nove anos do projeto e isto poderia ser ainda aumentado com mais equipamento técnico e mais recursos humanos. O resultado é que vários milhares de jovens agora sabem preparar artigos para jornais, fazer um programa de rádio e tomadas de vídeo e montar um programa de televisão.

Silvia Bacher
Professora

Centro de Coordenação de
Jornalismo, Comunicação e Educação
Bartolomé Mitre 1249, Piso 5º, Of. 51
Buenos Aires, ARGENTINA
Fax: +54 1 552 2206

Nota

1. Apresentação do projeto no Fórum Internacional de Pesquisadores, *Youth and Media — Tomorrow*, 21-25 de abril, em Paris, França, organizado pelo GRREM (Group de Recherche sur la Relation Enfants/Médias), tal como está em Carlos A. Arnaldo e Helle Jensen, *Helping Young People Learn Media: a preliminary compilation of best practices*. Paris, UNESCO, 1997, pp. 10-11.

◆

Um *Kit* Pedagógico para Aprendizagem sobre Televisão, Brasil[1]

Este projeto, o Programa Educacional do Telespectador, oferece materiais práticos aos professores para implementarem atividades de educação de mídia em seus cursos e, com isso, proporcionar a jovens entre 10 e 16 anos a oportunidade de fazer perguntas e discutir a televisão e suas mensagens.

O projeto é resultado de uma cooperação produtiva entre a universidade brasileira em que o programa foi realizado e o Centro Internacional da Criança (CIE) que participou na elaboração do programa e contribuiu com a maior parte do financiamento. Uma equipe multidisciplinar de professores e alunos da universidade trabalhou durante dois anos. O projeto também recebeu apoio do Conselho Nacional para Desenvolvimento Científico e Técnico, que ofereceu bolsas para os alunos que participaram do projeto.

Entusiasmo entre os estudantes

O principal método pedagógico é a iniciativa pessoal. Os jovens alunos lêem o material escrito e assistem a "lições" em vídeo, o que permite que eles reflitam e discutam sobre problemas como violência na mídia, por exemplo. Eles podem trabalhar sobre um assunto e realizar atividades propostas no vídeo e no material escrito. Exemplos de tais atividades são escrever poemas e criar uma peça de teatro. Até agora, a experiência mostrou que a iniciativa pessoal funciona. Em geral, os jovens estudantes participam com entusiasmo das atividades propostas. Uma experiência positiva que usou essa abordagem de iniciativa pessoal com o telespectador foi aquela realizada com adolescentes pobres da Casa da Liberdade, uma instituição que recebe crianças de rua gratuitamente e oferece a elas atividades para complementar sua escola normal.

A filosofia do projeto é que a integração da televisão às escolas enquanto tema de estudo é tão necessária como os textos jornalísticos e literários são "linguagens". Além de ser uma valiosa ferramenta pedagógica, a televisão é outra "linguagem", outro meio de expressão que os jovens telespectadores devem aprender a "ler" criticamente. Este também é, em resumo, o objetivo do projeto.

Num primeiro experimento, duzentos exemplares do *kit* foram produzidos em 1992; todos foram vendidos rapidamente. Em 1995, uma nova edição foi preparada e 250 novos exemplares foram feitos a fim de atender os pedidos dos educadores. Se esta edição for tão bem-sucedida como indicam os primeiros testes, o *kit* poderia talvez ser produzido em maior quantidade, incluindo um guia para o instrutor.

Maria Luiza Belloni

Rua Infantaria Dezasseis
52 Apto, 5 Dto
1350 Lisboa, PORTUGAL
Fax: +351 48 234 3617

Nota

1. Apresentação do projeto no Fórum Internacional de Pesquisadores, *Youth and Media — Tomorrow*, 21-25 de abril, em Paris, França, organizado pelo GRREM [Group de Recherche sur la Relation Enfants/Médias], tal como está relatado em Carlos A. Arnaldo e Helle Jensen, *Helping Young People Learn Media: a preliminary compilation of best practices*. Paris, UNESCO, 1997, pp. 12-13.

◆

Resoluções e Declarações Internacionais e Regionais

A RESOLUÇÃO DE BRATISLAVA

A humanidade logo vai entrar no terceiro milênio. O cinema vai celebrar seu centésimo aniversário. A televisão é um pouco mais jovem.

À medida que atingimos as encruzilhadas do ano 2000, a importância do filme para crianças é cada vez maior, assim como a necessidade de as crianças assistirem a esses filmes. Sabemos disso.

Vivemos e iremos viver, pessoas do norte e do sul, do leste e do oeste, num mundo dinâmico e em mudança. A humanidade vai atingir novos patamares de conhecimento e de realizações. As crianças, que são nossa esperança para o futuro, têm o direito de se beneficiar desses avanços gerais.

Como especialistas em cinema e televisão para crianças, entendemos que o impacto crescente do filme, da televisão e de outras mídias sobre nossas crianças exige cuidado e ação mais específicos com o objetivo de obter melhor qualidade de vida para os jovens.

Os filmes e programas de televisão de boa qualidade para crianças podem e devem conter valores humanos fundamentais e positivos que vão promover e apoiar o desenvolvimento de uma consciência pessoal no jovem e acrescentar novas dimensões a seu comportamento social básico e a seu conhecimento do mundo.

Os filmes e programas de televisão de boa qualidade para crianças podem e devem encorajar o processo de pensamento criativo, de tomada de decisões e ação em completa liberdade, de modo que as crianças possam construir sua própria personalidade e seu futuro.

Os filmes e programas de televisão de boa qualidade para crianças podem e devem revelar e salientar os valores básicos de cada povo e de cada nação, de acordo com sua tradição, a formação social e cultural sobre os quais foram construídos e a identidade nacional de cada país. Ao mesmo tempo, essas nações devem compartilhar esses valores com outras na colheita geral da espiritualidade humana.

Os filmes de boa qualidade para crianças também podem atravessar fronteiras, desempenhando um papel essencial na construção do mundo de amanhã, ajudando a definir o lugar em que nossos filhos vão viver.

Por todas essas razões, pensamos que os governos, os parlamentos, os órgãos e instituições nacionais e internacionais de todo o mundo devem assumir, através do apoio à produção

A Resolução de Bratislava foi adotada pela assembléia, por ocasião de um encontro de produtores, responsáveis por emissoras e outros interessados tanto na produção para crianças quanto em compartilhar experiências do Leste e do Oeste. Mais de setenta participantes vieram de trinta países. O encontro foi convocado pelo CIFEJ, incluído na Bienal de Desenhos Animados, e ocorreu em Bratislava, em novembro de 1994. Para mais informações sobre o encontro de Bratislava, ver o comunicado da sede, "News on Children and Violence on the Screen" [Notícias sobre Crianças e Violência nas Telas de Cinema e TV], nº 1-2, 1997.

e distribuição de filmes para crianças, um dever com o futuro de cada uma das nações e de todo o mundo.

Existem vários modos de se atingir esses objetivos:

- estimular o aumento da produção de filmes e programas para crianças, em nível nacional, através do levantamento e investimento de mais fundos;
- construir um sistema de apoio para melhor e mais ampla distribuição daqueles filmes para crianças cujos valores artísticos e educacionais sejam mais importantes do que seus aspectos comerciais;
- encorajar, em grande escala, o uso da produção para crianças em escolas e em outras instituições e atividades educacionais;
- dar apoio a projeções de filmes de qualidade para crianças em todas as áreas sociais;
- financiar e desenvolver a educação e treinamento de especialistas — roteiristas, diretores e outros — da produção para crianças;
- estimular e financiar pesquisa científica sobre a reação das crianças à mídia e sobre a maneira pela qual elas usam a mídia para suas necessidades específicas;
- ajudar as organizações e associações profissionais, nacionais e internacionais que lidam com questões relativas a filmes e programas de televisão para crianças a realizar e desenvolver suas atividades.

Estamos certos de que os governos, os parlamentos, os órgãos e instituições nacionais e internacionais estão conscientes de que o apoio à produção de filmes e programas de televisão para crianças servirá ao interesse de todos os povos e de todos os países e contribuirá para a construção de um mundo melhor, um mundo no qual gostaríamos de viver no limiar do Terceiro Milênio. Nunca podemos nos esquecer de que qualquer pequena coisa que fizermos agora para as crianças é um investimento para o futuro.

Novembro de 1994

A CARTA SOBRE A TELEVISÃO INFANTIL

1. As crianças devem ter programas de alta qualidade feitos especificamente para elas e que não as explorem. Esses programas, além de entreterem, devem permitir que as crianças se desenvolvam física, mental e socialmente ao máximo de seu potencial.
2. As crianças devem ouvir, ver e expressar elas mesmas sua cultura, sua linguagem e suas experiências de vida, através de programas de televisão que afirmem seu senso de identidade pessoal, comunal e nacional.
3. Os programas para crianças devem promover a conscientização e apreço por outras culturas em paralelo com a própria cultura da criança.
4. Os programas para crianças devem ser amplos em termos de gênero e conteúdo, mas não devem incluir cenas gratuitas de violência e sexo.
5. Os programas para crianças devem ser transmitidos em horários regulares nas horas em que as crianças estiverem disponíveis para ver, e/ou devem ser distribuídos através de outras mídias ou tecnologias de fácil acesso.
6. Deve haver disponibilidade de fundos suficientes para que esses programas sejam feitos de acordo com os mais elevados padrões possíveis.
7. Os governos e organizações de produção, distribuição e financiamento devem reconhecer tanto a importância quanto a vulnerabilidade das crianças de um país à televisão, e devem adotar medidas para apoiá-la e protegê-la.

29 de maio de 1995

A Carta sobre a Televisão Infantil foi apresentada por Anna Home, chefe de Programas para Crianças, Televisão, BBC, no 1º Encontro Mundial sobre Televisão e Crianças, ocorrido em Melbourne, Austrália, em março de 1995. A Carta foi revisada e adotada em Munique em maio de 1995. É ativamente usada por muitas organizações. No 2º Encontro Mundial, foi dedicada uma sessão ao progresso da Carta. Para mais informações sobre o 1º Encontro Mundial, veja o comunicado da sede, "News on Children and Violence on the Screen", nº 1-2, 1997.

A Declaração dos Direitos das Crianças no Rádio e na Televisão dos PDSA foi adotada pela assembléia da Conferência dos Países Sul-Africanos em Desenvolvimento sobre Crianças, Rádio e Televisão, realizada em Johannesburgo, África do Sul, em maio de 1996. A idéia de um fórum regional (PDSA mais Quênia) nasceu de discussões sobre a formulação da Carta sobre a Televisão Infantil, produzida pelo Primeiro Mundo, mas relevante e aplicável à África, e sobre as maneiras de preparar representações futuras em encontros mais amplos sobre meios de comunicação de massa.

A DECLARAÇÃO DOS DIREITOS DAS CRIANÇAS NO RÁDIO E NA TELEVISÃO DOS PDSA

Nós, os povos dos Países em Desenvolvimento do Sul da África — os povos de Angola, Quênia, Lesoto, Malavi, Maurício, Moçambique, Namíbia, África do Sul, Suazilândia e Zâmbia —, declaramos solenemente reconhecer a Carta sobre a Televisão Infantil, adotada internacionalmente e que foi aceita em Munique no dia 29 de maio de 1995.

Sem prejuízo da Declaração Internacional dos Direitos das Crianças, nós adotamos ainda, em concordância com a citada Declaração, a Declaração dos Direitos das Crianças no Rádio e na Televisão dos PDSA, que leva em consideração as necessidades e desejos das crianças de nossa região. As crianças devem ter programas de alta qualidade, feitos especialmente para elas e que não as explore. Esses programas, além de entreterem, devem permitir que as crianças se desenvolvam física, mental e socialmente ao máximo de seu potencial. Além de endossar o direito da criança à liberdade de expressão, pensamento, consciência e religião, e proteção contra a exploração econômica, às crianças deve ser assegurado o acesso a programas e à produção de programas através de centros de acesso multimídia.

As crianças devem ouvir, ver e expressar elas mesmas sua cultura, sua linguagem e suas experiências de vida através da mídia eletrônica, de modo que afirmem seu senso de identidade pessoal, comunal e nacional.

Como parte do direito da criança à educação e ao desenvolvimento, os programas para crianças devem promover a conscientização e o apreço por outras culturas em paralelo com a própria cultura da criança. Para facilitar esse processo, deve haver uma pesquisa contínua sobre a audiência infantil, incluindo as necessidades e carências da criança que, enquanto prioridade, devem ser atendidas.

Os programas para crianças devem ser amplos em termos de gênero e conteúdo, mas não devem incluir cenas gratuitas de violência e sexo.

Os programas para crianças devem ser transmitidos em horários regulares nas horas em que elas estiverem disponíveis para ver, e/ou devem ser distribuídos através de outras mídias ou tecnologias de fácil acesso.

Deve haver disponibilidade de recursos técnicos, financeiros e de outros tipos para que esses programas sejam feitos de acordo com os padrões os mais elevados possíveis e, a fim de se obter qualidade, devem ser formulados códigos e normas para rádio e televisão para crianças, desenvolvidos através de um conjunto variado de agrupamentos.

A Declaração dos Direitos das Crianças no rádio e na televisão dos PDSA

Em conformidade com a política das Nações Unidas, de cooperação entre estados na comunidade internacional, e especialmente nos PDSA, a Declaração dos Direitos das Crianças no Rádio e na Televisão reconhece todos os convênios, convenções, tratados, declarações de direitos e acordos adotados por todas as organizações internacionais, incluindo as Nações Unidas e a OAU no que diz respeito às crianças, mas com particular referência à Convenção da ONU sobre os Direitos da Criança.

Junho de 1996

A DECLARAÇÃO ASIÁTICA DOS DIREITOS DA CRIANÇA E A MÍDIA

A Conferência Asiática sobre Direitos da Criança e a Mídia ocorreu em Manila, nas Filipinas, em julho de 1996. Delegados da Conferência, incluindo ministros e representantes de governos asiáticos, jornalistas, educadores, profissionais de vários setores da mídia e indivíduos preocupados com o assunto de 16 países adotaram a Declaração Asiática dos Direitos da Criança e a Mídia. Para mais informações a Conferência Asiática, veja o

Nós, ministros das Comunicações, Educação, Bem-Estar Social e Desenvolvimento Social de 27 países da Ásia, representantes de diversos governos, executivos, pesquisadores e profissionais de vários setores da mídia, organizações não-governamentais, órgãos de planejamento e indivíduos preocupados com o assunto, reunimo-nos em Manila para a Conferência Asiática sobre Direitos da Criança e a Mídia:

- reafirmamos nosso compromisso em assegurar a implementação da Convenção sobre os Direitos da Criança (CDC), ratificada por nossos países;
- reconhecemos o papel no desenvolvimento, a responsabilidade e o poder de todas as formas de mídia para informar, entreter, educar e influenciar; e
- reconhecemos o seu potencial para a criança e para a mudança social.

AGORA, PORTANTO, DECIDIMOS QUE TODOS OS MEIOS DE COMUNICAÇÃO DE MASSA PARA OU SOBRE AS CRIANÇAS DEVEM:

- proteger e respeitar a herança cultural diversificada das sociedades asiáticas;
- ser acessíveis a todas as crianças;

comunicado da sede, "News on Children and Violence on the Screen", nº 1-2, 1997.

- proteger a criança do sexo feminino e combater a ampla discriminação contra ela;
- prover as necessidades especiais das crianças; proteger as crianças em circunstâncias especialmente difíceis, como as crianças de comunidades indígenas e crianças em situação de conflito armado;
- adotar políticas coerentes com os princípios de não-discriminação; adotar políticas no melhor interesse de todas as crianças;
- elevar a consciência e mobilizar todos os setores da sociedade para assegurar a sobrevivência, desenvolvimento, proteção e participação de todas as crianças;
- combater todas as formas de exploração e abuso econômico, comercial e sexual de crianças na região e assegurar que esses esforços não violem seus direitos, particularmente seu direito à privacidade;
- proteger as crianças de material que exalte a violência, o sexo, o horror e o conflito; e
- promover valores positivos e não perpetuar a discriminação e os estereótipos.

DECIDIMOS, ALÉM DISSO, QUE TODOS OS MEIOS DE COMUNICAÇÃO DE MASSA PARA CRIANÇAS DEVEM:

- ser de alta qualidade; ser feitos especialmente para elas e não explorá-las;
- apoiar seu desenvolvimento físico, mental, social, moral e espiritual;
- capacitar as crianças a ouvir, ver e expressar elas mesmas sua cultura, sua linguagem e suas experiências de vida, através de meios de comunicação de massa que afirmem seu senso de identidade pessoal, comunal e nacional e, ao mesmo tempo, promovam a conscientização e o apreço por outras culturas;
- ter grande variedade de gêneros e conteúdos, mas não devem incluir cenas gratuitas de violência e de sexo; e
- ser acessíveis a elas nas horas em que elas tenham necessidade desses meios de comunicação, e que possam utilizá-los.

DECIDIMOS, FINALMENTE, QUE OS GOVERNOS, A MÍDIA, AS ORGANIZAÇÕES NÃO-GOVERNAMENTAIS, OS SETORES PRIVADOS E OUTROS ÓRGÃOS LOCAIS, REGIONAIS E DE CONTROLE DEVEM:

A Declaração Asiática dos Direitos da Criança e a Mídia

- proporcionar educação sobre mídia para que as crianças e as famílias desenvolvam uma visão crítica de todas as formas de mídia;
- proporcionar oportunidades de criação de mídia para crianças e para que elas se expressem numa ampla gama de questões relativas às suas necessidades e interesses;
- proporcionar fundos e recursos suficientes para assegurar acesso e capacitar a produção e disseminação de materiais de alta qualidade para e sobre crianças, assim como para formar profissionais de mídia, de modo que os meios de comunicação de massa possam desempenhar seu papel de órgãos de desenvolvimento;
- promover a cooperação regional e internacional com a troca de pesquisas e experiências e o intercâmbio de materiais e programas, com a criação de redes de comunicação entre governos, organizações não-governamentais, empresas de mídia, instituições educacionais, órgãos de planejamento e outras entidades;
- proporcionar incentivos ao alto nível de qualidade através de prêmios em níveis regionais e nacionais;
- prover mecanismos coordenados de monitoração e encorajar a auto-regulação em níveis regional e nacional para assegurar a implementação desta Declaração; e
- fazer, o mais rápido possível, amplas consultas multissetoriais em nível nacional para desenvolver planos de ação, incluindo diretrizes profissionais coerentes com esta Declaração.

Adotada em 5 de julho de 1996

Conferência Asiática sobre os Direitos da Criança e a Mídia, Manila

A DECLARAÇÃO DOS DIREITOS DAS CRIANÇAS AFRICANAS NO RÁDIO E NA TELEVISÃO

O primeiro Encontro Africano de Rádio e Televisão para Crianças ocorreu em Acra, Gana, em outubro de 1997. O resultado mais importante do Encontro foi a

Preâmbulo

Nós, os delegados do Encontro sobre Rádio e Televisão para Crianças, em Acra, Gana, de 8-12 de outubro de 1997, declaramos solenemente aceitar a Carta sobre a Televisão Infantil, adotada internacionalmente e aceita em Munique no

Declaração dos Direitos das Crianças Africanas no Rádio e na Televisão. A Declaração está de acordo com a Carta sobre a Televisão Infantil, mas acrescenta questões relevantes ao continente africano. Enfatiza particularmente as necessidades educacionais e de desenvolvimento das crianças africanas e a proteção contra todas as formas de exploração comercial.

dia 29 de maio de 1995. Além disso, acrescentamos que a Declaração dos Direitos das Crianças no Rádio e na Televisão dos PDSA (junho de 1996) seja entendida como uma Declaração dos Direitos das Crianças Africanas no Rádio e na Televisão.

Sem depreciar a Carta sobre a Televisão Infantil, adotamos, além dela, nossa Declaração dos Direitos das Crianças Africanas no Rádio e na Televisão, em concordância com aquela e com seu espírito, que leva em consideração as necessidades e carências das crianças em nossa região.

1. As crianças devem ter programas de alta qualidade, feitos especialmente para elas e que não as explorem em qualquer estágio do processo de produção. Esses programas, além de entreterem, devem permitir que as crianças se desenvolvam física, mental e socialmente ao máximo de seu potencial.
2. Embora reconhecendo que os meios de comunicação de massa para crianças devem ser financiados por diversos mecanismos que incluem anúncios, patrocínios e comercialização, as crianças devem ser protegidas da exploração comercial.
3. Embora endossando o direito da criança à livre expressão, pensamento, consciência e religião, e proteção contra a exploração econômica, às crianças deve ser assegurado acesso eqüitativo a programas e, quando possível, à produção de programas.
4. As crianças devem ouvir, ver e expressar elas mesmas sua cultura, sua linguagem e suas experiências de vida através da mídia eletrônica que afirme seu senso de identidade pessoal, comunal e nacional.
5. Os programas para crianças devem criar oportunidades para aprendizagem e aquisição de poder para promover e apoiar o direito da criança à educação e ao desenvolvimento. Os programas para crianças devem promover a conscientização e apreço por outras culturas em paralelo com a cultura da própria criança. Para facilitar isso, deve haver pesquisa permanente sobre a audiência infantil, incluindo as necessidades e carências da criança.
6. Os programas para crianças devem ser amplos em termos de gênero e conteúdo, mas não devem incluir cenas ou sons gratuitos de violência e de sexo em qualquer mídia áudio ou visual.
7. Os programas para crianças devem ser transmitidos em horários regulares, nas horas em que as crianças estiverem

disponíveis para ver, e/ou devem ser distribuídos através de outras mídias ou tecnologias de fácil acesso.

8. Deve haver disponibilidade de fundos suficientes para que esses programas sejam feitos de acordo com os mais elevados padrões possíveis e, a fim de se obter qualidade, devem ser formulados e desenvolvidos códigos e normas padrões para meios de comunicação de massa para crianças através de um conjunto variado de grupos.

9. Em conformidade com a política das Nações Unidas de cooperação entre os países da comunidade internacional, a Declaração dos Direitos das Crianças Africanas no Rádio e na Televisão reconhece todos os convênios, convenções, tratados, declarações de direitos e acordos adotados por todas as organizações internacionais, incluindo as Nações Unidas e a OAU, no que diz respeito às crianças, mas com particular referência à Convenção da ONU sobre os Direitos da Criança.

11 de outubro de 1997

Acra, Gana.

Regulamentos e Medidas

Regulamentos e Medidas Relativas à Mídia Visual e à Proteção à Criança

Uma visão geral da Europa, América do Norte, Austrália e Japão

COMPILADO POR TITTI FORSSLUND

Ao tentar fazer uma compilação de regulamentos sobre mídia visual e proteção à criança, descobri um problema enfatizado na agenda de muitos países do mundo. Leis e regulamentos estão sendo aperfeiçoados, declarações são escritas e diversas medidas estão sendo testadas. As mídias mais regulamentadas são o cinema e a televisão nacional (ao passo que os canais de televisão via satélite freqüentemente estão fora do controle nacional ou regional). Estão sendo discutidas ou encaminhadas medidas para a proteção de menores em relação às novas mídias eletrônicas e digitais. A proteção de crianças contra conteúdos prejudiciais da mídia refere-se mais freqüentemente à violência ou sexo gratuitos e linguajar grosseiro (e pornografia infantil). Este apanhado relativo às mídias visuais não inclui a parte de anúncios.

Apresento a seguir alguns exemplos de regulamentos e medidas na Europa, Estados Unidos, Canadá, Austrália e Japão. Esse apanhado geral está longe de ser completo: é apenas um primeiro esboço. Baseia-se sobretudo em documentos e compilações anteriores, complementados com alguns contatos pessoais. Portanto, muitos dados estão faltando, e são bem-vindos correções, comentários, adições e extensões para um outro apanhado futuro mais abrangente.

Regulamentos

Além da legislação, existem vários sistemas para proteger as crianças de serem expostas a conteúdo prejudicial da mídia:

- Autoridades regulamentadoras, incluindo certas obrigações referentes à descrição de violência e indecência entre as condições de licenciamento.
- Recomendações como, por exemplo, a do Conselho da Europa, uma medida política mas não legalmente determinante sobre a descrição de violência na mídia eletrônica.
- A auto-regulamentação das indústrias, os códigos de conduta e as diretrizes internas elaboradas por companhias de rádio e televisão como, por exemplo, as Diretrizes para Programas referentes à Descrição da Violência[1] da European Broadcasting Union (EBU) [União Européia de Rádio e Televisão], o Código Voluntário referente à Violência na Programação de Televisão[2] da Canadian Association of Broadcasters [Associação Canadense de Emissoras], e as Normas de Programas Domésticos para Rádio e Televisão[3] da emissora estatal de rádio e televisão NHK.

Definição de criança

Quando se fala sobre crianças e proteção a menores, a definição varia. A Convenção da ONU sobre os Direitos da Criança — ratificada por todas as nações exceto pelos Estados Unidos e pela Somália (1997) — é válida para crianças abaixo de 18 anos.

No Canadá, "crianças", nas Regras de Programação para Crianças, refere-se a pessoas abaixo de 12 anos.[4] Na Austrália, "crianças" refere-se a pessoas com menos de 14 anos; no Japão, a programação para crianças significa programas para até 15 anos. Holanda, França e Bélgica definem "menor" como uma pessoa com menos de 16 anos. A Alemanha e o Reino Unido definem "menor" como alguém com menos de 18 anos.

Políticas gerais de rádio e televisão e proteção à criança

O Comitê da ONU para os Direitos da Criança, ao discutir "a criança e a mídia" em 1996, identificou três áreas principais, que foram posteriormente consideradas num Grupo de Trabalho em abril de 1997: Participação da Criança na Mídia, Proteção da Criança contra Influências Lesivas da Mídia, e Respeito pela Integridade da Criança em Reportagens da Mídia (ver o segundo artigo de Thomas Hammarberg, na primeira seção deste livro). Entre as recomendações estavam:

> 6. Acordos Construtivos com as Companhias de Mídia para Proteger as Crianças contra Influências Lesivas: Devem ser reunidos fatos sobre diversas tentativas de acordos voluntários com as companhias de mídia relativas a medidas positivas, tais como não transmitir programas violentos durante certas horas, apresentações claras antes dos programas sobre seu conteúdo e a criação de dispositivos técnicos

— tais como *V-chips* — para ajudar os consumidores a bloquear certos tipos de programas. Igualmente, experiências de normas e mecanismos éticos voluntários para encorajar o respeito às crianças devem ser coletados e avaliados, o que deve incluir uma análise da efetividade dos Códigos de Conduta, diretrizes profissionais, Conselhos de Imprensa, Conselhos de Emissoras, Ombudsmen da Imprensa e grupos similares em atividade no momento.

Muitos países europeus, tanto orientais quanto ocidentais, dentro e fora da União Européia, referem-se à diretriz *Televisão sem Fronteiras* da UE, adotada em 1989 e emendada em 1997. A nova diretriz estabelece um conjunto de regras referentes à proteção de menores:[5]

> Artigo 22:
>
> 1. Os Estados membros tomarão medidas apropriadas para assegurar que as transmissões de televisão pelas emissoras sob sua jurisdição não incluam quaisquer programa que possam prejudicar seriamente o desenvolvimento físico, mental ou moral de menores e que, em particular, não incluam programas que envolvam pornografia ou violência gratuita.
>
> 2. As medidas mencionadas no parágrafo 1 também se estenderão a outros programas que tenham possibilidade de prejudicar o desenvolvimento físico, mental ou moral de menores, exceto onde seja assegurado, pela seleção do horário de transmissão ou por qualquer outra medida técnica, que os menores na área de transmissão normalmente não ouvirão ou assistirão a tais transmissões.
>
> 3. Além disso, quando tais programas foram transmitidos sob forma não-codificada, os Estados membros tomarão providências para que sejam precedidos por um aviso acústico ou que sejam identificados pela presença de um símbolo visual ao longo de sua transmissão.
>
> Artigo 22a:
>
> Os Estados membros tomarão providências para que as transmissões não contenham qualquer incitação ao ódio com base em raça, sexo, religião ou nacionalidade.

O Artigo 22b declara, entre outras coisas, que dentro de um ano o Comitê realizará uma investigação sobre as possíveis vantagens e desvantagens de outras medidas que visem facilitar o controle exercido por pais ou seus substitutos sobre os programas a que os menores tenham permissão de assistir.

Além disso, a Convenção Européia sobre Televisão Transfronteiras documenta as responsabilidades da emissora no Artigo 7:[6]

> 1. Todos os itens de serviços de programas, no que se refere à sua programação e conteúdo, respeitarão a dignidade do ser humano e os direitos fundamentais dos outros.
>
> Em particular, eles:
>
> a. não serão indecentes e, em particular, não conterão pornografia;
>
> b. não darão proeminência indevida à violência que tenha possibilidade de incitar o ódio racial.

2. Todos os itens de serviços de programas que tenham possibilidade de prejudicar o desenvolvimento físico, mental ou moral de crianças e adolescentes não serão aprovados para transmissão quando, em razão do horário de transmissão e recepção, seja provável que crianças e adolescentes os assistam.

3. As emissoras tomarão providências para que as notícias apresentem fatos e eventos sem distorções e encorajem a livre formação de opiniões.

Na Austrália, o Decreto sobre Serviços de Teledifusão de 1992 estabelece objetivos para os serviços de transmissão de rádio e televisão. Um dos pontos do Decreto é

> assegurar que os prestadores de serviços de rádio e televisão dêem a maior prioridade à proteção das crianças contra a exposição a material de programação que possa ser prejudicial a elas.

No Canadá, são identificados cinco princípios diretores subjacentes à abordagem do Canadian Radio-television and Telecommunications Comission (CRTC) [Comissão de Rádio-televisão e de Telecomunicações Canadense], uma organização independente criada pelo Decreto sobre Teledifusão:[7]

1. Abandonar uma abordagem ideológica, legalística e, portanto, combativa em favor de uma estratégia cooperativa que reconheça a violência na TV como um importante problema para a saúde mental das crianças.

2. Adotar a meta de proteger as crianças, não a de censurar adultos, a fim de atingir um equilíbrio razoável entre o direito à liberdade de expressão e o direito das crianças a uma infância saudável.

3. Ater-se à pauta sobre violência gratuita ou glamourosa, sem disseminá-la pela adição de sexo, linguagem suja, valores de família, preocupações feministas específicas ou quaisquer outras questões mais controvertidas.

4. Reunir todas as pessoas que têm poder — responsáveis pelas emissoras, anunciantes, produtores, pais, professores, psiquiatras e a autoridade regulamentadora.

No Japão, a Lei das Emissoras requer que os responsáveis pelas emissoras estabeleçam normas de programação e criem comitês consultivos para assegurar que os programas estejam de acordo com as normas declaradas. A emissora estatal NHK declara em suas Normas de Programação Nacional:[8]

> Em nenhuma circunstância serão permitidos atos de violência. [...] A vida humana não será tratada com desprezo, nem será exaltado o ato de suicídio. [...] Os criminosos não serão apresentados de modo atraente e os atos criminosos não serão tratados com aprovação [...].

Não consegui encontrar nenhuma declaração direta de política sobre violência na televisão nos Estados Unidos. Há uma interdição geral à pornografia infantil (como em outros lugares) e a material obsceno, operando tanto em nível federal quanto estadual. A interdição a material obsceno aplica-se essencialmente a material fotográfico e de vídeo relacionado a sexo. No entanto, a Primeira Emenda (princípio constitucional sobre a liberdade de expressão) também pode ser aplicada a discursos que incitem o ódio ou a discriminação, caso estes não constituam um perigo imediato a pessoas ou a bens.[9]

"A CFC não está interessada em influenciar e nem mesmo em tomar conhecimento do conteúdo ou do ponto de vista de qualquer programa", disse Hunt, ex-presidente da Comissão Federal de Comunicação[10] em discurso em uma conferência sobre crianças e televisão em 1997. Entretanto, no Ato sobre Telecomunicações de 1996, foi solicitado aos fabricantes de aparelhos de TV que incorporassem os *V-chips* aos aparelhos, os quais são combinados com um sistema de classificação elaborado pelos responsáveis pelas emissoras (ver conteúdo sob o título *V-chip* abaixo).

No Canadá, existe uma preocupação do público com a entrada maciça de programas americanos via cabo, a qual não pode ser impedida nos lares canadenses. Nos Estados Unidos, os responsáveis pelas emissoras estabelecem as normas, e qualquer intervenção governamental para controlar conteúdos violentos é vista com desagrado.[11]

Medidas

Classificação

Todas as espécies de medidas para evitar a exposição das crianças a certos tipos de produtos da mídia exigem certas espécies de classificação dos produtos da mídia, sejam eles programas de televisão, filmes, jogos para computadores etc. Esta é uma questão crucial; os critérios de classificação variam e os sistemas de classificação diferem entre os países, dentro dos países e entre as diversas mídias.

Muitos países estão solicitando classificações descritivas que indiquem o *conteúdo* dos programas individuais em lugar de uma recomendação relativa à *idade* da criança que poderia vê-los, mas, até agora, a classificação por idade é a mais comum. Nos Estados Unidos, a pesquisa indica que as recomendações para filmes como "PG-13: Pais em Estado de Alerta" e "R: Restrito" podem correr o risco de atrair os jovens espectadores em vez de desencorajá-los.[12] O antigo símbolo X para classificação de filmes nos Estados Unidos às vezes é utilizado hoje em dia como uma ferramenta promocional.[13]

Como algum tipo de sistema de classificação é sempre utilizado como base para outras medidas, não menciono explicitamente a classificação nas tabelas de medidas dos diferentes países a seguir.

Para compreender as tabelas, apresento aqui um primeiro exame geral das medidas, ilustradas por exemplos:

Fixação de horário: tempo, linha divisória

"Fixação de horário" significa que os programas de TV, materiais de promoção etc., classificados como impróprios para crianças, são transmitidos mais tarde à noite (horário freqüentemente chamado de "linha divisória"). No entanto, essa hora "mais tarde", em que não se espera que as crianças assistam à televisão, varia entre 19h15 e 24h. Também é variável a idade da criança que não deveria assistir à televisão após determinada hora. As idades mencionadas variam de 12 a 18 anos (Irving & Tadros, 1996, 1997). Exemplos:

após as 19h15	Bósnia-Herzegovina (após história da hora de dormir 19h — 19h15)
após as 20h	Suíça (16 anos de acordo com as regras do cinema, 18 anos após as 23h); Reino Unido
após as 20h30	Austrália (15 anos)
após as 21h	Canadá (12 anos); Irlanda (15 anos); Holanda (16 anos); Dinamarca; Finlândia; Suécia
após as 21h30	Grécia
após as 22h	Alemanha (16 anos, 18 anos após 23h); Lituânia, Eslováquia; Espanha; Estados Unidos
após as 22h30	França (16 anos)
após as 23h	Albânia (14 anos); Itália (14 anos); Bulgária; Polônia; Romênia
após as 24h	Macedônia

Limites de idade

É comum os limites de idade para os programas de televisão não serem declarados explicitamente. O contrário vigora no caso dos filmes e vídeos mostrados em público — para estas mídias, os limites de idade ou similares são declarados na maioria dos países incluídos neste apanhado geral. Freqüentemente existem também limites de idade para aluguel ou compra de vídeos e, em alguns países, eles também existem para jogos de computador/vídeo e outras mídias audiovisuais.

Recomendação: recomendação oral ou escrita para o consumidor

Na Austrália, por exemplo, com programas classificados com M- ou MA- (M = maduro, A = adulto) na televisão, existem mensagens de advertência sob o logotipo que aparece na tela, com alguns detalhes da razão pela qual o programa foi classificado como M ou MA: "descreve violência", "contém linguagem grosseira", "descreve cenas de sexo" etc.[14] O roteiro escrito é acompanhado por uma voz dizendo a mesma coisa.

A emissora estatal TVO do Canadá também transmite recomendações no começo e, "se necessário, em intervalos apropriados", durante cada programa que contenha violência.[15]

Na Áustria, como outro exemplo, a emissora estatal ORF produz guias impressos de televisão com recomendações para os pais a respeito do grau de adequação dos programas para os jovens espectadores.[16]

Na Polônia, exige-se dos responsáveis pelas emissoras que informem os ouvintes ou espectadores sobre a natureza do programa durante o anúncio do mesmo e imediatamente antes da transmissão. Esta informação deve especificar que o programa pode afetar negativamente o desenvolvimento psicológico, emocional ou físico das crianças e adolescentes, conforme o Conselho Nacional de Teledifusão, Decreto sobre Rádio e Televisão.[17]

Na Romênia, o Artigo 2 das Diretrizes do Conselho Nacional de Audiovisual pressupõe o risco do "efeito do fruto proibido", exigindo que sejam adotados anúncios em programas "para adultos" como medida protetora para menores e que eles "não devem ser acompanhados de comentários que possam aumentar o interesse deles em assistir a esses programas".[18]

Advertência: advertências acústicas ou visuais

Em alguns poucos países é utilizado um aviso acústico antes do início de um programa impróprio de televisão, e/ou um símbolo visual no decorrer de toda a sua apresentação. Também se fazem advertências quando os horários dos programas são fixados.

A França, por exemplo, adotou um sistema de advertência supervisionado pelo Conselho Superior de Audiovisual. Um círculo verde simboliza programas que contêm cenas que poderiam ser prejudiciais a crianças novas; um triângulo alaranjado é utilizado para filmes impróprios para crianças abaixo de 12 anos e para advertir o público; um quadrado vermelho é utilizado para indicar programação apenas para adultos.[19]

Na Itália, o Canal 5 utiliza um sistema similar ao dos "sinais dos semáforos de trânsito": verde para a família toda; amarelo para alertar os pais, enquanto o vermelho indica que o programa é impróprio para crianças.[20]

No Canadá, são feitas recomendações para os espectadores no início e durante a primeira hora de programas que contenham "cenas de violência apropriadas somente para públicos adultos".[21]

Rótulos

Na Alemanha, por exemplo, no que se refere a videocassetes, CD-ROMs e outros materiais audiovisuais, a classificação deve ser claramente indicada tanto na caixa do cassete como no próprio objeto. Itens que não tiverem sido classificados ou que tiverem sido classificados com "18 anos ou acima" não podem ser oferecidos de forma alguma a crianças e a jovens.[22]

Num relatório de Joel Federman (1996)[23] é recomendada uma descrição informativa sobre violência, sexo e linguagem na programação, semelhante aos rótulos na embalagem dos alimentos, que dão informações sobre os ingredientes, sem comentar quem deve ou não ingerir esses ingredientes.

V-chip

O *V-Chip* antiviolência é um *microchip* que pode ser incorporado a um aparelho de televisão, a um seletor de cabo ou a um decodificador. Ele lê o código de classificação de cada programa classificado. O espectador pode programar o *chip* para bloquear o sinal de programas com uma classificação que exceda o nível considerado aceitável. Por exemplo, se o espectador selecionar o nível 3, então os níveis 4, 5 e acima deles não aparecerão na tela.

Esta tecnologia foi desenvolvida pelo professor Tim Collings, da Universidade Simon Fraser, Vancouver, Canadá, e está sendo testada agora nos Estados Unidos e no Canadá. Nos Estados Unidos, o Decreto sobre Telecomunicações foi emendado em 1996 para exigir que os fabricantes de TV incorporem o *chip* antiviolência em seus produtos a partir de 1998. Desde 1996, as indústrias envolvidas têm trabalhado na introdução de uma classificação de programas e num sistema de codificação que o *V-chip* possa decodificar e que começou a ser implementado em janeiro de 1997.

Como existe uma alta percentagem de programação dos Estados Unidos no Canadá, o Conselho de Normas de Teledifusão Canadense declara que, para que um sistema de classificação baseado no *V-chip* seja uma ferramenta verdadeiramente efetiva para os pais canadenses, deve ser aplicado também aos serviços via cabo dos Estados Unidos e aos serviços não-canadenses distribuídos no Canadá.

O sistema de classificação dos Estados Unidos tem sido criticado por sua variedade e falta de especificidade de conteúdo e por seus riscos de aumentar em vez de reduzir a exposição de crianças a programas prejudiciais. Uma pesquisa anterior indicou que as crianças estavam mais ansiosas para ver um filme classificado de "PG-13: Pais em Estado de Alerta" e de "R: Restrito", do que um filme classificado mais pelo conteúdo como, por exemplo, "violência leve" e "violência gráfica".[24]

Em julho de 1997, como resultado de intensa pressão de pais, de organizações civis de defesa da criança e de membros do congresso, a indústria de televisão dos Estados Unidos concordou em modificar seu sistema de classificação e adicionar letras ao sistema baseado em idade. As letras indicam se o nível de classificação foi devido a sexo, violência, linguagem grosseira ou diálogo sexual. As classificações emendadas foram implementadas em outubro de 1997. Todas as principais redes, exceto a NBC, estão utilizando o sistema emendado de classificação.[25]

No Canadá, o Action Group on Violence on Television (AGVOT) [Grupo de Ação contra Violência na Televisão], um grupo que representa a indústria de teledifusão, desenvolveu um sistema de classificação para as emissoras de língua inglesa no Canadá, o qual está sendo examinado atualmente pela Canadian Radio-television and Telecommunications Comission (CRTC) [Comissão Canadense de Rádio-televisão e Telecomunicações]. Em agosto de 1997, o AGVOT apresentou os ícones gráficos utilizados para identificar as classificações na tela e nas publicações sobre programas de TV. As pessoas que estabelecem os horários de programas em língua francesa no Canadá utilizarão seus próprios sistemas de classificação, segundo o acordo feito com a CRTC.[26]

Na Europa, a tecnologia do *V-chip* ainda está em estudo e é evidente que não será uma tarefa fácil desenvolver um sistema de classificação com o qual todos os países possam concordar.

Proibições totais

Muitos países também têm proibições totais sobre certo material em todas as mídias:

- material que contenha incitação ao ódio, à discriminação ou à violência
- material obsceno
- material indecente e contrário aos bons costumes
- material prejudicial à dignidade humana
- pornografia infantil, seja geralmente definida (obscenidade, indecência etc.), seja especificamente definida (pornografia infantil, proteção das crianças contra abuso sexual etc.).

Sobre a pauta corrente

A Internet

A Comissão Européia está elaborando o esboço de um "Comunicado" (COM (96) 483) e de uma proposta para uma Recomendação do Conselho sobre Conteúdo Ilegal ou Prejudicial na Internet. Material ilegal, tal como pornografia infantil, cai sob as leis existentes e pode ser punido de acordo com elas. Como parte deste trabalho, a Comissão lançou um "fórum de discussão" na Internet, "para encorajar a ligação em rede de organizações e indivíduos para ativamente criarem medidas que assegurem a proteção de menores e da dignidade humana em serviços audiovisuais e de informação". O fórum pode ser contatado na Internet no seguinte endereço:

europa.eu.int/en/comm/dg10/avpolicy/forum/index.html.[27]

Na Noruega, o Ombudsman Norueguês para Crianças e o Salvem as Crianças iniciaram um projeto com o objetivo de identificar redes de pedofilia. Qualquer um pode denunciar *sites* da rede, provedores *ftp*, canais de bate-papo etc., que se refiram à pornografia infantil ou à atividade de pedofilia. A informação será repassada para a polícia norueguesa, a qual coopera com a Interpol.[28]

Necessidade de educação para a mídia

Muitos aspectos diferentes da educação para a mídia são relevantes para a proteção de menores e da dignidade humana nos serviços de noticiários da mídia. As escolas ainda precisam encorajar mais o aprendizado que possibilita o uso de todas as espécies de mídia. Medidas para aumentar o nível de conscientização e de informação dos pais, assim como os vários tipos de danos que seus filhos podem sofrer, são um corolário inevitável de seu crescente nível de responsabilidade.

Necessidade de pesquisa

Depois de ler o resultado de uma pesquisa sul-africana sobre as respostas emocionais de crianças à televisão, que mostra que metade das crianças pesquisadas sente-se insatisfeita e pouco à vontade com programas infantis feitos especificamente para elas,[29] e o resultado de uma pesquisa britânica que conclui que os programas que provocam respostas emocionais negativas são variados e imprevisíveis,[30] eu gostaria de propor mais pesquisa empírica sobre a reação das crianças à mídia. Os pais, professores, responsáveis pelas emissoras, produtores e distribuidores de mídia — e políticos — têm muito a aprender.

Tabelas

As medidas "Fixação de horário", "Limites de idade", "Recomendação", "Advertência", "Rótulo" e "V-chip" para diversas mídias audiovisuais, assim como as "proibições totais" serão agora incluídas nas tabelas para os diversos países. Às vezes, há comentários adicionais.

Para os quinze países de União Européia (UE) na Tabela 1, a informação na primeira coluna da tabela deriva de um estudo encomendado pela Comissão da UE.[31] Muitas informações das outras colunas das tabelas para os países europeus foram coletadas na publicação de Joan Irving e Connie Tadros *Creating a Space for Children. Volume 1. Children's Film and Television in EU-countries* (1996) e da publicação *Creating a Space for Children. Volume 2. Children's Film and Television in Central and Eastern Europe* (1997), International Centre of Films for Children and Young People (CIFEJ) [Centro Internacional de Filmes para Crianças e Jovens], Montreal. Estas e outras fontes estão citadas nas notas de rodapé.

Em relação a países europeus ocidentais que não fazem parte da União Européia, existem menos fontes. Um quadrado em branco na Tabela 2 significa que não tenho informação alguma — não necessariamente que não exista alguma medida relevante. A Tabela 3 abrange medidas na Austrália, Canadá, Japão e nos Estados Unidos. A Tabela 4, de medidas nos países europeus orientais, é a tabela menos documentada.

Tabela 1
Medidas nos países da UE

	Proibição total de certos materiais em todas as mídias	TV	Filme/vídeo em espaço público	Aluguel ou venda de vídeo	Videogames e jogos para computador	Outros tipos de mídia AV
Áustria	Incitamento ao ódio, à discriminação, à violência; Material obsceno; Pornografia infantil (específico)	Horário; Recomendação	Limites de idade: 6, 10, 12, 14, 16, 17, 18			
Cada província tem suas próprias leis e regulamentos						
Bélgica	Incitamento ao ódio, à discriminação, à violência; Material obsceno; Contrário à moral e aos bons costumes; Pornografia infantil (específico)	Horário; Advertência	Limites de idade: 12, (+ adulto), 16	Rótulo		
A Comunidade de Emissoras de Televisão de Língua Francesa declara que adotou um código de ética, o qual propõe que os responsáveis pelas emissoras dêem sinais de aviso antes da transmissão de programas violentos. A classificação de filmes deve aparecer na capa das fitas para aluguel ou compra.						
Dinamarca	Incitamento ao ódio, à discriminação, à violência; Pornografia infantil (específico)	Horário	Limites de idade: 7, 12, 16	Rótulo; Limites de idade: 12, 16		
Horário: É utilizada uma linha divisória informal de 21 horas pela Televisão Estatal DR e há também uma norma geral para todas as emissoras de que os programas considerados prejudiciais a menores só possam ser exibidos apenas após a meia-noite.[32] Rótulo: Filmes e vídeos são classificados pela Junta Dinamarquesa de Censura de Filmes. Os vídeos vendidos ou alugados devem ser rotulados com informação quanto a serem adequados ou não para crianças e jovens abaixo de 12 ou 16 anos.						

<table>
<tr><th></th><th>Proibição total de certos materiais em todas as mídias</th><th>TV</th><th>Filme/vídeo em espaço público</th><th>Aluguel ou venda de vídeo</th><th>Videogames e jogos para computador</th><th>Outros tipos de mídia AV</th></tr>
<tr><td>Finlândia</td><td>Incitamento ao ódio, à discriminação, à violência;
Material obsceno;
Pornografia infantil (geral)</td><td>Horário</td><td>Limites de idade: 12, 14, 16, 18</td><td>Limites de idade: 16, 18</td><td></td><td></td></tr>
<tr><td colspan="7">De acordo com o Decreto sobre Censura de Filmes e o Decreto Relativo à Inspeção de Vídeos e outros Programas Audiovisuais, as mídias visuais devem ser classificadas pela Junta Estatal de Censura de Filmes ou pela Junta Finlandesa de Classificação de Filmes.</td></tr>
<tr><td>França</td><td>Incitamento ao ódio, à discriminação, à violência;
Pornografia infantil (geral)</td><td>Horário;
Advertência</td><td>Limites de idade: 12, 16, X</td><td></td><td></td><td></td></tr>
<tr><td colspan="7">Em conformidade com o Decreto de Classificação de Filmes 90-174, a classificação X é para filmes pornográficos ou que incluam incitamento à violência. Esta classificação acarreta uma proibição para menores abaixo de 18 anos, e a exibição em tela somente é permitida em cinemas especialmente licenciados.</td></tr>
<tr><td>Alemanha</td><td>Incitamento ao ódio, à discriminação, à violência;
Prejudicial à dignidade humana;
Pornografia infantil (específico)</td><td>Horário</td><td>Limites de idade: 6, 12, 16, 18</td><td>Rótulo;
Limites de idade: 6, 12, 16, 18</td><td>Rótulo;
Limites de idade: 6, 12, 16, 18</td><td>Limites de idade: 6, 12,16, 18</td></tr>
<tr><td colspan="7">As televisões estatais ARD e ZDF se auto-regulamentam em questões relativas à proteção aos jovens. Alguns responsáveis por emissoras privadas criaram a FSF, Freiwillige Selbstkontrolle Fernsehen, posto que sua própria auto-regulamentação se refere à proteção aos jovens. FSF e FSK, Freiwillige Selbstkontrolle der Filmwirtschaft, classificam filmes, vídeos, CD-ROMs e outros materiais audiovisuais.</td></tr>
<tr><td>Grécia</td><td>Material obsceno;
Contrário aos bons costumes;
Pornografia infantil (geral)</td><td>Horário</td><td>Lei</td><td>Lei</td><td></td><td>Lei</td></tr>
<tr><td colspan="7">O filme é regulamentado pela Comissão Responsável pela Supervisão e Controle de Publicações Destinadas a Crianças e Adolescentes, sob a autoridade do Ministério da Justiça: “As publicações (...) não devem conter qualquer ilustração, artigo, história, título ou inserção que apresente sob luz favorável o banditismo, a mentira, o roubo, a preguiça, a covardia, o ódio, qualquer ato criminoso, ou ato que desmoralize crianças ou jovens (...) ou inspire preconceitos étnicos”.[33]</td></tr>
</table>

	Proibição total de certos materiais em todas as mídias	TV	Filme/vídeo em espaço público	Aluguel ou venda de vídeo	Videogames e jogos para computador	Outros tipos de mídia AV
Irlanda	Incitamento ao ódio, à discriminação, à violência; material obsceno; Contrário aos bons costumes; Pornografia infantil (geral)	Horário	Limites de idade: G, PG, 12, 15, 18	Limites de idade: G, PG, 12, 15, 18		
Itália	Material obsceno; Contrário à moral e aos bons costumes; Pornografia infantil (geral)	Horário; Advertência	Lei			
Uma comissão sob o Ministério do Turismo e do Entretenimento está encarregada da interpretação das leis referentes aos direitos humanos e aos direitos dos menores. A comissão avalia e classifica filmes de acordo com seu potencial de dano para jovens.[34]						
Luxemburgo	Incitamento ao ódio, à discriminação, à violência; Material obsceno; Pornografia infantil (geral)		Limites de idade: 14, 17			
Holanda	Pornografia infantil (específico)	Horário; Advertência	Limite de idade: 16	Limites de idade: 12, 16		
Portugal	Incitamento ao ódio, à discriminação, à violência; Pornografia infantil (geral)	Horário; Advertência	Limites de idade: 4, 6, 12, 16, 18	Limites de idade: 4, 6, 12, 16, 18		
Não é permitida a transmissão de programas pornográficos ou obscenos ou de programas que incitem à violência, à prática de qualquer tipo de crime ou que, de modo geral, violem direitos, liberdades ou garantias fundamentais, conforme a Lei da Televisão. Filmes e vídeos devem ser classificados pela Comissão de Classificação de Entretenimento, sujeita ao Ministério da Cultura.						

	Proibição total de certos materiais em todas as mídias	TV	Filme/vídeo em espaço público	Aluguel ou venda de vídeo	Videogames e jogos para computador	Outros tipos de mídia AV
Espanha	Pornografia infantil (específico)	Horário; Advertência	Limites de idade: 7, 13, 18, X	Limite de idade: X	Lei	Lei

As classificações são recomendações, mas não podem ser utilizadas para impedir que pessoas mais jovens do que a idade de classificação entrem nos cinemas. Filmes classificados como X, que mostram pornografia ou violência extrema, só podem ser exibidos em cinemas classificados como X, onde pessoas com menos de 18 anos não podem entrar. A classificação X também é válida para vídeos.[35]

Suécia	Incitamento ao ódio, à discriminação, à violência; Pornografia infantil (específico)	Horário	Limites de idade: 7, 11, 15	Limite de idade: 15		

De acordo com o Decreto de Exame e Controle de Filmes e Vídeos (SFS 1990:886), todos os filmes serão examinados e aprovados pela States Biografbyrå, a Junta Nacional de Classificação de Filmes, antes da exibição. Para vídeos destinados à venda ou aluguel, o exame prévio é optativo. A Junta não toma qualquer providência com base em motivos religiosos ou políticos. Sua tarefa é a de julgar se filmes ou seqüências têm possibilidade de ter um efeito brutalizante sobre o público. A distribuição de certas cenas de violência é um ato criminoso segundo a lei de liberdade de expressão.[36]

Reino Unido	Incitamento ao ódio, à discriminação, à violência; Material obsceno; Contrário aos bons costumes; Pornografia infantil (específico)	Horário	Limites de idade: Uc, PG, 12, 15, 18, R18	Limites de idade: Uc, PG, 15, 18, R18	Rótulo; Limites de Idade: 3-10, 11-14, 15-17, 18+	

A British Board of Film Classification (BBFC) [Junta Britânica de Classificação de Filmes] classifica filmes e vídeos: "filmes U" são próprios para todas as idades e "nenhum tema, ação de cena ou diálogo pode ser perturbador, danoso ou ofensivo". "Uc" designa "especialmente adequado para crianças novas". Orientação dos pais, "PG", designa que "algumas cenas podem ser impróprias para as crianças mais novas como resultado de violência moderada, alguma nudez (...) e linguagem". "R18" significa distribuição restrita através de clubes especiais de cinema ou "sex shops" autorizados.

Tabela 2
Medidas dos países da Europa Ocidental que não fazem parte da UE

	Proibição total de certos materiais em todas as mídias	TV	Filme/vídeo em espaço público	Aluguel ou venda de vídeo	Videogames e jogos para computador	Outros tipos de mídia AV
Chipre			Limites de idade: 13, 18			
O Comitê de Censura classifica cada filme na categoria 1 como próprio para todas as idades; na categoria 2, como impróprio para pessoas com menos de 13 anos; ou na categoria 3, impróprio para pessoas com menos de 18 anos. São rejeitados filmes que contenham, por exemplo, materiais que possam ofender sentimentos religiosos ou nacionais de qualquer uma das comunidades ou que contenham horror e brutalidade, de acordo com a Lei de Filmes e Cinema.						
Islândia			Limites de idade: 10, 12, 14, 16	Lei	(Lei)	
Conforme a lei (nº 47/1995), todo filme exibido em cinema, alugado ou vendido em vídeo deve ser classificado pela Junta Islandesa de Classificação de Filmes. A Junta não faz qualquer corte em filmes, mas proíbe totalmente filmes muito violentos.[37]						
Noruega	Incitamento ao ódio, à discriminação, à violência; Pornografia infantil (específico)	Horário	Limites de idade: 7, 11, 15, 18	Rótulo	Lei	Lei
O Decreto Norueguês de Teledifusão está em conformidade com a Diretriz de Televisão da UE. De acordo com o Decreto Referente a Filmes e Vídeos, 1997, os filmes exibidos em cinema devem ser classificados pela Junta Norueguesa de Classificação de Filmes e não deve violar a decência pública, nem ter uma influência brutalizante ou moralmente corruptora. Jogos de computador incluindo imagens fotográficas móveis estão na esfera de ação do Decreto de Filmes e Vídeo.[38] No que se refere a transmissões via cabo, o Statens MedieFörvaltning pode banir distribuições locais de emissões vindas de outros países e emitidas do solo norueguês e que mostrem pornografia ou violência em desobediência à lei norueguesa. Pornografia é definida como “descrições sexuais ofensivas ou que possam ser percebidas como sendo humanamente degradantes ou aviltantes, que incluam descrições sexuais que envolvam crianças, animais, violência, coação ou sadismo. [39]						
Suíça		Horário	Limites de idade: 16, 18			
Horário: Conforme as Diretrizes para Violência na Programação da Schweizer Fernsehen, DRS.[40]						

Tabela 3

Medidas na Austrália, Canadá, Japão e Estados Unidos

	Proibição total de certos materiais em todas as mídias	TV	Filme/vídeo em espaço público	Aluguel ou venda de vídeo	Videogames e jogos para computador	Outros tipos de mídia AV
Austrália	Incitamento ao ódio, à discriminação, à violência; Material obsceno; Pornografia infantil	Horário; Recomendação; Advertência	Limites de idade: PG, M, MA, R	Recomendação; Rótulo	Limites: GB+, M, MA Recomendação; Rótulo	Recomendação; Rótulo
O ambiente de mídia para crianças na Austrália é apoiado por uma combinação de legislação, regulamentação, auto-regulamentação e persistente controle da comunidade. A ABA, desde 1992, tem regulamentado o sistema de classificação através do Código de Prática da Indústria de Televisão Comercial, que se baseia principalmente em auto-regulamentações. A FACTS — Federation of Australian Commercial Television Stations [Federação Australiana de Estações Comerciais de Televisão], tem um código e um conjunto de critérios de classificação comum, o qual está sujeito a uma revisão trianual. ABC e SBS, os serviços estatais de teledifusão na Austrália, têm seus próprios Decretos, Declarações de Direitos, Códigos de Prática e procedimentos para Reclamações, contendo obrigações referentes à audiência infantil. Exige-se das indústrias de filme/vídeos (desde 1984) e de jogos para computador (desde 1994) que submetam seus materiais ao OFLC — Office of Film and Literature Classification [Departamento de Classificação de Filmes e Literatura], para classificá-los antes que eles possam ser exibidos ou vendidos.[41] As classificações incluem a Recomendação ao Consumidor, que informa o público sobre a sistemática de uma dada classificação. As categorias de classificação mostram: GB+ para jogos eletrônicos interativos próprios para crianças de 8 anos ou menos; M para mídia própria para pessoas de 15 anos ou mais; MA, conteúdos e títulos mais avançados que têm essa classificação não podem ser vendidos, alugados ou demonstrados a pessoas com menos de 15 anos de idade; R, restrito a pessoas com 18 anos ou mais — é para filmes ou outras mídias e não pode ser transmitido por televisão.[42] A indústria está estudando dispositivos técnicos de bloqueio como o *V-chip*, por exemplo. Outras medidas também estão sendo consideradas.[43]						
Canadá	Incitamento ao ódio, à discriminação, à violência; Material obsceno; Pornografia infantil (geral)	Horário; Recomendação; *V-Chip*	Limites de idade: PG, AA, R	Limites: PG, AA, R		
A Canadian Radio-television Comission (CRTC) [Comissão Canadense de Rádio e Televisão] é responsável pela implementação da política esboçada no Decreto de Teledifusão. A CRTC trabalha em estreito contato com a indústria no desenvolvimento de padrões para questões como violência na televisão, descrição de gênero, direitos de minorias culturais, assim como em programas e anúncios dirigidos às crianças. *(continua na página seguinte)*						

	Proibição total de certos materiais em todas as mídias	TV	Filme/vídeo em espaço público	Aluguel ou venda de vídeo	Videogames e jogos para computador	Outros tipos de mídia AV

Diferentes províncias têm diferentes sistemas de classificação, todos eles baseados em idade e critérios de juízes, tais como violência, nudez, sexualidade e linguagem.[44] A Junta de Revisão de Filmes de Ontário, por exemplo, atua de acordo com o Decreto de Teatros de Ontário e classifica os filmes em quatro categorias: Família — apropriado para todas as idades; Orientação dos Pais; Acompanhado de Adulto — restrito a pessoas acima de 14 anos ou a pessoas abaixo de 14 acompanhadas de um adulto; Restrito — a exibição restrita a pessoas de 18 anos ou mais. Muitas províncias usam o mesmo sistema de classificação de filme para vídeos.[45]

O *V-chip* está agora sendo testado no Canadá, como mencionado acima.

Japão	Incitamento ao ódio, à discriminação, à violência; Material obsceno	Lei	Limites de idade: 15, 16	Limites de idade: 15, 18		

A Lei de Teledifusão do Japão regulamenta tanto a televisão e rádio estatais, a NHK, quanto as estações comerciais "...no sentido de levar a teledifusão a contribuir para o desenvolvimento de uma democracia saudável". A lei requer que os responsáveis pelas emissoras estabeleçam normas para a programação e criem comitês consultivos sobre os programas transmitidos para assegurar que os programas satisfaçam as normas que declaram seguir. Os Padrões NHK de Programas Nacionais de Teledifusão de 1959 declaram, no artigo I, Seção 6-3: "Em nenhuma circunstância serão permitidos atos de violência".[46] Todavia, não é ilegal no Japão a produção de material obsceno ou violento para exportação.[47]

A Junta de Classificação de Filmes do Japão classifica filmes, e a Associação Japonesa pela Ética no Vídeo e a EIZORIN (Código de Ética da Associação de Imagens Móveis) classificam os vídeos em três categorias: Geral; Restrita — 15 anos ou mais; e Adulto — mais de 18 anos de idade.[48]

Estados Unidos	Material obsceno; Pornografia infantil (geral)	*V-Chip*	Limites de idade: PG, PG-13, 13, R, NC-17	Limites de idade: 13, 17	Rótulo; Limites de Idade: EC, K-A, T, M, AO	

Os Estados Unidos têm uma interdição geral da pornografia infantil e de material obsceno, operando tanto a nível federal quanto estadual. A interdição do material obsceno aplica-se essencialmente a material fotográfico e vídeo relacionado a sexo.[49]

A televisão não é regulamentada no que se refere à violência, mas a tecnologia do *V-chip* está sendo implementada como um dispositivo de controle por parte dos pais, como mencionado acima. *(continua na página seguinte)*

Os filmes são classificados pela CRA — Classification and Ratings Administration [Administração de Classificação], uma divisão da Motion Picture Association of America (MPAA) [Associação de Cinema da América], ou seja, um grupo de indústria e comércio de filmes. Os símbolos se relacionam aos limites de idade e significam: PG — Orientação dos Pais; PG-13 — Pais em estado de alerta; R — Restrito, abaixo de 17 anos exige um pai ou adulto responsável acompanhando; NC — proibido para crianças até 17 anos inclusive.

Todo anúncio ou todos os trechos/*trailers* de filmes são aprovados ou não pela MPAA com base em sua adequação para crianças.[50]

No que se refere à televisão a cabo, quatro redes importantes dos Estados Unidos desenvolveram um sistema de recomendações relativo ao conteúdo: MV — violência moderada; V — violência; GV — violência gráfica; RP — estupro; AL — linguagem de adulto; GL — linguagem gráfica; BN — nudez breve; N — nudez; AC — tema adulto; SC — forte conteúdo sexual. Os rótulos aparecem tanto na transmissão quanto nos guias de programação. Um filme pode receber diferentes rótulos de orientação em estações diferentes, pois cada rede classifica seus próprios programas.[51]

No que se refere a jogos de computador/videogame, a Junta de Software de Entretenimento, uma junta independente estabelecida pela Associação de Software Digital, classifica o *software* de todos os sistemas: EC — primeira infância; K-A — de crianças a adultos, adequado para pessoas de 6 anos ou mais; T — adolescente, 13 anos ou mais; M — maduro, 17 anos; AO — apenas para adultos; os produtos não devem ser vendidos ou alugados a pessoas com idade abaixo de 18 anos.

Um segundo sistema de classificação foi desenvolvido pelo RSAC — Recreational Software Advisory Council [Conselho Consultivo de Software Recreativo], uma organização independente e sem fins lucrativos, composta de diversos representantes fora da indústria, incluindo pais e professores. O Comitê Consultivo do Conselho, composto de pesquisadores de mídia, psicólogos e outros peritos, orienta no desenvolvimento e na implementação do Programa de Classificação de Jogos. Os ícones de classificação que aparecem no título da capa têm a forma de termômetros, com quatro marcações de “temperatura”, que representam os quatro níveis de intensidade para cada categoria comportamental. Além disso, descrições específicas podem acompanhar os ícones, como por exemplo, “nádegas nuas”, “sangue e coágulos sangüíneos”, “gestos obscenos”.

Tabela 4
Medidas nos Países Europeus Orientais

	TV	Filme/vídeo em espaço público	Aluguel ou compra de vídeo	Videogames e jogos para computador	Outros tipos de mídia AV
Albânia	Horário				
Azerbaidjão		Lei	Lei		Lei
O Código Penal de 1982, artigo 228-1 (adotado em 1996), diz: "Para proteção do público, os responsáveis pela distribuição de filmes que promovam a violência e a crueldade são passíveis de prisão por até dois anos e podem receber uma multa equivalente a 700-800 vezes o salário mínimo".					
Bielo-Rússia	Lei	Lei	Lei		Lei
A Lei da República da Bielo-Rússia Relativa à Mídia e Outros Meios de Informação Pública contém um artigo proibindo o uso da mídia para a apresentação de pornografia ou de qualquer outra coisa que viole a moralidade, a honra ou a dignidade dos cidadãos. A Lei Relativa à Televisão e Rádio correntemente sob exame contém certas regulamentações que visam proteger os direitos dos jovens espectadores e ouvintes.					
Bósnia-Herzegovina	Horário				
Bulgária	Horário	Limites de idade			
Croácia	Horário				
Eslováquia	Horário	Limites de idade: 15, 18	Limites de idade: 15, 18		Limites de idade: 15, 18
A produção e a distribuição de filmes e de vídeos estão sujeitas à Lei da Mídia Audiovisual de 1995.					
Eslovênia	"Horário"				
Não há qualquer sistema de classificação para acesso ao cinema ou a filmes de vídeo, mas os exibidores devem decidir por si próprios se algum filme é ou não adequado para crianças abaixo de 15 anos. "Horário" significa que a fixação de horário para teledifusão é válida apenas para programas eróticos.					
Federação Russa	"Horário"	Certificado	Certificado		
Na Rússia, a proteção às crianças e aos jovens é tratada pela Lei sobre Mídia de Massa de 1991 e pela Lei sobre Anúncios de 1995. "Horário" significa que a fixação de horários para teledifusão é válida apenas para programas eróticos. Os distribuidores de filmes e de vídeos devem se candidatar a uma licença estatal de distribuição e assumir sua própria responsabilidade de mostrar apenas filmes com certificados de distribuição, conforme as Regulamentações para Demonstração Pública de Filmes para Exibição em Teatros e em Vídeos.					

<table>
<tr><th></th><th>TV</th><th>Filme/vídeo em espaço público</th><th>Aluguel ou compra de vídeo</th><th>Videogames e jogos para computador</th><th>Outros tipos de mídia AV</th></tr>
<tr><td>Estônia</td><td></td><td>Lei</td><td>Lei</td><td></td><td>Lei</td></tr>
<tr><td>Geórgia</td><td>Lei</td><td>Lei</td><td></td><td></td><td></td></tr>
<tr><td>Hungria</td><td>Horário; Recomendação</td><td>Lei</td><td>Lei</td><td></td><td>Lei</td></tr>
<tr><td colspan="6">A lei que define a teledifusão pública obriga a rede a “exibir programas que sirvam ao desenvolvimento físico, intelectual e mental dos menores”.</td></tr>
<tr><td>Letônia</td><td>Horário; Recomendação</td><td></td><td></td><td></td><td></td></tr>
<tr><td>Lituânia</td><td>Horário</td><td>Lei</td><td>Lei</td><td></td><td>Lei</td></tr>
<tr><td>Macedônia</td><td>Horário</td><td>Lei em breve</td><td></td><td></td><td></td></tr>
<tr><td>Moldávia</td><td>Lei</td><td></td><td></td><td></td><td></td></tr>
<tr><td>Polônia</td><td>Horário; Conselho</td><td>“Limites de idade”</td><td>“Limites de idade”</td><td></td><td></td></tr>
<tr><td colspan="6">Nenhum cinema ou loja de aluguel de vídeo pode liberar um filme a menos que ele tenha uma classificação, embora o negócio seja auto-regulamentado.</td></tr>
<tr><td>República Tcheca</td><td></td><td>Limites de idade</td><td></td><td></td><td>Limites de idade</td></tr>
<tr><td>Romênia</td><td>Horário;</td><td></td><td></td><td></td><td></td></tr>
<tr><td colspan="6">O Conselho de Mídia Audiovisual da Romênia adotou uma diretriz sobre medidas de proteção a menores que visa harmonizar a legislação romena com as diretrizes européias da “Televisão sem Fronteiras”.</td></tr>
<tr><td>Sérvia</td><td></td><td></td><td></td><td></td><td></td></tr>
<tr><td colspan="6">A emissora estatal, a Corporação Sérvia de Teledifusão (CST), tem regulamentações internas para assegurar que as crianças não vejam programas violentos ou pornográficos.</td></tr>
<tr><td>Ucrânia</td><td>Lei</td><td></td><td></td><td></td><td></td></tr>
<tr><td colspan="6">A Lei Ucraniana sobre Teledifusão de Rádio e Televisão, de 1993, Seção V, artigo 4.1, declara:
“São proibidos programas (filmes) que possa causar danos ao desenvolvimento físico, psicológico ou moral de menores”.</td></tr>
</table>

Notas

1. Estas Diretrizes EBU foram reproduzidas conforme o artigo.
2. Associação Canadense de Emissoras, 1993.
3. Kodaira, 1996.
4. Código Voluntário da Associação Canadense de Emissoras referente à Violência na Programação na Televisão.
5. A nova Diretriz "Televisão sem Fronteiras". Internet, novembro de 1997.
6. *Notícias sobre Crianças e Violência na Tela*, vol. 1, nº 1-2, 1997.
7. Caron & Jolicoeur, 1996.
8. Kodaira, 1996.
9. Livro Verde sobre a Proteção aos Menores..., 1997.
10. Hundt, 1997.
11. Flagan, 1992.
12. Trotta, 1997.
13. *Controle, Exame e Censura de Filmes*, 1993.
14. Barrie McMahon, e-mail, novembro de 1997. Ver também a Tabela 3, que inclui a Austrália.
15. TVOntario, 1996.
16. Irving & Tadros, 1996.
17. Irving & Tadros, 1997.
18. Ibid.
19. Von Feilitzen, 1997.
20. Irving & Tadros, 1996.
21. Conselho Canadense de Normas de Teledifusão, 1997.
22. Irving & Tadros, 1996.
23. Trotta, 1997.
24. Cantor, 1997.
25. Cantor, Joanne, e-mail, dezembro de 1997.
26. Rede de Conscientização de Mídia. Internet, dezembro de 1997.
27. Celsing, 1997a, 1997b.
28. Waage & Aasli, 1997.
29. Ramsden, 1997.
30. Ibid.
31. Ibid.
32. ACTE, Association of Commercial Television in Europe [Associação de Televisão Comercial na Europa].
33. Irving & Tadros, 1996.
34. Ibid.
35. Ibid.
36. *Censura de Filmes na Suécia.* Junta Nacional de Censores de Filmes.
37. Junta Islandesa de Classificação de Filmes.
38. Campanha Norueguesa Governamental..., 1995.
39. Statens Filmtilsyn, Oslo, 1996.
40. DRS, Praktischer Richtlinien für die Programmierung.
41. Biggins, 1997.
42. Federman, 1996.
43. Mídia Jovem da Austrália, 1997.

44. Caron & Jolicoeur, 1996.
45. Ibid.
46. Kodaira, 1996.
47. Livro Verde sobre a Proteção aos Menores..., 1997.
48. Oeda, 1996.
49. Livro Verde sobre a Proteção aos Menores..., 1997.
50. Federman, 1996.
51. Ibid.

Referências

ACTE, Association of Commercial Television in Europe (sem data) Apendix IV:(...). (Em anexo a uma carta à sede, de setembro de 1997.)

FLAGAN, Frances (1992) ... Resumo de dois relatórios ao CRTC sobre televisão e violência.

OEDA, Shigeaki (1996) Breve Sinopse de nossa Organização, EIRIN, Japão.

SF DRS... , e-mail de Beny Kiser, 31 de outubro de 1997.

TVOntario (1996) Política sobre Violência na Programação. Aprovada pela Junta de Diretores da TVOntario. 20 de junho de 1996.

Violência na Mídia — um problema global (em sueco).

DIRETRIZES PARA PROGRAMAS DA UNIÃO EUROPÉIA DE TELEDIFUSÃO PARA TRATAR DA DESCRIÇÃO DA VIOLÊNCIA

1. LINHA DIVISÓRIA

Os produtores de programas e as pessoas que estabelecem os horários dos programas devem sempre levar em conta a hora de transmissão de seu programa ao considerar questões de conteúdo.

Cenas de violência podem tornar um programa impróprio para um horário mais cedo, por ser inadequado para ser visto por crianças.

Para evitar qualquer dúvida nesta questão por parte do público espectador em geral, e dos pais em particular, deve haver uma clara linha divisória, constituída por uma hora apropriada durante a programação da noite, antes da qual todos os programas devem ser adequados para públicos que tenham uma alta proporção de crianças. Os pais devem aceitar que, em grande medida, é sua a responsabilidade pelo que seus filhos assistem depois da linha divisória.

2. PROGRAMAS DE NOTICIÁRIOS E DE FATOS

Os programas de noticiários e de informação têm necessariamente de lidar numa base diária com conflitos sociais dos quais a violência pode ser uma parte. O público não deve, e não pode, ser protegido contra essa ocorrência cotidiana. A violência efetiva é aceitável em programas de noticiários, pois os responsáveis pela transmissão têm o dever de mostrar a violência real do mundo, mas é preciso salientar a negatividade de tais fatos.

Às vezes, os noticiários chocam os espectadores, e vão continuar chocando. O estado de choque produzido por algumas histórias dos noticiários faz parte da completa compreensão humana do que aconteceu, mas é preciso tomar o cuidado de jamais provocar desconforto nos espectadores gratuitamente, devido ao exagero. Quanto mais freqüentemente os espectadores ficarem chocados, tanto mais será necessário para chocá-los.

O choque para uma pessoa é notícia ou arte para outra. Portanto, uma decisão neste campo significa atingir um ponto de equilíbrio entre o consenso social corrente sobre o que é aceitável e o dever do responsável pela transmissão de refletir a realidade como ele a vê.

Em particular, a dignidade humana da vítima, assim como de outros também afetados, não deve ser ofendida, e seus direitos pessoais devem ser respeitados. A violência nos programas fatuais não deve ser tão proeminente ou lugar-comum que acabe se tornando inócua. O público não pode ser resguardado da violência que acontece diariamente no mundo, mas ela deve ser descrita com a maior sensibilidade possível.

O grau de violência dos noticiários deve ser essencial à integridade do programa; é preciso tomar cuidado na escolha do material em função da hora em que os boletins forem transmitidos.

3. PROGRAMAS DE FICÇÃO E ENTRETENIMENTO

A ficção televisiva deve ser capaz de refletir questões importantes com veracidade, e a violência é parte tanto da natureza quanto da sociedade. A ficção televisiva envolve a colaboração de muitas capacidades e talentos criativos diferentes. Em qualquer colaboração deve haver julgamento editorial.

Como o conflito e a violência associada a ele são traços humanos de certa forma arraigados, são muitas vezes o componente central de programas de ficção e entretenimento. O crucial é que as razões da violência no tratamento dado ao tema sejam plausíveis e que a violência não seja usada de um modo puramente gratuito, para entreter e como forma de maximizar o número de espectadores.

A violência gratuita deve ser proscrita. Quanto mais intenso for o uso da violência, tanto maior deve ser o distanciamento da realidade. O objetivo deve ser o mínimo de violência necessário para que não haja perda dramática indevida.

Os efeitos da descrição da violência dependem muito da forma de apresentação adotada e do contexto dramático. Portanto, deve-se tomar um cuidado particular com apresentações realistas, com as quais o espectador possa se identificar mais facilmente. Devem ser evitados os detalhes da violência e do comportamento agressivo que facilitem a imitação.

Deve-se evitar a todo custo as descrições que banalizem ou até glorifiquem o uso da violência, seja ela física ou psicológica, e que apresentem a violência como um meio de superar conflitos.

É importante mostrar não apenas as causas da violência, mas também suas conseqüências destrutivas, e o uso da violência como um modo de resolver problemas deve ser mostrado de forma crítica. Nem toda a violência é física. A violência que não é física também pode ser perturbadora e chocante, especialmente para crianças. Esta é uma área importante, onde se deve tomar cuidado particular, como na descrição da violência sádica.

A fixação dos horários de programas de ficção e de entretenimento que contenham cenas violentas é da maior importância, e também é necessário que haja uma advertência adequada.

4. COMPRAS DE PROGRAMAS

Os programas adquiridos devem se adequar à política editorial.

A violência em contextos distantes pode ser relativamente menos chocante, menos perturbadora ou menos passível de imitação perigosa.

No entanto, os responsáveis pelas transmissões devem exercer um controle vigilante; as compras devem ser abandonadas caso não seja possível adaptá-las ou editá-las para se conformarem às diretrizes.

Os responsáveis pelas transmissões precisam se assegurar do direito de editar as compras violentas antes da transmissão.

É essencial uma descrição precisa no material promocional.

5. PROGRAMAS PARA CRIANÇAS E JOVENS

As crianças e os jovens podem ser particularmente sensíveis à violência e à brutalidade. Falando em geral, as regras válidas para a totalidade do público devem ser aplicadas de um modo muito mais restrito nas horas em que a audiência for composta mais particularmente por crianças e adolescentes.

Os programas destinados às crianças devem tratar a descrição da violência, tanto física quanto não-física, com cuidado particular. É preciso ter um cuidado especial e fixar os horários muito criteriosamente.

Ao escolher programas, deve-se dar preferência àqueles que proponham uma atitude positiva em relação à vida, aos valores humanos e à não-violência.

As crianças mais novas não compreendem bem as sutilezas do bem e do mal e identificam-se logo com um dos lados do conflito. É preciso evitar a violência como um meio fácil de resolver conflitos. É preciso tomar cuidado com a violência doméstica, tanto física quanto verbal. É necessário ter sempre em mente o perigo da imitação.

Na descrição de conflitos e violência, é preciso levar em conta que as crianças mais novas são menos capazes do que os adultos de perceber os programas de televisão em seu todo, que estão muito mais vulneráveis aos apelos superficiais individuais e visuais e que só aos poucos se tornam capazes de diferenciar os aspectos centrais dos periféricos. No plano emocional, as crianças identificam-se com os personagens mais facilmente do que os adultos e as reações correspondentes, como o medo, são mais fortes e duram mais tempo.

As mesmas regras da ficção realista se aplicam à ficção fantasiosa. É preciso tomar cuidado para não causar ansiedade ou tensão indesejável, nem incitar o comportamento agressivo.

Nos noticiários, deve-se prestar atenção ao impacto provável, particularmente em crianças que vejam TV sozinhas, da cobertura da violência e de suas conseqüências.

Os produtores de programas devem entender que as atitudes morais e os valores emergem gradualmente ao longo da infância e, por isso, as crianças e os jovens são mais facilmente influenciáveis do que os adultos.

Portanto, deve-se tomar cuidado para que os programas não solapem o desenvolvimento moral dos menores.

6. CHAMADAS E TRECHOS DE PROGRAMAS

Pode-se exigir que os programas que contenham cenas de violência sejam precedidos de anúncios detalhados de advertência, porém o uso exagerado de advertências pode torná-las ineficazes. Não devem ser usadas como repúdio aos programas que se seguem.

É preciso ter cautela em relação ao material promocional e a hora de transmissão de um trecho de programa deve ser sempre levada em conta.

Os trechos de programa devem refletir honestamente o tipo de programa anunciado.

Não se deve permitir a violência como meio de promoção de programas. Cenas de violência arbitrariamente retiradas de contexto podem chocar indevidamente os espectadores.

Pode ser legítimo fazer saber aos espectadores que o filme anunciado não contém cenas violentas, mas a linha divisória entre descrição eficaz e exibição exploradora é tênue.

7. PROPAGANDA

A propaganda não deve usar a violência como um meio para vender um produto, ou para incitar comportamento violento. Visto que as crianças até uma certa idade são bem menos capazes do que os adultos para reconhecer as intenções da propaganda e para julgá-la de forma crítica, elas são mais influenciáveis. A propaganda não deve explorar a fragilidade dos jovens consumidores utilizando-se do medo ou da violência.

A Declaração dos Direitos das Crianças na Televisão

Avaliação da viabilidade de um consenso global para a política da televisão

JOANNE M. LISOSKY

Não adianta ter belas idéias nem belos ideais, a menos que você os realize.

Anna Home, Chefe dos Programas para Crianças, Televisão, BBC, referindo-se à Declaração dos Direitos das Crianças na Televisão (Encontro Mundial sobre Televisão e Crianças, Melbourne, 1995)

Representantes de todo o mundo encontraram-se em Londres em março de 1998 para o 2º Encontro Mundial sobre Televisão e Crianças. Um dos principais objetivos do Encontro era avaliar o impacto da Carta sobre a Televisão Infantil, discutida publicamente pela primeira vez no Encontro Mundial sobre Televisão e Crianças em Melbourne, em 1995. Esta Carta dá um passo decisivo na direção de uma política global, mas persiste a questão de saber se será possível atingir um consenso sobre uma política que tenha "garra" suficiente para fazer diferença, ao mesmo tempo que tenha condições de ser aplicada a diferentes nações.

Devido aos prazos para publicação, não se sabe, no momento em que escrevo este artigo, o que ocorreu no 2º Encontro Mundial em Londres, mas sem dúvida o resultado foi semelhante ao do que aconteceu em Melbourne em 1995, quando a Carta foi discutida pela primeira vez. Daquela vez, muitos advogados de muitos países ofereceram sugestões para ampliar e melhorar a Carta. Questões como anúncios, exploração, perspectivas culturais e subsídios governamentais para programação para crianças foram discutidas numa sessão especial por mais de vinte participantes da Malásia, Canadá, Grã-Bretanha, Austrália, França, Vietnã e outros países. Chegou-se ao consenso de que havia necessidade dessa política universal ambiciosa. Entretanto, neste conjunto afinado surgiram divergências a respeito de várias das questões mencionadas. Mas parece haver uma área em que a convergência global aumentou. Nessa sessão de cúpula do Encontro, e ao longo da década de 90, muitas nações trataram da necessidade de reduzir a influência da violência na televisão, e várias delas criaram legislação para isso. Enquanto a década de 80 foi caracterizada por uma tendência na direção da desregulamentação e por um distanciamento das obrigações tradicionais das emissoras estatais, a década de 90 tem sido marcada por um aumento na atenção global na direção do controle de conteúdos violentos na televisão (Hoffmann-Riem, 1996).

Muitos países têm realmente participado de discussões sobre a violência na mídia desde (pelo menos) a década de 40. Várias questões básicas foram discutidas e levaram a uma pesquisa governamental em grande escala nos Estados Unidos desde a década de 60. Na década de 70, defensores da televisão para crianças questionaram ruidosamente as imagens violentas na televisão e seus impactos sobre as crianças impressionáveis. Mais recentemente, o debate sobre violência na televisão aumentou em diversas nações. Organizações como o Grupo de Ação contra a Violência na Televisão, do Canadá, o Conselho contra a Violência na Mídia, da Suécia, e a Câmara Internacional para Crianças e a Violência na Tela, patrocinada pela UNESCO e pelo governo sueco, surgiram para promover pesquisa e discussão sobre a questão da violência na mídia. As discussões sobre a questão do conteúdo violento na televisão levaram ultimamente a questões relativas ao papel do governo na regulamentação da mídia e das mensagens.

Nos últimos anos, o debate que enfoca o papel próprio de qualquer governo na implementação de políticas para controle da violência na televisão tem sido acalorado e cheio de controvérsia. Regras e regulamentos referentes à proliferação de imagens de mau gosto na mídia têm sofrido uma série de revisões ao longo dos últimos vinte anos em quase todas as nações do mundo. A tentativa de equilibrar as necessidades da indústria do rádio e televisão, os deveres das autoridades que a regulamentam e um conjunto único de valores culturais, econômicos e políticos num país têm resultado em políticas nacionais distintas no que se refere ao controle da violência na televisão. Todavia, enquanto muitas nações concordam sobre a necessidade de controlar a violência na televisão, as estratégias para se efetivar esse controle têm sido diferentes em cada país.

Numa pesquisa que compara regulamentações sobre televisão para crianças na Austrália, no Canadá e nos Estados Unidos (Lisosky, 1997), concluiu-se que as políticas nacionais relativas a rádio, televisão e telecomunicações em geral baseiam-se na evolução dos fatores de cada nação. Quando se descartam os fatores fundamentais que influenciam os controles sobre conteúdo violento na televisão, vêm à tona certos critérios, geralmente caracterizados como sistêmicos, ideológicos, econômicos e políticos. Mais especificamente: o fato de o sistema nacional de teledifusão ter se baseado originalmente num modelo de responsabilidade social, ou num modelo de empresa comercial, é um exemplo de um fator sistêmico que influencia a política de televisão no que se refere ao controle de programação violenta. O modo como uma nação protege a liberdade de expressão ou o grau em que uma sociedade pode estar disposta a permitir que o governo constranja a indústria da televisão são exemplos de fatores ideológicos observados em toda nação que debate o controle da violência na televisão. O equilíbrio de poder entre um órgão regulamentador de uma nação, os grupos de "lobby" da indústria e as organizações civis de defesa pública mostram as flutuações nos fatores políticos que influenciam a política da mídia. Finalmente, o modo pelo qual cada nação define violência ou programação violenta terá um grande impacto sobre as estratégias regulamentadoras criadas para amenizar essa programação. Esses fatores fundamentais existem sob alguma forma em todas as nações que se esforçam para formular uma política de televisão para crianças. Portanto, todo padrão crítico pode servir como um ponto de referência para a avaliação da possibilidade de um consenso global.

Por esta razão, qualquer política abrangente e global destinada a tratar da questão de regulamentação da programação violenta precisará estar a par dos diferentes fatores que influenciam os debates desta política nas sociedades individuais. A fim de se elaborarem políticas universais que possam tratar de padrões normativos para a violência na televisão ou qualquer outra questão, o exame dos critérios que têm influenciado os debates e subseqüentes políticas entre as diversas nações serviriam para informar os dirigentes políticos. Além disso, o estudo de soluções alternativas a problemas comuns porporciona a visão ampla necessária para se fazer julgamentos bem fundamentados sobre o estado presente e as perspectivas futuras de políticas globais.

Um modo de avaliar essas diversas estratégias é o exame das respostas multinacionais a uma única série de televisão. Durante a década de 90, um programa vendido internacionalmente atraiu a atenção de cidadãos, governos e autoridades políticas de teledifusão em todo o mundo e mostrou como as diferentes nações responderam ao mesmo conteúdo televisivo. O incidente enfoca a série norte-americana *Mighty Morphin Power Rangers* (Lisosky, no prelo). Em meados da década de 90, a série foi transmitida em mais de trinta países e depois surpreendeu-se em batalhas reais com órgãos regulamentadores e, em alguns casos, com cidadãos, por causa de seu evidente conteúdo violento.

As diferentes reações a Mighty Morphin Power Rangers

Ironicamente, o próprio programa era um "morphin", com muito de sua ação copiada de um programa japonês de televisão, *Jyu Rangah*. Afirma-se que grande parte da violência japonesa original foi amenizada para o público norte-americano (Cody, 1994).

Diversos países que adquiriram a série *Mighty Morphin Power Rangers* (MMPR) da Saban Entertainment, com sede em Los Angeles, na década de 90, descobriram que a série não era compatível com os regulamentos, nem com as normas culturais nacionais referentes à violência na televisão. Na Inglaterra, por exemplo, houve um certo clamor público quando um garoto de quatro anos de idade levou um pontapé ao estilo de caratê de um coleguinha que imitava os *Power Rangers* (Orvice, 1994). Este fato levou a Sociedade Real para a Prevenção de Acidentes a publicar uma advertência de que a série era "extremamente perigosa".

Outras nações européias responderam à série *MMPR* com uma atitude mais rigorosa. Em outubro de 1994, o brutal assassinato de uma menina por meninos adolescentes na Noruega alimentou o debate público sobre as causas da violência na sociedade escandinava. Em resposta, a série *MMPR* foi imediatamente tirada do ar. Todavia, o banimento foi temporário e o programa voltou a ser transmitido.

Antes, em 1994, a Televisão da Nova Zelândia (TVNZ) tirou *MMPR* do ar a conselho da Autoridade sobre Normas de Teledifusão, um grupo de proteção aos estatutos da teledifusão ("TVNZ Dumps...", 1994). A Autoridade reagiu a reclamações de um grupo de pressão de cidadãos. Apesar de a TVNZ ter editado alguns dos confrontos violentos e a rede ter adicionado anúncios da rede estatal ao fim de cada programa, a Autoridade alegou que essas mudanças não haviam sido suficientes.

Também em 1994, o Canadian Broadcast Standards Council (CBSC) [Conselho Canadense de Normas de Teledifusão] aprovou a decisão de que a série *MMPR*, considerada o programa de televisão para crianças mais popular no Canadá, era violenta demais para a televisão canadense (Lacey, 1994). O CBSC foi pressionado a rever essa decisão sobre os *MMPR* por causa de reclamações de dois pais canadenses. O CBSC concordou unanimemente que o programa contrariava vários artigos do Código Voluntário Referente à Violência da indústria. Como resultado, um canal a cabo para jovens, YTV, cancelou a série *MMPR*, e a rede francesa TVA, sediada em Montreal, também a cancelou. Mais tarde, a Global Television, uma rede comercial por satélite e parte da CanWest Global solicitaram a permissão dos produtores do programa, a Saban International, para alterar a série a fim de adaptá-la aos critérios canadenses (Farnsworth, 1994). Após um ano de editoração do conteúdo violento, a CanWest também cancelou a série.

Em janeiro de 1995, a série *Power Rangers* sofreu um ataque da Sociedade Alemã de Proteção às Crianças. A Sociedade exigiu que o programa fosse banido por excessiva violência devido principalmente a reclamações de professores alemães de jardim-de-infância que acusaram o programa de promover pesadelos nas crianças (Kindred, 1995).

Autoridades da Malásia baniram o popular programa para crianças em dezembro de 1995 numa discussão sobre seu título. O subministro do Interior disse que as palavras do título, "Mighty Morphin", poderiam levar as crianças a associarem os personagens com a droga morfina ("morphine", em inglês), levando-as a acreditar que "a droga poderia torná-las fortes como os personagens do programa" ("Mighty Morphins...", 1995).

Após examinar três episódios da série *MMPR* em 1995, a ABA (Austrália) declarou que dois episódios da série continham cenas que não cabiam na classificação geral de público que a série recebeu originalmente (ABA, 1995). A rede que transmitia a série na Austrália recebeu permissão para continuar a levar os *Power Rangers* ao ar durante os horários próprios para crianças, contanto que certas cenas fossem cortadas.

Em contraste com essas respostas nacionais, as reações norte-americanas ao programa foram notavelmente positivas. Em 1994, a *Parenting Magazine* indicou *MMPR* como um dos dez melhores programas de televisão para crianças no ar. Além disso, Newt Gingrich, que tinha acabado de ser eleito porta-voz do Parlamento dos Estados Unidos, elogiou os Power Rangers em 1994 e observou que *ele* era um Power Ranger ("Nightline...", 1995).

A Declaração dos Direitos das Crianças na Televisão — o primeiro passo

Estas reações à série *MMPR* demonstram a gama de políticas sobre violência na televisão e ilustram como as diversas nações elaboram estratégias únicas para tratar da questão. Há diferenças tanto na sistemática para controlar as imagens violentas quanto nas estratégias para mitigar o conteúdo violento. Este exemplo também mostra que, embora exista consenso entre a maioria das nações sobre a necessidade de cuidar do conteúdo violento na televisão, as políticas sobre a forma de controlar esse conteúdo violento talvez não estejam convergindo. É claro que algumas estratégias recentes têm o que parece ser um apelo universal. Muitas nações adotaram medidas tais como programas de alfabetização de mídia sancionada, fixação de linhas divisórias, auto-regulamentação da indústria, classificação de conteúdos e o *V-chip* como estratégias para amenizar o conteúdo violento. Todavia, estas abordagens não são universalmente endossadas e têm resultados diferentes quando implementadas em países diferentes. Por exemplo, muitos concordam que, para controlar a disseminação de conteúdo violento na televisão, os responsáveis pelas emissoras devem aderir à fixação de linhas divisórias. Mas os críticos alegam que essas restrições de tempo, lugar e forma só dão mais liberdade aos responsáveis pelas emissoras para transmitir programação extremamente violenta durante as horas mais avançadas da noite. Além disso, os críticos do *V-chip* sugerem que este avanço tecnológico livra os responsáveis pelas emissoras de qualquer responsabilidade pela fixação dos horários de programação violenta.

Embora as crianças possam estar assistindo à mesma programação de televisão no mundo todo, as estratégias para regulamentar o conteúdo da televisão não são universais. O exemplo da série *MMPR*, assim como outra pesquisa (Lisosky, 1997), mostram que as políticas para mitigar um conteúdo impróprio estão intimamente ligadas a fatores culturais. Portanto, para pôr em prática as idéias e ideais da Declaração de Direitos das Crianças na Televisão será necessário discutir e avaliar mais do que as políticas correntes. Antes de tudo, qualquer política global de amplo alcance talvez tenha que examinar os fatores históricos, sistêmicos, ideológicos, econômicos e políticos que influenciaram o desenvolvimento das políticas de televisão em diversas nações para que seja avaliada a possibilidade de convergência.

Finalmente, em sua busca para desenvolver uma política universalmente aceitável de televisão para crianças, uma política que tenha garra e cuja formulação esteja de acordo com a Convenção da ONU sobre os Direitos da Criança, os responsáveis pela formulação da Carta sobre a Televisão Infantil talvez venham a enfrentar outro problema intrincado. Este problema é análogo ao do elefante na sala de visitas que todo o mundo tenta ignorar. Embora a Convenção da ONU sobre os Direitos da Criança seja o instrumento de direitos humanos que desfrute de mais aceitação, protegendo os direitos de aproximadamente 2 bilhões de crianças em todo o mundo, ainda não foi ratificada ou aceita pelos Estados Unidos. Por causa disso, o impacto da Carta sobre a Televisão Infantil pode se tornar, como sugeriu Janet Holmes, da equipe da Fundação Australiana de Televisão para Crianças, no Encontro Mundial em Melbourne, "o resto do mundo contra os Estados Unidos — não porque sejamos antiamericanos, mas porque somos pró-aborígenes, pró-filipinos, pró-poloneses, e a favor do resto das crianças do mundo" (transcrito das gravações feitas no Encontro Mundial, 1995).

Apesar da luta para alcançar consenso e da falta da participação dos Estados Unidos na Convenção da ONU, os responsáveis pela elaboração da Carta sobre a Televisão Infantil não devem ser dissuadidos da busca de uma política abrangente. As crianças vão continuar assistindo à televisão, em alguns casos — como o da série *Mighty Morphin Power Rangers* — a mesma programação de televisão no mundo todo. Portanto, será cada vez mais necessário que os dirigentes políticos encontrem o ponto de equilíbrio da responsabilidade social das emissoras, não apenas dentro de cada país, mas entre várias nações.

A Carta sobre a Televisão Infantil é o primeiro passo nesse árduo processo de busca de consenso global para o bem de todas as crianças.

Referências bibliográficas

AUSTRALIAN BROADCASTING AUTHORITY (1995) Investigation Report: *"Mighty Morphin Power Rangers", G Classification.*

CODY, J. (1994) Power Rangers take on the whole world. *Wall Street Journal,*10 de junho, p. B3 (E).

FARNSWORTH, C. H. (1994) Zap! Children's Ninja show ruled alien to Canadian culture. *New York Times News Service*, 11 de novembro.

HOFFMANN-RIEM, W. (1996) *Regulating media.* Nova York, Guilford Press.

KINDRED, J. (1995) Critics say a popular children's TV series shows excessive violence. *Deutsche Presse-Agentur, NEXIS,* 28 de janeiro.

LACEY, L. (1994) Power Rangers suffers body blow to programming. *The Globe and Mail*, 2 de novembro, p. A15.

LISOSKY, J. M. (1997) *Controlling children's channels: comparing children's television regulation in Australia, Canada and the United States.* Dissertação de doutorado, University of Washington, EUA.

______. (no prelo) Battling Standards Worldwide — "Mighty Morphin Power Rangers" fight for their lives. In Yahya R. Ramalipour (org.). *Image around the world.* State University of New York Press.

"Mighty Morphins" regarded too violent. *The Straits Times.* Cingapura, 5 de novembro de 1994, p. 9.

ORVICE, V. (1994) Copycat dangers of the Power Rangers: Outcry over children's TV heroes after your fan is hurt. *Daily Mail*, 19 de outubro, p. 3.

Transcrições da Reunião da Cúpula Mundial Sobre Televisão e Crianças, Melbourne, março de 1995.

TVNZ dumps, *"The Mighty Morphins Power Rangers"*, Dominion, 25 de agosto de 1994, p. 1.

Bibliografia

Pesquisa sobre Crianças e Violência na Mídia

Uma coletânea (1970-)

ADONI, H. & COHEN, A. Children's responses to televised war news films. *Megamos Behavioral Sciences Quarterly*, 35(1), 1979, pp. 49-64.

AMERICAN PSYCHOLOGICAL ASSOCIATION. *Violence and youth: psychology's response. Volume 1: Summary report of the American Psychological Association Commission on Violence and Youth.* Washington, American Psychological Association, 1993.

ANDERSON, C. A. & MORROW, M. Competitive aggression without interaction: effects of competitive versus cooperative instructions on aggressive behavior in video games. *Personality and Social Psychology Bulletin*, 21, 1995, pp. 1020-1030.

ANDISON, F. Scott. TV violence and viewer aggression: a cumulation of study results 1956-1976. *Public Opinion Quarterly*, 41, 1977, pp. 314-331.

ARNALDO, C. *Television violence versus viewer power: the power to zap away: a synthesis of UNESCO IPDC actions 1994-1996.* Paris, UNESCO, 1996.

ARQUILLA, J. & RONFELDT, D. Cyberwar is coming. *Comparative Strategy*, 12(2), 1993, pp. 141-165.

ATKIN, C. Effects of realistic TV violence vs. fictional violence on aggression. *Journalism Quarterly*, 60, 1983, pp. 615-621.

AUFENANGER, S.; LAMPERT, C. & VOCKERODT, Y. *Lustige Gewalt? Zum Verwechslungsrisiko realer un inszenierter Fernsehgewalt bei Kindern durch humoreske Programmkontexte.* Munique, Reinhard Fischer, 1996.

AUSTRALIAN BROADCASTING TRIBUNAL. *TV violence in Australia. Report to the minister for Transport and Communications. Volume I: Decisions and reasons.* Sydney, Australian Broadcasting Tribunal, 1990.

AUSTRALIAN BROADCASTING TRIBUNAL. *TV violence in Australia. Report to the minister for Transport and Communications. Volume II: Research findings.* Sydney, Australian Broadcasting Tribunal, 1990.

BACHRACH, R. S. The differential effect of observation of violence on kibbutz and city children in Israel. In HUESMANN, L. R. & ERON, L. D. (orgs.) *Television and the aggressive child: a cross-national comparison.* Hillsdale, Lawrence Erlbaum Associates, 1986, pp. 201-238.

BAILLIE, M.; THOMPSON, A. & KAPLAN, C. The terror of television — anxious children at greatest risk. *British Medical Journal*, 308(6)-930, 1994, 714 ff.

BARKER, M. & PETLEY, J. (orgs.) *Ill effects. The media/violence debate.* Londres, Routledge, 1997.

BARLOW, G. & HILL, A. (orgs.) *Video violence and the children.* Londres, Hodder and Stoughton, 1995.

BARON, R. A. Aggression as a function of magnitude of victim's pain cues, level of prior anger arousal, and aggressor-victim similarity. *Journal of Personality and Social Psychology*, 18(1), 1971, pp. 48-54.

BARON, R. Magnitude of victim's pain cues and level of prior anger arousal as determinants of adult aggressive behavior. *Journal of Personality and Social Psychology*, 17(3), 1971, pp. 236-243.

BASSETT, G. & SHUKER, R. *Attitudes and perceptions of television violence*. Palmerstone North, Massey University, Educational Research and Development Centre, 1993.

BELSON, W. A. *Television violence and the adolescent boy*. Farnborough, Saxon House, 1978.

BERKOWITZ, L. Aggressive humor as a stimulus to aggressive responses. *Journal of Personality and Social Psychology*, 16(4), 1970, pp. 710-717.

BERKOWITZ, L. Some effects of thoughts on anti- and prosocial influences of media events: a cognitive neoassociation analysis. *Psychological Bulletin*, 95(3), 1984, pp. 410-427.

BERKOWITZ, L. Situational influences on reactions to observed violence. *Journal of Social Issues*, 42(3), 1986, pp. 93-106.

BERKOWITZ, L. On the formation and regulation of anger and aggression: a cognitive neoassociationistic analysis. *American Psychologist*, 45(4), 1990, pp. 494-503.

BERKOWITZ, L. *Aggression: its causes, consequences, and control*. Nova York, McGraw-Hill, 1993.

BERKOWITZ, L. & POWERS, P. C. Effects of timing and justification of witnessed aggression on the observers' punitiveness. *Journal of Research in Personality*, 13, 1979, pp. 71-80.

BERKOWITZ, L. & ROGERS, K. H. A priming effect analysis of media influence. In BRYANT, J. & ZILLMAN, D. (orgs.). *Perspectives on media effects*. Hillsdale, Lawrence Erlbaum Associates, 1986, pp. 57-81.

BETSCH, T. & DICKENBERGER, D. Why do aggressive movies make people aggressive — an attempt to explain short-term effects of the depiction of violence on the observer. *Aggressive Behaviour*, 19(2), 1993, pp. 137-149.

BETTELHEIM, B. *The uses of enchantment. The meaning and importance of fairy tales*. Londres, Thames and Hudson, 1975.

BIBLOW, E. Imaginative play and the control of aggressive behavior. In SINGER, J. L. (org.). *The child's world of make believe*. Londres, George Allen & Unwin, 1973.

BJÖRKQVIST, K. *Violent films, anxiety and aggression. Experimental studies of the effect of violent films on the level of anxiety and aggression in children*. Helsinki, Commentationes Scientiarum Socialium, 30, 1985.

BLIN, B. *Television and children*. Relatório preparado para o Comitê Diretor sobre Políticas Sociais. Estrasburgo, Conselho da Europa, 1994.

BOE, S. (org.) Medievold — Børn och unge. [Violência na Mídia — Crianças e Jovens.] Copenhague, Ministério da Cultura, 1995.

BOGART, L. After the surgeon general's report: another look backward. In WITHEY, S. B. & ABELES, R. P. (orgs.). *Television and social behavior: beyond violence and children*. Hillsdale, Lawrence Erlbaum Associates, 1980, pp. 103-133.

Broadcasting Standards Council [Conselho para Normas de Teledifusão]. *Children and Violence*. Relatório da Comissão sobre Crianças e Violência. Londres, Fundação Gulbekian, 1995.

Broadcasting Standards Council [Conselho para Normas de Teledifusão]. *Violence in Broadcasting Worldwide.* Revisão internacional de regulamentações em teledifusão, com atenção específica para a violência. Paris, UNESCO, 1995.

BRODY, S. *Screen violence and film censorship*. Home Office Research, 40. Londres, Her Majesty's Stationary Office, 1977.

BROMLEY, H. K. The very young and television violence. *Journal of Psychosomatic Research*, 18, 1974, pp. 233-237.

BRYANT, J. & ZILLMAN, D. (orgs.). *Perspectives on media effects*. Hillsdale, Lawrence Erlbaum Associates, 1986.

BRYANT, J. & ZILLMAN, D. (orgs.). *Media effects: advances in theory and research.* Hillsdale, Lawrence Erlbaum Associates, 1994.

BUCKINGHAM, D. *Children talking television*. Londres, The Falmer Press, 1993.

BUCKINGHAM, D. *Moving images: understanding children's emotional responses to television*. Manchester, Manchester University Press, 1996.

BUCKINGHAM, D. & ALLERTON, M. A review of research on children's negative emotional responses to television. Londres, Broadcasting Standards Council, 12, 1996.

Bundesministerium für Unterricht und Kunst. *Gewalt und Horror in den media, Unterrichtsmaterialien zur Medienerziehung*. Viena, 1992.

BÜTTNER, C. *Video-Horror. Schule und Gewalt*. Weinheim, Beltz Grüne Reihe, 1990.

BÜTTNER, C. & MEYER, E. W. *Rambo im Klassenzimmer. Wie Lehrerinnen sich der Video-Faszination ihrer Schüler annärhern können*. Weinheim, Beltz Grüne Reihe, 1991.

CANTOR, J. Fright responses to mass media production. In BRYANT, J. & ZILLMAN, D. (orgs.). *Responding to television*. Hillsdale, Lawrence Erlbaum Associates, 1991.

CANTOR, J. Confronting children's fright responses to mass media. In ZILLMAN, D. & HUSTON, A. C. (orgs.). *Media, children, and the family: social scientific, psychodynamic, and clinical perspectives*. Hillsdale, Lawrence Erlbaum Associates, 1994, pp. 139-150.

CANTOR, J. Fright reaction to mass media. In BRYANT, J. & ZILLMAN, D. (orgs.). *Media effects. Advances in theory and research*. Hillsdale, Lawrence Erlbaum Associates, 1994, pp. 213-245.

CANTOR, J. Television and children's fear. In MACBETH, T. M. (org.). *Tuning in to young viewers: social science perspectives on television*. Thousand Oaks, Sage, 1996, pp. 87-115.

CANTOR, J. & NATHANSON, A. I. Children's fright reactions to television news. *Journal of communication*, 46(3), 1996, pp. 139-152.

CANTOR, J. & NATHANSON, A. I. Predictors of children's interest in violent television programs. *Journal of broadcasting & electronic media*, 41(2), 1997, pp. 155-167.

CANTOR, J.; WILSON, B. J.; RICE, M. L. & FABER, R. J. Children and television. *Journal of Broadcasting*, 28(4), 1984, pp. 431-476.

CAPLAN, R. E. Violent program content in music video. *Journalism Quarterly*, 62(1), 1985, pp. 144-147.

CAPRARA, G. V.; D'IMPERIO, G.; GENTILOMO, A.; MAMMUCARI, A.; RENZI, P. & TRAVAGLIA, G. The intrusive commercial: influence of aggressive TV commercials on aggression. *European Journal of Social Psychology*, 17, 1987, pp. 23-31.

CARLSON, M.; MARCUS-NEWHALL, A. & MILLER, N. Effects of situational aggression cues: a quantitative review. *Journal of Personality and Social Psychology,* 58(4), 1990, pp. 622-633.

CARLSON-PAIGE, N. & LEVIN, D. E. Young children and the war play. *Educational Leadership,* 45(4), 1987, pp. 80-84.

CATER, D. & STRICKLAND, S. *The Evolution and Fate of the Surgeon General's Report*. Nova York, Russel Sage Foundation, 1975.

CENTERWALL, B. S. Young adult suicide and exposure to the television. *Social Psychiatry and Psychiatric Epidemiology*, 25, 1990, pp. 149-153.

CESARONE, B. *Video games and children*. University of Illinois, ERIC Clearinghouse on Elementary and Early Childhood, 1994.

CHAMBERS, J. H. & ASCOINE, F. R. The effect of prosocial and aggressive videogames on children's donating and helping. *Journal of Genetic Psychology,* 148(4), 1986, pp. 499-505.

CHARREN, P.; SZULC, P. & TCHAICHA, J. A public-policy perspective on televised violence and youth: from a conversation with Peggy Charren. *Harvard Educational Review*, 65(2), 1995, pp. 282-291.

CLINE, V. B.; CROFT, R. G. & COURIER, S. Desensitization of children to television violence. *Journal of Personality and Social Psychology*, 27, 1973, pp. 360-365.

COHEN, A. A. & ADONI, H. Children's fear responses to real-life violence on television: the case of the 1973 middle east war. *Communications*, 6, 1980, pp. 81-94.

COHEN, A. A.; ADONI, H.; BANTZ, C. R. et al. *Social conflict and television news*. Newbury Park, Sage, 1990.

COHEN, S. *Folk devils and moral panics: the creation of the mods and rockers*. Londres, MacGibbon & Kee, 1972.

COLE, J. (org.). *The UCLA Television Violence Monitoring Report*. Los Angeles, UCLA, Centro UCLA para Política de Comunicação, 1995.

COLE, J. (org.). *The UCLA television violence report 1996*. Los Angeles, UCLA, Centro UCLA para Política de Comunicação, 1997.

COLE, J. (org.). *The UCLA television violence report 1997*. Los Angeles, UCLA, Centro UCLA para Política de Comunicação, 1998.

COMSTOCK, G. A. & RUBINSTEIN, E. A. (orgs.). *Television and social behavior. Reports and papers, volume I: Media content and control*. Um relatório técnico para o Comitê Consultivo Científico para Televisão e Comportamento Social do Ministério da Saúde. Washington, U. S. Department of Health, Education, and Welfare, National Institute of Mental Health, 1972.

COMSTOCK, G. A. & RUBINSTEIN, E. A. (orgs.). *Television and social behavior. Reports and papers, volume III: Television and adolescent aggressiveness*. Um relatório técnico para o Comitê Consultivo Científico para Televisão e Comportamento Social do Ministério da Saúde. Washington, U. S. Department of Health, Education, and Welfare, National Institute of Mental Health, 1972.

COMSTOCK, G. A.; RUBINSTEIN, E. A. & MURRAY, J. P. (orgs.). *Television and social behavior. Reports and papers, volume V: Television effects: further explorations*. Um relatório técnico para o Comitê Consultivo Científico para Televisão e Comportamento Social do Ministério da Saúde. Washington, U. S. Department of Health, Education, and Welfare, National Institute of Mental Health, 1972.

COMSTOCK, G. A. & PAIK, H. *Television and the American child*. Nova York, Academic Press, 1991.

COMSTOCK, G. A. & STRASBURGER, V. C. Deceptive appearances: television violence and aggressive behavior. *Journal of Adolescent Health Care*, 11, 1990, pp. 31-44.

COOPER, J. & MACKIE, D. Video games and aggression in children. *Journal of Applied Social Psychology*, 16(8), 1986, pp. 726-744.

CRONSTRÖM, J. *Skildringar av våld och våldets offer i televisionens nyhetsprogram. En kvantitativ-kvalitativ innehållsanalys över tid öch mellan aktörer i det svenska etermedieutbudet*. [Descrições de Violência e as Vítimas da Violência nos Noticiários de TV. Uma Análise do Conteúdo Quantitativo-Qualitativo pelo Tempo e Atores na Mídia Sueca de Teledifusão]. Estocolmo, Stockholms universitet, Institutionen för journalistik, medier och kommunikation, 1994.

CRONSTRÖM, J. & HÖIJER, B. *40 timmar i veckan — en studie av våld i sex svenska TV-kanaler*. [40 Horas por Semana: Um Estudo da Violência em Seis Canais de Televisão Suecos.] Estocolmo, Våldsskildringsrådet, 1996, 14.

CUMBERBATCH, G.; JONES, I. & LEE, M. Measuring violence on television. *Current Psychology Research and Reviews*, 7(1), 1988, pp. 10-25.

CUPIT, C. G. *Kids and the scary world of video*. Comitê de Televisão do Conselho Sul-australiano para Filmes e Televisão para Crianças S. A., 1986.

DAVIS, M. M. *Television is good for your kids*. Londres, Hillary Shipman, 1989.

DEDAYAN, S. *Un regard sur le contexte médiatique de la violence télévisée*. Documento básico preparado para a conferência internacional "Violência na Tela e os Direitos da Criança", Lund, Suécia, 26-27 de setembro de 1995. Paris, UNESCO.

LE DIBERDER, A. & LE DIBERDER, F. *Qui a peur des jeux vidéo?* Paris, Découverte, 1993.

DOMINICK, J. R. Videogames, television violence, and aggression in teenagers. *Journal of Communication*, 34, 1984, pp. 136-147.

DOMINICK, J. R. & GREENBERG, B. S. Attitudes toward violence: the interaction of television exposure, family attitudes, and social class. In COMSTOCK, G. A. & RUBINSTEIN, E. A. (orgs.). *Television and social behavior. Reports and papers, volume III: Television and adolescent aggressiveness*. Washington, U. S. Department of Health, Education, and Welfare, National Institute of Mental Health, 1972, pp. 314-335.

DONNERSTEIN, E. Television and the aggressive child — a cross-national comparison. *Journal of Communication*, 38(1), 1988, pp. 183-186.

DONNERSTEIN, E.; SLABY, R. G. & ERON, L. D. The mass media and youth aggression. In ERON, L. D.; GENTRY, J. H. & SCHLEGEL, P. (orgs.). *Reason to hope: a psychosocial perspective on violence and youth*. Washington, American Psychological Association, 1994, pp. 219-250.

DONNERSTEIN, E.; WILSON, B. & LINZ, D. On the regulation of broadcast indecency to protect children. *Journal of broadcasting & electronic media*, 36(1), 1992, pp. 111-117.

DORR, A. *Television and children. A special medium for a special audience*. Londres, Sage, 1986.

DRABMAN, R. S. & THOMAS, M. H. Does media violence increase children's toleration of real life aggression? *Development Psychology*, 10, 1974, pp. 418-421.

DUHS, L. A. & GUNTON, R. J. TV-violence and childhood aggression — a curmudgeons guide. *Australian Psychologist*, 23(2), 1988, pp. 183-195.

DURKIN, K. *Young people, crime and the media*. Anais da Conferência sobre Censura, 1992, Sydney. N.S.W., Departamento de Classificação de Filmes e Literatura, 1992.

ERON, L. D. *Learning of aggression in children*. Boston, Little, Brown, 1971.

ERON, L. D. Parent-child interaction, television violence and aggression of children. *American Psychologist*, 37(2), 1982, pp. 197-211.

ERON, L. D. Interventions to mitigate the psychological effects of media violence on aggressive behavior. *Journal of Social Issues*, 42(3), 1986, pp. 155-169.

ERON, L. D. et al. How learning conditions in early childhood — including mass media — relate to aggression in late adolescence. *American Journal of Orthopsychiatry*, 44(3), 1974, pp. 412-423.

ERON, L. D.; GENTRY, J. H. & SCHLEGEL, P. (orgs.). *Reason to hope. A psychosocial perspective on violence & youth*. Washington, American Psychological Association, 1994.

ERON, L. D. & HUESMANN, L. R. *Integrating field and laboratory investigations of televised violence and aggression*. Artigo apresentado à Convenção Anual da Associação Psicológica Americana. Montreal, Quebec, Canadá, 1-5 de setembro de 1980.

ERON, L. D. & HUESMANN, L. R. (orgs.). *Television and the aggressive child: a cross-national comparison*. Hillsdale, Lawrence Erlbaum Associates, 1986.

ERON, L. D. & HUESMANN, L. R. Television as a source of maltreatment of children. *School Psychology Review*, 16(2), 1987, pp. 195-202.

ERON, L. D. & HUESMANN, L. R. The stability of aggressive behavior in cross-national comparison. In KAGITCIBASI, C. *Growth and progress in cross-cultural psychology*. Berwyn, Swets North America, 1987, pp. 207-217.

ERON, L. D.; HUESMANN, L. R.; LEFKOWITZ, M. M. & WALDER, L. O. Does television violence cause aggression? In GREENBERG, D. F. (org.). *Criminal careers, Vol. 2. The international library of criminology. Criminal justice and penology*. Aldershot, Dartmouth, 1996, pp. 311-321.

EVJEN, T. Å. & BJØRNEBEKK, R. *Voldspornografi på Internett — en kartlegging av forekomst og tilgjenglighet*. [Pornografia da Violência na Internet — Uma Pesquisa da Existência e Disponibilidade. (em norueguês)] Delrapport II. I Volden for øyet — en studie om unge i risikosonen, vold og medier. Oslo, Regjeringens handlingsplan mot vold i bildemediene, 1997.

FAVARO, P. J. *The effects of video game play on mood, psychological arousal and psychomotor performance*. Hofstra, Hofstra University, 1983.

FAVARO, P. J. How video games affect players. *Softside*, (7), 1, 1984.

FEDERMAN, J. (org.). *National television violence study. Volume 2. Executive summary*. Santa Barbara, University of California. Centro para Comunicação e Política Social, 1997.

VON FEILITZEN, C. Aristoteles, katharsis och underhållningsvåld. [Aristóteles, Catarse e Violência como Entretenimento.] *The Author*, 1-2, 1978, pp. 22-26.

VON FEILITZEN, C. Barns rädsla och tv. [Medo Infantil e a Televisão.] *Barn och Kultur*, 27 (6), 1981, pp. 123-130.

VON FEILITZEN, C. On the cultural oppression of children. In MELISCHEK, G.; ROSENGREN, K. E. & STAPPERS, J. (orgs.). *Cultural indicators: an international symposium*. Viena, Edição da Academia Austríaca de Ciências, 1984, pp. 71-84.

VON FEILITZEN, C. Spänning, rädsla, aggression och våld. [Excitação, Agressão e Violência.] In VON FEILITZEN, C.; FILIPSON, L.; RYDIN, I. & SCHYLLER, I. *Barn och unga i medieåldern. Fakta i ord och siffror*. Estocolmo, Rabén & Sjögren, 1989, pp. 188-208.

VON FEILITZEN, C. Media violence: research perspectives in the 1980s. In HAMELINK, C. J. & LINNÉ, O. (orgs.). *Mass communication research: on problems and policies. The art of asking the right questions: In honor of James D. Halloran*. Norwood, Ablex, 1994, pp. 147-170.

VON FEILITZEN, C. Barn och de realistiska våldsskildringarna. [As Crianças e Descrições Realísticas da Violência.] In ANDÉN-PAPADOPOULOS, K. & HÖIJER, B. (orgs.). *Våldsamma Nyheter: Perspektiv på dokumentära våldsskildringar i media*. Estocolmo/Stehag, Brutus Östlings Bokförlag Symposion, 1996, pp. 203-222.

VON FEILITZEN, C.; FORSMAN, M. & ROE, K. (orgs.). *Våldfrån alla håll. Forskningsperspektiv på våld i rörliga bilder*. [Violência de Todo Lado. Perspectivas da Pesquisa sobre Violência em Imagens Móveis.] Estocolmo/Stehag, Brutus Östlings Bokförlag Symposion, 1993.

FESHBACH, S. The role of fantasy in response to television. *Journal of Social Issues*, 32, 1976, pp. 71-85.

FESHBACH, S. The catharsis hypothesis. Aggressive drive, and the reduction of aggression. *Aggressive Behavior*, 10, 1984, pp. 91-101.

FESHBACH, S. & SINGER, R. D. *Television and aggression: an experimental field study*. São Francisco, Jossey Bass, 1971.

FLING, S.; SMITH, L.; RODRIGUES, T.; THORNTON, D. et al. Videogames, aggression and self-esteem: a survey. *Social Behavior and Personality*, 20, 1992, pp. 39-46.

FORSMAN, M. Våld i reklam — spekulation, ironi eller samtidskritik? [Violência em Anúncios.] Konsumentverket, 1996, 39.

FRACZEK, A. Socio-cultural environment, television viewing and the development of aggression among children in Poland. In HUESMANN, L. R. & ERON, D. E. *Television and the aggressive child: a cross-national comparison*. Hillsdale, Lawrence Erlbaum Associates, 1986, pp. 119-159.

FRAU-MEIGS, D. La violence sur les écrans, enjeux culturels de politiques économiques. *Image et violence*, anais do colóquio BPI de 3-4 de outubro de 1996. Paris, BPI em Anais, 1997.

FRAU-MEIGS, D. Les fictions télévisuelles internationales: violence du cliché à la télévision. *GRAAT-CERCA*, 1997, 13.

FRAU-MEIGS, D. Violence commise, violence subie. In LACROIX, J.-M. *Télévision et violence, authour de l'example canadien*. Paris, Presses de la Sorbonne Nouvelle, 1997.

FRAU-MEIGS, D. & JEHEL, S. *Les écrans de la violence. Enjeux économiques et responsabilités sociales*. Paris, Economica, 1997.

FREEDMAN, J. L. Television and aggression: a rejoinder. *Psychological Bulletin*, 100(3), 1986, pp. 372-378.

FRENCH, J. & PENA, S. Children's hero play of the 20th century: changes resulting from television's influence. *Child Study Journal*, 21(2), 1991, pp. 79-94.

FRENCH, K. (org.). *Screen violence*. Londres, Bloomsbury, 1996.

FRIEDLANDER, B. Z. Community violence, children's development and mass media. In HARTFORD, U. (org.). *Pursuit of new insights. New goals and new strategies. Special issue: children and violence. Psychiatry-Interpersonal and Biological Processes*, 56(1), 1993, pp. 66-81.

FRIEDRICH-COFER, L. & HUSTON, A. Television violence and aggression: the debate continues. *Psychological Bulletin*, 100(3), 1986, pp. 364-371.

FRIEDRICH-COFER, L. & HUSTON, A. Aggressive and prosocial television programs and the natural behavior of preschool children. Chicago, University of Chicago Press, 1973.

FUNK, J. B. Reevaluating the impact of video games. *Clinical pediatrics*, 32(2), 1993, pp. 86-90.

FUNK, J. B. & BUCHMAN, D. D. Playing violent video and computer games and adolescent self-concept. *Journal of Communication*, 46(2), 1996.

GADOW, K. D. & SPRAFKIN, J. Field experiment of television violence with children: evidence for an environmental hazard. *Pediatrics*, 83(3), 1989, pp. 399-405.

GADOW, K. D. & SPRAFKIN, J. Television violence. *Archives of General Psychiatry*, 47, 1990, pp. 595-596.

GAUNTLETT, D. *Moving experiences. Understanding television's influences and effects*. Londres, John Libbey, 1995.

GAUNTLETT, D. *Video critical: children, the environments and media power*. Luton, John Libbey Media, 1997.

GEEN, R. G. The meaning of observed violence: real vs. fictional violence and consequent effects on aggression and emotional arousal. *Journal of Research in Personality*, 9, 1975, pp. 270-281.

GEEN, R. G. Behavioral and physiological reactions to observed violence: effects of prior exposure to aggressive stimuli. *Journal of Personality and Social Psychology*, 40(5), 1981, pp. 868-875.

GEEN, R. G. Television and aggression: recent developments in research and theory. In ZILLMAN, D.; BRYANT, J. & HUSTON, A. C. (orgs.). *Media, children and the family*. Hillsdale, Lawrence Erlbaum Associates, 1994, pp. 151-162.

GEEN, R. G. & RAKOSKY, J. J. Interpretation of observed violence and their effects on GSR. *Journal of Experimental Research in Personality*, 6, 1975, pp. 289-292.

GEEN, R. G. & STONNER, D. Context effects in observed violence. *Journal of Personality and Social Psychology*, 25(1), 1973, pp. 145-150.

GEEN, R. G. & THOMAS, S. L. The immediate effects of media violence on behavior. *Journal of Social Issues*, 42(3), 1986, pp. 7-27.

GERBNER, G. Children and power on television: the other side of the picture. In GERBNER, G.; ROSS, C. J. & ZIGLER, E. (orgs.). *Child abuse: an analysis and agenda for action*. Nova York, Oxford University Press, 1980, pp. 239-248.

GERBNER, G. *Violence and terror in the mass media*. Paris, UNESCO, Relatórios e artigos sobre Comunicação de Massa, 102, 1988.

GERBNER, G. The Politics of media violence: some reflections. In HAMELINK, C. J. & LINNÉ, O. (orgs.). *Mass communication research: on problems and policies. The art of asking the right questions: in honor of James D. Halloran*. Norwood, Ablex, 1994, pp. 133-145.

GERBNER, G. Television violence: the power and the peril. In DINES, G. & HUMEZ, J. M. (orgs.). *Gender, race, and class in media: a critical text-reader*. Londres, Sage, 1995, pp. 547-557.

GERBNER, G. & GROSS, L. Living with television: the violent profile. *Journal of Communication,* 26(2), 1976, pp. 173-199.

GERBNER, G. & GROSS, L. The violent face of television and its lessons. In PALMER, E. & DOOR, A. (orgs.). *Children and the faces of television: teaching, violence, selling*. Nova York, Academic Press, 1980, pp. 149-162.

GERBNER, G.; GROSS, L.; MORGAN, M. & SIGNORIELLI, N. Living with television: the dynamics of the cultivation process. In BRYANT, J. & ZILLMANN, D. (orgs.). *Perspectives on media effects*. Hillsdale, Lawrence Erlbaum Associates, 1986, pp. 17-40.

GERBNER, G.; GROSS, L.; MORGAN, M. & SIGNORIELLI, N. Growing up with television: the cultivation perspective. In BRYANT, J. & ZILLMANN, D. (orgs.). *Media effects*. Hillsdale, Lawrence Erlbaum Associates, 1994, pp. 17-41.

GERBNER, G.; GROSS, L. & SIGNORIELLI, N. The "mainstreaming" of America: violence profile Nº 11. *Journal of Communication*, 30(3), 1980.

GERBNER, G.; ROSS, C. J. & ZIGLER, E. (orgs.). *Child abuse: an agenda for action*. Nova York, University Press, 1980.

GIRARD, R. *La violence et le sacré*. Paris, Bernard Grasset, 1972.

GOONASEKERA, A. Lock, Yut, Kam: violence on television in Asia. *Asian Journal of Communication*, 1(1), 1990, pp. 136-146.

GOSSELIN, A. Violence et effet d'incubation de la télévision: la thèse de la cultivation analysis. In *Les études de communication publique*. Québec, Université Laval, Département d'information et de communication, cahier 6, 1993.

GOSSELIN, A. Média et violence: dimensions micro-macro des modèles d'explication. In *Les études de communication publique*. Québec, Université Laval, Département d'information et de communication, cahier 8, 1994.

GRAYBILL, D.; KIRSCH, J. R. & ESSELMAN, E. E. Effects of playing violent versus nonviolent video games on the aggressive ideation of aggressive and nonaggressive children. *Child Study Journal*, 15(3), 1985, pp. 199-205.

GRAYBILL, D.; STRAWNIAK, M.; HUNTER, T. & O'LEARY, M. Effects of playing versus observing violent versus nonviolent video games on children's aggression. *Psychology*, 24(3), 1987, pp. 1-8.

GRIFFITHS, M. D. & SHUCKFORD, G. L. J. Desensitization to television violence — a new model. New ideas. *Psychology*, 7(1), 1989, pp. 85-89.

GRIPSRUD, J. De fryktinngytende bildene. [As Figuras Assustadoras.] *Z. Filmtidskrift*, (3), 1989, pp. 10-17; (4), pp. 16-23.

GROEBEL, J. International research on television violence: synopsis and critique. In HUESMANN. L. R. & ERON, L. D. (orgs.). *Television and the aggressive child: a cross-national comparison*. Hillsdale, Lawrence Erlbaum Associates, 1986, pp. 259-281.

GROEBEL, J. & GLEICH, U. *Gewaltprofil des deutschen Fernsehprogramms — Eine Analyse des Angebots privater und öffentlich-rechtlicher Sender*. Leske & Budrich: Schriftenreihe Medienforschung der Landesanstalt für Rundfunk Nordrhein-Westfalen, 6, 1993.

GUNTER, B. *Dimensions of television violence*. Aldershot, Gower, 1985.

GUNTER, B. *Television and the fear of crime*. Londres, John Libbey & IBA, 1987.

GUNTER, B. The Question of media violence. In BRYANT, J. & ZILLMAN, D. (orgs.). *Media effects. Advances in theory and research*. Hillsdale, Lawrence Erlbaum Associates, 1994, pp. 163-211.

GUNTER, B. & HARRISSON, J. (orgs.). *Violence on television in the United Kingdom. A content analysis*. Sheffield, Universidade de Sheffield, Departamento de Estudos de Jornalismo, 1995.

GUNTER, B. & McALEER, J. *Children and television — the one eyed monster?* Londres, Routledge, 1990.

GUNTER, B. & WOBER, M. *Violence on television. What the viewers think*. Londres, John Libbey & IBA, 1988.

HAGIWARA, S. Violence on television in Asia: Japanese study. *KEIO Communication Review*, 11, 1990, pp. 3-23.

HALL, S.; CHRITCHER, C.; JEFFERSON, T.; CLARKE, J. & ROBERTS, B. *Policing the crisis. Mugging, The State, and Law and Order*. Londres, MacMillan, 1978.

HALLORAN, J. D. Mass communication: symbol or cause of violence? *International Social Science Journal*, 30(4), 1978, pp. 816-834.

HALLORAN, J. D.; BROWN, R. L. & CHANEY, D. C. *Television and delinquency*. Leicester, Leicester University Press, 1970.

HALLORAN, J. D.; ELLIOT, P. & MURDOCK, G. *Demonstration and communication: a case study*. Harmondsworth, Penguin, 1970.

HAMMARBERG, T. *Children, the UN convention and the media*. Report prepared for the Committee on the Rights of the Child. Dia geral de discussão, 7 de outubro de 1996. Genebra, Palácio das Nações, 1996.

HAPKIEWICZ, W. G. Children's Reactions to Cartoon Violence. *Journal of Clinical Child Psychology*, 8, 1979, pp. 30-34.

HARGRAVE, A. M. (org.). *Violence in factual television*. Londres, John Libbey, 1993.

HARGRAVE, A. M. & HALLORAN, J. D. *Young people and the media*. Artigo Provisório de Pesquisa. Londres, Conselho de Normas de Teledifusão, 1996.

HART, A. Television, children and violence. *Communications*, 21(4), 1996, pp. 433-445.

HARWIG, H. *Grymhetens bilder, bildernas grymhet. Skräck och fascination i gamla och nya media*. [A Crueldade das Figuras. Medo e Fascinação na Antiga e Nova Mídia.] Gotemburgo, Daidalos, 1988.

HEAROLD, S. A synthesis of 1043 effects of television on social behavior. In COMSTOCK, G. (org.). *Public communication and behavior*, 1, 1986, pp. 65-133.

HEAT, L.; BRESOLIN, L. B. & RINALDI, R. C. Effects of media violence on children — a review of the literature. *Archives of General Psychiatry*, 46, 1989, pp. 376-379.

HELLBOM, B. *TV-våld. En innehållsanalys*. [Violência na TV. Uma Análise de Conteúdo.] Estocolmo, Stockholms universitet. Pedagogiska institutionen, 1982.

HILL, A. *Shocking entertainment: viewer response to violent movies*. Londres, John Libbey Media, 1997.

HOBERMAN, H. M. Study group report on the impact of television violence on adolescents. *Journal of Adolescent Health Care*, 11(1), 1990, pp. 45-49.

HODGE, B. & TRIPP, D. *Children and Television. A Semiotic Approach*. Cambridge, Polity Press, 1986.

HOLMBERG, O. *Videovåld och undervisning*. [Sordidez no Vídeo e Ensino.] Estocolmo/Lund, Symposion, 1988.

House of Representatives, *Crime and violence in the media*. Audiência no Subcomitê sobre Crime do Comitê do Judiciário, Congresso nonagésimo oitavo, primeira sessão, 83.

HOWITT, D. & CUMBERBATCH, G. *Mass media violence and society*. Londres, Elek Science, 1975.

HUESMANN, L. R. Psychological processes promoting the relation between exposure to media violence and aggressive behavior by the viewer. *Journal of Social Issues*, 42(3), 1986, pp. 125-140.

HUESMANN, L. R. An information processing model for the development of aggression. *Aggressive Behavior*, 14, 1988, pp. 13-24.

HUESMANN, L. R. (org.). *Aggressive behavior: current perspectives*. Nova York, Plenum Press, 1994.

HUESMANN, L. R.; ERON, L. D.; LEFKOWITZ, M. M. & WALDER, L. O. Television violence and aggression: the causal effect remains. *American Psychologist*, 28(7), 1973, pp. 617-620.

HUESMANN, L. R.; ERON, L. D. (orgs.). *Television and the aggressive child. A cross-national comparison*. Hillsdale, Lawrence Erlbaum Associates, 1986.

HUESMANN, L. R.; ERON, L. D.; BERKOWITZ, L. & CHAFFEE, S. The effects of television violence on aggression: a reply to a skeptic. In SUEDFELD, P. & TETLOCK, P. E. (orgs.). *Psychology and Social Policy*. Nova York, Hemisphere, 1992, pp. 191-200.

HUSTON, A. C. Television and aggression around the world. *Contemporary Psychology*, 32(1), 1987, pp. 942-943.

HUSTON, A. C. & WRIGHT, J. C. The effects of television form and violent content on boys' attention and social behavior. *Journal of Experimental Psychology*, 41, 1987, pp. 1-17.

HUSTON, A. C.; DONNERSTEIN, E.; FAIRCHILD, H.; FESHBACH, N. D.; KATZ, P. A.; MURRAY, J. P.; RUBINSTEIN, E. A.; WILCOX, B. L. & ZUCKERMAN, D. *Big world, small screen. The role of television in American society*. Lincoln, University of Nebraska Press, 1992.

HÖIJER, B. *Våldsskildringar i TV-nyheter. Produktion, utbud, publik.* [A Descrição da Violência nos Noticiários de Televisão.] Estocolmo, Våldsskildringsrådet, 9, 1994.

IRWIN, A. R. & GROSS, A. M. Cognitive tempo, violent video games and aggressive behavior in young boys. *Journal of Family Violence*, 10, 1995, pp. 337-350.

IWAO, S.; DE SOLA POOL, I. & HAGIWARA, S. Japanese and U.S. media: some cross-cultural insights into TV violence. *Journal of Communication*, 31(2), 1981, pp. 28-36.

IWAO, S. et al. *Content analysis of TV dramatic programs* (em japonês). Hoso Bunka Foundation Research Report, 14, 1991, pp. 291-294.

JABLONSKI, C. M. & ZILLMANN, D. Humor's role in the trivialization of violence. *Medienpsychologie Zeitschrift für Individum und Massenkommunikation*, 7, 1995, pp. 122-133.

JEHEL, S. *Enquête sur la représentation de la violence à la télévision en France*. Paris, Conselho Superior de Audiovisual, 1995.

JEHEL-CATHELINEAU, S. L'impact de la violence télévisée sur les enfants. *Revue de neuro-psychiatrie de l'enfance et de l'adolescence*, abril de 1996.

JEHEL-CATHELINEAU, S. La rhétorique de la violence dans les programmes pour enfants. *Images et violence*, anais do colóquio BPI de 3-4 de outubro de 1996. Paris, BPI em Anais, 1997.

JENSEN, J. F. Powerplay: maskulinitet, makt och våld i datorspel. [Masculinidade, Poder e Violência em Jogos de Computador.] In VON FEILITZEN, C.; FORSMAN,

M. & ROE, K. (orgs.). *Våld från alla håll. Forskningsperspektiv på våld i rörliga bilder*. Estocolmo/Stehag, Symposion, 1993, pp. 151-173.

JO, E. & BERKOWITZ, L. A priming effect analysis of media influences. In BRYANT, J. & ZILLMAN, D. (orgs.). *Media effects: advances in theory and research*. Hillsdale, Lawrence Erlbaum Associates, 1994, pp. 43-60.

JOHNSON, R. Bad news revisited: the portrayal of violence. Conflict and suffering on television news. *Journal of Peace Psychology*, 2(3), 1996.

JOHNSTON, D. D. Adolescents' motivation for viewing graphic horror. *Human Communication Research,* 21(4), 1995, pp. 522-552.

JOSEPHSON, W. L. Television violence and children's aggression: testing the priming, social script and disinhibition predictions. *Journal of personality and social psychology*, 53(5), 1987, pp. 882-890.

JOY, L. A.; KIMBALL, M. M. & ZABRACK, M. L. Television and children's aggressive behavior. In WILLIAMS, T. M. (org.). *The impact of television: a natural experiment in three communities*. Nova York, Academic Press, 1986, pp. 303-360.

KAPOOR, S. K.; KANG, J. G.; KIM, W. Y. & KIM, K. Televised violence and viewer's perceptions of social reality: the Korean case. *Communication Research Reports*, 11(2), 1994, pp. 189-200.

KASHIWAGI, A. & MUNAKATA, K. et al. *Research on relationship between influence by children's exposure to TV film with high violence ratings and family background* (em japonês). Hoso Bunka Foundation Research Report, 8, 1985, pp. 58-66.

KENNY, D. A. The NBC study and television violence. A review. *Journal of Communication*, 34, 1984, pp. 176-188.

KLOSINSKI, G. Beitrag zu Beziehung von Video-Filmkonsum und Kriminalität in der Adoleszenz. *Praxis der Kinderpsychologie und Kinderpsychiatrie*, 2, 1987, pp. 66-71.

KROGH, T. *Non-violence, tolerance and television*. Relatório do Diretor do Programa Internacional para o Desenvolvimento da Comunicação. Paris, UNESCO, 1994.

KUNKEL, D.; WILSON, B.; DONNERSTEIN, E.; LINZ, D.; SMITH, S.; GRAY, T.; BLUMENTHAL, E. & POTTER, J. W. Measuring television violence: the importance of context. *Journal of Broadcasting and Electronic Media*, 39(2), 1995, pp. 284-291.

LAGADECK, P. & RUDETZKI, F. Les victimes d'attentats et les médias. *Revue Administration*, 171, 1996.

LAGERSPETZ, K. & VIEMERÖ, V. Television and aggressive behavior among finnish children. In HUESMANN, L. R. & ERON, L. D. *Television and the aggressive child: a cross-national comparison*. Hillsdale, Lawrence Erlbaum Associates, 1986, pp. 81-117.

Landesanstalt für Rundfunk Nordrhein-Westfalen (LRF) *Gewalt im Fernsehen — (K)ein Thema für Kindergarten und Schule?* Düsseldorf, LFR-Dokumentationen Band 8, 1993.

LAWRENCE, P. A. & PALMGREEN, P. C. A uses and gratifications analysis of horror film preference. In WEAVER, J. B. & TAMBORINI, R. C. (orgs.). *Horror films. Current research on audience preferences and reactions*. Hillsdale, Lawrence Erlbaum Associates, 1996, pp. 161-178.

LEFKOWITZ, M. M.; WALDER, L. O.; ERON, L. D. & HUESMANN, L. R. Preference for televised contact sports as related to sex differences in aggression. *Developmental Psychology*, 9(3), 1973, pp. 417-420.

LEFKOWITZ, M. M.; ERON, L. D.; WALDER, L. O. & HUESMANN, L. R. *Growing up to be violent. A longitudinal study of the development of aggression*. Nova York, Pergamon Press, 1977.

LINNÉ, O. The viewer's aggression as a function of a variously edited TV film. *International Journal of Communication Research*, 1, 1976.

LINNÉ, O. Media violence research in Scandinavia. *Nordicom Review*, 2, 1995, pp. 1-11.

LINZ, D. G. & DONNERSTEIN, E. The effects of violent messages in the mass media. In BRADAC, J. J. (org.). *Message Effects in Communication Science*. Newbury Park, Sage, 1989.

LINZ, D. G.; DONNERSTEIN, E. & PENROD, S. Effects of long-term exposure to violent and sexually degrading depictions of women. *Journal of Personality and Social Psychology*, 55(5), 1988, pp. 758-768.

Litteratur om vald och media 1972-1994. [Violência e Mídia na Literatura.] *Nordicoms specialbibliografiserie 1*. Aarhus, Statsbiblioteket, 1995.

LORNETTI, G. E. The Measurement of televised violence. *Journal of Broadcasting and Electronic Media*, 39(2), 1995, pp. 292-295.

LURÇAT, L. *Violence à la télé: l'enfant fasciné*. Paris, Syros, 1989.

LURÇAT, L. Impact de la violence télévisuelle. *Enfance, Tome*, 43(1), 1990, pp. 167-171.

MAGELL, A. & NEWBURN, T. *Young offenders and the media. Viewing habits and preferences*. Londres, Instituto de Políticas Sociais, 1994.

MARTINEZ, A. *La violence à la télévision: états des connaissances scientifiques*. Ottawa, Comissão Canadense de Rádio-Televisão e Telecomunicações, 1991.

MAYOR, F. Artigo preparado pelo Diretor-Geral, UNESCO, para a abertura da Conferência Internacional sobre Violência na Tela e os Direitos da Criança. Lund, Suécia, 26 de setembro de 1995.

MEYER, T. P. Effects of viewing justified and unjustified real film violence on aggressive behavior. *Journal of Personality and Social Psychology*, 23, 1972, pp. 21-29.

MIKAMI, S. A cross-national comparison of the US-Japanese TV drama: international culture indicators (em japonês). *KEIO Communication Review*, 15, 1993, pp. 29-44.

MILAVSKY, J. R.; KESSLER, R. C.; STIPP, H. H. & RUBENS, W. S. *Television and aggression: a panel study*. Nova York, Academic Press, 1982.

MILGRAM, S. & SHOTLAND, R. L. *Television and antisocial behavior. Field experiments*. Nova York, Academic Press, 1973.

MOUSELER, V. La violence dans les programmes de jeux. In *Image et violence.* Anais do colóquio BPI, 3-4, outubro de 1996. Paris, BPI em Anais, 1997.

MUNAKATA, K.; KASHIWAGI, A. et al. *Effect of viewing of TV programs with violence on children and their families: five-years later* (em japonês). Hoso Bunka Foundation Research Report, 14, 1991, pp. 275-278.

MURDOCK, G. Mass communication and social violence: a critical review of recent research trends. In MARSH, P. & CAMPBELL, A. (orgs.). *Aggression and violence*. Oxford, Basil Blackwell, 1982, pp. 62-90.

MURDOCK, G. Visualizing violence: television and the discourse of disorder. In HAMELINK, C. J. & LINNÉ, O. (orgs.). *Mass communication research: on problems and policies: the art of asking the right questions: in honor of James D. Halloran*. Norwood, Ablex, 1994, pp. 171-187.

MURDOCK, G. & McCRON, R. The television and delinquency debate. *Screen Education*, 1979, pp. 55-68.

MURRAY, J. P. (org.). *Television studies in Scottish schools. Television studies in primary schools.* Glasgow, Conselho Escocês para Tecnologia Educacional, 1980.

MURRAY, J. P. Impact of televised violence. *Hofsta Law Review*, 1994.

MURRAY, J. P. Children and television violence. *Kansas Journal of Law & Public Policy*, 4(3), 1995.

MURRAY, J. P. Studying television violence — a research agenda for the 21th Century. In ASAMEN, J. K. & BERRY, G. L. (orgs.). *Research paradigms in the study of television and social behavior.* Sage, 1997.

MURRAY, J. P.; RUBINSTEIN, E. A. & COMSTOCK, G. A. (orgs.) *Television and social behavior. Reports and papers, volume II: Television and social learning.* Um relatório técnico para o Comitê Consultivo Científico Geral do Médico Chefe sobre Televisão e Comportamento Social. Washington, U.S. Department of Health, Education, and Welfare, National Institute of Mental Health, 1972.

MUSTONEN, A. & PULKKINEN, L. Aggression in television programs in Finland. *Aggressive Behavior,* 19(3), 1993, pp. 175-183.

National Academy of Science. *Understanding and preventing violence.* Washington, National Academy Press, 1993.

National Institute of Mental Health. *Television and behavior. Ten years of scientific progress and implication for the Eighties. Volume I: Summary Report.* Washington, U. S. Department of Health and Human Services, 1982.

National Television Violence Study. Executive Summary 1994-1995. Mediascope, Inc., 1996

National Television Violence Study, Scientific Papers 1994-1995. Mediascope, Inc., 1996

National Television Violence Study, Volume 1. Newbury Park, Sage, 1996.

National Television Violence Study, Volume 2. Thousand Oaks, Sage, 1997.

NOBLE, G. *Children in the Front of the Small Screen.* Londres, Constable, 1975.

OGLES, R. M. & HOFFNER, C. Film violence and perceptions of crime: the cultivation effect. In McLAUGHLIN, M. L. (org.). *Communication Yearbook 10,* Newbury Park, Sage, 1987, pp. 384-394.

PAGUETTE, G. & DE GUISE, J. *La violence à la télévision cadadienne: profil de la violence diffusée 93-94.* Quebec, Université Laval, Departamento de informação e comunicação, 1995.

PAIK, H. & COMSTOCK, G. The effects of television violence on antisocial behavior: A meta-analysis. *Communication Research,* 21(4), 1994, pp. 516-546.

PALERMO, G. B. Adolescent criminal behavior — is TV violence one of the culprits? *International Journal of Offender Theraphy and Comparative Criminology,* 39(1), 1995, pp. 11-22.

PAPE, H.; ISACHSEN, T. & JESSEN, J. *Ungdom og vold i bildemediene.* [O Jovem e a Violência na Tela.] Oslo: Regjeringens handlingsplan mot vold i bildemediene & Norsk institutt for forskning om oppvekst, velferd og aldring, 1, 1998.

PEARL, D.; BOUTHILET, L. & LAZAR, J. (orgs.). *Television and behavior: ten years of scientific progress and implications for the Eighties, Volume II: Technical reviews.* Washington, U. S. Department of Health and Human Services, National Institute of Mental Health, 1982.

PEREZ DE CUÉLLAR, J. *Our creative diversity.* Relatório da Comissão Mundial sobre Cultura e Desenvolvimento. Paris, UNESCO, 1995.

PHILLIPS, D. Natural experiments on the effects of mass media violence on fatal aggression — strenghts and weaknesses of a new approach. *Advances in Experimental Social Psychology,* 19, 1986, pp. 207-250.

PHILLIPS, D. & CARSTENSEN, M. Clustering of teenage suicide after television news stories about suicide. *J. Med.* 315, 1986, pp. 685-9.

PIETILÄ, V. Notes on violence in the mass media. *Instant Research on Peace and Violence,* VI(4), 1976, pp. 195-197.

POTTER, W. J. & WARREN, R. Considering policies to protect children from TV violence. *Journal of Communication,* 46(3), 1996, pp. 116-138.

RASMUSSEN, H. A. Actionfilm og drengekultur. [Filmes de Ação e Culturas de Rapazes.] In HØJBJERG, L. (org.). *Reception af levende billeder.* Copenhage, Akademisk Forlag, 1989, pp. 221-234.

RIDLEY-JOHNSON, R.; CHANCE, J. E. & COOPER, H. Correlates of children's television viewing: Expectancies, age and sex. *Journal of Applied Development Psychology,* 5(3), 1984, pp. 225-235.

RIDLEY-JOHNSON, R.; SURDY, T. & O'LAUGHLIN, E. Parent survey on television violence viewing: fear, aggression and sex differences. *Journal of Applied Development Psychology,* 12, 1991, pp. 63-71.

ROBERTS, V. Children's and parents' television viewing and perception of violence. *Journalism Quarterly,* 58(4), 1981, pp. 556-564.

ROE, K. *The influence of video technology in adolescence.* Lund, Lunds Universitet, Sociologiska Institutionen, Mediapanel n. 27, 1983.

ROE, K. The Swedish moral panic over video 1980-1984. *Nordicom Review,* 1, 1985, pp. 20-25.

ROSENGREN, K. E. (org.). *På gott och ont: Barn och ungdom, TV och video.* [Para Melhor ou Para Pior: Crianças e Jovens, Televisão e Vídeo.] Estocolmo, Liber Utbildningsförlag, 1986.

ROSENGREN, K. E. & WINDAHL, S. *Media matter. TV use in childhood and adolescence.* Norwood, Ablex, 1989.

ROSENTHAL, R. Media violence, antisocial behavior, and the social consequences of small effects. *Journal of Social Issues,* 42(3), 1986, pp. 141-154.

ROWE, D. C. & HERSTAND, S. E. Familial influences on television viewing and aggression: a sibling study. *Aggressive Behavior,* 12, 1986, pp. 11-120.

ROWLAND, W. D. Jr. *The politics of TV violence: policy uses of communication research.* Beverly Hills, Sage, 1983.

Royal Commission on Violence in the Communications Industry *Volume 1. Approaches, conclusions and recommendations.* Ontario, Thatcher, 1976.

RUBINSTEIN, E. A.; COMSTOCK, G. A. & MURRAY, J. P. (orgs.). *Television and social behavior. Reports and papers, volume IV: Television in day-to-day life: patterns of use.* Um relatório técnico para o Comitê Consultivo Científico para Televisão e Comportamento Social do Ministério da Saúde. Washington, U. S. Department of Health, Education, and Welfare, National Institute of Mental Health, 1972.

SANDER, I. How violent is TV violence? An empirical investigation of factors influencing viewers' perceptions of TV violence. *European Journal of Communication,* 12(1), 1997, pp. 43-98.

SANTOS, R. & ALBORNOZ, L. *Violencia en la programación televisiva infantil Argentina.* Universidade Nacional Quilmes, 1995.

SASAKI, T. *A review of empirical studies on television violence* (em japonês). Tóquio, Universidade Internacional Cristã, Educational Studies, 28, 1986, pp. 127-156.

SCHLESINGER, P.; MURDOCK, G. & ELLIOT, P. *Televising terrorism. Political violence in popular culture.* Londres, Comedia Publishing Group, 1983.

SCHNEIDER, L. B. Warning: television violence may be harmful to children; but the first amendment may foil congressional attempts to legislate against it. *University of Miami Law Review,* 49(2), 1994, pp. 477-530.

SCHUTTE, N. S.; MALORFF, J. M.; POST-GORDON, J. C. & RODASTA, A. L. I. Effects on playing videogames and children's aggressive and other behavior. *Journal of Applied Social Psychology,* 18(5), 1988, pp. 454-460.

SELG, H. Gewaltdarstellungen in Medien und ihre Auswirkungen auf Kinder und Jugendliche. *Zeitschfrift für Kinder und Jugendspsychiatrie,* 18(3), 1990, pp. 152-156.

SELG, H. Gewalt in Medien — Möglichkeiten von Eltern zur Vermeidung negativer Ausvwirkungen. *Kindheit und Entwicklung,* 6, 1997, pp. 79-83.

SHAW, I. S. & DAVID, S. N. *Violence on television programme content and viewer perception.* Londres, British Broadcasting Corporation, 1972.

SHEEHAN, P. W. Television viewing and its relation to aggression among children in Australia. In HUESMANN, L. R. & ERON, L. D. (orgs.). *Television and the aggressive child. A cross-national comparison*. Hillsdale, Lawrence Erlbaum Associates, 1986, pp. 161-199.

SHERMAN, L. B. & DOMINICK, J. R. Violence and sex in music videos: TV and rock'n roll. *Journal of Communication*, 36(1), 1986, pp. 79-93.

SHIMAI, S.; MASUDA, K. & KISHIMOTO, Y. Influence of TV games on physical and psychological development of Japanese kindergarten children. *Perceptual and Motor Skills*, 70, 1990, pp. 771-776.

SHIMAI, S.; YAMADA, F.; MASUDA, K. & TADA, M. TV game play obesity in Japanese school children. *Perceptual and Motor Skills*, 76, 1993, pp. 1121-1122.

SIGNORIELLI, N. *Violence and terror in the mass media: an annotated bibliography*. Nova York, Greenwood Press, 1988.

SIGNORIELLI, N. Television's mean and dangerous world: a continuation of the cultural indicators perspective. In SIGNORIELLI, N. & MORGAN, M. (orgs.). *Cultivation analysis. New directions in media effects research*. Newbury Park, Sage, 1990, pp. 85-106.

SIGNORIELLI, N. & MORGAN, M. (orgs.). *Cultivation analysis. New directions in media effects research*. Newbury Park, Sage, 1990.

SILVER, R. (org.). Media and violence. Part one: making the connections. *Media & Values*, 62, 1993, pp. 1-24.

SILVERN, S. B.; LANG, M. K. & WILLIAMSON, P. A. Social impact of video game play. In FINE, G. A. (org.). *Meaningful play, playful meaning*. Champaign, Human Kinetics, 1987.

SILVERN, S. B. & WILLIAMSON, P. A. The effects of video game play on young children's aggression, fantasy and prosocial behavior. *Journal of Applied Developmental Psychology*, 8, 1987, pp. 453-462.

SIMONSON, H. Interaction effects of television and socioeconomic status on teenage aggression. *International Journal of Adolescence and Youth*, 3, 1992, pp. 233-343.

SINGER, D. Children, adolescents and television. Television violence: a critique. *Pediatrics*, 83(3), 1989, pp. 445-446.

SINGER, J. L. Is television bad for children? *Social Science*, 71(2-3), 1986, pp. 178-182.

SINGER, J. L. & SINGER, D. G. *Television, imagination and aggression: a study of preschoolers' play*. Hillsdale, Lawrence Erlbaum Associates, 1981.

SINGER, J. L.; SINGER, D. G. & RAPACZYNSKI, W. Family patterns and television viewing as predictors of children's beliefs and aggression. *Journal of Communication*, 34, 1984, pp. 73-89.

SJÖGREN, O. Den förbannade tröskeln. Skräckfilm som modern övergångsrit. [O Limiar Amaldiçoado. Filmes de Horror como um Rito Moderno de Iniciação.] In FORSELIUS, T. M. & LUOMA-KETURI, S. (orgs.) *Våldet mot ögat. Filmforskare om film — och videoskräck*. Estocolmo, Författarförlaget, 1985, pp. 13-58.

SNEED, C. & RUNCO, M. A. The beliefs adults and children hold about television and video games. *Journal of Psychology*, 126(3), 1992, pp. 273-284.

SONESSON, I. *Förskolebarn och TV* [Pré-escolares e Televisão.] Malmö, Esselte Studium, 1979.

SONESSON, I. *Vem fostrar våra barn — videon eller vi? TV, video och emotionell och social anpassning.* [Quem cria nossos filhos — O Vídeo ou Nós? Televisão, Vídeo e Adaptação Social e Emocional.] Estocolmo, Esselte studium, 1989.

SØRENSEN, B. H. Media violence — young people. *Nordicom Review*, 2, 1995, pp. 13-20.

SPARKS, R. & VARMA, V. (orgs.). Television and the well-being of children and young people. *Violence in Children and Adolescents*, 1996, pp. 132-143.

SPRAFKIN, J. & GARDOW, K. D. The immediate impact of aggressive cartoons on emotionally disturbed and learning disabled children. *The Journal of Genetic Psychology*, 149(1), 1988, pp. 35-44.

STACK, S. The impact of fictional television films on teenage suicide, 1984-85. *Social Science Quartely*, 2, 1990, pp. 391-399.

STIPP, H. & MILAVSKY, J. R. Television programming's effects on aggressive behavior of children and adolescents. *Current Psychology: Research & Reviews*, 7(1), 1988, pp. 76-92.

STRASBURGER, V. C. *Adolescents and the media: medical and psychological impacts.* Thousand Oaks, Sage, 1995.

STUTZ, E. *What are they doing now? A study of children aged 7-14.* Norwich, Play for Life, 1991.

Surgeon General's Scientific Advisory Committee on Television and Social Behavior. *Television and growing up: the impact of televised Violence.* Relatório para o Serviço de Saúde Pública do Ministério da Saúde dos Estados Unidos. Washington, Department of Health, Education, and Welfare, National Institute of Mental Health, 1972.

TAN, A. S. Social learning of aggression from television. In BRYANT, J. & ZILLMAN, D. (orgs.) *Perspectives on media effects.* Hillsdale, Lawrence Erlbaum Associates, 1986, pp. 41-55.

TANNENBAUM, P. H. Entertainment as a vicarious emotional experience. In TANNENBAUM, P. H. (org.). *The entertainment functions of television.* Hillsdale, Lawrence Erlbaum Associates, 1980, pp. 107-131.

THEUNERT, H.; PESCHER, R.; BEST, P. & SCHORB, B. *Zwischen Vergnügen und Angst — Fernsehen im Alltag von Kinder. Eine Untersuchung zur Wahrnemung und Verarbeitung von Fernsehinhalten durch Kinder aus unterschiedlichen soziokulturellen Milieus in Hamburg.* Hamburgo, Vistas Verlag, 1991.

THOMAS, M. H. & DRABMAN, R. S. Toleration of real life aggression as a function of exposure to televised violence and age of subject. *Merrill-Palmer Quarterly*, 21(3), 1975, pp. 227-232.

THOMAS, M. H. & DRABMAN, R. S. Effects of television violence on expectations of others' aggression. *Personality and Social Psychology Bulletin*, 4(1), 1978, pp. 73-76.

THOMAS, M. H. & TELL, P. M. Effects of viewing real versus fantasy violence upon interpersonal aggression. *Journal of Research in Personality*, 8, 1974, pp. 153-160.

TOLES, T. Video games and the American military ideology. In MOSCO, V. & WASKO, J. (orgs.). *The critical communications review, Vol. 3 — Popular culture and media events*. Norwood, Ablex, 1985.

TULLOCH, J. C. & TULLOCH, M. I. Tolerating violence: children's responses to television. *Australian Journal of Communication*, 19(1), 1992, pp. 9-21.

TULLOCH, M. I. Evaluating aggression: school students' responses to television portrayals of institutionalized violence. *Journal of Youth and Adolescence*, 24, 1995, pp. 95-15.

TULLOCH, M. I. & TULLOCH, J. C. Attitudes to domestic violence: school students' responses to a television drama. *Australian Journal of Marriage & Family*, 13, 1992, pp. 62-69.

TURNER, C. W.; HESSE, B. W. & PETERSON-LEWIS, S. Naturalistic studies of the long-term effects of television. *Journal of Social Issues*, 42(3), 1986, pp. 51-73.

VAAGLAND, O. *Fjernsyn og vold*. [Televisão e Violência.] Bergen, Bergens Universitet, Institutt for Medievitenskap, 1979.

VIEMERÖ, V. *Relationships between filmed violence and aggression*. Åbo, Åbo Akademi, Psykologiska institutionen, 1986.

Violence on the screen and the rights of the child. Relatório de um Seminário em Lund, Suécia, 26-27 de setembro de 1995, Svenska Unesco-Rådets skriftserie 2. Estocolmo, Comissão Nacional Sueca para UNESCO, 1996.

VITRO, A.; CSAPO, A.; SZILARD, J. & VARGHA, M. Effects of television on aggressivity of adolescents. *International Journal of Adolescent Medicine and Health*, 3(4), 1988, pp. 303-321.

VOOJIS, M. W.; VAN der Vort, T. H. A. Learning about television violence: the impact of a critical viewing curriculum on children's attitudinal judgements of crime series. *Journal of Research and Development in Education*, 26(3), 1993, pp. 133-142.

VOOJIS, M. W.; VAN DER VORT, T. H. A. Teaching children to evaluate television violence critically — the impact of a Dutch schools' television project. *Journal of Educational Television*, 19(3), 1993, pp. 139-152.

VAN DER VOORT, T. H. A. *Television violence: a child's-eye view*. Amsterdam, North-Holland, 1986.

VAN DER VOORT, T. H. A. & VALKENBURG, P. A. Television's impact on fantasy play: a review of research. *Developmental Review*, 1994, pp. 27-51.

WAEVER, J. B. & TAMBORINI, R. (orgs.). *Horror films. Current research on audience preferences and reactions*. Hillsdale, Lawrence Erlbaum Associates, 1996.

WALKER, K. B. & MORTEY, D. D. Attitudes and parental factors as intervening variables in the television violence-aggression relation. *Communication Research Reports*, 8, 1991, pp. 41-47.

WARTELLA, E. Media and problem behaviours in young people. In RUTTER, M. & SMITH, D. (orgs.). *Psychosocial disorders in young people: time trends & their origins*. Chichester, Wiley, 1995, pp. 296-323.

WERNER, A. *Barn i fjernsynsalderen: Hva vet vi om medienes innflytelse?* [Crianças na Era da Televisão.] Oslo, Ad Notam Gyldendal, 1994.

WIEGMAN, O.; KUTTSCHREUTER, M. & BAARDA, B. *Television viewing related to aggressive and prosocial behaviour.* Den Haag: Stichting voor Onderzoek van het Onderwijs, 1986.

WIEGMAN, O.; KUTTSCHREUTER, M. & BAARDA, B. A longitudinal study of the effects of television viewing on aggressive and prosocial behaviours. *British Journal of Social Psychology,* 31(2), 1992, pp. 147-164.

WILLIAMS, T. M. (org.). *The impact of television. A natural experiment in three communities*. Orlando, Academic Press, 1986.

WILSON, B. J. Les recherches sur médias et violence: Aggressivité, désensibilisation, peur. *Les cahiers de la sécurité intérieure*, 20(2), 1995, pp. 21-37.

WILSON, B. J. & WEISS, A. J. The effects of 2 reality explanations on children's reactions to a frightening movie scene. *Communication Monographs*, 58(3), 1991, pp. 307-326.

WOBER, M. & GUNTER, B. *Television & social control.* Avebury, Gower, 1988.

YUJI, H. & Mori, S. Gender and violence on computer games (em japonês). *Journal of Child Study*, 1, 1995, pp. 93-104.

ZILLMAN, D. Excitation transfer in communication-mediated aggressive behavior. *Journal of Experimental Social Psychology*, 7, 1971, pp. 419-434.

ZILLMAN, D.; WEAVER, J. B.; MUNDORF, N. & AUST, C. F. Effects of an opposite gender companion's affect to horror on distress, delight, and attraction. *Journal of Personality and Social Psychology*, 51, 1986, pp. 586-594.

Autores dos Artigos de Pesquisa

Carlos A. Arnaldo	Chefe, Pesquisa do Livre Fluxo de Informação e Comunicação Divisão de Comunicação, UNESCO Paris, França
Mike Berry	Estudante Graduado pelo Departamento de Comunicação Universidade da Califórnia Santa Bárbara, Estados Unidos
Eva Blumenthal	Estudante Graduada pelo Departamento de Comunicação Universidade da Califórnia Santa Bárbara, Estados Unidos
Nadia Bulbulia	Pesquisadora Independente Fórum de Crianças e Teledifusão e Universidade de Witwatersrand Johannesburgo, África do Sul
Ed Donnerstein	Dr., Professor Titular do Departamento de Comunicação Universidade da Califórnia Santa Bárbara, Estados Unidos
Kevin Durkin	Professor Adjunto de Psicologia da Universidade da Austrália Ocidental Nedlands, Austrália
Joel Federman	Co-diretor do Centro para Comunicação e Política Social Universidade da Califórnia Santa Bárbara, Estados Unidos
Åsa Finnström	Chefe de Seção da Divisão para a Mídia, Ministério da Cultura Estocolmo, Suécia
Titti Forsslund	Pesquisadora, Jornalista "Freelance" Departamento de Pesquisa e Educação Escola de Educação de Estocolmo Estocolmo, Suécia
Anura Goonasekera	Dra., Chefe de Pesquisa do Centro Asiático de Mídia, Informação e Comunicação Edifício da Escola de Estudos de Comunicação Universidade Tecnológica Nanyang Cingapura
Jo Groebel	Professor, Dr., Catedrático do Departamento de Psicologia de Mídia Universidade de Utrecht Utrecht, Holanda

Thomas Hammarberg	Embaixador e Conselheiro Especial do Governo Sueco sobre Questões Humanitárias Estocolmo, Suécia
Nancy Jennings	Estudante de doutorado Departamento de Rádio-Televisão-Filme Universidade do Texas em Austin Austin, Estados Unidos
Sachiko Imaizumi Kodaira	Pesquisadora Sênior do Instituto de Pesquisa sobre Cultura de Teledifusão NHK Tóquio, Japão
Dale Kunkel	Dra., Professora Adjunta do Departamento de Comunicação Universidade da Califórnia Santa Bárbara, Estados Unidos
Robert Lamb	Diretor do TVE (Television Trust for the Environment) [Fundo de Televisão para o Ambiente] Londres, Reino Unido
Dafna Lemish	Dra., Professora Sênior do Departamento de Comunicação da Universidade de Tel Aviv Tel Aviv, Israel
Olga Linné	Dra., Professora Sênior, Tutora do Curso de Pós-Graduação do Centro para Pesquisa sobre Comunicação de Massa Universidade de Leicester Leicester, Reino Unido
Dan Linz	Dr., Professor Titular do Departamento de Comunicação Universidade da Califórnia Santa Bárbara, Estados Unidos
Joanne M. Lisosky	Dra., Professora Assistente de Comunicação do Departamento de Comunicação e Teatro Universidade Luterana do Pacífico — Tacoma Washington, Estados Unidos
Jason Low	Dr., Pesquisador da Universidade da Flórida Gainesville, Estados Unidos
Tatiana Merlo-Flores	Dra., Pesquisadora Sênior da Universidade Católica Buenos Aires, Argentina
Stephen Nugent	Gerente de Pesquisa da Autoridade Australiana dos Meios de Comunicação Sydney, Austrália

Adriana Olivarez	Estudante de doutorado do Departamento de Rádio-Televisão-Filme Universidade do Texas em Austin Austin, Estados Unidos
W. James Potter	Dr., Professor Visitante do Departamento de Comunicação Universidade da Califórnia Santa Bárbara, Estados Unidos
Keith Roe	Professor titular do Departamento de Comunicação Universidade Católica de Lovain Lovain, Bélgica
Stacy L. Smith	Estudante Graduada do Departamento de Comunicação Universidade da Califórnia Santa Bárbara, Estados Unidos
Ellen Wartella	Professora Titular, Decana da Escola de Comunicação, Cadeira Walter Cronkite em Comunicação Universidade do Texas em Austin Austin, Estados Unidos
Barbara J. Wilson	Dra., Professora Titular do Departamento de Comunicação Universidade da Califórnia Santa Bárbara, Estados Unidos
Sun Yunxiao	Pesquisador Adjunto, Diretor do Instituto de Pesquisa Juvenil e do Centro de Pesquisa dos Jovens da China Pequim, República Popular da China

Edições UNESCO — Livros Editados

A nova LDB: uma lei de esperança
Cândido Alberto Gomes (org.)

Bolsa escola: melhoria e redução da pobreza
Jacobo Waiselfisz, Miriam Abramovay e Carla Andrade

Cidadania e educação: rumo a uma prática significativa
Luis Abdala-Bertrand (org.)

Ciência e poder
Federico Mayor e Augusto Forti (org.)

Direito educacional e educação no século XXI
Elias de Oliveira Motta

Educação, trabalho e desemprego: novos tempos, novas perspectivas
Jorge Werthein

Educação um tesouro a descobrir
Jacques Delors (coord.)

Engendrando um novo feminismo
Miriam Abramovay e Mary Castro

Fala galera: juventude, violência e cidadania na cidade do Rio de Janeiro
Maria Cecília de Souza Minayo (et al.)

Gangues, galeras, chegados e rappers: juventude, violência e cidadania nas cidades da periferia de Brasília
Miriam Abramovay (org.)

Gênero e meio ambiente
Mary Castro e Miriam Abramovay

Inocência em perigo: abuso sexual de crianças, pornografia infantil e pedofilia na Internet
Vários Autores

Juventude e agricultura familiar
Ricardo Abramovay

Juventude, violência e cidadania: os jovens de Brasília
Jacobo Waiselfisz

Las industrias culturales en los acuerdos de integración regional: el caso del NAFTA, la EU y el Mercosur
Herman Galperin

Mapa da violência: os jovens do Brasil
Jacobo Waiselfisz

Nossa diversidade criadora
Javier Pérez de Cuéllar (coord.)

Novos rumos do ensino médio: Brasil em perspectiva
Cândido Alberto Gomes

O direito à assistência humanitária
Vários autores

O ensino superior no Mercosul
Jacques Veloso (org.)

Paulo Freire — uma biobibliografia
Moacir Gadotti

Percepção dos jovens sobre a violência nos meios de comunicação de massa
Jo Groebel

Política de mudança e desenvolvimento no ensino superior
UNESCO

Quanto custa a expansão do ensino médio?
Cândido Alberto Gomes

Reflexões sobre a tolerância
Rao V. B. Chelikani

Repensando o Estado para o desenvolvimento social
Bernardo Kliksberg

UNESCO Brasil
UNESCO

Para informações sobre como obter livros das Edições UNESCO, dirigir-se ao escritório da Organização em Brasília:
SAS Quadra 05 — Bloco H — Lote 06
Ed. CNPq/IBICT/UNESCO — 9º Andar
Brasília — DF — 70070-914
Telefone: (0__61) 223-8684 — ramal 248

E-mail: UHBRZ@unesco.org